十三僧殘

比丘戒研究
·第三冊·

淨業編委會 著

主編：賢威

副主編：賢幫、法教

編委：賢處、法馳、賢極、賢徹、賢虛、賢爽、賢唐、法額、法愚

推薦序

道偉法師

去年底，中國智者佛教文化研究中心在天台宗祖庭玉泉寺成立了。該中心的研究範圍主要以玉泉寺祖庭文化為依託，同時涵蓋整體佛教文化、中國傳統文化以及湖北宜昌地區文化的研究。中心計劃定期舉辦佛教學術研討交流活動和文化藝術活動，開展佛學講座，培養佛學研究人才，並陸續出版一些學術研究著作。簡言之，我們成立智者佛教文化研究中心的目的，就是想為佛教教育及佛學研究做點微薄的貢獻。

深入推進新時代佛教中國化，是目前中國佛教的重要課題和發展主線。對於玉泉寺來說，它在歷史上的出現及延續本就受惠於佛教中國化，畢竟作為漢傳佛教八大宗派之一的天台宗正是佛教中國化的代表性產物。天台宗祖智者大師在這裏貢獻了智慧，玉泉寺則見證了這一大事因緣，並由此塑造出獨特的祖庭文化。如今，新時代佛教中國化成為了佛教在當代中國契理契機傳承的必由之路，在「傳統佛教如何轉型為適應現代中國社會的現代佛教」這一課題的深入研討上，玉泉寺更有着義不容辭的責任和義務。因此，我們不僅僅想讓智者佛教文化研究中心成為玉泉寺學修體系的承載平台，同時也希望該中心以推進佛教中國化作為工作主線，為弘揚社會主義核心價值觀、踐行人間佛教思想，為實現中華民族偉大復興的中國夢貢獻應有的智慧和力量！

基於這樣的理想，智者佛教文化研究中心聚集了一些志同道合的專家學者，賢威、法教、法馳、法額、法愚等法師陸續加入進來，壯大了科研隊伍。

早在中心成立之前，賢威法師等人就已經着手編撰《比丘戒研究》，數年來聚螢積雪，如今功成，將要付梓，值得祝賀。中心的其他同仁也表示這是一部佳作，值得推廣，希望能幫助推進出版事宜。他們約我寫幾句話，實在不好推辭，然而我不曾深入研究戒律學，在此謹就本書的相關情況向讀者進行一下介紹。

戒律作為佛法修學的必備基礎，其重要性無須多言。但由於時空與文化的種種隔礙，能夠準確理解戒律之內涵並在新的境況下具體行持，實屬不易。其困難來自於，雖然歷史上祖師完成了戒律的中國化——南山律在古代中國指導了戒律行持，但新時代戒律中國化的研究卻寥寥無幾。因此，修行人面臨理論與實踐方面的重重困惑，尤其需要當代對戒律的深入研究，本書即是此方面的探索。

有價值的研究必須在之前的基礎上有更豐富的研究材料，以及採取更優良的研究方法。本書採用的研究材料，除了南山律採用的當時已經翻譯的四律五論，又增加了後續翻譯的《根有律》、《巴利律》。同時利用了梵巴藏律典文獻，並借鑒了古今中外重要的律學研究成果。得益於時代的發展，本書在研究材料方面比傳統的律學研究更具優勢。

本書採用的研究方法也頗具創意。賢威法師等在多年深入南山律的基礎上，整合了教界與學界的佛學研究方法，形成了方法論的「三觀」：用無常觀涵攝史學方法，用因緣觀涵攝各類社科方法，用圓融觀指導修行實踐。應該説，本書所採用的傳統和現代結合、信仰和學術互補的綜合性研究方法，在教內外對比丘戒全體作系統性研究的著作中並不多見。教內的比丘戒研究一般遵循傳統解毗尼的方法，研究成果也就很難超越傳統結論的邊界，由於彼此立場和方法的對立，與學界的溝通也受一定限制。而學界的研究，限於對「客觀真實」的單線訴求，只求解構分析而無實踐的意識和動力，也往往造成結論的局限又無關於實際修證。本書在方法論方面的探索，能夠優化教界與學界的溝通渠道，使其更有利於理解戒律的深刻內涵，有可能成為佛學研究的優良範例。

可以說，本書所做的戒律研究是新時代佛教中國化的勇敢探索。衷心希望這本書的出版能對戒律學修有所幫助，乃至於起到實踐指導作用。

衷心感謝香港信眾黃振強、曾紅荔伉儷的大力支持，讓本書得以順利出版。

玉泉寺方丈、中國智者佛教文化研究中心發起人

釋道偉

癸卯年農曆二月廿一

編序

賢威

2009 年，我們一批戒子在香港西方寺完成了三壇大戒的受戒儀軌，從形似沙彌成為具戒比丘。想到自己成為和舍利弗、目犍連一樣的比丘，內心無比歡喜，發願要好好持守戒律。

但緊接着，關於持戒的困惑接踵而來，每天都會擔心自己犯了戒，更擔心自己因為無知犯戒而不自知，甚至因看到南山律的個別文句而擔心自己是否得戒。理工科出身的自己總是喜歡鑽牛角尖，層出不窮地產生新的戒律問題，縈繞於心不能自拔。那段時間經常因這些困惑不斷去問師父，師父也不厭其煩地回答，總算度過了最迷茫的時期。

2012 年開始，師父指導僧團研究南山律，並在研究過程中整理南山律典籍的校釋。2013 年至 2015 年，筆者帶領一個十人小組負責《四分律含注戒本》、《四分律含注戒本疏》、《拾毗尼義鈔》的研究，獲得了很多對戒律的進一步理解，得知之前的很多問題來自對律學的無知與執著，但仍然對一些持戒問題困惑不已，尤其是發現不少戒律的要求很難在實際中落實。在研究過程中，我們一開始對南山律的觀點是完全接納，毋庸置疑。但通過溯源律典原文，我們發現南山律中的一些引文過於簡略會導致理解的偏差，甚至發現祖師也會對印度文化不熟悉而產生誤解，慢慢了解到南山律雖然達到了所在時代的律學頂峰，但也存在着時代的局限。而自己和同行的持戒經歷，使筆者發現所學的律學與時空因緣有不少脱節之處，造成許多持戒的困惑，甚至誘發焦慮與恐慌。很長時間後自己才反思到，死執南山律的文句，其實完全與祖師之意背道而馳。道宣律師在反覆學習律典並精進行持的基礎上，創造性地完成了適應當時因緣的南山律，是唐代佛教戒律研究的典範。而我們作為後來的學人，沒有效學祖師的研究精神，僅將其結論作為唯一標準，其實是思想與行為的懶惰，必然導致種種困惑與矛盾。蕅益大師的感歎「《隨機羯磨》出，而律學衰，如水添乳也」，更啟發自己產生了研究律典以解決疑問的願望。在這個時代，戒律相關的各種文獻資料比過去更容易得到，對戒律背後的層層緣起可以理解得更加深入，我們有機會站在祖師的肩膀上，更深刻地理解戒律的內涵，以達成順應當下因緣的戒律實踐。

在研究戒律期間，師父也多次組織弟子們去海內外的寺院參訪，讓我們了解到，不同僧團對戒律的不同理解和行持，帶給各個僧團不同的修行氣質。由此我們大大擴展了眼界，對很多問題不再執著要找到一個標準答案，而是思考不同做法背後的現實因緣。而諸位高僧大德的智慧開示，也啟發我們深入思考，萌發了解決戒律問題的決心和自信。而解決這些問題，僅依靠南山律是不夠的，必須研究更早期的律典，並採取優良的研究方法。

研究南山律的經歷讓我們理解了傳統義理研究方法的特點。而自出家始，師父就重視弟子佛教教理的學習，除了《法華經》、《大般涅槃經》等主要的幾部大乘經典，《俱舍論》、《大智度論》、《中論》、《瑜伽師地論》也是必讀論著。同時，師父一直要求弟子掌握現代佛學研究方法，邀請了專家學者指導我們的研究，並多次邀請社會科學相關的老師授課，指導弟子學習了文獻學、語言學、思想史、哲學史、佛教史、印度史、藏經學、宗教學、法律學、印度教派義理等等各方面的知識。這些積累都成為之後研究律典的基礎。

2016 年在師父的指導下，常住組建了由筆者負責的律典研究小組。我們在研究南山律的基礎上，結合傳統和現代的研究方法，目的是指導實際的修持，解決持戒的困惑。半年時間的籌備，使我們了解古今中外對比丘戒的研究成果，結合之前修學戒律的經驗，確定了小組的研究方向。研究過程中，我們收集了各類部派律典以及戒律相關的文獻素材，為掌握研究方法學習了各類學科和相關語言，結合實際行持戒律的經驗，以及僧團中共住的經驗，通過多年的閉門專研，完成了這部《比丘戒研究》。

師父多年以來孜孜不倦的教誨和培養，大恩無言；龍泉寺常住法師們的關懷與慈悲，深恩難忘。謹以此書聊以報之！

由於是集體的研究工作，本書部分行文無法做到流暢自然。而梵語、藏語的學習是在我們研究過程中進行，不免會有失誤之處。相關結論限於知識不足，或許武斷。希望讀者能夠避開本書的不足之處，獲取所需。

除了編委會成員作為主要的研究人員，先後有多位法師參與此研究工作：賢崗、賢開、賢化、賢昌、賢擦、賢衛、賢漕、賢沖、賢海、賢山、賢蘇、賢崇、賢論、賢善、賢愧、賢承、賢潮、賢泛、賢屈、賢純、賢頒、賢懺、賢伴、賢奮、賢純、賢敏和賢恩等。法教和賢保兩位法師完成了本書文字的簡轉繁工作。

衷心感謝常住龍泉寺賢健法師的大力支持與指導，讓研究工作得以順利完成並出版。感謝禪興法師和賢然法師等諸位法師的大力支持，以及上海信眾陳亮兵、陳福琴伉儷的虔心護持，讓研究工作得以順利完成。

特別感謝天台祖庭玉泉寺、智者佛教文化研究中心道偉法師的全力推動，以及香港信眾黃振強、曾紅荔伉儷的大力支持，讓本書得以順利出版。

賢威

癸卯年農曆二月初八

前言

有志於深入研究律藏的人，現在面臨着很好的時代機遇：先有上世紀南山典籍的回歸，後有現代資訊流通和技術發展所帶來的種種便利。當代的出家人，有責任利用這些外部條件，來對比丘戒進行透徹的研究。本書即是這方面的一次嘗試和努力。撰寫本書的主要目的有二：一是深入比較諸部律典的同異；二是力求闡明和解決現代比丘戒律行持中的實際問題。前者的重點在於力求學術層面的精確性；後者則要求從戒律精神出發，將律學和實踐結合。

有了目標，接下來即要考慮研究宗旨和方法。對漢地律學的發展歷史和特點作一全景式的回顧，可以為此提供線索和指導。

一、漢傳佛教律學歷史的回顧

（一）初春——律典翻譯

佛教傳入漢地，兩百年間並沒有專門的律典被翻譯和引入。人們對戒律的認識，一方面來自對梵僧言行舉止的觀察，另一方面則是基於安世高、支樓迦讖等所譯佛經中包含的一些戒律思想，即「隨經律」。天竺沙門曇柯迦羅於曹魏嘉平年間抵達洛陽，看到的是這樣的情形：「於時魏境雖有佛法，而道風訛替，亦有眾僧未稟歸戒，正以剪落殊俗耳。」[1] 由於缺少完整的律本，僧眾只能依照模糊的戒律內容來規範行持，更沒有條件秉受大戒，僅僅以剃除鬚髮而在外相上和俗人相區別。

因曇柯迦羅能誦「大小乘經及諸部毗尼」，僧眾遂祈請他翻譯律典。然而曇柯迦羅認為：「律部曲制，文言繁廣。佛教未昌，必不承用。」[2] 所以當時並沒有翻譯廣律，只是於嘉平二年（250）在洛陽白馬寺譯出《僧祇戒心》一卷。正元年間（254–256），擅精律學的安息國沙門曇帝來到漢地，譯出《曇無德羯磨》一卷。《僧祇戒心》與《曇無德羯磨》的譯出，標誌着中國佛教的戒律典籍實現了從無到有的蛻變。漢地僧眾的戒律行持有了最基本的依據，這為即將到來的律學春天播下了種子。不久，曇柯迦羅上書乞行受戒法，並在洛陽舉辦戒會。朱士行因此成為了漢地第一位受比丘戒的出家人，被後世譽為「受戒之始」[3]。

隨着佛法的傳播，到東晉時期，出家人數日盛。此時戒法初具，但並不完備，遠遠不能滿足出家僧尼的實際需要。同時，外部的持戒環境與僧侶的持戒意識也不理想。當時以道安大師為代表的諸位佛教志士，都認識到律典

---

1 《高僧傳》卷 1，《大正藏》50 冊，324 頁下欄。

2 《高僧傳》卷 1，《大正藏》50 冊，325 頁上欄。

3 《佛祖統紀》卷 35，《大正藏》49 冊，332 頁上欄。

的完備對於解決僧團管理與個人持戒等問題的必要性。道安大師對於廣律有着強烈的渴求，他曾嘆道：「云有《五百戒》，不知何以不至，此乃最急。四部不具，於大化有所闕。《般若經》乃以善男子、善女人為教首。而戒，立行之本，百行之始，猶樹之有根。常以為深恨。」[1] 大師曾派弟子到天竺求取律典，但當時的律典只在部分律師群體之間口耳相傳，外國沙門對律典的外傳也非常謹慎，因此求取律典殊為不易。後來，大師得知罽賓國律師耶舍可以背誦《鼻奈耶》，即令「佛提梵書，佛念為譯，曇景筆受」[2]，於前秦建元十九年譯出《鼻奈耶》。《鼻奈耶》雖算不上是一部完整的廣律，但解決了道安大師的許多疑惑，道安大師因此感歎：「於此秦邦，三藏具焉。」[3]

因緣匯聚，經由天竺、西域與漢地諸位高僧大德的持續努力，四部完整的廣律——《十誦律》、《四分律》、《僧祇律》和《五分律》終於在二十年之內（404–424）相繼傳入漢地，並被完整地翻譯出來。首先譯出的是説一切有部的《十誦律》，其翻譯過程可謂一波三折，歷經十年（404–413）才完全譯出。姚秦弘始十二年（410），佛陀耶舍於長安譯場誦出法藏部《四分律》的梵文，涼州沙門竺佛念譯為秦言，道含筆受，於弘始十四年（412）譯出。最初譯出的《四分律》為四十五卷，後開為六十卷。早在東晉隆安三年（399），因「慨律藏殘缺」，法顯大師就踏上了西行求律之旅，並抄得大眾部《僧祇律》與彌沙塞部《五分律》兩部廣律回國。後於義熙十二年至十四年（416–418），大師與天竺沙門佛馱跋陀羅在建業[4]道場寺翻譯出《僧祇律》。遺憾的是，大師未能等到《五分律》譯出便已遷化，然其「令戒律流通漢地」的夙願最終實現。宋景平元年（423），《五分律》由「專精律品兼達禪要」的罽賓國三藏佛陀什與于闐沙門智勝譯出，道生、慧嚴等筆受。另外，到南北朝時期，律學論著《毗尼母經》、《薩婆多論》、《摩得勒伽論》、《善見論》、

1 《出三藏記集》卷 9，《大正藏》55 冊，62 頁下欄。
2 《鼻奈耶》卷 1，《大正藏》24 冊，851 頁上欄。
3 《鼻奈耶》卷 1，《大正藏》24 冊，851 頁上欄。
4 建業：今南京。

《律明了論》也紛紛被翻譯引入。至此，作為漢地律學基本典籍的「四律五論」得以完備。

「四律」的譯就使得漢地僧眾有律可習，有法可依，神州大地上湧現出了一批批律學人才。從律學的發展歷史來看，當時「律本流行，隨方不同。關內《僧祇》，江左《十誦》，《四分》一律，由在藏中」[1]。作為第一部翻譯的廣律，《十誦律》經由卑摩羅叉在江陵的講解，再加上慧觀整理其講義傳行於建康[2]，在南方得到了廣泛的學習和弘揚。在北方，最初得到弘傳的是《僧祇律》。之後法聰律師考證自己的戒體是依法藏部羯磨而來，故以「受隨一致」為由，專弘《四分律》。法聰律師也因此被後世稱為「初開律師」。慧光律師（469–538）著《四分律疏》，開創了注解《四分律》的先河，並對當時流傳的《戒本》、《羯磨》作了修訂。慧光律師弘揚《四分律》的活動對僧眾有很大的影響力，有力地促進了《四分律》在北方的發展。

佛法初傳漢地的四百年內，律學發展面臨的最大困難便是典籍不足。律典是律學發展的基礎，沒有完備的律學典籍，僧人行持便缺乏依據，律學研究也會受到限制。面對這一根本性困境，歷代高僧大德積極應對，或前往天竺求取律典，或組織譯經團隊翻譯典籍。從最初只能從「隨經律」中窺探戒律，到第一部廣律《鼻奈耶》譯出，再到南北朝時期「四律五論」得以完備，律學研究也逐步深入，為後世律學的繁榮和律宗的建立奠定了基礎。

另外，由於同時傳入了多部律典，諸部又存在固有的差異與部執，漢地僧眾對律典的實際行持需要進一步調適。諸部律典的會通、融合，將在隋唐時期進一步展開。

（二）盛夏——律宗建立

隋唐兩朝是中國佛教發展的繁盛時期，在律學研究方面也獲得了空前的

1 《四分律搜玄錄》卷 2，《卍續藏》41 冊，865 頁上欄。
2 建康：今南京。

進步，南山律宗的建立更是標誌着中國律學的發展達到了高峰。

當時「四律五論」雖已完備，但僧人在如何持戒方面仍有諸多困境：「傳度歸戒多迷體相。五部混而未分，二見紛其交雜。海內受戒，並誦法正之文。至於行護隨相，多委師資相襲。緩急任其去取，輕重互而裁斷。」[1]僧眾對五部律的持犯理解多有混淆，並無明確標準。面對這一問題，智首律師（567–635）撰《五部區分鈔》辨析諸部同異，又著《四分律疏》二十卷會通諸律。智首律師以《四分律》為主同時融合他部律的戒律思想和研究方法，後來也為道宣律師所繼承。

法礪律師（569–635）由於常居相州[2]，因此其所創律學被稱為「相部宗」。法礪律師撰寫的《四分律疏》主要依《成實論》的思想解釋《四分律》。此疏因有十卷而被稱為「中疏」，並與慧光的「略疏」、智首的「廣疏」，統稱為「三要疏」。法礪律師的弟子定賓、曇一分別著有《四分律疏飾宗義記》與《發正義記》，用以發揚、捍衛本宗的宗義。之後，其門徒中不再有重要的著作問世。一直到北宋初期，相部律在吳越一帶仍然延續，之後逐漸消融於南山宗。

道宣律師（596–667）因曾長期隱居住長安附近的終南山，所創學派得名「南山宗」。他在律學方面主要受到智首律師的影響，於其門下學習了六年。因有感於當時的律學「準事行用，浩汗難分，學者但可望崖尋途，未通鑽仰」[3]，於626年初撰《行事鈔》，完成後到關外參學，也曾拜見過法礪律師，之後又對《行事鈔》作了修訂。《行事鈔》的完成標誌着南山律思想體系基本形成，並與《戒本疏》、《羯磨疏》合稱為「南山三大部」，加上《拾毗尼義鈔》和《比丘尼鈔》，合稱為「南山五大部」。除此之外，道宣律師還為規範僧眾的法服與儀禮作法創作《釋門章服儀》與《釋門歸敬儀》，為區分五眾物而著述《量處輕重儀》，為新學比丘撰寫《教誡新學比丘行護律儀》，為比丘如法受戒撰寫《關中創立戒壇圖經》等等。這些著作不僅使整個南山律學成為一

---

1 《續高僧傳》卷22，《大正藏》50冊，614頁中欄。

2 相州：鄴都，今河南安陽。

3 《量處輕重儀》卷1，《大正藏》45冊，839頁下欄。

個完備的思想理論體系，而且還將戒律理論與比丘的日常實踐相融合。道宣律師繼承了慧光律師《四分律》分通大乘的思想，並提出「五義分通」，從理論上進一步證明此觀點。他還借用古唯識的思想來詮釋戒體，令戒學大乘化的特色更為明顯。南山律思想因此更加契合漢地宗依大乘的價值取向，對於後世漢地僧人持好比丘戒產生了莫大的作用。

懷素律師（624–697），早年隨玄奘大師出家，思想上曾受玄奘大師新譯經典的影響，後隨法礪律師的弟子道成學律。懷素律師在研讀法礪律師《四分律疏》、道宣律師《行事鈔》之後，感「古人義章未能盡善」，所以撰寫《四分律開宗記》，並遵從說一切有部的宗義，廣引《俱舍論》和《大毗婆沙論》。由於與法礪律師的「舊疏」有明顯的傳承關係，故《四分律開宗記》也被稱為「新疏」。因懷素律師曾居於長安崇福寺東塔，所以其所創律學被稱作「東塔宗」。作為唐代律學三家中最晚成立的一支，東塔宗雖然在當時有較大影響，但後來並不興盛，著作也不豐富。此宗至北宋初年尚有活動，其後不傳。

通過幾代律師的探索和積澱，再加上當時文化的兼容並包以及君王對佛教寬容乃至扶持的態度，佛教義學得以空前發展。隋唐四分律學的人才積累、研究能力均具備了深厚基礎，形成了以《四分律》為中心的律學宗派。四分律宗在內部又形成三足鼎立的態勢——「律有三宗，礪、素、宣是歟」[1]，即法礪律師開創的相部宗、懷素律師的東塔宗以及道宣律師的南山宗。

唐代除四分律學的主流學派之外，還有一迥異的支流值得留意，即義淨三藏（635–713）翻譯和倡導的根本說一切有部。義淨三藏不滿於當時「諸部互牽」、「章鈔繁雜」的律學現狀，西行天竺，留學求法，取回根本說一切有部的律典，組織譯場翻譯並加以弘揚。《根有律》是傳入漢地的幾部律典中內容比較豐富的一部，極大地擴充了中國佛教戒律典籍的內容。義淨三藏根據自己的觀察，提出了專宗有部戒律行持回歸印度傳統等主張，其律學思想獨具特色。但是當時四分為主、他部補充的律學主流已經形成，律學的本土化

1 《宋高僧傳》卷 16，《大正藏》50 冊，811 頁上欄。

也是歷史發展的大勢所趨，故義淨三藏所翻譯的有部律及其戒律主張在後世律學的發展過程中並未得到發揚而趨於沉默。

隨着對外文化交流的日漸頻繁，漢地律學逐漸傳入朝鮮半島、日本等地。新羅的慈藏律師自唐回國後，創立戒壇，整頓律制，著述《四分律羯磨私記》、《十誦律木叉記》等書，講解《菩薩戒本》，被奉為新羅戒律之祖。唐代鑒真大師（688–763）赴日本傳戒，開創日本律宗。他早年不僅師從南山宗的律師學習過道宣律師的著作，也跟隨相部宗律師學習了法礪律師的著述，赴日前已有「江淮之間，獨為化主」的盛名，並且法嗣廣布。大師從743年開始先後六次東渡，於753年以六十六歲的高齡抵達日本，受到天皇的禮遇，隨後建立戒壇，正式傳戒，講演律學。

要而言之，進入隋唐時期，律學發展有了完備的典籍作為基礎，僧人可以依照「四律五論」規範個人行持，僧團管理也有了更加明確的依據和參考。然而，擺在當時僧人和律學研究者面前的是如何將「四律五論」和漢地僧人的修行作更好的結合，如抉擇一部律還是多部律，多部律之間如何會通等問題。因此，進入這一時期，律學發展的困境已經從典籍不足轉變為理論不足。律學研究者所致力的工作不再是引入律典和組織翻譯，而是如何深化理論，解決實際問題。在此驅動力下，智首、法礪、道宣、懷素等諸多律師作出了很多努力。他們或提出諸部會通的思想與方法，或為《四分律》注疏開演。其中，最值得一提的是道宣律師。他開創了南山宗，使得以戒律為主體的宗派在漢地佔有一席之地。作為一個宗派，南山律宗有着獨特的修行法門和完整的教理行果修證次第，令漢地僧眾認識到，戒律不僅是定慧之基，更是成就法身佛的正因。

（三）深秋——中興和衰落

唐代會昌法難以及隨後的五代十國之亂，對北方佛教打擊甚重，致使典籍散失，僧侶逃遁，昔日佛教的鼎盛一去不返。南方由於戰亂較少，政治寬鬆安定，律學中心由北向南加速轉移，至北宋時形成定局。宋代的律宗已是南山律一門獨大：「天下言行事者，以南山為司南矣。」[1] 這一時期，律師研習的重點已不再是《四分律》，而是直接注疏《行事鈔》。唐代以來，對《行事鈔》注疏者傳有六十二家之多，這樣的研習規模，漢地本土僧侶撰寫的其他律學典籍無出其右。一方面表明《行事鈔》內容完善，另一方面，意味着律學趨向因循，預示着衰落的必然。不過，經歷唐末五代的短暫低迷之後，北宋律宗學人依然能夠研習律學，並融會各宗，以元照律師（1048–1116）為代表的一批南山律學的中興力量逐漸湧現出來。

元照律師早年研習天台教觀，所以兼得天台的傳承。道宣律師借《法華經》將圓教思想引入南山律學，元照律師則依天台的教義，把圓教的思想融合得更為徹底，闡發得愈加通透。元照律師觀察到當時諸家對《行事鈔》的注疏解釋多有偏差：「理致淵奧，討論者鮮得其門；事類森羅，駕說者或容遺謬。」[2] 再加上「正法下衰，人情鄙薄」[3]，為改善律學研究和僧人道風，元照律師於是撰寫《資持記》以注釋《行事鈔》，又撰寫《行宗記》、《濟緣記》分別注釋《戒本疏》、《羯磨疏》。「南山五大部」從而擴增為「南山八大部」。除了著書之外，元照律師還不遺餘力地建造戒壇，傳戒宣講，使得南山律再次得以興盛，法脈一直延續至南宋。

伴隨着天台宗的流行，元照之後的律師也多研習天台教觀，以至於對律學的認識和理解都發生了變化。例如南宋守一律師在《終南家業》開卷便有「吾祖弘律，以妙觀為本」[4] 之言。又如留學南宋的日僧俊芿（1166–1227），在《律宗問答》的發問中，已不再涉及傳統律學戒相罪行分判的問題。從中可以看出，律宗內部關注的重點漸有脫離「戒學」本位的傾向。另外，宋代禪淨流行，崇尚實修之風濃厚。比如，元照律師在個人的修持上以淨土為歸，自稱「生弘律範，死歸安養，平生所得，唯二法門」[5]，是「淨律雙修」的典範。

---

1 《宋高僧傳》卷 16，《大正藏》50 冊，812 頁上欄。

2 《四分律行事鈔資持記校釋》，8 頁。

3 《芝園集》卷 2，《卍續藏》59 冊，662 頁下欄。

4 《終南家業》卷 1，《卍續藏》59 冊，717 頁下欄。

5 《佛祖統紀》卷 29，《大正藏》49 冊，297 頁下欄。

後代律師在修持上則由兼修淨土轉向以淨土為主。因此，在宋朝宗派融合的背景下，律宗在理論以及實踐上逐漸式微，宗派主體性面臨着難以為繼的窘境。

早期禪僧都是附居於律寺別院，「至曹溪已來，多居律寺」[1]。唐代百丈懷海禪師在獨居百丈山之後，「始立天下叢林規式，謂之清規」[2]。清規作為禪宗獨創的僧團管理制度，一方面沿襲大小乘戒律的思想和規範，另一方面結合漢地的倫理道德，並和當時的社會環境相適應。禪宗具有隱居山林、農禪並舉的作風，因此受到法難、戰亂衝擊的程度較輕，加之簡練深邃、講求實行的特點，之後逐漸成為漢地最為繁盛的一宗，受到上至王公將相，下至平民百姓的追捧。相形之下，律宗受到冷落，以至宋代逐漸出現了律寺改為禪院的情況。這些因素加劇了律宗在宋代的衰落。

元代朝廷雖對佛教持親和態度，但是經過多年戰亂，宋元年間南山典籍散佚，漢地律學傳承遭到破壞。元代僧人戒行鬆弛，文化水平整體較低，缺乏專研律學的律師，因此並無重要的律學著述出現。在禪淨興盛的背景下，律學重要性進一步低落，戒律主要由其他宗派的僧人延續，律宗宗派主體性趨於消失。與此對比，元代叢林清規興盛，逐漸取代南山律著對僧團行事的指導作用。其中《敕修百丈清規》因官方推行而天下叢林皆遵從，對後世有較大影響。而省悟律師的《律苑事規》結合了戒律行事和禪宗清規，是南山後人在當時環境下試圖傳承南山律著的一種努力。

整體來看，宋元年間的律學發展面臨多方面的壓力。首先是理論困境。自道宣律師已降，雖有多達六十二家為《行事鈔》作疏釋義，然而後代律師的注解漸漸偏於理論詮釋，遠離了道宣律師「以行事為中心」的初衷，弱化了指導僧人實際行持的作用。元照律師觀察到此類問題，為重振南山宗風，回歸道宣律師本意，「仰承行事之旨」，撰述靈芝三記，中興律學。其次是僧人的行持方向。淨土宗、禪宗的興盛使得當時的僧人更加注重禪、淨的修

1 《（重雕補註）禪苑清規》卷 10，《卍續藏》63 冊，550 頁上欄。

2 《釋門正統》卷 4，《卍續藏》75 冊，312 頁中欄。

持，戒律僅作為三學之基。律宗在此過程中逐漸隱沒於他宗之中，漢地本土的清規則愈漸興盛。再次是外部壓力。政府和禪師主導的「革律為禪」，也使律宗寺院減少，研律氛圍變淡。因此，宋元期間的律學，一方面有元照律師等人的中興之舉，另一方面在多方壓力作用下開始走向衰落。

（四）嚴冬——困境中的應對

明清時期，漢地律學在傳承不明、佛教整體衰落的緣起下迎難前進。明代律學遭遇三次戒壇封禁的低谷，後經諸多律師圓融應對，實現了短暫復興。清代廢除試經和度牒制度，降低了出家門檻，再加上經懺佛事的盛行，僧人行持難以保障，研律之風寡淡，律宗徹底進入寒冬。

明代期間革律為教，導致律學進一步衰落。明中後期鬻牒度僧氾濫，試經制度廢棄，由此僧尼素質低下，戒律廢弛。至嘉靖時期，皇帝崇道抑佛、寺院亂傳戒律等種種內外因素交織，最終導致戒壇三次封禁。第一次（1526年）和第二次（1546年），封禁範圍限於北京。而第三次封禁（1566年）的範圍擴展至全國寺院，封禁時間長達四十八年，造成佛教界數十年未開壇傳戒的局面，對戒律傳承造成重大打擊。

面對戒壇封禁的無常，雲棲蓮池、古心如馨等諸位大德積極應對，為律宗的寒冬尋找溫暖，最終促成了律宗及「萬曆佛教」（1573–1620）的短暫復興。

蓮池大師一方面主動配合官方政策，遵守法令，內斂變通，隨緣創造出一套求戒、受戒新模式——「佛像前受戒」[1]。另一方面整頓戒律，將戒律的學修和持守融入清規，制定出《雲棲共住規約》。書中的求戒式、受戒式、學戒式、誦戒儀和律堂等規約[2]，體現了禪宗叢林的戒律實踐。在蓮池大師及其住持的雲棲寺影響下，一批律學研究者與律學著作湧現。蓮池大師所著《戒疏

1 《雲棲法彙》卷22，《嘉興藏》33冊，171頁下欄。
2 《雲棲法彙》卷22，《嘉興藏》33冊，171頁下欄。

發隱》、《沙彌律儀要略》、《沙彌沙彌尼戒錄要》、《具戒便蒙》等成果乃是大師統籌考慮戒律、清規、時代緣起及出家人根器而作，契理契機，填補了當時教界的空缺。蓮池大師的努力彌補了當時律學傳承的缺失。

在蓮池大師等祖師的應對與帶動下，更多僧人深入律藏，使律學不斷向前發展。蕅益、法藏、元賢和弘贊等諸師對律學有進一步思考和研究，其律學成果主要包括：法藏禪師調和禪律而落實於受戒、傳戒儀軌的《弘戒法儀》，元賢禪師的《四分戒本約義》和以羯磨法為研究重點的《律學發軔》，以及弘贊禪師的《四分戒本如釋》、《四分律名義標釋》、《沙彌律儀要略增註》等多部律學著作。

律學義理上，蕅益大師提出五戒、十戒、比丘戒和菩薩戒都要同等重視，同等持守，「四級重樓，級級皆圓頓境，八萬細行，行行與法界周」。[1] 蕅益大師將戒律與禪淨會通，著有律學成果《重治毗尼事義集要》和《閱藏知津》。

如馨一系的探索則系統而持續。如馨律師發心重振戒律，於五台山獲文殊菩薩授記而得戒。萬曆四十一年（1613），神宗皇帝詔請其赴五台山傳戒、講律，至此戒壇禁令終於解除。如馨律師將戒法傳於三昧寂光後，漢地戒律才真正回歸到傳統的南山法脈上。寂光律師將剛恢復的傳戒活動繼續發揚光大，大振律學，創建律宗道場寶華山千華派，並培養了大批律學人才。

見月讀體律師（1601–1679）繼承寂光律師衣鉢，大力推進規範傳戒，所著的《三壇傳戒正範》成為後世傳戒準則，影響深遠。福聚律師（1686–1765）推動了寶華山律學著作收入《乾隆大藏經》。這一輪律學發展到康熙年間達到頂峰，後又逐漸沒落。乾隆年間廢除試僧和度牒制度，僧人質素難以保證，戒律廢弛。

清末，持續十幾年之久的太平天國運動給佛教帶來了致命的摧殘，其所到之處「無廟不焚，無像不毀」，無數的寺院、佛塔、經書、典籍被毀。晚

1 《重治毗尼事義集要》卷 1，《卍續藏》40 冊，344 頁下欄。

清、民國時期兩次大規模「廟產興學」運動，導致大量寺產被侵吞佔用，使佛教的命運遭遇重大危機。由於國勢衰微、內外交困，佛教積弊叢生，到了清末民國期間，漢地大部分僧團的戒律已經廢弛。

總之，明清期間，律學發展走入低谷，其原因主要來自外部。政府下令鬻牒度僧，廢除試經制度，使得出家眾良莠不齊，僧人行持難以保障，引發社會譏嫌；三次封禁戒壇，更是給律學的傳承、僧種的延續造成極大的打擊；太平天國運動、「廟產興學」運動等都為佛教的發展帶來了阻礙。面對這些困境，幸有蓮池大師、如馨律師兩系積極應對，努力變通，延續了律學的命脈，並為近現代律學的復興奠定了基礎。

（五）復興——近現代之努力

春夏秋冬又一春，律學的發展在經歷寒冬的考驗後，又迎來了春天。近代中國在恢復漢地律學方面進行了諸多探索與努力，主要有以下幾個方面：以弘一律師為代表的對南山律學的堅守與弘傳、以太虛大師為代表的佛教僧伽制度改革、虛雲大師在禪林對戒律精神的重振，以及印光大師對戒律精神與儒家倫理所作的融合。近代的漢地律學雖然面臨着很多挑戰，但也充滿了機遇，這些高僧大德的努力為現代律學發展奠定了基礎。

宋元年間，大部分南山典籍雖然在漢地散佚，但在日本一直流傳下來。近代徐蔚如居士將南山律典從日本請回，並創立刻經處付梓流通，使得深入律學研究有了文本典籍的基礎。

被後人尊為「律宗十一祖」的弘一律師（1880–1942），出家後接觸蕅益大師和見月律師的著作，發心學律。弘一律師早年重視有部律，曾引義淨三藏的說法來糾正南山律，後自悟有「輕謗古德」之過，又逐漸認識到「南山一派，尤深契此土機宜」，並經徐蔚如居士勸請，於 1931 年在佛前發願棄捨有部專學南山。弘一律師傾全力於南山典籍的整理、研究、教學、弘揚。他從多方收集古刻本精審點校，對律典進行表釋、科判、略釋、集釋等整理和簡化工作。經過整理後的南山律典版本精良、注釋完善、有條理、易學習，為人們學習南山律典提供了極大方便，對南山律學的復興起到了至關重要的作用。同時，弘一律師編纂《戒相表記》、《扶桑集釋》等律著，並廣開講筵，創建「南山律學苑」，講述南山律學著作，培育律學僧才。弘一律師還為在家信眾編成《南山律在家備覽》，闡揚南山宗義。弘一律師對律宗的復興、對近代中國佛教的提振，居功至偉。他以自己的言傳身教，實現了「誓捨身命，弘護南山四分律教久住神州」之夙願。

太虛大師（1889–1947）是中國近代著名的佛教改革者，他重視以南山律學規範佛教僧團，並對此提出了改革和重建計劃。大師在重視戒律持守的同時，強調對律學進行與時代相應的研習。大師在 1915 年撰寫完成的《整理僧伽制度論》中，提出了改良佛教律制建設的諸多構想，包括出家資格、出家流程、受戒流程和懺悔還淨等。大師在律典、祖師著作的基礎之上，結合近代中國的時代因緣，提出了很多改革辦法。雖然在當時這些舉措未能實現，但卻為今天的律制建設和律學研究提供了寶貴的參考。

虛雲大師（1840–1959）看到當時佛教衰敗的原因之一是傳戒不如法：「佛法之敗，敗於傳戒不如法。若傳戒如法，僧尼又嚴守戒律，則佛教不致如今日之衰敗。」他致力於規範傳戒，比如在鼓山湧泉寺將戒期由原來的八天改成三十天，加強戒期教育，廢止寄戒、不剃髮搭衣等不良風氣。虛雲大師還對僧制進行改良，並開辦戒律學院。

圓拙法師（1909–1997）曾經跟隨弘一大師學習南山律。圓拙法師介紹妙因法師，後者抄錄《四分律行事鈔資持記通釋》、《鈔記濟覽》二書，完成弘一律師遺作《四分律行事鈔資持記扶桑集釋》。在宗教政策恢復後，圓拙法師不遺餘力地推動傳戒工作，主張並推動按照律制三人一壇受戒以及二部僧傳戒。圓拙法師還在廣化寺組織五比丘專研南山律典，培養律學人才，其中的演蓮法師、界詮法師、濟群法師至今仍是弘揚南山律的中流砥柱。現在漢地律學研學較好的寺廟，很多和圓拙法師有一定淵源。

近幾年，龍泉寺在律學研究等方面進行了一些探索。弘一律師校勘南山律時，由於條件所限只利用了有限的敦煌寫本。龍泉寺在已出版的南山律典校釋系列中，最大限度地彌補了這一缺憾，採用了全面的敦煌寫本，以及日本、美國所藏的各種宋刊本、古刻本、寫本一切經等。在本書中，我們一方面力求對比丘戒作系統、全面的對比分析，另一方面也嘗試在新時代背景下重新審視比丘戒的行持問題。

二、漢傳佛教律學的特點

上文簡要回顧了比丘戒在漢地傳入、發展、興盛、衰落而又復興的歷史脈絡，從中可以看到漢地律學的一些特點。

（一）四分為主，博採他部

在三大語系佛教中，藏傳佛教和南傳佛教的戒律傳承都是專宗一部，而漢傳佛教大部分時間以四分為主，兼容他部。雖然也有義淨三藏主張專宗一部，但是主流的做法還是諸部會通。漢傳佛教這種多律型的特點是由歷史和現實需要等多重因素形成的。

首先，在短短二十年內，幾部廣律被相繼引入和翻譯，律師們都進行了研習，其中不乏博通多部之人。多部並習的情況，自然會產生會通的需求。四分律師中，法礪律師主張綜合諸部觀點，智首律師遍學五部而不局四分一宗之見，這些律師都具有融合諸部的思想。道宣律師曾經在《行事鈔》中列舉了之前四分律師們的六種做法：「一、唯執《四分》一部，不用外宗。二、當部缺文，取外引用。三、當宗有義，文非明了。四、此部文義具明，而是異宗所廢。五、兼取五藏，通會律宗。六、終窮所歸，大乘至極。」《行事鈔》主要採取第三、第六兩種觀點，即在大乘思想的基礎上，以《四分律》為宗，同時「餘亦參取，得失隨機」，必要的時候也會採用他部。[1]

會通諸部的思想基礎，也來自律師對於諸律同源的認識。漢地律師面對幾部廣律的態度與印度律師有所不同。漢地律師並無律典的宗派觀念，而是將幾部廣律視作一個整體來看待。如《行事鈔》：「統明律藏，本實一文，但為機悟不同，致令諸計岳立。所以隨其樂欲，成立己宗。競采大眾之文，用

---

1 《四分律刪繁補闕行事鈔校釋》，宗教文化出版社，2015 年 9 月，35 頁至 36 頁。

集一家之典。」[1]既然同出一源，只是因為後世根機不同而產生差異，那麼自然可以通過綜合諸部來還原和把握律學原始統一的面貌。這是歷代律師對四律五論進行會通的原動力之一。

會通諸部的做法，還受到現實需要的驅動。諸律之間的差異，多是部派佛教為應對不同外部環境所作出的不同取捨，是律師們有意識的選擇，故可以說，部派律典是不同的律學實踐經驗的總集。中國漢地的地理、人文環境和印度差異很大，單靠一部廣律來指導所有的行持實踐是有困難的，因此會通諸部成了後世律學很自然的選擇。

總之，漢地律學「四分為主，博採他部」的抉擇，一方面可以弱化部派色彩，更好地把握佛陀的制戒精神，回歸佛陀本懷；另一方面可以靈活應對實踐中的各種情況，既增加了更多的參考點，又能夠在取捨過程中作出更加符合緣起的抉擇。

（二）比丘戒和菩薩戒並行

中國是大乘佛教流布的地區，菩薩戒和比丘戒約在同一時期傳入漢地。兩晉南北朝時期是菩薩戒經典集中翻譯的階段，鳩摩羅什譯出《梵網經盧舍那佛說菩薩心地戒品》，曇無讖譯出《菩薩地持經》、《菩薩戒本》、《優婆塞戒經》，竺佛念譯出《菩薩瓔珞本業經》。唐貞觀年間，玄奘大師譯《瑜伽師地論》，標誌着中國菩薩戒經典的翻譯趨於完整。

菩薩戒不僅出家僧尼受習，隨着佛教的昌盛也融入到整個社會生活之中，上至帝王、士大夫階層，下至尋常百姓都受持奉行。兩個主要的菩薩戒系統中，梵網菩薩戒的內容與漢地的孝道精神相契合，並經天台、華嚴兩宗高僧的弘揚，成為漢地菩薩戒的主流；瑜伽菩薩戒次第明晰，戒條內容和比丘戒互補性強，也利於漢藏佛教間的互通和交流，在近代得到太虛大師等的

1 《四分律刪繁補闕行事鈔校釋》，31 頁。

重視。

大乘佛法的開展，菩薩戒和比丘戒並行，一方面秉持大乘教理，另一方面按照聲聞戒律行持，這兩者如何結合一直是漢地佛教面臨的問題。在漢地，要推行比丘戒就必須融會大小乘，故歷代律師多致力於研究兩者的會通——在大乘思想的背景下來闡述和完善比丘戒的律學體系。在戒相判斷上，比丘戒重行而菩薩戒重心，故道宣律師以《四分律》傾向按心判罪等理由而判其分通大乘。道宣律師又依唯識思想建立南山律戒體理論，並提倡三聚淨戒而將比丘戒納於攝律儀戒。元照律師以天台圓教進一步發展南山律戒體理論，將菩薩戒納入南山律學體系。南山律以大乘思想融會比丘戒，這是其取得後世律學主流地位的重要原因。

實踐方面，大乘思想及菩薩戒對漢地比丘律學也產生了深刻的影響。後世三壇大戒的傳戒形式，是漢地比丘戒和菩薩戒並重和融合互補的集中體現。南山律的懺罪之法包含了大乘內涵的化懺，即在比丘戒原有懺罪方法的基礎上作了擴充。六祖慧能提出「無相戒」，深刻地影響了漢地出家眾的戒律觀。比丘戒律允許食用魚肉，而漢地僧眾素食的傳統則是受大乘思想和菩薩戒影響。

（三）戒律和僧制雙軌並行

佛教傳入漢地不久便出現了僧制。漢傳佛教的僧制起始於道安大師創立的「三例」，其內容包括講經、行香、六時共修、布薩、懺悔等多方面的軌則。當時僧團日益擴大，而諸部廣律尚未被翻譯進來，僧團管理與僧人行持對戒律的需求無法被滿足，道安大師便制定僧制管理僧團，規範僧人行持，統領大眾修行。

此後，「僧制」在漢傳佛教的發展歷史中從未中斷，至唐朝百丈懷海禪師時演變為「清規」。「叢林清規」最早出現在唐朝的禪宗叢林，後逐漸擴展至各宗派。其最初的內容包括僧團管理架構、普請法等制度，後逐漸增加禪門規矩、執事職責、佛事活動等多個方面。清規最能反映漢地僧團的僧制特色，經不斷發展、完善，一直沿用至今。

僧制是戒律精神在漢地僧團本土化的體現。《五分律》記載：「雖是我所制，而於餘方不以為清淨者，皆不應用；雖非我所制，而於餘方必應行者，皆不得不行。」[1] 佛法的覺悟精神是一味的，但不同的弘化地區面臨着不同的環境與問題。漢地和古印度環境的不同，給佛法住世和僧人修行方式帶來了不同的影響。漢地僧團的僧制便是在「餘方」國土對戒律最好的補充與開演，與戒律雙軌並行。

首先，僧制非常注重對戒律精神的把握和持戒環境的營造。如宋代《禪苑清規》：「參禪問道，戒律為先……受戒之後常應守護，寧有法死，不無法生。」[2] 警策僧眾在參禪之前先打好持戒的基礎，應如守護生命般守護戒體。又如《教苑清規》：「香錢、油錢不得互用，亦任施主隨心喜捨，切勿苦覓，令生厭心。」[3] 這裏則要求僧眾嚴謹遵守「三寶物不得互用」的盜戒。

其次，僧制對戒律的落實起到補充與細化作用。如宋代《入眾日用》涉及睡眠、飲食、衣鉢等威儀方面的內容，是對律典中相關規定的補充。以鉢為例，《四分律》中用鉢威儀的規定有如下幾條：「平鉢受食，應當學。平鉢受羹，應當學……不得挑鉢中而食，應當學……不得視比坐鉢中食，應當學。當繫鉢想食，應當學。」[4]《入眾日用》進一步細化為：「先展鉢單，仰左手，取鉢安單上。以兩手頭指拼取鐼子，從小次第展之，不得敲磕作聲，仍護第四指第五指為觸指，不得用鉢，拭摺令小，並匙箸袋，近身橫放。入則先匙，出則先箸……兩手捧鉢受食，想念偈云：『若受食時，當願眾生，禪悅為食，法喜充滿。』」[5] 可見，《入眾日用》對於用鉢過堂的規定更加詳細，並且結合了漢地使用湯匙的特點，這些細緻的規定和條文可令僧眾在過堂用鉢時保持正念，努力用功。

---

1 《五分律》卷 22，《大正藏》22 冊，153 頁上欄。

2 《（重雕補註）禪苑清規》卷 1，《卍續藏》63 冊，523 頁上欄至中欄。

3 《增修教苑清規》卷 1，《卍續藏》57 冊，315 頁下欄。

4 《四分律比丘戒本》，《大正藏》22 冊，1021 頁上欄至中欄。

5 《入眾日用》，《卍續藏》63 冊，557 頁上欄。

再次，僧制體現了戒律在漢地的變通。以普請法為例，普請法是叢林的集體勞作制度。由於古印度盛行乞食制度，僧人無須從事勞作，而漢地的風俗則難以接受乞食行為。百丈山在當時又恰好處在交通不便的山區，於是懷海禪師便組織僧眾集體從事農業生產，自給自足。在務農過程中，僧人難免觸犯「掘地」等遮戒，懷海禪師解釋：「不得定言有罪，亦不得定言無罪。有罪無罪，事在當人。若貪染一切有無等法，有取捨心在，透三句不過，此人定言有罪；若透三句外，心如虛空，亦莫作虛空想，此人定言無罪。」[1] 事實上，佛陀制定此戒主要是因為傷害土地的行為受到古印度人的譏嫌。律典記載，在有三寶事緣時，佛陀也開緣掘地。因此，懷海禪師創立的「普請法」也是對「掘地戒」的善巧變通，並不違背佛陀的制戒本意，且能夠保證僧團的住世與發展。

漢傳佛教的僧制是漢地律學發展歷史中深具特色的內容。它對戒律在漢地的落實起到了很好的輔助作用，提醒僧人重視戒律，持守戒律。在「隨方毗尼」的原則下，僧制結合漢地僧人的學修生活特點，對戒條的內容作出更加細緻的規定，並對漢地難以落實或影響僧團住世和僧人學修的遮戒作出變通。戒律與僧制雙軌並行的模式是漢地律學發展中的寶貴財富。

(四) 律宗的形成

律宗是漢傳佛教八宗之一，南山律學成為獨立宗派，是漢地律學的又一特點。南山律宗宗派主體的形成，既有外部條件的驅動，也有自身律學體系內在因素的作用。

隋唐佛教義學發達，形成了諸多學派，對律宗理論的成熟起了很大的孕育作用。比如，道宣律師借用唯識理論建立了南山戒體觀。唐朝擁有穩定的律師群體，他們對諸部廣律都有深入研究，其律學思想也漸趨成熟。道宣律

1 《古尊宿語錄》卷 1，《卍續藏》68 冊，8 頁上欄至中欄。

師構建的南山律是以前代律師的研究成果為基礎的。南山律會通諸部的思想理論，在道宣律師之前的法礪律師、智首律師等著作中已有相關表述。道宣律師師承智首律師研習《四分律》多年，《行事鈔》對智首律師的《四分律疏》也多有借鑒和繼承。元照律師在完善南山律學體系的時候，也吸收了時代的教理營養。要而言之，佛教義學包括律學整體研究的成熟和發達，是南山律宗得以成立的外部條件。

南山律宗自身完整、豐富的理論體系，是其能夠形成獨立宗派的關鍵內因。太虛大師曾說：「一切佛法，以教、理、行、果四字攝盡。」南山律以《四分律》為宗，融合大小乘，以大乘發心持守聲聞戒，三聚圓修，最終成就佛果，即蘊含了教、理、行、果四個要素而構成完整的修學體系。擁有自己的判教體系是宗派成熟的標誌之一，道宣律師將佛法判為化制二教，又分為「神足輪」、「說法輪」、「憶念輪」，通過「二教」、「三輪」，建立了南山律宗判教體系。特別地，南山律宗戒體觀在教理層面成功地會通大小乘，一定程度上祛除了律學實踐中產生的重大輕小的流弊，解決了大乘比丘持守聲聞戒律的疑惑，對後世漢地律學作了重要的理論指引。

後代學人的傳承和發揚是律宗得以延續的必要條件。道宣律師創建南山律學之後，弟子門人如文綱律師、道岸律師等，憑藉自己淵博的學識以及對僧俗二眾的影響力，促進了南山律在北方的進一步發展，並將四分律學推進至南方地區。後又有鑒真大師等將南山律傳播至日本，為近代南山律典籍的回歸埋下了伏筆。道宣律師的弟子大慈律師著《行事抄記》，開啟了唐宋六十二家南山律疏的序幕。律師群體對南山典籍不斷深入研習和傳承實踐，使南山律宗在歷史的長河中逐漸確立了優勢地位。

律宗的成立是律學研究成熟和發達的標誌。反過來，南山律宗的出現，也使得漢地比丘戒研究的重心發生轉向。研究對象從廣律等律學原典轉向南山典籍，研究取向上也以理解和承襲祖師思想為主，律學研究的活力和開創性逐漸減弱，這種情況一直延續到了今天。

三、關於本書

關於佛教義理研究可循之路徑，太虛大師嘗言：「先以恢復初唐之故有，進之遍究全藏，旁探錫蘭、中國藏地，而溯巴利文、梵文原典，當非復宗派傳統之可拘蔽，而入世界佛學之新時代矣。」[1]

如前所述，律學於隋唐達到頂峰之後，律家的重點即轉向南山律的注疏。本書則繼承隋唐律師的研究成果和研究方法，回歸律藏原文，對諸部律典作系統性的對比研究。在具體取捨上，本書仍遵循「四分為宗，博採他部」的漢地律學傳統，並承襲傳統律學中多律型之開放態度。在此基礎上，本書積極吸收當今世界佛學研究的成果與方法，並參考和借鑒其他語系的律典，這一方面可算本書在祖師著作基礎上向外所做的拓展。

最終呈現給讀者的這十二冊書，是著者過去幾年對比丘戒進行系統梳理、研究的成果。希望以此為中國佛教律學的復興盡一份綿薄之力。囿於研究水平和時間所限，不足之處敬請教內外大德不吝指正。

1 《太虛大師全書》，宗教文化出版社，2005 年，1 冊，17 頁。

目錄

02 摩觸戒 / 99

04　歎身索供戒 / 191

05　媒嫁戒 / 223

06　無主房戒 / 267

07　有主房戒 / 315

08　無根謗戒 / 351

09　假根謗戒 / 391

10　破僧戒 / 423

11　助破僧戒 / 465

12　污家擯謗戒 / 497

13　惡性不受諫戒 / 541

凡例

一、對於古今用法存在差異的文字，本書採用區別對待原則：出現在引文中的文字，尊重原文；非引文中的文字，按照現代漢語的語法規則使用。如現代漢語常用的「皈依」、「三皈」等詞，在引文中保留「歸依」、「三歸」等古代用法；又如「蓄積」的「蓄」，引文中保留原來的「畜」。

二、所有引文都加了現代標點。正文及引文的標點主要參考了《古籍標點釋例》（中華書局）和《中華人民共和國國家標準．標點符號用法》(GB/T 15834-2011) 中的規則，並適當採取了一些靈活處理。

三、主要人名在各篇初次出現時，以括號加注其生卒年。若年份無法確定者，則用「？」表示。

四、文中出現的年號，在首次出現時，後面括號中加注公元年份。

五、引用中出現的佛典，被收錄入 CBETA2016 版者，標注相應藏經的冊、頁、欄；未收錄入 CBETA2016 版者，則用一般古籍通用引用方式處理。

六、對於《大正藏》中的部分錯誤，本書參考《高麗藏》再雕版作了校勘，並附校勘記。

七、線裝古籍或古籍影印本，如沒有頁碼則直接寫卷數，但注明相關版本。有一些古籍一頁包含正反兩面者，則分別將正反面用 a、b 表示。

八、現代校點整理的古籍，在引用時注明了點校者、出版社、版本和頁碼。如對原作者的標點和文字做了修改，在注釋中説明。

九、現代出版專著，在腳注中注明了作者、專著名、出版社、出版時間、頁碼。

十、期刊論文或叢書中某一單篇論文，標注了作者、題目、期刊名及該期時間、刊號、發表時間、頁碼。

十一、外文標點符號的使用遵循外文的習慣用法。中外文混排，在中文中夾用一些外文單詞、短語，使用中文標點；整句、整段引用外文，按所引文種的規定使用標點符號。

十二、外文專著標注順序為責任者與責任方式、專著名、出版地、出版者、出版時間、頁碼，書名用斜體，其他內容用正體；外文析出文獻標注順序為責任者與責任方式、析出文獻題名、所載書名或期刊名及卷冊、出版時間，頁碼，析出文獻題名用英文引號標示，期刊名或書名用斜體，其他內容用正體。

十三、當同一部書第二次引用時，使用簡引，只標明書名和頁碼。

十四、因正文中引用了大量律典的原文，為了簡化，在每一戒條緣起、戒本、辨相部分標注其所在律典的起始範圍，若後文中出現這一範圍內的引文，將不再標注。未在此範圍內或引自其他原典的引文，按正常格式標注。

十五、注釋的編碼緊跟被注字、詞的右上方，或者句子末尾點號右上方，內容呈現於當頁腳注。

十六、正文中，《巴利律》相對應的腳注為《經分別》、《犍度》、《附隨》。

十七、為了敘述簡潔，以下藏經和典籍用了簡稱：

1. 藏經：《大正藏》（《大正新修大藏經》），《卍續藏》（《卍新纂續藏經》），《高麗藏》（再雕版《高麗大藏經》）。

2. 典籍：以下書名使用簡稱，不用全稱，未列出的典籍均使用全稱。

原名稱	簡稱
《彌沙塞部和醯五分律》	《五分律》
《摩訶僧祇律》	《僧祇律》
《摩訶僧祇律大比丘戒本》	《僧祇比丘戒本》
《十誦比丘波羅提木叉戒本》	《十誦比丘戒本》
《善見律毗婆沙》	《善見論》
《薩婆多部毗尼摩得勒伽》	《摩得勒伽》
《薩婆多毗尼毗婆沙》	《薩婆多論》
《律二十二明了論》	《明了論》
《根本説一切有部毗奈耶》	《根有律》
《根本説一切有部毗奈耶……事》	《根有律……事》
《根本説一切有部戒經》	《根有戒經》
《根本薩婆多部律攝》	《根有律攝》
藏文《根本説一切有部毗奈耶》	藏文《根有律》
麗江版藏文大藏經《甘珠爾》第五函的《別解脱經》	藏文《根有戒經》
梵文、巴利文戒經使用的簡稱	梵文《説出世部戒經》 梵文《根有戒經》 梵文《有部戒經》 巴利《戒經》
《四分律刪繁補闕行事鈔》	《行事鈔》
《四分律含注戒本疏》	《戒本疏》
《四分律刪補隨機羯磨疏》	《羯磨疏》
《四分律比丘含注戒本》	《含注戒本》
《四分律刪補隨機羯磨》	《隨機羯磨》
《四分律比丘尼鈔》	《比丘尼鈔》
《四分律拾毗尼義鈔》	《義鈔》
《四分律刪繁補闕行事鈔資持記》	《資持記》
《四分律含注戒本疏行宗記》	《行宗記》
《四分律刪補隨機羯磨疏濟緣記》	《濟緣記》

僧殘引言

波羅夷是保持比丘身分的根本戒，僧殘則是防護根本戒的一道重要防線。

本篇共十三條戒，其中五條戒與淫欲的防護相關，四條與僧團勸諫相關，兩條與比丘建造住房相關，兩條與誹謗相關。除了最後兩條戒的順序在少數律典中相互置換，諸律中戒條的排列順序基本相同。戒條內涵方面，「有主房戒」的發起心在《根有律》等根有系律典中都是為大眾、為僧團作大房，這與《四分律》和其他某些律典的「為己作」相比，是一個較大的不同之處。本篇戒條體現出一些共性，如僧團勸諫的四條戒，都以三次羯磨竟為究竟。與口業有關的戒條如「粗語戒」、「歎身索供戒」等，都以對方聽懂為究竟。

佛制「大淫戒」後，淫欲熾盛的比丘想通過出不淨來滿足淫欲煩惱，於是佛陀再次制戒。眠中出精的各種情況該如何判罰，是比丘持此戒時容易產生疑惑的地方，也是本戒的一個辨析重點。其辨析結論如下：夢中有出精意和加行，出精，不犯；半夢半醒時，如果能察覺到自己的出精意與加行，出精，偷蘭遮；如果意識模糊，不能了知自己的出精行為或意圖，不犯；夢醒，有出精意無加行，後出精，突吉羅；覺時起出精意，作方便並持續至夢中，導致眠中出精，僧伽婆尸沙。諸律中引發比丘犯戒的外緣有三種：獨居一室、女性染緣和惡友蠱惑。而在當今社會，雜染境界更多，如果要從源頭上防護，遠離不良信息是比丘持守本戒的關鍵。

佛制「漏失戒」之後，緣起比丘又想到了滿足淫欲的新方式——摩觸女人。比丘這種行為會給對方帶來很大傷害，尤其是對於有信仰的女居士而言。她們除了會認為受到侮辱外，更可能由此退失對三寶的信心。「摩觸戒」的判罪分為主動和被動兩個方面：若比丘以有知覺的部位主動碰觸女身，包括其毛髮等無知覺的部位，正犯本戒；被女人摩觸時，故意不避開或動身迎合以領受觸樂，也正犯；如果以染心，摩觸男子，結偷蘭遮罪。現代社會，比丘在外出、接待、承擔寺務的過程中，可能會面臨更多與女人接觸的外緣，比如看病、合影、乘車、安檢、握手等情況，這時需要善巧應對，防微杜漸。

淫欲煩惱的表現形式有多樣，即使在不與女性發生身體接觸的情況下，比丘也可以通過污言穢語以及與女人談論性話題獲得淫欲的滿足，「粗語戒」即為此而制。「粗語戒」的一個辨析重點在究竟成犯，《四分律》有「說了了」與「彼人知」兩種記載，但意趣相同，即對方明白比丘所說的內容。從中印文化的差異性來看，中國人含蓄內斂的性格，導致大眾對粗惡語更加不齒。現代社會中，如果用粗惡語損惱女性，甚至會受到法律制裁。

業果法則是古印度文化中的重要理念之一，古印度人認為將最珍貴的供品供養給聖人或修行人，將來會得到殊勝的回饋，這種理念成了比丘索取淫欲供養的藉口。但索取淫欲供養行為明顯與佛陀的教法相違背，因此佛陀制定「歎身索供戒」。

「粗語戒」與「歎身索供戒」都是通過語言的方式宣泄淫欲煩惱。兩戒區別在於：「粗語戒」遮止的是一種與男女二道相關的直接粗語，這種粗語更加直接地表達比丘的淫欲意；「歎身索供戒」遮止的是一種相對委婉的間接粗語，比如以講法的方式，令對方明白淫欲供養的殊勝。

認為「媒嫁戒」可以因三寶事開緣，是對律典文義的誤解。這種觀點應該來自《四分律》：「若為佛、為法、為僧、為塔，若為病比丘看書持往，如是無犯。」通過對比其他律典，可以得出「看書持往」是為三寶事或者病人的事情，不是為媒嫁事。為三寶事不犯「媒嫁戒」，是因為沒有媒嫁的發起心和主動促成媒嫁的行為，犯緣不具足，而不是因三寶事比丘就可以媒嫁。另外，《四分律》還記載僧羯磨差比丘媒嫁，僧團所有比丘都犯重，這也從另一個角度說明為三寶事媒嫁不合理。

至於佛化婚禮，男女雙方結合為夫婦已經是事實。比丘參與婚禮，只是起出席或見證的作用，因此，比丘參加佛化婚禮乃至給予證婚不犯「媒嫁戒」。不過婚禮上，比丘如果受請致辭，不適合說世間祝讚和合的話語，也不適合說「無常、苦、空」一類不符合婚禮場合的話，可以勉勵雙方和睦相處、共同精進修行佛法、踐行菩薩道等。

兩條誹謗戒，也是緣起比丘對利養不滿，偏見入心而引發，通過捏造事實，並教唆他人作偽證來對僧執事進行誹謗，以達到毀人清譽的目的。這種行為不僅為戒律所不許，根據國家法律也可能構成誹謗罪，甚至需要承擔刑事責任。無根謗與假根謗的區別在於：無根謗是沒有任何依據的誹謗，假根謗是指將威儀事或者小小過誹謗為重罪的行為。

關於「破僧戒」，有觀點認為，只有破法輪僧才會正犯「破僧戒」，而破法輪僧只有在佛世時才有可能發生。如果承許這種觀點，那麼關於破僧的兩條戒，就成了後世比丘永遠不會正犯的戒條。經過梳理發現，「破僧戒」中的「僧」，在所有的律典及部分論典中都記載為「和合僧」。「和合僧」的條件為同一羯磨，同一說戒。只有幾部論典中提到「法輪僧」和「羯磨僧」的概念，從律典的權威角度及制戒精神考量，「和合僧」的記載更為可取。因此，今天的比丘依然有正犯這兩條戒的可能。

「污他家」特指比丘不平等對待居士而令居士信心損減的行為，「行惡行」泛指比丘不如法和非威儀的行為，這兩種行為的共同指向是損減居士對三寶的信心。如果比丘「深著世樂不能捨心」，就很容易以出家人的身分用世間法與居士交往，令居士產生邪見，並遠離真正如法的比丘。在現代弘法的過程中，比丘容易以貪求利養之心與居士接觸，居士的分別心往往較重，這樣的行為容易導致信眾只對個別比丘有好感，而難以對僧團或者三寶樹立信心。這種好感大都是染污之情，容易引發矛盾。當其他信眾看到比丘只對一部分信眾「廣開方便之門」時，難免會心有不滿，從而影響其對三寶的信心。在承擔社會責任方面，佛教應該起到導世化俗的作用，而非世俗化。因此，比丘應當避免做出種種不如法和非威儀的行為。

在「惡性不受諫戒」中，緣起比丘憑恃與佛陀的特殊關係，認為他人沒有資格來勸諫自己。現代漢地，雖然沒有古印度種姓差異的文化背景，但仍然有很多因素可作為比丘的憑恃，並以此拒絕別人的勸諫，比如：比丘出家之前所獲得的財富、地位、名望、學歷，以及出家後戒臘的高低等。因此，本戒並非只有少數「惡性」比丘才會涉及，每一位比丘都有可能將某一長處，作為自己拒絕他人勸諫的理由。不過比丘在勸諫他人的時候，也應以慈悲心如法勸諫，應遵循如《四分律》「五法」原則。在現代中國的寺院，佛世時用來處理犯戒比丘的羯磨法，多以叢林清規或者相應的規章制度代替，但勸誡的意趣和精神依舊不變。

比丘犯波羅夷，僧團會直接滅擯；犯僧殘罪，雖然有改過機會，但需要經過眾悔，行調伏法、出罪羯磨等環節，才能出罪。

01

漏失戒

一、緣起

（一）緣起略述

《四分律》有一個本制和一個隨制。本制中，佛在舍衛國時，迦留陀夷欲意熾盛，以至顏色憔悴，身體枯瘦。於是獨處一房，弄失不淨，並引以為安樂。諸親友比丘見其容貌氣色好轉便詢問原因，了解實情後對他呵責，並將此事向佛陀匯報。佛陀以此因緣制戒。[1]

隨制故事中，有一位比丘散亂心睡眠，於夢中失精，醒覺後疑犯此戒，便請其他比丘啟白佛陀。佛陀以此因緣召集諸比丘，先宣說亂意睡眠的五種過失（一者惡夢，二者諸天不護，三者心不入法，四者不思維明相，五者於夢中失精）及善意睡眠的五種功德（反上即是）。後向諸比丘宣告，於夢中失精不犯此戒。

諸律緣起差異比較：

1. 制戒地點

《四分律》中，制戒地點為「舍衛城」，《僧祇律》[2]、《五分律》[3]與《四分律》相同，《鼻奈耶》[4]為「舍衛國祇樹給孤獨園」，《巴利律》[5]為「舍衛城祇樹給孤

---

1 《四分律》卷 2，《大正藏》22 冊，579 頁上欄至 580 頁中欄；卷 56，《大正藏》22 冊，985 頁下欄至 986 頁中欄；卷 58，《大正藏》22 冊，995 頁下欄至 996 頁上欄。

2 《僧祇律》卷 5，《大正藏》22 冊，262 頁上欄至 264 頁上欄；卷 30，《大正藏》22 冊，470 頁上欄至中欄。

3 《五分律》卷 2，《大正藏》22 冊，10 頁中欄至下欄；卷 23，《大正藏》22 冊，156 頁中欄至 158 頁上欄；卷 28，《大正藏》22 冊，185 頁上欄。

4 《鼻奈耶》卷 3，《大正藏》24 冊，860 頁中欄至 861 頁中欄。

5 《經分別》卷 2，《漢譯南傳大藏經》1 冊，153 頁至 165 頁；《附隨》卷 1，《漢譯南傳大藏經》5 冊，50 頁。

獨園」，《十誦律》[1]為「舍衛國」，《根有律》[2]為「室羅伐城逝多林給孤獨園」。

2. 緣起比丘

《四分律》、《鼻奈耶》、《十誦律》中，緣起比丘都為「迦留陀夷」，《五分律》為「優陀夷」，《僧祇律》為「尸利耶婆比丘」，《根有律》為「鄔陀夷」，《巴利律》為「長老施越」。其中，「迦留陀夷」、「優陀夷」、「鄔陀夷」是同一人，只是不同律典翻譯不同而已。

3. 緣起情節

《十誦律》、《五分律》、《根有律》、《巴利律》與《四分律》相同，都有一個本制和一個隨制。《十誦律》、《根有律》緣起情節與《四分律》相似。《五分律》的本制與《四分律》稍有不同：長老優陀夷自出不淨求得安樂，後有一比丘也為欲火所燒而身體羸瘦，長老優陀夷教他用出精的方法來獲得安樂，但被該比丘呵斥並告訴佛陀。《巴利律》的本制與《五分律》相似，長老施越不喜梵行，枯瘦憔悴，長老優陀夷教他以手泄不淨以得安樂。同修比丘白佛，佛呵斥長老施越而制戒。

《僧祇律》有一個本制和一個隨制，故事與《四分律》有所不同。本制中，比丘尸利耶婆乞食時看到露身女人，回到住處後想念該女人身體，憔悴發病。其後，尸利耶婆在白天睡覺時心中起欲念，然後有了生理反應，手觸弄男根而失精，失精後感到安樂。世尊巡查寮房時，問尸利耶婆比丘病是怎樣好的，比丘如實而答，佛呵斥後集僧制戒。隨制故事為四個比丘各於夢中失精，請舍利弗尊者問佛，佛說夢虛妄不實，不犯。《僧祇律》中還提到長老尸利耶婆在佛陀制戒以後仍數數犯，不認真懺悔並覆藏自己的過失。佛陀因此分別增制了摩那埵、波利婆沙，以及要在二十人以上的僧眾中作法才能出

1 《十誦律》卷 3，《大正藏》23 冊，13 頁下欄至 14 頁下欄；卷 32，《大正藏》23 冊，228 頁中欄至 236 頁下欄；卷 51，《大正藏》23 冊，378 頁上欄；卷 52，《大正藏》23 冊，379 頁上欄至中欄、383 頁中欄至下欄；卷 55，《大正藏》23 冊，403 頁中欄至 404 頁上欄；卷 59，《大正藏》23 冊，442 頁下欄至 443 頁上欄。

2 《根有律》卷 11，《大正藏》23 冊，680 頁中欄至 681 頁下欄。

罪等治罰方式。

《鼻奈耶》有一個本制和一個隨制，與《四分律》相同。另外還記載一個緣起故事，難陀尊者淫意多，被一個女人行接足禮，手足接觸後難陀失精落女人手上。佛陀判無罪，並告誡比丘以後要穿涅槃僧（短裙內衣）。

（二）緣起比丘形象

對於犯罪比丘的形象，各部律典的描述大致相同，部分稍有差異。

《四分律》、《僧祇律》、《五分律》中均提到犯罪比丘「欲意熾盛，顏色憔悴，身體損瘦」，甚至生病，因此以出精為安樂之法。出精後便「諸根悅豫，顏色光澤」，「病得除癒」。

《僧祇律》中，尸利耶婆比丘「不善攝身口意，放縱諸根」，「念彼女人身，心想馳亂，憂悴發病，顏色痿黃」，放逸散亂之態明顯。後來屢犯僧殘等罪，諸比丘勸誡他，他反而辯駁：「我犯罪悔過，尚不厭倦。汝等受我悔過，何足為難？」表現一副不知悔改和狡辯的形象，但後來因覆藏自己罪行而後悔，主動向他人發露。

《鼻奈耶》、《十誦律》和《根有律》中都沒有提到迦留陀夷身體憔悴的情節，只說他在淫欲心生起時便自出精取樂，其出精的目的是滿足淫欲。

《巴利律》中，長老施越「不喜修梵行，是故彼形體枯瘦，容貌憔悴，筋脈悉現」，可以看出，比丘心不能安住於法上，非常無聊和痛苦。

《鼻奈耶》和《僧祇律》提到，在面對佛陀和其他比丘呵責時，犯罪比丘產生了較強的慚愧心。如《鼻奈耶》記載，迦留陀夷在被佛陀詢問時，「內懷慚愧，外則恥眾」。

（三）犯戒內因

《四分律》中，緣起比丘淫欲心熾盛，對淫欲的貪著得不到如法調伏是比丘犯戒的主要原因。其他律典與《四分律》相同。

(四) 犯戒外緣

《四分律》中，緣起比丘獨處一房，為其在淫欲熾盛時故弄陰出精提供了比較方便的條件。可見，缺少監督的獨居環境是引發其犯戒的一個外緣。《十誦律》與《四分律》相同。

《鼻奈耶》、《僧祇律》和《根有律》中，緣起比丘乞食見到女人，引發淫欲煩惱導致犯戒。因此，比丘外出時遇到染緣沒有及時防護，是其犯戒的重要外緣。

《巴利律》中，緣起比丘是被迦留陀夷勸導而犯戒，所以，惡友的教唆是其犯罪的外緣。

《五分律》沒有明確記載犯戒外緣。

(五) 犯戒後的影響

1. 對緣起比丘的影響

《四分律》中，緣起比丘犯戒後，通過滿足自己淫欲煩惱使得「諸根悦豫，顏色光澤」。《鼻奈耶》、《根有律》、《巴利律》與《四分律》相似。

《十誦律》、《僧祇律》、《五分律》中，緣起比丘通過滿足煩惱的犯戒行為讓自己得到暫時的安樂。

2. 對其他比丘的影響

《四分律》中，緣起比丘的犯戒行為引起其他比丘的不滿，並將其報告給佛陀。《十誦律》中，緣起比丘的行為引起僧團其他比丘的呵責。《鼻奈耶》、《五分律》、《巴利律》與《十誦律》相同。

(六) 佛陀考量

《僧祇律》中，世尊五日行僧坊，緣起比丘在房屋後小便時，男根起，世尊擔心其「驚怖慚愧」，故「作小聲令其先覺」。之後世尊問緣起比丘之前的病患是如何康復的。緣起比丘於是將其因染緣導致欲心馳亂，進而生病，後通過手出不淨使病痊癒的詳細過程稟白世尊。世尊呵斥了緣起比丘：「此甚不可，此非梵行而言梵行，此非安隱而言安隱。」之後，又宣說了淫欲的過患。通過此公案可以看出世尊對弟子的應機施教：面對根器不夠的犯錯弟子，佛陀會保護其自尊心，並通過善巧方便引導弟子「自言治」，最後從佛法上讓弟子明白什麼才是真正的梵行與安隱，達到教化弟子的目的。

諸律中，從佛陀呵斥緣起比丘的言語中可以看出，佛陀常常告誡比丘們要知道淫欲障道的過患。《十誦律》記載：「汝不知我以種種因緣呵欲、欲想，種種因緣讚歎離欲，除滅欲熱？我常說法教人離欲，汝尚不應生心，何況乃作起欲恚癡、結縛根本不淨惡業？」《僧祇律》中，緣起比丘產生似是而非、自我安慰的見解：「此好方便可得除患，不妨出家淨修梵行，受人信施。」佛陀直接教誡對方：「汝今作此惡不善事，此非法、非律、非如佛教，不可以此長養善法。」佛陀根據這些現實緣起制定「漏失戒」，以此規範比丘的行為，使之真正遠離淫欲過患，增進道業。

淫欲煩惱乃生死根本，其潛在的能量與危害非常強大。尚在凡夫位的比丘，夢中難以避免起欲心而失精。佛陀一方面告誡不得散亂心睡眠，一方面將夢中失精列為開緣。這體現了佛陀制戒的中道精神，既防止了故犯的情況，又不超出比丘的持戒能力，使比丘不致過度緊張，而能安心辦道。

（七）文體分析

《四分律》、《十誦律》、《五分律》、《根有律》、《巴利律》都有兩個因緣。《鼻奈耶》有三個因緣和兩個譬喻。《僧祇律》中有四個因緣、一個祇夜。

《四分律》語言簡練，除了對緣起比丘身體狀態的描述外，律典中還對緣起比丘的居住環境作了描寫：「於異時獨處一房，敷好繩牀、木牀、大小褥被、枕地，復敷好敷具，戶外別安湯水、洗足具，飲食豐足。」這一點，《十誦律》中亦有相似記載：「別房舍中有好牀榻、被褥，敷好獨坐牀，掃灑內外皆悉淨潔，以淨水瓶盛滿冷水，常用水瓶盛滿冷水。」《五分律》的情節最為簡潔，沒有環境等細節描寫。

《僧祇律》中除了有一些人物對話外，還細緻地描寫了緣起比丘的心理活動，如：「失不淨已便得安樂，所患即差，便作是念：『此好方便可得除患，不妨出家淨修梵行，受人信施。』」《鼻奈耶》中亦有生動的表達：「女人即舉手塗頂上：『我今得大利，乃使尊者難陀淫意熾盛，梵行全碩，意不犯戒。』」展現出印度獨特的兩性文化。

二、戒本

《四分律》中，本戒的戒本為：「若比丘，故弄陰失精，除夢中，僧伽婆尸沙。」

（一）若比丘

《四分律》、《四分僧戒本》[1]、《新刪定四分僧戒本》[2]、《四分律比丘戒本》[3]作「若比丘」。意思是：如果比丘。

與《四分律》相同：

《鼻奈耶》、《十誦律》、《十誦比丘戒本》[4]、《僧祇律》、《僧祇比丘戒本》[5]、《五分律》、《彌沙塞五分戒本》[6]、《解脫戒經》[7]作「若比丘」。

與《四分律》相似：

《根有律》、《根有戒經》[8]、《根有律攝》[9]作「若復苾芻」。

與《四分律》差異較大：

梵文《說出世部戒經》、梵文《根有戒經》、梵文《有部戒經》、巴利《戒經》、藏文《根有戒經》無此內容。

---

1 《四分僧戒本》，《大正藏》22 冊，1023 頁下欄。
2 《新刪定四分僧戒本》，《卍續藏》39 冊，263 頁中欄。
3 《四分律比丘戒本》，《大正藏》22 冊，1016 頁上欄。
4 《十誦比丘戒本》，《大正藏》23 冊，471 頁中欄。
5 《僧祇比丘戒本》，《大正藏》22 冊，550 頁上欄。
6 《彌沙塞五分戒本》，《大正藏》22 冊，195 頁上欄。
7 《解脫戒經》，《大正藏》24 冊，660 頁上欄。
8 《根有戒經》，《大正藏》24 冊，501 頁中欄。
9 《根有律攝》卷 3，《大正藏》24 冊，540 頁中欄。

(二)故弄陰失精

《四分律》、《新刪定四分僧戒本》作「故弄陰失精」，意思是：故意觸弄男根流出精液。

與《四分律》相似：

《四分僧戒本》、《四分律比丘戒本》作「故弄陰出精」。

與《四分律》有部分差異：

《十誦律》、《十誦比丘戒本》、《僧祇律》、《僧祇比丘戒本》作「故出精」。

《五分律》、《彌沙塞五分戒本》作「故出不淨」。

《根有律》、《根有戒經》、《根有律攝》作「故心泄精」。

梵文《說出世部戒經》[1] 作 "Saṃcetanikāye śukrasya visṛṣṭīye"，梵文《有部戒經》[2] 作 "Saṃcintya śukravisargo"，梵文《根有戒經》[3] 作 "Saṃcintya śukravisṛṣṭir"，以上三部梵文戒經的意思都是：故意出精液。

巴利《戒經》[4] 作 "Sañcetanikā sukkavisaṭṭhi"，意思是：故意射出精液。

藏文《根有戒經》[5] 作 "བསམས་བཞིན་དུ་ཁུ་བ་སྤྱང་ན་"，意思是：故意令精液泄出。

以上律典相比《四分律》，沒有對加行「弄陰」的描述，相同點是都表述了「故意」的內涵。

與《四分律》差異較大：

《鼻奈耶》作「弄陰失精」，相比《四分律》少了「故」的內涵。

《解脫戒經》作「憶念故出精」，與《四分律》及其他戒本差異較大。

---

1 Nathmal Tatia, *Prātimokṣasūtram of the Lokottaravādimahāsāṅghika School*, Tibetan Sanskrit Works Series, no. 16, Patna: Kashi Prasad Jayaswal Research Institute, 1975, p. 8.

2 Georg von Simson, *Prātimokṣasūtra der Sarvāstivādins Teil II*, Sanskrittexte aus den Turfanfunden, XI, Göttingen: Ndenhoeck & Ruprecht, 2000, p. 166.

3 Anukul Chandra Banerjee, *Two Buddhist Vinaya Texts in Sanskrit*, Calcutta: The World Press, 1977, p. 16.

4 Bhikkhu Ñāṇatusita, *Analysis of the Bhikkhu Pātimokkha*, Kandy: Buddhist Publication Society, 2014, p. 46.

5 麗江版《甘珠爾》(འཇང་བཀའ་འགྱུར།)第 5 函《別解脫經》(སོ་སོར་ཐར་པའི་མདོ།)4a。

（三）除夢中

《四分律》、《四分僧戒本》、《新刪定四分僧戒本》、《四分律比丘戒本》作「除夢中」，意思是：除了在睡夢中。

與《四分律》相同：

《十誦律》、《僧祇律》、《僧祇比丘戒本》、《五分律》、《彌沙塞五分戒本》、《解脱戒經》、《根有律》、《根有戒經》、《根有律攝》作「除夢中」。

與《四分律》相似：

《鼻奈耶》作「除其夢中」。

梵文《説出世部戒經》作“Anyatra svapnāntare”，梵文《有部戒經》作“Nyatra svapnāntarāt”，梵文《根有戒經》作“Anyatra svapnāntarāt”。三部梵文戒經的意思均為：除了在睡夢中。

巴利《戒經》作“Aññatra supinantā”，意思是：除了在夢中。

藏文《根有戒經》作“རྨི་ལམ་གྱི་མ་གཏོགས་ཏེ”，意思是：除了在夢中。

《十誦比丘戒本》作「〔是比丘僧伽婆尸沙；〕除夢中」，此處的三個字被放在「僧伽婆尸沙」後。

（四）僧伽婆尸沙

《四分律》、《四分僧戒本》、《新刪定四分僧戒本》、《四分律比丘戒本》作「僧伽婆尸沙」，屬於對梵文的音譯，意思是：犯僧殘罪。

與《四分律》相同：

《十誦律》、《僧祇比丘戒本》、《五分律》、《彌沙塞五分戒本》、《解脱戒經》作「僧伽婆尸沙」。

與《四分律》相似：

《鼻奈耶》作「僧伽婆施沙」。

《僧祇律》作「僧伽婆尸沙罪」。

《根有律》、《根有戒經》、《根有律攝》作「僧伽伐尸沙」。

《十誦比丘戒本》作「是比丘僧伽婆尸沙〔；除夢中〕」。

梵文《說出世部戒經》作“saṃghātiśeṣo”，梵文《根有戒經》作“(saṃghā)vaśeṣaḥ”，梵文《有部戒經》作“saṃghāvaśeṣaḥ”，意思都是：僧殘餘。

巴利《戒經》作“saṅghādiseso”，意思是：僧始終[1]。

藏文《根有戒經》作“དགེ་འདུན་ལྷག་མ་འོ།།”，意思是：僧殘餘。

1　（處理過程）從始至終都需要僧團（羯磨）參與，(this is a case) involving the community in the beginning and in the rest, *The Bhikkhu Pātimokkha a Word by Word Translation*.

三、關鍵詞

（一）除夢中

梵文《説出世部戒經》中對應內容為“anyatra（除了）svapnāntare（在睡夢中）”，梵文《有部戒經》和梵文《根有戒經》都作“anyatra（除了）svapnāntarāt（在睡夢中）”。其中“svapna”一詞的內涵包括：睡覺、做夢。完整的解釋是：除了在睡覺、做夢中（英譯：except in a dream, except during a dream）。巴利《戒經》中作“aññatra（除了）supinantā（在睡夢中）”，詞意與梵文大致相同。不過“supina”一詞似乎僅強調「夢」（英譯：dream）的意思，相比梵文少了「睡」（英譯：sleep）的內涵。藏文《根有戒經》作“རྨི་ལམ་གྱི་（對夢而言）མ་གཏོགས（除……外）”，字面意思是：夢中除外（英譯：except in a dream）。

「除夢中」，在《四分律》中沒有相關解釋。《僧祇律》中解釋：「除夢中者，世尊説夢中失精無罪。」《根有律》、《巴利律》的解釋與《僧祇律》相同。《善見論》説明了原因：「律本説：『唯除夢中，弄與夢俱出不淨，何以除夢？』答曰：『佛結戒制身業，不制意業，是以夢中無罪。』」[1]《根有律攝》中進一步解釋説：「除夢中者，謂除於夢，餘皆得罪。夢中雖有情識，然無指定實事可求，故不據斯以明其犯。設於覺位有流泄心，夢中泄時亦非本罪。」[2]

綜上所述，梵文戒經中「夢中」一詞包含「做夢」和「睡眠」雙重含義，但巴利《戒經》和藏文《根有戒經》更偏向於「做夢」的內涵。上述漢譯律典中，《四分律》中沒有解釋，《僧祇律》、《根有律》、《巴利律》雖解釋，但沒有實質內涵，僅説明是本戒的一個開緣，《根有律攝》、《善見論》則解釋了這一開緣的原因。

1 《善見論》卷 12，《大正藏》24 冊，759 頁下欄至 761 頁上欄。

2 《根有律攝》卷 3，《大正藏》24 冊，540 頁中欄至 541 頁上欄。

（二）僧伽婆尸沙

梵文《說出世部戒經》作“saṃghātiśeṣa”，另外兩部梵文戒本均作“saṃghāvaśeṣa”。前面“saṃgha”意思是「僧伽」。後面“atiśeṣa”和“avaśeṣa”都表示：殘留、殘餘。所以詞意可以引申為：犯戒比丘的僧伽身分臨近喪失，僅剩殘留。藏文《根有戒經》作“དགེ་འདུན་ལྷག་མའོ”，即“དགེ་འདུན”（僧伽）和“ལྷག་མ”（殘餘）兩個詞組成，與梵文意譯相同。

巴利《戒經》中作“saṅghādisesa”，意思稍有不同。該詞由“saṅgha”（僧伽、僧團）、“ādi”（最初、開始）、“sesa”（殘餘、剩下）三部分組合而成，直譯作「僧始終」。引申的含義是：犯戒的比丘，由最初（ādi）的舉罪到最後（sesa）的出罪，其處理過程自始至終皆須由僧團來執行。巴利文的“ādisesa”可能是從梵文的“atiśesa”一詞轉化而來。不過梵文中“atiśesa”仍保留有「殘留」（英譯：remainder, remnant）的意思，但是巴利文“ādisesa”中則強調「自始至終」（英譯：from the beginning to the rest）的含義。

《四分律》中沒有相關解釋。

《十誦律》記載：「僧伽婆尸沙者，是罪屬僧，僧中有殘，因眾僧前悔過得滅，是名僧伽婆尸沙。」《五分律》記載：「此罪有殘，猶有因緣尚可治，有恃怙，得在僧中求除滅也。」《根有律》記載：「言伐尸沙者，是餘殘義。若苾芻於四波羅市迦法中，隨犯其一無有餘殘，不得共住。此十三法，苾芻雖犯而有餘殘，是可治故，名曰僧殘。」《薩婆多論》[1]、《根有律攝》與上述三部律典的解釋很接近，大意為：犯了這樣的戒，相對於犯初篇波羅夷的「斷頭罪」來說還有殘餘，可以留在僧中，通過作法，懺罪除滅。

《僧祇律》的記載略有差異，主要在「僧伽」的解釋上：「僧伽婆尸沙者，僧伽，謂四波羅夷；婆尸沙者，是罪有餘，應羯磨治，故說僧伽婆尸沙。復次，是罪僧中發露悔過，亦名僧伽婆尸沙。」《善見論》的解釋為：「『云何

1 《薩婆多論》卷3：「僧伽婆尸沙者，秦言僧殘，是罪屬僧，僧中有殘，因眾除滅。又云：四事無殘，此雖犯有殘，因僧滅罪，故曰僧殘。」《大正藏》23冊，519頁上欄至下欄。

僧為初？』答曰：『此比丘已得罪，樂欲清淨，往到僧所，僧與波利婆沙，是名初。與波利婆沙竟，次與六夜行摩那埵，為中。殘者，與阿浮呵那。是名僧伽婆尸沙也。』法師曰：『但取義味，不須究其文字，此罪唯僧能治，非一二三人故，名僧伽婆尸沙。』」《巴利律》的解釋與《善見論》相似。

綜上所述，諸律典記載「僧伽婆尸沙」的內涵共有兩大類。《僧祇律》、《巴利律》、《善見論》與巴利《戒經》的內涵一致，意思是「僧始終」，即犯戒的比丘，由最初的舉罪到最後的出罪，其處理過程自始至終皆須由僧團來執行。《十誦律》、《薩婆多論》、《五分律》、《根有律》、《根有律攝》與梵語戒經以及藏文《根有戒經》內涵一致，意為犯戒比丘的僧伽身分臨近喪失，僅剩殘留。

四、辨相

（一）犯緣

具足以下五個方面的犯緣便正犯本戒：

1. 所犯境

《四分律》中，本戒的所犯境是「精」。

其他律典的所犯境都和《四分律》相同。其中，藏傳《苾芻學處》[1]還多出了「所觸物是自身不淨，先於原處未動」的要求。

2. 能犯心

（1）發起心

《四分律》中，本戒的發起心是欲出精心。

在這一點上，其他律典均與《四分律》相同。

各律中具體又有多種出精心，如《四分律》記載：「欲為樂故……欲為藥故，為欲自試故，為福德故，為祭祀故，為生天故，為施故，為種子故，為自憍恣故，為自試力故，為顏色和悅故，亦如是。」此外，《四分律》還記載，「為善道故」，「為輕慢故」，「為戲故」，也都正犯此戒。

《五分律》記載：「有十種發心，身動，出不淨，皆僧伽婆尸沙：一者，自試；二者，除病；三者，為顏色；四者，為力；五者，為樂；六者，為布施；七者，為生天；八者，為外道祠天會；九者，為種子；十者，為火祠。」

《十誦律》記載：「復有三種：一者，為受樂；二者，治病；三者，為自試。」

《僧祇律》記載：「欲心……弄出者，為取精故，為樂故，若自念言『久來不通脫生諸患』欲令通故，若戲故，若自試故，若未曾故。」

---

1 《苾芻學處》，《宗喀巴大師集》卷 5，60 頁至 62 頁。

《根有律》記載：「有五事別：一、為樂故；二、為咒故；三、為種子故；四、為藥故；五、為自試故。」

《根有律攝》[1]記載，「此中犯者，苾芻為樂，或為藥等，或欲試力」，正犯此戒。

《巴利律》記載：「為健康而泄，為受樂而泄，為藥而泄，為布施而泄，為福德而泄，為祭祀而泄，為生天而泄，為種子而泄，為自試而泄，為戲樂而泄。」

《善見論》[2]記載，「若作藥或布施，或祠祀，或試，或以生天，或作栽種」，均正犯此戒。

藏傳《苾芻學處》記載：「發起心或為受樂，或為種子，或作藥等。欲出不淨之心未間斷。」此律強調欲出不淨之心不間斷，與其他律不同。

《鼻奈耶》、《薩婆多論》[3]、《摩得勒伽》[4]、《毗尼母經》[5]、《明了論》[6]雖沒有列舉具體出精的動機，但是發起心還是有記載的。如《鼻奈耶》的戒條中，「若比丘憶念弄陰墮精」，正犯此戒。《薩婆多論》中，「如本意欲女人上出精，若遂意」，正犯。《摩得勒伽》中，「若比丘故出精」，正犯此戒。《毗尼母經》中則記載，「故出精」，正犯此戒。《明了論》中，「有欲心求出不淨」，正犯此戒。

（2）想心

《四分律》中，非道作非道想，正犯。

藏傳《苾芻學處》中，「想，錯不錯亂」，均屬於正犯，與《四分律》不同。

其他律典均無想心方面的記載。

---

1 《根有律攝》卷 3，《大正藏》24 冊，540 頁中欄至 541 頁上欄。

2 《善見論》卷 12，《大正藏》24 冊，759 頁下欄至 761 頁上欄。

3 《薩婆多論》卷 2，《大正藏》23 冊，515 頁下欄；卷 3，《大正藏》23 冊，519 頁上欄至下欄；卷 8，《大正藏》23 冊，554 頁中欄至下欄。

4 《摩得勒伽》卷 1，《大正藏》23 冊，566 頁中欄；卷 2，《大正藏》23 冊，571 頁中欄至下欄；卷 5，《大正藏》23 冊，591 頁上欄至中欄；卷 8，《大正藏》23 冊，615 頁中欄至下欄。

5 《毗尼母經》卷 2，《大正藏》24 冊，812 頁上欄。

6 《明了論》，《大正藏》24 冊，666 頁中欄、668 頁中欄。

3. 方便加行

《四分律》中，本戒的方便加行是弄陰出，對此諸律與之相同。《四分律》中，弄陰又有各種具體的方法，如：「若於內色、外色、內外色、水、風、空。內色者，受色。外色者，不受色。內外色者，受不受色。水者，若順水，若逆水，若以水灑。風者，若順風，若逆風，或口吹。空者，自空動身。」包括用自己的身體，以及外在的物體。

除藏傳《苾芻學處》、《薩婆多論》、《毗尼母經》、《明了論》外，其他律典與《四分律》基本相同，都是通過自身及自身以外的物體來弄陰，只是具體的內容有所不同。

如《五分律》記載：「內色、外色、虛空、風、水。內色者，己身。外色者，他身。虛空者，空中動身。風者，向風行。水者，逆水行。」包含的內容較少。

《鼻奈耶》中，不管是自己「左右手弄」，還是「使他手弄」，乃至於「他兩曲肘弄者，及屈膝間兩掖間臍兩邊，及歧間尻溝間，兩肩上項間，現身上屈申處衣裹弄者，伏牀褥弄者，畫女像木女像作處所弄失精者」，均正犯。

《十誦律》記載：「比丘以內受色……外不受色……虛空中動……搔捺小便處，發心，身動，精出，僧伽婆尸沙。」

《僧祇律》記載：「出精者，若身，若身分，若身合。身者，一切身動跳擲，時作方便而出，出者，僧伽婆尸沙。身分者，若以手，若以腳，若髆，若以肘作方便，出者，僧伽婆尸沙。身合者，地、水、火、風。地者，若牀，若褥，若壁孔、木孔、竹筒等，若一一堅物觸身欲令出，出者，僧伽婆尸沙。水者，諸流水逆觸身，酥油等如是諸水物中濕潤物，身觸欲令出，出者，僧伽婆尸沙。火者，若於諸暖處暖具身觸，若向火向日欲令出，出者，僧伽婆尸沙。風者，若口風，若扇風，若衣風，觸身欲令出，出者，僧伽婆尸沙。」就是包括用自身和外物來出精。

《根有律攝》中則記載了兩種判法：第一種，「於自內身或外有情，故流不淨，得眾教罪」，也就是說，使用自己的身體（內有情）或是外在生物的身體（外有情）來出精，均正犯此戒；第二種，「有餘文說，設於外物非有情數，故出不淨亦犯眾教」，這種判法的界限比前者更大，出精方法同時包含了使用外在的非有情。

《巴利律》記載：「於內色而泄，於外色而泄，於內外色而泄。」乃至於在空中搖動自己的身支，使用這些方法，均正犯此戒。關鍵詞中對此的解釋為：「『於內色』者，於己身中之受觸身支。『於外色』者，於己身中以外之受觸或不受觸物。『於內外色』者，於以上兩者。」也就是藉助自身及外在的有情或無情來出精。

《善見論》記載：「若得故出精罪，應知方便、時想。應知方便者，我今出內色，欲出外色，俱出內外，虛空中動，如是方便故，名方便也。起時有五種：一者，欲時起；二者，大便起；三者，小便；四者，風動；五者，蟲觸，是名五種。若欲時起男根便強堪用，過此時不起，餘四亦如是。復有朝中晡夜，亦名為時。為除病者。如是有十句，青色為初，亦有十故。於律本中說，戶孔為初，內色與外色觸，即成堪用，虛空中動，亦無內亦無外色，自動故得罪。蟲者，此蟲身有毛，若觸癢而起即成堪用。」

《根有律》的記載與《四分律》相似，為「內色既爾，外色亦然」。

藏傳《苾芻學處》、《鼻奈耶》記載的加行與《四分律》及其他律典相比，範圍較窄，只提到了使用有情的身體。如藏傳《苾芻學處》：「由何加行而出？或以活有情身，或以死有情身，或有情身之一部分，或骨鎖，或頭部，或鼻等。此等諸物各具自相。」《鼻奈耶》：「弄陰者，義何所趣？獨處興意念想，若己，若彼身體相近弄陰，是弄義也。」

《薩婆多論》、《毗尼母經》、《摩得勒伽》、《明了論》四部律中沒有此方面的明確記載。

4. 究竟成犯

《四分律》中，本戒的究竟成犯是精出，但未說明出的位置。《薩婆多論》與《四分律》相同。

《鼻奈耶》、《毗尼母經》中未明確提及此戒的究竟成犯。

其他律典均與《四分律》相同，只是在出精的起始位置上有所不同。

《十誦律》記載：「問：『齊何名出精？』答：『從瘡出。』」就是從男根流出體外。

《僧祇律》中，出精的標準在於流出體外，在體內流動不正犯，如律文：「故弄精欲出，而不出外者，偷蘭罪……若欲心起身生，有出想，故弄而出，得僧伽婆尸沙。」

《善見論》記載：「精離本處，本處以腰為處。又言不然，舉體有精，唯除髮爪及燥皮無精。若精離本處，至道、不至道及出，乃至飽一蠅，得僧伽婆尸沙罪。」從上文可知，《善見論》有兩種究竟成犯的標準：第一種是從「腰」出，就算正犯此戒；第二個解釋則更為嚴格，只要「精離本處」，不管精是否從道排出均算正犯此戒。

《摩得勒伽》中，「精出」正犯此戒，之後又解釋：「云何出精？謂出至節。」這裏的「節」可能指男根。《明了論》記載：「於男根邊，若不淨已出。」

藏傳《苾芻學處》的究竟成犯為：「令自身不淨從原處流出時，得本罪。」再由所犯境的記載「從所出處是自己生支」可知，此戒的究竟成犯為：精從男根流出時，正犯此戒。

其他律中表達不明確。如下面三部律典的關鍵詞中，對此的解釋都較為模糊。《根有律》對此的記載為：「泄者，謂精正流泄移其本處。」《根有律攝》記載：「齊何名為流泄不淨？謂身中流泄。」《巴利律》記載：「『泄』者，離本處也。」

5. 犯戒主體

《四分律》中，犯戒主體是比丘，未提其他。《十誦律》和《摩得勒伽》為比丘和學悔沙彌。

其他律典均與《四分律》相同。

（二）輕重

諸律正犯的情況詳見上文犯緣，此處不再贅述。

1. 所犯境

《摩得勒伽》、《根有律攝》、藏傳《苾芻學處》中，出他人不淨，結偷蘭遮罪。《摩得勒伽》記載：「有比丘出莖中精，偷羅遮。」《巴利律》中，沙彌睡眠時，比丘若弄其出不淨，結突吉羅罪。

2. 能犯心

（1）發起心

藏傳《苾芻學處》記載：「如以貪心量度生支而觸，或以貪心揉擠，或勢起時以貪心觸，或擠生支孔。」「或無出不淨之心而領受夢中出不淨之樂味，或由藥力出不淨，或欲往某處出不淨，中途即出不淨，或由略起非理作意。」均犯偷蘭遮罪。還記載：「若由貪心順流順風而往，或以貪心顧視生支。」犯突吉羅罪。

（2）想心

《四分律》中記載，如果比丘於非道作道想或疑，結大淫戒的方便偷蘭遮罪；若作非道想、不疑，結此戒的僧殘罪。如：「時有比丘憶想，於大小便道中間弄失不淨，疑，佛言：『若作道想，若疑，偷蘭遮；若非道想、不疑，僧伽婆尸沙。如是於股間、腨間，若曲膝，若脅邊，若乳間，若腋下，若耳鼻中，若瘡中，若繩牀、木牀間，若大小褥間，若枕間，若地，若泥摶間，若君持口中，如是一切若道想，若疑，偷蘭遮；若非道想、不疑，僧伽婆尸沙。』」此外，《四分律》還記載了一種情況：「時有比丘憶想骨間弄失不淨，疑，佛言：『偷蘭遮。』」

藏傳《苾芻學處》記載：「想，錯不錯亂，均犯。」

其他律典均無想心方面的記載。

3. 方便加行

《四分律》記載了比丘教其他比丘等出不淨的幾種結罪情況：「若比丘教比丘方便弄失不淨，若失，偷蘭遮；不失，突吉羅……除比丘、比丘尼，教餘人弄，失、不失，一切突吉羅。」律文中還記載，比丘被女人摩觸時，若動身，失不淨，結僧殘；不動身而失不淨，則犯突吉羅。如：「時有女人捉比丘前，彼動身、失不淨，疑，佛言：『僧伽婆尸沙。』時有女人捉比丘前，不動身、失不淨，疑，佛言：『突吉羅。捉比丘後，有二事亦如是。』」「時有母捉比丘兒，身不動、失不淨，疑，佛言：『突吉羅。姊捉比丘，故二、故私通處、淫女捉比丘亦如是。』」在這一點上，《十誦律》中也有提及，如：「有比丘為母抱捉嗚說邪語，是比丘失精，心生疑：『我將無得僧伽婆尸沙耶？』佛言：『不得僧伽婆尸沙，得突吉羅。姊妹、本二、先私通婦亦如是。』」其他律典未見記載。

《鼻奈耶》、《五分律》中，比丘在女像邊出不淨，結僧殘。《五分律》記載：「有比丘於女像邊出不淨，生疑問佛，佛言：『若出不淨，僧伽婆尸沙；不出，偷羅遮。』」《鼻奈耶》記載：「畫女像、木女像作處所弄失精者，僧伽婆施沙。」《摩得勒伽》記載：「石像、土像、木像」以及「戶限」等所出不淨，犯偷蘭遮。

《五分律》中，比丘以形撐衣出精，結僧殘。如：「有比丘故以形撐衣出不淨，謂不犯僧伽婆尸沙。問佛，佛言：『如是比丘出不淨，僧伽婆尸沙；不出，偷羅遮。』」此外，《五分律》還記載：「若發心，身不動，不出不淨；發心，身不動，出不淨，皆突吉羅。」

《十誦律》中，比丘於死女人等旁邊出精，結僧殘。如：「有比丘於新死女人、脹女人、青瘀女人、臭爛女人、啖殘女人、血塗女人、乾枯女人、脹壞女人、骨女人身上出精，得僧伽婆尸沙。」律中還記載了比丘摩觸男根結罪的情況，如：「有一比丘摩觸男根時失精，心生疑：『我將無得僧伽婆尸沙耶？』佛言：『若逆摩，失精，得僧伽婆尸沙。若順摩為覆故，失精，無罪。』」又眠中結罪的情況，如：「諸比丘眠中弄、覺已出，若覺已不動，無罪；若動，得偷蘭遮。」「若覺時弄、睡[1]眠已出，得偷蘭遮。」有關眠中結罪，《摩得勒伽》、《五分律》也有類似的記載，如《五分律》：「眠時出不淨，覺

1 「睡」：《大正藏》作「唾」，據《高麗藏》再雕版改。

時發心，身動，偷羅遮；眠時身動，覺時發心，出不淨，突吉羅；眠時發心，覺時身不動，出不淨，不犯。」《摩得勒伽》記載：「眠中作方便，眠中精出，不犯；覺時作方便，眠中出，偷羅遮。」「眠中作方便，覺時精出，若知偷羅遮，不知不犯。」「覺時方便、眠時精出，偷羅遮。」

《鼻奈耶》、《僧祇律》、《巴利律》三部律記載，如果比丘使人給自己弄出精，結僧殘。如《鼻奈耶》：「使他手弄亦爾。」《僧祇律》：「若使人弄出，是為弄出精者。」「若比丘語人言：『汝弄我身生令出。』精出者，僧伽婆尸沙。若復語人言：『汝莫令我數語，汝常知是事。』而後弄出，出者，僧伽婆尸沙。」《巴利律》：「使沙彌為自己出精，犯僧殘；握已眠沙彌的男根使其出精，突吉羅。」

《僧祇律》中，如果比丘為了出不淨而看男女等行淫，若出精，結僧殘。如：「若比丘在空閑處住，見有禽獸交會，見已欲心起，失不淨者，是應責心；若復為受樂故，更方便逐看禽獸，欲令出，出者，僧伽婆尸沙。」「若比丘入聚落，見他男女行淫，見已欲心起，失不淨者，是應責心；若復為樂故，更逐往看令失者，僧伽婆尸沙。若比丘見男子造淫女家，便作是念：『此中更無餘事，正當作淫欲。』而自欲心起，失不淨者，是應責心；為樂故，更往看令失者，僧伽婆尸沙。若比丘見女人裸身洗浴，見已欲心起，失不淨者，是應責心；若為樂故，逐往看令出者，僧伽婆尸沙。若見男子裸身，亦復如是。」又有記載比丘被逼迫弄出精的情況，如：「若有人強力，捉比丘弄令出者，是應責心。」

《根有律》記載：「若苾芻以染欲心，以己生支逆流而持，得窣吐羅底也；若順流而持，得惡作罪。若苾芻以染欲心，以己生支逆風而持，得窣吐羅底也；若順風持，得惡作罪。」此外，如果比丘在「作舞時」、「受他揩身」而泄精，或是「於空中搖胯」、「量生支作心受樂」，乃至於「精戰動時，遂便攝意而精泄」，在這些情況下，精泄，犯偷蘭遮；不泄，犯突吉羅。如果比丘「以染心觀視生支」，犯突吉羅。

《根有律攝》記載：「若捉他生支故出不淨，或時量度自己生支，或手捉搦為樂，摩觸故令興起，並得窣吐羅罪。若有染心看自生支，得惡作罪。」

「或故作舞樂，或空裏搖身，或由打築，或因摩按，或以藥揩癢，或逆流動根，或揩氈褥，或石木瓶等，或於肉團故流不淨，並窣吐羅罪；若不泄者，皆得惡作。」

《鼻奈耶》記載：「時尊者優波離問世尊：『失精有幾處，是僧伽婆施沙？』世尊告曰：『左右手弄者，僧伽婆施沙，使他手弄亦爾。他兩曲肘弄者，及屈膝間兩掖間臍兩邊，及岐間尻溝間，兩肩上項間，現身上屈申處衣裏弄者，伏牀褥弄者……僧伽婆施沙。』」

《巴利律》記載：腿壓生支，拳握生支，於〔他〕身上立，以生支入鎖孔，以木片觸生支，入生支於沙中，入生支於泥中，以生支觸臥牀，以拇指觸生支，浴溫水，病因緣藥塗生支，搔陰囊，於行路時，壓膀胱而行小便，於浴室溫下腹，於浴室洗師背，使〔人〕打腿，逆流洗浴，玩水戲，走水中，玩花，走於蓮叢中，以水澆生支，若泄不淨，無泄意者，不犯；有泄意出者，僧殘；有泄意不出者，偷蘭遮。又有「勿以染著心憶念女人之生支，憶念者，突吉羅」。

藏傳《苾芻學處》記載：「因緣支不具者，如觸逆流，或由迎風，以及觸餘之非有情所攝之牀座等，或雖是有情數，然不具自相，如觸肉團等而出不淨」，結偷蘭遮。此外，「或因作舞，或於空中彎腰，或思維男女交會之樂，或思維將出不淨時之樂，或思維離熱惱（已出不淨）之樂故，而出不淨……或無功力，略觸生支而出不淨等，皆粗罪」，「或未觸著，但略動生支而出不淨，皆惡作罪」。

《摩得勒伽》中，比丘在身上各處出精，均結僧殘。如：「有比丘頭上、耳中出不淨，犯僧伽婆尸沙。有比丘脅脊胸腋下、臂肘髀中、兩腳中、兩腨中、手中等出不淨，僧伽婆尸沙。不出，偷羅遮。」「有比丘於青瘀、膀脹、爛壞、血塗骨、散骨、白骨等所出不淨，一切僧伽婆尸沙。」「若男根起逆水行，偷羅遮。」「有比丘急流水中洗浴，男根逆水住，不淨出，乃至佛言：『犯偷羅遮。』」「有比丘從一處至一處不淨出，乃至佛言：『犯偷羅遮。』惡念思維亦如是。」「有比丘治身時不淨出，乃至佛言：『犯偷羅遮。』」又「若有比丘於繩牀、坐臥牀，氈褥、枕、瓶、篋」，用這些物品泄精，犯偷蘭遮，此一點與藏傳《苾芻學處》相似，與其他律典判罪均不同。有關走路時出精，此律有兩種判罪，卷 5 記載「有比丘行時精出，尋即生悔，乃至佛言：『犯偷羅遮。』」而卷 8 則記載，「比丘行時精出」，不犯。

《善見論》中，覺時作方便，夢裏出精，結僧殘罪。如：「若比丘心想而眠，先作方便以腳挾，或以手握根，作想而眠，方夢精出，得僧伽婆尸沙罪。」律中還記載：「正出樂者，若比丘眠而夢作欲事，正出而覺而不動根，精出無罪，若正出而動者得罪。若正出自念言：『勿污衣席，不樂出。』而以手捉塞，將出外洗無罪。若有樂心得罪，是名正樂，已復不觸無罪。」此外，《善見論》還記載了五種特殊的出精情況，其中只有第一、四兩種情況結輕罪。五種出精的情況分別為：(1) 見樂，即故意「見女根」，精出犯突吉羅；(2)「坐樂者，比丘與女人於靜處坐，共語而精出無罪」；(3)「語樂者，與女人於靜處語：『女根云何？為黑為白為肥為瘦？』作如是語精出無罪」；(4)「樂家者，比丘還檀越家，以念故，或母或姊妹，以手摩挲或抱，精出不犯，因觸故得突吉羅罪」；(5)「折林者，男子與女結誓，或以香華檳榔，更相往還餉致言：『以此結親。』何以故？香華檳榔者，皆從林出，故名折林。若女人答：『餉善，大德餉極香美，我今答後餉，令此大德念我。』比丘聞此已，欲起精出不犯」。

4. 究竟成犯

《四分律》中，若精出，結僧殘；若不出，結偷蘭。

在這一點上，除了《鼻奈耶》、《毗尼母經》、《明了論》、《巴利律》外，其他律典與《四分律》相同。《明了論》中，「於男根邊，若不淨已出，若惑熱已息，若出觸樂已生，此人則犯僧伽胝施沙罪」，沒有犯偷蘭遮的判罪；《巴利律》則比《四分律》多出了前行犯突吉羅的判罪：「思〔泄〕而行泄者，僧殘；思而行未泄者，偷蘭遮；先行，突吉羅。」《鼻奈耶》、《毗尼母經》沒有究竟成犯的記載。

又《四分律》記載，不管比丘想出什麼顏色的精，只要出精，無論什麼顏色，均結僧殘。如：「若憶念、弄欲出青精，若出，僧伽婆尸沙；若憶念、弄欲出青精，乃出黃、赤、白、黑、酪、酪漿色，僧伽婆尸沙；若欲出黃，乃出赤、白、黑、酪、酪漿、青色，僧伽婆尸沙；赤、白、黑、酪色、酪漿色亦如是」。

在這一點上，《五分律》、《巴利律》與《四分律》相同。

《根有律》和《摩得勒伽》中還提到，若精已離開原來的位置，處於男根之中，此時作方便將其弄出，結偷蘭遮罪；《根有律》中，如果方便出已經離本處的精，結果精未出，犯突吉羅。如《根有律》記載：「若精已泄尚在身中，而加方便使精泄者，得窣吐羅底也；若不泄者，得惡作罪。」這個內容其他律典中都沒有記載。

《根有律攝》中還記載：「覺為方便，夢中流泄，或復翻此作心受樂；或前興方便，後乃息心；或作方便，其精欲動即便攝念，皆得粗罪。」

《十誦律》記載：「若比丘捉瘡、椓瘡故弄出精，得僧伽婆尸沙。若比丘捉瘡、椓瘡欲出精，心還悔休，得偷蘭遮。若比丘捉瘡、椓瘡欲受細滑，心還悔休，得偷蘭遮。」

《僧祇律》記載：「有出想，不弄不出，當責心。若欲心起身生，無出想，弄而不出，是亦責心。若欲心起身生，無出想，不故弄出，是亦責心。」也就是說，只要「欲心起身生」，也就是有淫欲心使男根起，均犯「責心」，這裏的「責心」應該是責心突吉羅的意思。

藏傳《苾芻學處》記載：「如略發欲出不淨之心隨即放捨，或至不淨將出時放捨其事，亦粗罪。」此外，根據律文的記載：「從發起心乃至未動身語，是應守護等。以下僧殘中除有不同者另解說，餘者一切同前應知。」即下面所有的僧殘罪的究竟成犯的結罪，都要「同前」。參考前面的「大妄語戒」可知，此戒的究竟成犯還包含了兩個前方便判罪：從初動念欲出精，乃至未發語言，是應防護惡作；從發身語，漸次生起加行，是加行惡作。

《摩得勒伽》記載：「覺時作方便，眠中出，偷羅遮。作方便已捨置，偷羅遮。甲坐捨方便，偷羅遮。」

《善見論》記載：「欲樂者，比丘欲起而捉女人，精出無罪。何以故？為淫事故，得突吉羅罪；若至境界得波羅夷罪；若捉已貪細滑，不入波羅夷境界，精出得僧殘罪。」

5. 犯戒主體

《四分律》的犯戒主體是比丘。比丘尼，波逸提；式叉摩那、沙彌、沙彌尼，突吉羅。若比丘尼教比丘方便弄失不淨，若失，比丘尼犯偷蘭遮；不失，突吉羅。

《五分律》記載，比丘，結僧殘；沙彌，突吉羅。

《十誦律》中，比丘、學悔沙彌，犯僧殘；比丘尼，犯波逸提；沙彌，犯突吉羅。

《薩婆多論》記載，比丘犯僧殘，比丘尼犯波逸提。

《毗尼母經》記載，比丘得僧伽婆尸沙，比丘尼得波逸提。

《摩得勒伽》記載，比丘及「學戒」，犯僧殘。比丘尼犯波逸提。本犯戒、本不和合、賊住、污染比丘尼，突吉羅。其他未提及。

其他律典中正犯的情況如上犯緣所述，沒有提及比丘尼和沙彌的結罪情況。

（三）不犯

1. 能犯心不具足

據《四分律》記載，若一切不作出不淨意，不犯。如：「夢中失，覺已恐污身、污衣牀褥，若以弊物、樹葉、器物盛棄，若以手捺棄，若欲想出不淨，若見好色不觸失不淨，若行時自觸兩髀，若觸衣、觸涅槃僧失不淨，若大便、小便時失不淨，若冷水、暖水洗浴失不淨，若在浴室中用樹皮細末藥泥土浴失不淨，若手揩摩失不淨，若大啼哭，若用力作時。」此外，「若見美色不觸而失不淨，不犯。」

《五分律》記載：「不發心，身動，不出不淨；不發心，身動，出不淨；不發心，身不動，出不淨，皆不犯。」「時有比丘搔隱處，不淨出，生疑問佛。佛言：『汝以何心？』答言：『始末無有出意。』佛言：『無犯。』……

以暖水浴、向火炙，不淨出，皆如是。」「有比丘憶行欲事，不淨出，生疑問佛。佛言：『汝以何心？』答言：『我憶行欲事，不淨自出。』佛言：『不犯；憶行欲事，突吉羅。』」

《十誦律》記載：「若比丘起欲想、欲欲、欲覺、欲熱，不發心欲出，身不動，精自出者，無犯。」「順摩為覆故失精無罪。」「若比丘男根上有瘡疱癬疥，癢，為治是病故，搔捺精出，無犯。若比丘向火炙，男根癢，摩觸精出，無犯。若比丘行時，兩髀摩觸，或衣觸，或騎乘，或載車，身動精出，不犯。」「若比丘見好色故，精出，不犯。若不見形，憶想故精出，不犯。」「有一比丘洗浴時失精……有比丘洗浴時，餘比丘與摩身，即時失精……佛言：『無罪。』」「有比丘若為女人捉手、捉腳、捉膝、捉腨故，比丘失精，心生疑：『我將無得僧伽婆尸沙耶？』佛言：『無罪。』」

《根有律》記載：「無犯者，若走，若跳戲，若浮，若跳坑塹欄楯，若行觸髀、觸衣，若入浴室，若憶故二，若見可愛之色，或搔疥癢，無受樂心而精流泄，斯皆無犯。」

《巴利律》記載：「不思，行而泄者不犯也；不思，行而不泄者不犯也；不思，不行而泄者不犯也；不思，不行而不泄者不犯也。」「爾時，一比丘浴溫水而泄不淨。彼心生悔恨……乃至……『汝存何心乎？』『世尊！我無泄意。』『無泄意者不犯也。』」此外，《巴利律》中還記載了行大便、尋欲念、浴溫水、生支受傷、搔陰囊、行路等許多種情況下，無泄意不犯。

《摩得勒伽》記載：「眠中作方便，覺時精出，若知偷羅遮，不知不犯。」如果是「眠中作方便，眠中精出」，也不犯。又：「有比丘搔男根，不淨出，乃至佛言：『不犯。』有比丘浴時指摩身不淨出，乃至佛言：『不犯。』」此外，如果是比丘被女人捉的情況，「有女人禮比丘足，比丘精出」、「有比丘母抱捉姊妹本二共食，不淨出」、「有比丘，女人捉足腨膝髀指時，不淨出」，這些情況均不犯此戒。如果是比丘遇到危險的情況也不犯，如：「有比丘火難中、水難中、坑塹難中及師子虎狼、非人等難中出女人，不淨出，尋生疑悔。乃至佛言：『不犯。』」在作一些日常活動時，精出也不犯，如「行時」、「把搔時、風時、洗足時」。

《善見論》記載：「若觸，若癢，無出心無罪，有出心有罪。」「是故有智慧比丘，若眠夢慎莫動，善；若精出恐污衣席，以手捉往至洗處不犯；若根有瘡病以油塗之，或種種藥磨，不樂精出無罪。」此外，「若有熱作行來運動，及病疾，自出不犯」，「若自流出，非故出者亦無罪」。

《僧祇律》記載：「無出想，不故弄，出，無罪。」

《根有律攝》記載：「無犯者，因搔疥癢，遂乃流泄。若跳坑，若急走，若揩髀，若觸衣，若念故二，若見愛境，若入浴室受揩摩時，或復倉卒觸著女身，猛盛煩惱即便流泄。如難陀苾芻，或母子相遇不覺抱持，此皆無犯。」

2. 方便加行不具足

《鼻奈耶》在緣起記載了一個案例，「有一長者婦，以手接難陀足作禮，女人手濡，難陀便失精墮此人手上」，之後佛陀判定：「是故難陀失精無罪。若復當有如是失者，亦復無罪。」在這種情況下，比丘沒有出精的方便加行，因而不犯此戒。

《巴利律》記載：「思，不行而泄者，不犯也；思，不行而不泄者，不犯也。」

《十誦律》記載，「一比丘身不動便出精」，不犯。

《善見論》記載：「心樂出而不弄不動，若精出，不犯。」

3. 犯戒主體不具足

《四分律》記載，「最初未制戒，癡狂、心亂、痛惱所纏」不犯。《五分律》、《根有律》、《巴利律》與《四分律》相同。

《十誦律》記載：未制戒前不犯；若先破戒，若賊住比丘不犯。

《摩得勒伽》記載：未制戒前不犯。

《善見論》記載：「若癲狂人精出無罪，最初未制戒不犯。」

《明了論》中，從兩條犯緣可推出兩條開緣。第一條犯緣「若如來已制此戒」，由此可推出開緣：未制戒前不犯。第二條犯緣「若人不至癡法」，由此可推出開緣：如果比丘已經有了「癡法」，也就是精神癡狂，則不犯此戒。

4. 開緣

《四分律》記載，夢中出精不犯。《鼻奈耶》、《摩得勒伽》、《巴利律》、《善見論》與《四分律》相同。《十誦律》、《僧祇律》、《五分律》、《根有律》、《根有律攝》的戒條中也有夢中出精不犯的開緣。而《薩婆多論》、《毗尼母經》、《明了論》、藏傳《苾芻學處》則沒有此開緣。

五、原理

（一）對淫欲煩惱的約束

本戒屬於性戒，主要約束比丘的淫欲煩惱。諸律中描述了緣起比丘欲意熾盛而故意出精的行為，佛陀呵責此比丘並且重申淫欲的過患，如《巴利律》說：「愚人！我以種種方便，豈非為說諸欲之斷滅，說諸欲想之遍知，說諸欲渴之調伏，說諸欲尋之滅除，說諸欲熱之止靜耶？」《根有律攝》也記載：「此依淫事及淫煩惱，制斯學處。」

比丘是離欲清淨的梵行者，故弄陰出精有違修行者的本分，同時也會讓世人失去信敬。如《四分律》中佛陀呵責比丘：「汝今云何於我清淨法中出家，作穢污行弄陰失精耶？汝今愚人，舒手受人信施，復以此手弄陰墮精。」《薩婆多論》總結此戒意趣為：「佛所以制此故出精戒，為令法久住故，又欲止誹謗故。若作此事，世人外道當言：『沙門釋子作不淨行，與俗人無異。』又欲生天龍善神信敬心故，若作此事，雖復私屏，天龍善神一切見之。又佛平等不問親疏，有事則制，無事則止。又諸佛法爾，淫是惡行，法應制之。」

（二）宗教文化對本戒的影響

古印度婆羅門教明確禁止修梵行者故意出精的行為，即使夢中無意出精也需要懺悔。如《摩奴法論》記載：「知法的吠陀學者們說，對於持戒的再生人來說，故意泄精就是破戒。」「他應該總是獨自睡覺；他在任何地方都不可泄精；因為一旦故意泄精他就破壞自己的戒行。在夢中無意地泄精以後，再生人梵行者應該沐浴，拜太陽，然後誦以『布那爾瑪姆』開頭的那三節讚歌。」[1] 可見，婆羅門教認為行梵行者需要避免任何出精行為，不管其有意無

1　蔣忠新譯，《摩奴法論》，中國社會科學出版社，2007 年 8 月，33 頁。

意皆是一種罪行。而佛教雖然也認為不可故意出精，但是認為夢中出精不犯戒。這是因為佛教認為人在夢中時意識狀態虛妄不實，不能成為判罪的依據。作為凡夫未斷淫欲，如果以夢中的情景來判罪，修行者就無法解脫了。如《僧祇律》記載：「佛告舍利弗：『夢者虛妄不實，若夢真實，於我法中修梵行者，無有解脫。以一切夢皆不真實，是故舍利弗！諸修梵行者，於我法中得盡苦際。』」《阿毗達磨大毗婆沙論》記載：「未離欲者，皆成就不善意業，彼豈悉名犯戒或不律儀耶？是故惡戒非意業。」[1]

然而，佛教對意業的規定只是對是否犯戒而言，這並不意味着修行者可以放縱邪心。《薩婆多論》記載，引發淫欲煩惱需要「因緣」、「方便」、「境界」三者的結合，「見聞女色，後方便思惟，然後起欲」是相伴發生的過程。[2]它意在說明，「方便思惟」的淫想是引發犯戒的重要一環，比丘絕不可對其忽視。從諸律緣起也可以看到，比丘放縱妄想與貪心以至於影響到身心狀態。如《僧祇律》中，比丘見到裸身女人之後，「念彼女人身，心想馳亂」，以至於「憂悴發病、顏色痿黃」。而比丘通過出精使自己的狀況好轉，表面上似乎治好了「身病」，實際上卻「心病」轉深。而且身病也並未真的好轉，如果惡習不改，身體會愈來愈虛弱。而努力對治煩惱，不僅心病得以消除，身體也會健康自在。

同時，與其他性戒相比，「漏失戒」不需要犯戒對象，比丘自體就可以具足犯緣。基於這個原因，再加上獨立的空間環境等條件，比丘如果不守護自心，犯「漏失戒」就變得比較容易。[3]而多部律記載，比丘皆是在「獨處一房」的情況下，引發了犯戒的行為。因此，比丘多人共住以及個人的高度自律，

---

1 《阿毗達磨大毗婆沙論》卷 140，《大正藏》27 冊，723 頁下欄。

2 《薩婆多論》卷 3：「夢中出精者，有三事能發煩惱：一、因緣；二、方便；三、境界。眾生先善業故生富貴處，但以淫欲為先，若生天上亦復如是，人天富樂是淫欲因緣也。二方便者，若見聞女色，後方便思惟，然後起欲，是名方便。三境界者，若見上妙女色即生欲心，是名境界。是比丘先富貴家子，雖得出家，以先欲因緣重故，夢中失精。復以是事因緣故，遊諸聚落，或見好色，或方便思惟，以是因緣故，夢中失精。」《大正藏》23 冊，519 頁中欄至下欄。

3 《薩婆多論》卷 3：「又云：女人要在私屏多緣多力苦乃出精，男子不爾，隨事能出，故不同也。」《大正藏》23 冊，519 頁中欄。

對防護犯戒就顯得極為重要了。

另外，律中所記載，正犯本戒的情況還包括為福德、為祭祀、為生天等事而弄陰出精。這些觀念很可能來自其他宗教或醫學，甚至是當時社會上流行的看法。這些觀念皆非佛法正見，因此被佛陀遮止。如《四分律》記載，有婆羅門在佛門出家，卻信奉出精可以生天道而經常弄陰失精，後來有另外一個婆羅門出家以後得知此事就效仿，佛陀仍判定這種行為為非法。[1]

（三）犯戒比丘與其他比丘的關係

《四分律》、《十誦律》、《五分律》記載，其他比丘發現緣起比丘「以手出不淨，得安樂住」，不但沒有迎合、讚歎、效學，反而呵責緣起比丘，並積極向佛匯報。同樣，《鼻奈耶》中的諸比丘也是「極苦責諫」，最後緣起比丘「內懷慚愧，外則恥眾」，向佛認錯。可見當時的僧團存在着互相監督、改過向善的良好修道氛圍。不過也有例外的情況，如《巴利律》中的緣起比丘原本就「不喜修梵行」，一旦被長老迦留陀夷慫恿，即欲念害心做出故出精的犯戒行為。因此，道心不夠堅固的比丘更應該警惕和遠離惡友，避免受錯誤知見的影響。

---

1 《四分律》卷 2：「爾時有一婆羅門，居閑靜處誦持咒術。彼經所説，若故墮精者，命終生天。彼欲求天道，常弄陰失精。時有一婆羅門出家為道者，聞此言，為生天故，即便弄陰失精。彼疑，語諸比丘，諸比丘白佛。佛言：『僧伽婆尸沙。』」《大正藏》22 冊，579 頁下欄。

六、專題

專題：夢中出精的判罰

諸律戒本中的「漏失戒」都有「除夢中」的開緣表述。這裏的「夢中」不一定指要做夢，有些律典直接表達成「眠中」，因此也包括沒有做夢的情況。據此開緣，比丘睡眠時出精不犯此戒。不過夢中出精還可能牽涉到比丘在睡眠前後觸犯一些犯緣的情況，相關判罪比較複雜，有必要結合諸律的相關內容作一番梳理和整合。

為了方便討論，以下仍借鑒辨相中的犯緣加以分析，包括：發起心——是否有故意出精的意樂；方便加行——是否有促成出精的行為；究竟成犯——是否出精。這裏根據諸律記載所涉及的情形，大致分為三類來進行討論：（一）夢中發心、造作，醒時或醒後出精；（二）出精時覺醒，之後發心、造作；（三）清醒時發心、造作，後夢中出精。

（一）夢中發心、造作，醒時或醒後出精

比丘在睡夢時有任何的發起心或加行都不作判罪依據，清醒狀態下的發起心和加行才可以當作定罪的依據。如《五分律》明確記載：「眠時發心，覺時身不動，出不淨，不犯。」《十誦律》也有記載：「諸比丘眠中弄，覺已出，若覺已不動無罪。」佛陀作這樣判罰的原理，《善見論》中解釋說：「佛結戒制身業，不制意業，是以夢中無罪。」[1]《僧祇律》中闡述夢虛妄不實故不結罪，否則難以解脫：「尊者舍利弗白佛言：『此四比丘夢中失精，便自疑悔：「世尊制戒，我將不犯僧伽婆尸沙罪耶？」……』佛告舍利弗：『夢者虛妄不實，若夢真實，於我法中修梵行者，無有解脫。以一切夢皆不真實，是

1 《善見論》卷 12，《大正藏》24 冊，759 頁下欄。

故舍利弗！諸修梵行者，於我法中得盡苦際。』」《根有律》也類似表述：「世尊告阿難陀曰：『彼諸苾芻想心緣慮，我不云無，然在夢中非是實事，應除夢中。』」

可見，判斷發起心和方便加行是否為夢時所做，成了定罪的關鍵。但是現實中，除了熟睡時渾然不覺外，人還有一種半清醒、半迷糊的狀態，對自己的身體或外在環境有隱約的感受，但意識卻沒有完全蘇醒，此時人缺乏完整的覺知和自我行為控制能力。如果比丘在這種半夢半醒的情況下，隨順潛意識而造作了一些行為導致出精，該如何判罪？

從本戒發起心的角度分析，在半夢半醒狀態中比丘對自己的身心並無完全的控制能力。以《巴利律》為例，本戒的發起心強調「了知地」（jānanto, knowingly）、「有意識地」（sañjānanto, consciously）和「故意地」（cecca, deliberately）。[1] 很明顯，在半夢半醒狀態下即使有出精的意圖，與正犯僧殘的發起心相比也非常羸弱，因此這種情況下弄陰出精判僧殘不合理。根據《摩得勒伽》的記載：「眠中作方便，覺時精出，若知偷羅遮，不知不犯。」[2] 可以按照意識清醒程度的高低分別判罪。如果比丘半夢半醒中有加行，雖然沒有完全醒來但是意識醒覺到一定程度，能夠了知自己有弄陰出精的發心與加行，這種情況判偷蘭遮；如果比丘心智仍然處於很蒙昧的狀態，雖有弄陰加行但這只是隨順淫欲習氣的自動反應，意識並不清楚自己的出精行為或意圖，這種情況下判不犯。

另外一種情況是醒覺後有發心但是沒有加行而出精。如《五分律》記載：「眠時身動，覺時發心，出不淨，突吉羅。」這種情況下眠中加行不結罪，覺醒時起了出精的意願之後造成漏失，結突吉羅罪。

根據上面各種情況的論述，對睡前清醒時沒有任何發心和方便，夢中發心、造作，醒後出精的結罪做一個小結：

---

1 "Intentional means: a transgression committed knowingly, consciously, deliberately.", I. B. Horner, *The Book of the Discipline*, Vol. I, London: Pali Text Society, 1992, p. 196.

2 《摩得勒伽》卷 2，《大正藏》23 冊，571 頁中欄。

1. 夢中發心及加行都不予結罪，不管是醒後覺察到漏失還是出精時覺醒；

2. 半夢半醒、不能完全自我控制的情況下，若意識醒覺到能夠了知自己有弄陰出精的發心與加行，判偷蘭遮；雖然有弄陰行為，但意識仍然昏昧而不能了知自己的出精行為或意圖，判不犯；

3. 從夢中覺醒後，起主觀出精的動機，沒有任何的行為，後出精，結突吉羅。

（二）出精時覺醒，之後發心、造作

在出精時覺醒，繼而產生發起心和動作加行的情況，又該如何判罰？

對於出精時覺醒後既有發心又有加行的情況，《五分律》中說：「眠時出不淨，覺時發心，身動，偷羅遮。」在出精時覺醒，並又產生了主動出精的發心和造作，判偷蘭遮。而《十誦律》記載：「若比丘睡眠中弄，覺已出精，得何罪？佛言：『若覺已不動無罪，若動，得偷蘭遮。』」雖沒有提到發心，但假設沒有發心而動，判偷蘭遮明顯不合理。《善見論》也有「若正出而動者得罪」[1]，但沒有寫明得何罪。

另外，對於出精時覺醒後沒有發心但有加行的情況，《四分律》說：「夢中失，覺已恐污身、污衣牀褥，若以弊物、樹葉、器物盛棄，若以手捺棄……一切不作出不淨意，不犯。」又如《善見論》：「正出樂者，若比丘眠而夢作欲事，正出而覺而不動根，精出無罪，若正出而動者得罪。若正出自念言：『勿污衣席，不樂出。』而以手捉塞，將出外洗無罪。若有樂心得罪，是名正樂。」[2] 這兩個公案中提到的「加行」，都是為防護染污而不是以出精為目的，所以和一般求出精的弄陰加行其實是不一樣的。總之，出精時醒後沒有發心不犯。

綜合上述可以總結為：

1. 夢中出精時覺醒，起主觀出精的動機，有弄陰的行為，結偷蘭遮；

---

1 《善見論》卷 12，《大正藏》24 冊，760 頁下欄。

2 《善見論》卷 12，《大正藏》24 冊，760 頁下欄。

2. 夢中出精時覺醒，僅有出精的動機而不存在加行，或沒有出精的動機，都不犯。

(三) 清醒時發心、造作，後夢中出精

如果清醒的狀態下有發心和加行，而在夢中漏失的情況，《善見論》記載：「若比丘心想而眠，先作方便以腳挾，或以手握根，作想而眠，方夢精出，得僧伽婆尸沙罪。」[1]《根有律攝》中「覺為方便，夢中流泄」及《摩得勒伽》中「覺時作方便，眠中出」都結偷蘭遮罪。[2]

如果清醒的狀態下只有發心沒有加行，而後在夢中漏失的情況，《根有律攝》判為不正犯：「設於覺位有流泄心，夢中泄時亦非本罪。」[3]《善見論》中，在睡覺前有發起心但是修不淨觀進行對治後無罪：「若欲起觀不淨，以觀不淨而滅之，心淨無垢而眠，若夢精出無罪。」[4]

上述這幾種情況的判罰，從睡前加行和夢中出精之間的因果關係去理解，其內在邏輯是一致的。《善見論》中「以腳挾，或以手握根，作想而眠」，合理的推斷是這種加行一直持續到在睡夢中，持續刺激身心而導致夢中出精，因果關係確實，所以發心、加行和究竟成犯三者具足，正犯僧殘；這種情況不是由於睡夢時的發心和造作而導致夢中出精，因此不符合「除夢中」的開緣條件。而《摩得勒伽》、《根有律攝》的辨相沒有講加行的具體情況，可以推理得出睡前加行不持續，因此和後面的夢中出精不構成確鑿的因果關係，故只是針對睡前的行為判了方便偷蘭遮，夢中出精本身不犯。《根有律》、《善見論》眠前只有發心沒有加行而夢中出精的情況判不犯，應該是基於同樣的道理。

綜上所述可以總結為：

---

1 《善見論》卷 12，《大正藏》24 冊，760 頁下欄。

2 《根有律攝》卷 3，《大正藏》24 冊，540 頁下欄；《摩得勒伽》卷 2，《大正藏》23 冊，571 頁中欄。

3 《根有律攝》卷 3，《大正藏》24 冊，540 頁下欄。

4 《善見論》卷 12，《大正藏》24 冊，760 頁下欄。

1. 睡前清醒時，起主觀出精的動機，有弄陰的行為，且一直持續到夢中導致出精，結僧殘；

2. 睡前清醒時，起主觀出精的動機，有弄陰的行為，但沒有持續到夢中，後夢中出精，結偷蘭遮；

3. 睡前清醒時，僅起主觀出精的動機，沒有任何的行為，夢中出精，結突吉羅。如果睡前發心生起後作了對治，則不犯。

（四）整體判罪總結

綜合上面的分析，夢中出精各種相關情形的判罰歸納如下：

1. 無論眠中、醒後是否出精，夢中發心和加行都不犯；

2. 半夢半醒時弄陰出精，如果意識清醒到能察覺到自己弄陰出精的發心與加行，判偷蘭遮；如果意識模糊而不能了知自己的出精行為或意圖，判不犯；

3. 夢中醒來，有發心無加行後出精，判突吉羅；

4. 夢中出精時醒，發心生起並有加行，判偷蘭遮；只有發起心或者只有加行，判不犯；

5. 睡前有發心，又有加行且持續至夢中導致出精，判僧殘；若有加行但不持續，後夢中出精，判偷蘭遮。睡前有發心沒有加行，不對治，後夢中出精，判突吉羅；對治後夢中出精不犯。

（五）行持建議

由上可知，在出精時覺醒，有可能因為發心和加行觸犯到本戒的方便偷蘭遮罪。因此遇到這一情況時，比丘如何應對就顯得尤為關鍵。雖然《四分律》、《善見論》中都有類似「夢中失，覺已恐污身、污衣牀褥，若以弊物、樹葉、器物盛棄，若以手捺棄」的開緣。不過在出精時手觸生支，可能產生樂受而引發弄陰行為。因此較為穩妥的做法是，在意識到自己出精時，注意攝持正念，最好能念佛，不要做會刺激到生支的行為。如果是由於棉被過重等外在原因造成身體刺激而出精，也可以採取紓緩措施，如把被子挪開。待漏失結束後，且意識較為清醒時，再換洗、清理。

睡前注意做好預防工作。俯臥入睡、穿過緊的內褲、冬天被子太重、太暖等等原因，都容易增加遺精次數，應當避免。最關鍵的還是平時要注意防範染緣、密護根門，臨睡前保持正念尤為重要，可以拜佛或靜坐淨心以避免散亂心眠。另外，對此戒也無須過度恐懼和擔憂，熟悉本戒辨相、做好適當的預防工作即可。

七、總結

（一）諸律差異分析

1. 緣起差異

（1）結構差異

《四分律》、《十誦律》、《僧祇律》、《五分律》、《根有律》、《巴利律》有一個本制和一個隨制。《鼻奈耶》有一個本制、一個隨制和一個緣起。各律典緣起結構基本相同。

（2）情節差異

《十誦律》、《根有律》緣起情節與《四分律》相似；《五分律》、《巴利律》的本制與《四分律》稍有不同，都是迦留陀夷教比丘用出精的方法獲得安樂；《僧祇律》是緣起比丘看到露身女人後，淫心熾盛，身體憔悴，弄陰出精才感安樂，佛陀巡寮時了解了情況，因而制戒；《鼻奈耶》中，難陀尊者淫意多，被一個女人行接足禮後失精墮女人手上，佛陀判無罪，另告誡比丘以後要穿涅槃僧。

（3）結論

綜上所述，本戒緣起無須調整，仍取《四分律》的結構與情節。

2. 戒本差異

諸律戒本部分的不同之處主要體現在對「故弄陰失精」的描述上。《四分律》、《新刪定四分僧戒本》作「故弄陰失精」，《四分僧戒本》、《四分律比丘戒本》作「故弄陰出精」。這四部律典都有「弄陰」行為的描述，而《十誦律》、《十誦比丘戒本》、《僧祇律》、《僧祇比丘戒本》、《五分律》、《彌沙塞五分戒本》、《解脫戒經》、《根有律》、《根有戒經》、《根有律攝》、梵文的三部戒經及巴利《戒經》、藏文《根有戒經》都沒有這一描述。

另外《十誦比丘戒本》中「除夢中」三字被放在「僧伽婆尸沙」後。這是這部戒本的一貫風格，很多表示「除了」開緣的語句都放置在篇聚罪名之後。如「大妄語戒」中的「除增上慢」和「離衣宿戒」中的「除僧羯磨」，即被分別放置在「波羅夷」和「尼薩耆波逸提」之後。

《四分律》戒本中「失」字，多有無心的意思，容易讓人誤解為沒有發起心的情況下漏失也犯。因此這裏依《四分僧戒本》、《十誦律》、《僧祇律》、《五分律》及五部非漢文戒本，將「失」修訂為主觀意味更強的「出」字。

3. 辨相差異

（1）所犯境

《摩得勒伽》、《根有律攝》、藏傳《苾芻學處》記載，出他人不淨結偷蘭遮罪。而《巴利律》中，沙彌睡眠時，比丘若弄其出不淨，結突吉羅罪。這些情況《四分律》中沒有記載，本戒可借鑒這幾部律典的判法。

（2）發起心

諸律的發起心都是欲出精心。各個律典對各種出精心又有更詳細的描述。例如《十誦律》記載：「復有三種：一者，為受樂；二者，治病；三者，為自試。」《巴利律》記載：「為健康而泄，為受樂而泄，為藥而泄，為布施而泄，為福德而泄，為祭祀而泄，為生天而泄，為種子而泄，為自試而泄，為戲樂而泄。」還有其他的一些說法。律典的這些記載只是舉例式說明，是為了說明本戒發起心不限於欲心求樂，無論動機如何只要有故出精的發心就犯。

（3）方便加行

《四分律》記載，通過內色、外色、內外色等弄精，均正犯。在這一點上，除少數幾部律外，其他律典均與《四分律》相同，都是通過自身及自身以外的物體來弄精，外在的物體包括有情和非情。

《四分律》記載了比丘教其他比丘等出不淨的幾種結罪情況：「若比丘教比丘方便弄失不淨，若失，偷蘭遮；不失，突吉羅……除比丘、比丘尼，教餘人弄，失、不失，一切突吉羅。」此律還記載：比丘被女人摩觸時，若動身，失不淨，結僧殘；不動身而失不淨，則犯突吉羅。

《鼻奈耶》、《僧祇律》、《巴利律》三部律記載，如果有比丘使人給自己弄出精，結僧殘。

《僧祇律》中還記載，如果比丘為了出不淨而看男女等行淫，若出精，結僧殘。

另外，多部律中提到比丘因見女色而失不淨的情況，如《四分律》：「若見美色不觸而失不淨，不犯。」《五分律》：「若比丘見好色故精出，不犯。」以上律文中都是因為沒有出精的心，所以不犯。

而《僧祇律》記載，如果比丘沒有出精的心，結突吉羅罪；如果有出精心故意繼續看，精出則結僧殘罪。如：「若比丘見女人裸身洗浴，見已欲心起，失不淨者，是應責心；若為樂故，逐往看令出者，僧伽婆尸沙。」這種情況在其他律中雖無記載，但是在現代社會卻有實際意義。由於智能電話、網絡等媒體帶來的資訊廣泛傳播，使得人容易接觸到易生染心的畫面，比丘如果不注意防護，很容易犯到此戒。實際判罰中應該借鑒這點。

（4）究竟成犯

《四分律》中本戒的究竟成犯為精出，未說明具體出的位置。《根有律》、《巴利律》、藏傳《苾芻學處》中都是説精從本處中出，也沒有給出具體的位置，《善見論》記載，本處在腰，如：「精離本處，本處以腰為處。又言不然，舉體有精，唯除髮爪及燥皮無精。若精離本處，至道、不至道及出，乃至飽一蠅，得僧伽婆尸沙罪。」而《十誦律》記載得很明確，就是從男根流出，才正犯。如：「問：『齊何名出精？』答：『從瘡出。』」

另外，多部律文都記載有各種不同顏色精的情況，精只有流出體外才能看出精的顏色，由此可在一定程度上判斷，律中的出精應是指精流出到體外。又《巴利律》戒本中作"Sañcetanikā（故思）sukkavissaṭṭhi（射出精液）"，有「射出」的含義，也應是射出體外的意思。由此可推論，出精應都是指精流出體外。從實際的結罪情況分析，精流出體外的結罪方式也比較符合現實，故應以此為標準。

4. 諸律內部差異

本戒的緣起、戒本以及辨相三部分相符。

（二）調整文本

通過以上諸律間觀點同異的對比與分析，文本在《四分律》的基礎上作如下調整：

1. 緣起

（1）本制

佛在舍衛國，迦留陀夷欲意熾盛，以致身體憔悴，後來獨處一房，弄失不淨，引以為樂。諸親友比丘了解實情後呵責他，並向佛陀匯報此事，佛以此因緣制戒：「若比丘，故弄陰出精，僧伽婆尸沙。」

（2）隨制

有比丘散亂心睡眠，於夢中失精，醒覺後懷疑犯此戒，便請其他比丘啟白佛陀。佛陀以此因緣召集眾比丘，先宣說亂意睡眠的五種過失及善意睡眠的五種功德，然後宣告所有比丘而制戒。

2. 戒本

若比丘，故弄陰出[1]精，除夢中，僧伽婆尸沙。

3. 關鍵詞

（1）陰：這裏指男根。

（2）僧伽婆尸沙：也叫僧殘，具有暗示比丘的僧伽身分臨近喪失，僅剩殘餘的意思，是僅次於波羅夷的重罪。

1　「出」，底本作「失」，據《四分僧戒本》、《四分律比丘戒本》、《十誦律》、《十誦比丘戒本》、《僧祇律》、《僧祇比丘戒本》、《五分律》、《彌沙塞五分戒本》、《解脫戒經》、梵文《說出世部戒經》、梵文《有部戒經》、梵文《根有戒經》、巴利《戒經》、藏文《根有戒經》改。

4. 辨相

（1）犯緣

本戒具足四緣成犯：一、是自身中精；二、故出精之心；三、作方便；四、精出，成犯。

（2）辨相結罪輕重

①是自身中精

若比丘出自身不淨，僧伽婆尸沙。

若比丘出他比丘不淨，偷蘭遮。出餘人不淨，突吉羅。

②故出精之心

若比丘以故出精心，作方便出不淨，僧伽婆尸沙。

若比丘無出精意，為取樂弄陰而出精，偷蘭遮；不出，突吉羅。

若比丘無出精意，身不動，憶行欲事，出不淨，突吉羅。

若比丘有出精意，身不動，出不淨，突吉羅。

若比丘無出精意，身不動，出不淨，不犯。

若比丘於非道作道想或疑，結「大淫戒」的方便偷蘭罪；若作非道想、不疑，僧伽婆尸沙。

③作方便

若比丘用自己的身體及外在的物體，故弄陰失精，僧伽婆尸沙。

若比丘為出不淨而看男女行淫、女色等染境，若出精，僧伽婆尸沙。

若比丘使人給自己弄出精，僧伽婆尸沙。

若比丘教比丘方便弄失不淨，若失，偷蘭遮；不失，突吉羅。除比丘、比丘尼，教餘人弄，失、不失，一切突吉羅。

若比丘被女人摩觸時，若動身，失不淨，僧伽婆尸沙；不動身而失不淨，如內心默許，僧伽婆尸沙，否則犯突吉羅。

④精出

若精流出體外，結僧殘；若不出，結偷蘭。

⑤犯戒主體

比丘若犯，結僧殘罪；比丘尼若犯，波逸提。式叉摩那、沙彌、沙彌尼若犯，突吉羅。

⑥不犯

若無出精意而身自出精（如見到染境自失不淨，行走、勞作、瘙癢、大小便、洗浴、上藥時出不淨等），不犯。

最初未制戒，癡狂、心亂、痛惱所纏，不犯。

（3）夢中出精相關判罪輕重

夢中有出精意和加行，無論醒後是否出精，都不犯。

若比丘半夢半醒時弄陰出精，如果意識能察覺到自己的出精意與加行，偷蘭遮；若半夢半醒時弄陰出精，如果意識模糊不能了知自己的出精行為或意圖，不犯。

若比丘夢中醒來有出精意無加行，後出精，突吉羅。

若比丘夢中出精時醒，有出精意且有方便加行，偷蘭遮；若夢中出精時醒，起出精意而無加行，或者無出精意而有加行，均不犯。

若比丘覺時起出精意，作方便並持續至夢中，導致眠中出精，僧伽婆尸沙。若覺時起出精意，做方便但不持續，後眠中出精，偷蘭遮。

若比丘睡前有出精意不對治，沒有加行，後夢中出精，突吉羅。若睡前有出精意沒有加行，對治後夢中出精，不犯。若睡前無出精意無加行，夢中出精，不犯。

八、現代行持參考

對現代比丘而言，「漏失戒」仍然具備與制戒時同樣的意義。當今時代與古印度相比，雜染境界更多，誘發犯戒的因緣更複雜。從某種意義上來講，現代比丘持守此戒更須嚴加防範。

現代社會結婚年齡普遍偏高，性成熟的年齡不斷降低，性需求長時間不能得到滿足，再加上現代社會不良資訊的刺激增加，導致現代人更容易有手淫的行為。比丘如果出家前有這樣的習慣，應特別注意對本戒的防護。

首先，對手淫要有正確的認識。部分現代人受西方文化的影響，誤以為自慰泄精不會有損健康。比丘們對此問題要有清醒的認知，無論是從修行角度還是從健康角度，手淫都是有過患的。

其次，注意對淫欲心的防護。如果面臨這方面問題的困擾，應增加隨眾修行的時間，減少個人獨處的時間。同時，要注意減少與雜染資訊的接觸，例如，可以在瀏覽器上安裝一些廣告過濾應用程式，來減少不良影視作品以及圖片對自己的影響。培養積極健康的心態，多熏習佛法，增加與同行善友的業緣，提策道心。

最後，如果發現起了不好的念頭，應努力嘗試將惡所緣境轉化為善所緣境。例如念佛誦咒、拜佛懺悔、祈求三寶加持、思維淫欲過患等，或者向相應的善知識尋求幫助。

除了對淫欲心的防護，非淫欲心引起的犯戒行為同樣需要防護。比丘也應注意在睡前保持右側臥，思維佛法。在生活方面，避免穿著太緊的內衣，被褥不應過暖或過重，養成定期洗澡等良好的衛生習慣。

02

摩觸戒

一、緣起

（一）緣起略述

《四分律》只有本制。律中記載，佛在舍衛國制定了比丘不得「漏失戒」後，迦留陀夷便「另尋出路」以泄淫欲，於是站在自己的房門外，招呼路過的女人進屋看房，伺機撫摸女人的身體。其中，歡喜者笑，不喜者怒而告訴其他比丘。比丘將此事白佛，佛呵責後制定本戒。[1]

諸律緣起差異比較：

1. 制戒地點

《四分律》中，制戒地點為「舍衛國」，《十誦律》[2] 與《四分律》一致，《鼻奈耶》[3] 為「釋羈瘦迦惟羅越那拘陀園」，《僧祇律》[4] 為「王舍城迦蘭陀竹園」，《五分律》[5] 為「舍衛城」，《根有律》[6] 為「室羅伐城逝多林給孤獨園」，《巴利律》[7] 為「舍衛城祇樹給孤獨園」。

---

1 《四分律》卷 2，《大正藏》22 冊，580 頁中欄至 581 頁上欄；卷 57，《大正藏》22 冊，986 頁中欄至 987 頁中欄。

2 《十誦律》卷 3，《大正藏》23 冊，14 頁下欄至 15 頁下欄；卷 25，《大正藏》23 冊，182 頁下欄；卷 40，《大正藏》23 冊，293 頁上欄至中欄、295 頁上欄；卷 50，《大正藏》23 冊，363 頁下欄至 364 頁上欄；卷 52，《大正藏》23 冊，383 頁下欄至 384 頁上欄；卷 57，《大正藏》23 冊，425 頁下欄至 426 頁上欄；卷 59，《大正藏》23 冊，443 頁中欄。

3 《鼻奈耶》卷 3，《大正藏》24 冊，861 頁上欄至 862 頁中欄。

4 《僧祇律》卷 5，《大正藏》22 冊，264 頁上欄至 267 頁下欄；卷 25，《大正藏》22 冊，430 頁中欄；卷 29，《大正藏》22 冊，465 頁中欄至下欄；卷 35，《大正藏》22 冊，514 頁上欄。

5 《五分律》卷 2，《大正藏》22 冊，10 頁下欄至 11 頁中欄；卷 28，《大正藏》22 冊，185 頁上欄。

6 《根有律》卷 11，《大正藏》23 冊，681 頁下欄至 684 頁上欄；卷 42，《大正藏》23 冊，860 頁上欄至中欄。

7 《經分別》卷 2，《漢譯南傳大藏經》1 冊，166 頁至 176 頁；《犍度》卷 5，《漢譯南傳大藏經》3 冊，255 頁；《附隨》卷 1，《漢譯南傳大藏經》5 冊，50 頁至 51 頁。

2. 緣起比丘

《四分律》中，緣起比丘為「迦留陀夷」，《十誦律》與《四分律》相同，《鼻奈耶》、《僧祇律》、《五分律》、《巴利律》為「優陀夷」，《根有律》為「鄔陀夷」。「優陀夷」、「鄔陀夷」和「迦留陀夷」是同一人，只是翻譯不同而已。

3. 犯戒對象

《四分律》中，犯戒對象為「諸婦女、居士家婦女、童女」，《鼻奈耶》為「諸長者婦女」，《十誦律》為「眾女人」，《僧祇律》、《五分律》、《巴利律》為「婆羅門婦」，《根有律》為「眾多居士婦」。

4. 緣起情節

《十誦律》、《根有律》與《四分律》相同，只有一個本制，而《鼻奈耶》有一個本制、兩個開緣。這三部律典所記載的緣起情節與《四分律》相似。《根有律》不同於《四分律》之處是，律文先敘述了鄔陀夷為女人作嚮導，引領她們去看佛及諸位弟子的房舍，並為她們講法，在說法中，鄔陀夷生起染心，「即便以手摸觸女身」。《鼻奈耶》中記載，佛陀為教誨迦留陀夷，講述曾經和憂填王廣談諸欲過患的故事。

《巴利律》只有本制，情節內容與《四分律》略有差別：婆羅門夫婦來參觀長老優陀夷的精舍，後者趁機摩觸婆羅門婦，婆羅門瞋罵。《五分律》有一個緣起和一個本制，其中緣起與《四分律》的本制大體相同，只是細節更為豐富，本制則與《巴利律》本制相似。

差異最大的是《僧祇律》，此律有三個緣起、一個本制。分別是：優陀夷「手把持抱」支梨沙彌尼；優陀夷「抱捉惱弄」磨豆女人；優陀夷扶起倒地的身形裸露的「妊娠女」；婆羅門夫婦看房因緣。其中，本制與《五分律》、《巴利律》的本制情節相似。

（二）緣起比丘形象

《四分律》中，緣起比丘知道佛陀制戒不得故弄陰出精後，「便手執戶鑰在門外立，伺諸婦女、居士家婦女、童女來……牽捉、嗚口、捫摸」，表現出淫欲心熾盛，鑽戒律漏洞的特徵。

《十誦律》、《僧祇律》、《五分律》、《巴利律》與《四分律》相同。《五分律》還特別提到，雖然緣起比丘淫欲心重，但是當有些女人要和他發生邪淫時卻說：「佛不聽我作根本事。」從中看出，緣起比丘雖然淫欲熾盛，作諸惡行，但是對於佛已制的根本戒，還是會謹慎遵守。

《根有律》中，當其他比丘責問緣起比丘時，他巧言狡辯道：「我作何事？」又指責其他比丘對自己的「嫉嫌」等。這些細節刻畫出緣起比丘強勢、傲慢的特點。

與其他律典不同，《鼻奈耶》卻塑造了一個懷慚知恥的比丘形象。當其他比丘秉白佛陀後，優陀夷心懷慚愧，「偏袒右肩，右膝著地，合掌向佛」，認錯悔改。

（三）犯戒內因

據《四分律》記載，緣起比丘犯戒的內因是熾盛的淫欲煩惱。這一點，其他律典與《四分律》基本一致，如《五分律》中「爾時長老優陀夷為欲火所燒」，《根有律》中鄔陀夷是「大臣子而性多愛欲」。

《僧祇律》提到緣起比丘過去生的淫欲習氣：「本已曾於此女生欲想故，今續復起。」可見，宿世的習氣會一直持續到今生，乃至出家後仍受其束縛而犯此惡行。

（四）犯戒外緣

《四分律》中，女人來到寺院後，比丘帶領她們看房舍是重要的犯戒外緣。這一點，諸律與之相同。此外，《僧祇律》中，比丘單獨與女人接觸也是一個重要的外緣。

綜上所述，諸律中，比丘與女人的近距離接觸，尤其是單獨接觸，是引發犯戒的主要外緣。

（五）犯戒後的影響

《四分律》中，迦留陀夷摩觸女人，引起僧團中少欲知足比丘們的呵責。這一點，諸律記載相同。《根有律》還記載，鄔陀夷摩觸女人後毫無慚愧，無悔改之意，引起眾僧的不滿：「諸苾芻有少欲者，皆共譏嫌而呵責曰：『云何苾芻所作非理，應懷恥愧，翻起貢高？』」

《五分律》還提到，緣起比丘的行為引起了不信佛法者嚴重譏嫌：「『我等白衣摩觸女身，沙門釋子亦復如是。徒剃此頭，與我何異？無沙門行，破沙門法。』如是惡名流布天下。」《根有律》中，女人外出瞋罵，對其他比丘說：「若不遮者，我等終不以足重來遊踐逝多園林。」《巴利律》中，婆羅門婦被摸觸後，婆羅門瞋怒譏嫌非難：「此等沙門釋子不知恥，不持戒，打妄語。」《僧祇律》也有類似記載。

（六）佛陀考量

《四分律》和其他律典中，佛陀制定本戒的緣起都是緣起比丘在帶女人參觀房舍的過程中摩觸對方，被對方譏嫌。但此後，佛陀又對特殊情況作了開緣，如：「時有大童女為水所漂，比丘見已慈念即接出，疑……佛言：『無犯。』」《十誦律》中也有類似記載，女人落水後，比丘因擔心犯戒而不敢救，佛說應救。此律還記載了在救人過程中淫心起時的處理方法：「諸比丘如是捉時，淫心起，還放。諸女言：『大德，小時莫放，得到彼岸。』諸比丘不知云何，是事白佛。佛言：『雖淫心起，但捉一處莫放，到岸不應故觸。若更觸得罪。』」此外，《鼻奈耶》、《僧祇律》、《根有律》中都有類似的開緣。從中反映出佛陀一方面制戒幫助比丘防護欲心，另一方面在關係到他人生命安危時，又會智慧權衡，作出相應的調整。

《根有律》中，佛陀還教比丘如何看護被救的女人：「有救得者被溺既困，不能省悟。佛言：『於沙堆上覆面而卧。』時苾芻等但覆面卧著棄去，遂被烏鷲野干啖嚼。佛言：『不應棄著而去，當須守護。』苾芻守護，近在身傍便生染心。佛言：『不應近住，隨時念護。』苾芻為守護故，過時不食。佛言：『苾芻食時欲至，見牧牛羊人，告令守護。食已，復須頻看，知其死活。』」從中可以了知，佛陀要求比丘對落難眾生應該慈悲救護。佛陀制定戒律是讓比丘生善滅惡，倘若一味地偏向於滅惡，而不行善，則與制戒的精神相違背。

《僧祇律》中，婆羅門因瞋惱憤恨，牽着優陀夷的脖子去見世尊。當世尊看到後，馬上告訴他，放開優陀夷。聽了他的申訴後，世尊為婆羅門「隨順說法，示教利喜，瞋恚即除，得法眼淨，辭還請退」。佛陀以此善巧方便消除俗眾對比丘的瞋惱。當婆羅門走後，世尊叫來優陀夷，諸比丘一一舉罪，佛呵責優陀夷。之後佛陀講述了本生故事，即佛陀過去世作仙人時，救助生為獼猴的優陀夷。從中可知優陀夷在過去世就因為貪淫的煩惱而造下和婆羅門的惡緣。佛陀這樣做，也是為了消除僧眾的不滿，讓大家了解優陀夷過去世的等流因果，從而能夠理解並包容優陀夷。

（七）文體分析

《四分律》、《十誦律》、《巴利律》有一個因緣。《鼻奈耶》有三個因緣。《五分律》中有兩個因緣。《根有律》有一個因緣、四個伽陀。《僧祇律》中，除有四個因緣外，還有三個祇夜、兩個伽陀、一個本生和一個本事。

《四分律》、《鼻奈耶》、《十誦律》、《巴利律》都是以敘事為主，表達手法簡單，沒有太多的情節。只是在《鼻奈耶》中，佛陀教誨優陀夷時，插入了佛陀過去和憂填王對話。《巴利律》增加了「四面有房舍圍繞，甚善設卧牀、座牀、褥、枕」等場景的描述。

《根有律》中的四段伽陀，融入佛法教理，弘化性叙述較多。如鄔陀夷為諸女人宣說禮塔功德——「若人以真金，日施百千兩；不如暫入寺，誠心一禮塔」——以及禮佛功德等。此外，還介紹了十一位大弟子的希有功德，比如讚歎舍利弗尊者「一切世間智，唯除於如來；不及身子智，十六分之一」。

《僧祇律》的情節豐富複雜，跌宕起伏，而且敘事內容也多樣化，增加了敘述對象的動作、心理及事發場景的描寫，如「獼猴急怖，便作是念：若我入水，必死無疑」、「諸房舍，雕文刻鏤，種種嚴飾」。

二、戒本

《四分律》中，本戒的戒本為：「若比丘，淫欲意，與女人身相觸，若捉手，若捉髮，若觸一一身分者，僧伽婆尸沙。」

（一）若比丘，淫欲意

《四分律》、《四分僧戒本》[1]、《新删定四分僧戒本》[2]、《四分律比丘戒本》[3]作「若比丘，淫欲意」，意思是：如果比丘以淫欲的心念。

與《四分律》相似：

《鼻奈耶》作「若比丘，淫意熾盛」，與《四分律》相比多出了「熾盛」的內涵。

與《四分律》有部分差異：

《十誦律》、《五分律》、《彌沙塞五分戒本》[4]作「若比丘，欲盛變心」，《十誦比丘戒本》[5]作「若比丘，淫亂變心」，《僧祇律》、《僧祇比丘戒本》[6]作「若比丘，淫欲變心」。

梵文《說出世部戒經》[7]作"Yo puna bhikṣu otīrṇo vipariṇatena cittena"，梵文《有部戒經》[8]作"Yaḥ punar bhikṣur udīrṇavipariṇatena cittena"，梵文《根

1 《四分僧戒本》，《大正藏》22 冊，1023 頁下欄。

2 《新删定四分僧戒本》，《卍續藏）39 冊，263 頁中欄至下欄。

3 《四分律比丘戒本》，《大正藏》22 冊，1016 頁上欄。

4 《彌沙塞五分戒本》，《大正藏》22 冊，195 頁上欄。

5 《十誦比丘戒本》，《大正藏》23 冊，471 頁中欄。

6 《僧祇比丘戒本》，《大正藏》22 冊，550 頁上欄。

7 Nathmal Tatia, *Prātimokṣasūtram of the Lokottaravādimahāsāṅghika School*, Tibetan Sanskrit Works Series, no. 16, p. 8.

8 Georg von Simson, *Prātimokṣasūtra der Sarvāstivādins Teil II*, Sanskrittexte aus den Turfanfunden, XI, p. 166.

有戒經》[1]作"Yaḥ punar bhikṣur avalaviparịṇatena cittena"，巴利《戒經》[2]作"Yo pana bhikkhu otiṇṇo vipariṇatena cittena"。以上四部梵、巴戒本的意思都是：任何比丘，以（淫欲）激發變異的心。

《十誦律》及之後的這幾部律典與《四分律》單純的「淫欲意」相比，強調的是受到淫欲影響而產生變化的心理。

與《四分律》差異較大：

《解脫戒經》[3]作「若比丘，染污心」。《根有律》、《根有戒經》[4]、《根有律攝》[5]作「若復苾芻，以染纏心」。

藏文《根有戒經》[6]作"ཡང་དགེ་སློང་གང་དྲལ་ཅིང་འགྱུར་བའི་སེམས་ཀྱིས"，意思是：任何比丘，以毀壞和轉變的心。

上述《解脫戒經》及以下的戒本中沒有出現與「淫欲」直接相關的字眼。

（二）與女人身相觸

《四分律》、《四分僧戒本》、《新刪定四分僧戒本》、《四分律比丘戒本》作「與女人身相觸」，意思是：與女人身體相接觸。

與《四分律》相同：

《根有律》、《根有戒經》、《根有律攝》作「與女人身相觸」。

與《四分律》相似：

《僧祇律》作「與女人身相摩觸」，《僧祇比丘戒本》作「與女人身，身相摩觸」，《五分律》、《彌沙塞五分戒本》作「觸女人身」，《解脫戒經》作「共女人身相觸」。

---

1 Anukul Chandra Banerjee, *Two Buddhist Vinaya Texts in Sanskrit*, p. 16.

2 Bhikkhu Ñāṇatusita, *Analysis of the Bhikkhu Pātimokkha*, p. 47.

3 《解脫戒經》，《大正藏》24 冊，660 頁上欄。

4 《根有戒經》，《大正藏》24 冊，501 頁中欄。

5 《根有律攝》卷 3，《大正藏》24 冊，541 頁上欄。

6 麗江版《甘珠爾》（འཇང་བཀའ་འགྱུར།）第 5 函《別解脫經》（སོ་སོར་ཐར་པའི་མདོ།）4a。

梵文《說出世部戒經》作“Mātṛgrāmeṇa sārdhaṃ kāyasaṃsargaṃ samāpadyeya”，梵文《有部戒經》作“Mātṛgrāmeṇa sārdhaṃ kāyasaṃsargaṃ samāpadyeta”，梵文《根有戒經》作“Mātṛgrāmeṇa sārdhaṃ kāya(saṃsargaṃ) samāpadyeta”，巴利《戒經》作“Mātugāmena saddhiṃ kāyasaṃsaggaṃ samāpajjeyya”。以上四部梵、巴戒本的意思都是：與女人在一起發生了身體接觸。

藏文《根有戒經》作“བུད་མེད་ཀྱི་ཡུལ་དང་ལྷན་ཅིག་ལུས་རེག་པར་བྱེད་དམ།”，意思是：與女人在一起發生了身體接觸。

與《四分律》差異較大：

《鼻奈耶》作「手摸女人」，與《四分律》的「與女人身相觸」相比，這裏強調比丘是用手去主動摩觸。

《十誦律》作「故觸女身」，多了「故」字，強調的是比丘的主觀意願。《十誦比丘戒本》作「與女人身共合」，這裏以「共合」對應《四分律》的「相觸」。

（三）若捉手，若捉髮，若觸一一身分者

《四分律》、《四分僧戒本》、《四分律比丘戒本》作「若捉手，若捉髮，若觸一一身分者」，意思是：如果捉手，捉髮，乃至觸碰女人身體任何一個部位。

與《四分律》相似：

《鼻奈耶》作「若執手，捉臂，捉髮及諸身體腕節」，《十誦律》作「若捉手、臂、頭髮、一一身分、上、下」，《十誦比丘戒本》作「若捉手，若捉臂，若捉髮，若捉一一身分，若上，若下」，《僧祇律》作「若捉手，若捉髮編，及餘身分」，《僧祇比丘戒本》作「若捉手，若捉髮及餘身分」，《五分律》、《彌沙塞五分戒本》作「若捉手，若捉髮，若捉一一身分」，《解脫戒經》、《根有律》、《根有戒經》、《根有律攝》作「若捉手，若捉臂，若捉髮，若觸一一身分」。

梵文《說出世部戒經》作“Saṃyathīdaṃ hastagrahaṇaṃ vā veṇīgrahaṇaṃ

vā anyatarānyatarasya vā”，意思是：比如：或是抓住手，或是抓住頭髮，或是（抓住）兩者中的任何一處。

梵文《有部戒經》作“Hastagrahaṇaṃ vā veṇīgrahaṇaṃ vā anyatamānyatamasya vāṅgajātasyāmarśanaṃ parāmarśanaṃ vā”，意思是：或抓住手，或抓住頭髮，或（抓住）任意一處，或碰觸、撫摸身體。

梵文《根有戒經》作“Hastagrahaṇaṃ vā bāhugrahaṇaṃ vā veṇīgrahaṇaṃ vā anyatamānyatamasya vā aṅgapratyaṅgasaṃsparśanaṃ vā”，意思是：或抓住手，或抓住手臂，或抓住頭髮，或是（抓住）任意一處，或是碰觸身體的主幹、支分。

巴利《戒經》作“Hatthagāhaṃ vā veṇigāhaṃ vā aññatarassa vā aññatarassa vā aṅgassa parāmasanaṃ”，意思為：或抓住手，或抓住頭髮，或摩觸任意一個部位。

藏文《根有戒經》作“ལག་པ་ནས་བཟུང་ངམ། དཔུང་པ་ནས་བཟུང་ངམ། ལན་བུ་ནས་བཟུང་ངམ། ཡན་ལག་དང་ཉིང་ལག་གང་ཡང་རུང་བ་ལ་ཉོམ་པ་དང”。意思是：或抓住手、髮辮、胳膊、肩膀，無論摩觸身體的哪一個部位。

與《四分律》有部分差異：

《新刪定四分僧戒本》作「若觸一一身分者」。與《四分律》相比，缺少「若捉手，若捉髮」。

（四）僧伽婆尸沙

《四分律》、《四分僧戒本》、《新刪定四分僧戒本》、《四分律比丘戒本》作「僧伽婆尸沙」，意思是：犯僧殘罪。

與《四分律》相似：

梵文《有部戒經》作“saṃghāvaśeṣaḥ”，意思是：僧殘餘。

巴利《戒經》作“saṅghādiseso”，意思是：僧始終。

與《四分律》有部分差異：

《鼻奈耶》作「摩抆把持，犯者，僧伽婆施沙」。「抆」有「擦拭」的意思。

《十誦律》作「摩觸，僧伽婆尸沙」。

《解脱戒經》作「覺觸，僧伽婆尸沙」。

與《四分律》差異較大：

《十誦比丘戒本》、《五分律》、《彌沙塞五分戒本》作「摩著細滑，僧伽婆尸沙」，《僧祇律》作「摩觸受細滑者，僧伽婆尸沙」。

《僧祇比丘戒本》作「摩觸受樂者，僧伽婆尸沙」，《根有律》、《根有戒經》、《根有律攝》作「作受樂心者，僧伽伐尸沙」。

梵文《説出世部戒經》作"Punar aṅgajātasya āmoṣaṇaparāmoṣaṇaṃ sādiyeya saṃghātiśeṣo"意思是：又想要享受身體的摩觸，僧殘餘。

梵文《根有戒經》作"Aṅgamarśanaṃ svīkuryāt saṃghāvaśeṣaḥ"，意思是：想要耽著於身體的摩觸，僧殘餘。

藏文《根有戒經》作"ཉུག་པ་བདག་གིར་བྱེད་ན་དགེ་འདུན་ལྷག་མའོ། །"，意思是：如果耽著於摩觸，僧殘餘。

三、關鍵詞

（一）淫欲意

《四分律》中的「淫欲意」，在梵文《有部戒經》對應的詞為“udīrṇa（激發、生起）vipariṇatena（變異的、變壞的）cittena（心）”，字面的含義為：以（由淫欲）激發變異的心（英譯：with an altered mind roused by lust）。梵文《說出世部戒經》的表述與之相似，而梵文《根有戒經》中的“avalavipariṇatena（改變的、變化的）cittena（心）”則缺少了「激發、生起」的意思，僅是以變異的心（英譯：with an altered mind）。但上述兩部戒經，在戒條的末尾分別有“aṅgajātasya āmoṣaṇaparāmoṣaṇaṃ sādiyeya”和“aṅgamarśanaṃ svīkuryāt”，意思分別為「想要享受身體的摩觸」和「想要耽著於身體的摩觸」。巴利《戒經》對應的詞為“otiṇṇo（影響的）vipariṇatena（變異的、變壞的，淫欲的）cittena（心）”，可直譯為：以受淫欲影響而變異的心（英譯：with an altered mind affected by lust），含義上和梵文《有部戒經》有細微的差別。藏文《根有戒經》對應為“དལ་ཅིང་གྱུར་པའི་སེམས”，即“དལ་（已毀壞）”、“ཅིང་（和）”、“གྱུར་པའི་（轉變的）”、“སེམས（心，意，識）”。字面意思是已經毀壞和轉變的心（英譯：with an altered mind），或可理解為染污心。如果結合語境，也可以譯為淫欲意，但由於原文中含有「毀壞」及「轉變」意，使得這種淫欲意含有主動犯戒的意樂。此外，在戒條末尾處有“བདག་གིར་བྱེད་ན། དགེ་འདུན་ལྷག་མའོ།།”，即「耽著者，僧殘」的文字，其中“བདག་གིར་བྱེད（自執取，ego-grasping）”與此處的「變壞的心」共同構成此戒成犯的心理條件。

《四分律》對「淫欲意」的解釋為「愛染污心」。《五分律》對應的解釋為：「欲盛變心者：向欲心、深發心。」《十誦律》記為：「欲盛者，即名變心，亦名貪心、染心、繫心。」《僧祇律》「淫欲」解釋為「染污心」，「變心」意思是「變，名過去心；滅盡變易，是亦名變」。《根有律》、《根有律攝》中的「染纏心」，除了「染心」，還有「纏心」，「纏心」即「貪求前境，心有繫著」的意思。《巴利律》中對應的解釋為：「起欲情者，言驅使欲念，戀著欲樂。……此處所謂變心，是指欲情變心也。」《善見論》中記為：「淫亂變心，心即染著。亦言戀著，以身摩觸縛著也。」[1]

綜上所述，「淫欲意」在諸律中的解釋可以分為以下幾類：

《四分律》、《十誦律》、《五分律》是指「染污心，欲心」。

《僧祇律》、《巴利律》、《善見論》、梵文《說出世部戒經》，除了「染污心」，還有「變易心」。

《根有律》、《根有律攝》[2]、梵文《根有戒經》、藏文《根有戒經》，除了「染污心」，還有「繫縛」之意。

諸部律典雖然用不同的表達方式詮釋「淫欲意」，但「欲心」是共通的內涵。另外，《僧祇律》、《巴利律》、《善見論》以及梵文《說出世部戒經》中還有「變易心」；《根有律》、《根有律攝》點明其繫縛、耽著的特點，梵文《根有戒經》、藏文《根有戒經》中內涵表述得更為直接和豐富。

（二）身相觸

《四分律》中「身相觸」，在三部梵文戒經中均對應"kāyasaṃsarga"一詞。該詞由詞根"kāya（身體）"和"saṃsarga（接觸、交結）"構成，意思是：身體的接觸（英譯：contact with the body）。巴利《戒經》中作"kāyasaṃsagga"，構詞和含義與梵文相同。藏文《根有戒經》對應為"ལུས་རེག་པར་བྱེད"，即"ལུས་（身體）རེག་པར་བྱེད（觸、接觸、撫摩）"，意思是：身體的接觸（英譯：contact with the body）。幾部律典的含義一致，指「身體的相互碰觸」。

---

1 《善見論》卷 12，《大正藏》24 冊，758 頁下欄至 759 頁上欄、760 頁上欄至 762 頁下欄；卷 13，《大正藏》24 冊，762 頁下欄；卷 16，《大正藏》24 冊，787 頁下欄；卷 18，《大正藏》24 冊，798 頁中欄至下欄。

2 《根有律攝》卷 3，《大正藏》24 冊，541 頁上欄至下欄。

「身相觸」在《四分律》中解釋為：「身者，從髮至足。身相觸者，若捉摩、重摩，或牽，或推，或逆摩，或順摩，或舉，或下，或捉，或捺。」意思是：從頭髮至腳，通過種種方式觸著。《五分律》與《四分律》相似，將「觸者」解釋為「身上處處種種摩觸，乃至一髮」。《善見論》作：「不捉不摩，是名觸也。捉者，捻置一處，是名捉。」從觸著的方式上進行解釋，又「除髮及手，餘處摩觸悉名細滑，若比丘捉一一身分，悉僧殘」，可知內涵也是身體相互接觸。

《僧祇律》解釋為「身身相觸」。《十誦律》解釋為「觸身者，共在一處」，文義不太清楚，但根據上下文意，應該是指身體接觸。略有不同的是《根有律》，「身相觸」解釋為「謂以身就身作摩觸事」。《根有律攝》記載為「觸謂以手創相觸著」。《巴利律》差別較大，解釋為「猥褻之行為」。

綜上所述，除《巴利律》沒有明確的解釋外，詞源分析以及其餘漢語諸律典都有身體相互碰觸的內涵，其中《四分律》、《五分律》、《善見論》還描述了碰觸的身體部位及接觸的方式。

四、辨相

（一）犯緣

具足以下五個方面的犯緣便正犯本戒：

1. 所犯境

《四分律》的所犯境為女人。在這一點上，除《毗尼母經》、《明了論》外，諸律與之相同。而在《四分律》中，觸女屍「多不壞者」，或是摩觸女人的頭髮，也正犯此戒。《僧祇律》也記載，捉女人頭髮正犯此戒。

《十誦律》的所犯境為活着「堪作淫欲」的女人。如果比丘與女人相觸的部位為除爪、齒、毛、瘡、無皮骨之外的身體部分，或是「身根不壞」的部位，正犯此戒。

《摩得勒伽》[1]的所犯境為「身根」不壞的女人。此外，用除「齒、爪、毛」和「骨」之外有知覺的部位去摩觸女人有知覺的部位，才正犯此戒。「觸二根人，意在女想者」，也正犯此戒。

《根有律》的所犯境為「堪行欲事」的女人。此外，碰觸女人的頭髮，或繫頭髮用的「縷帶」，也正犯此戒。

《根有律攝》[2]的所犯境為「堪行淫」的女人。如果觸「二形之人若女強者」，也就是和女人很相似的二根人，也正犯此戒。此外，摩觸女人的頭髮或繫頭髮用的「繫髮衣」，也正犯此戒。雙方所接觸的部位沒有「身壞」，才正犯此戒。從「若以髮、毛、爪、齒而觸髮、毛、爪、齒及乾枯骨……皆犯窣吐羅罪」可以推出：比丘以除「髮、毛、爪、齒」之外的身體部分接觸女人，

1 《摩得勒伽》卷 2，《大正藏》23 冊，571 頁下欄；卷 4，《大正藏》23 冊，585 頁上欄；卷 5，《大正藏》23 冊，591 頁中欄至下欄；卷 7，《大正藏》23 冊，609 頁中欄；卷 8，《大正藏》23 冊，615 頁下欄至 616 頁上欄；卷 10，《大正藏》23 冊，624 頁下欄。

2 《根有律攝》卷 3，《大正藏》24 冊，541 頁上欄至下欄。

或是接觸女人的「髮、毛、爪、齒及乾枯骨」，都正犯此戒。

《善見論》[1]的所犯境為女人，乃至於觸摸女人的頭髮也正犯。

《五分律》和《巴利律》的所犯境為活着的女人。此外，《五分律》觸女人髮也正犯，所犯境還包括「無根」和「二根」。《巴利律》的關鍵詞中還記載，此戒的所犯境包括「肘至指甲尖」和「髮」，即摩觸指甲、頭髮也正犯。

藏傳《苾芻學處》[2]的所犯境為：「根相有作用、身可依」且「心住本性，身平等住」的女人。此外，摩觸的身體部位為「未壞」的「除三瘡門，是所餘身分」，包括「或身，或髮，或與身相連之衣等」。同時，此律還要求比丘用「未壞」的，除了男根之外的身體部位來摩觸對方，才正犯此戒。

《毗尼母經》、《明了論》沒有此戒的內容，下不贅述。

2. 能犯心

（1）發起心

《四分律》中，此戒的發起心為「欲心」，就是想要通過摩觸女身而獲取樂受的心。其他律典的發起心與之相同。

（2）想心

《四分律》中，人女作人女想，正犯此戒。此外，「與此女身相觸作餘女想」，也正犯。

《根有律攝》中，人女作人女想、疑，都正犯此戒。

《巴利律》、《善見論》中，女人作女人想，正犯此戒。

《五分律》中，女，女想、女疑、無根想、二根想，都正犯。此外，「無根，無根想、無根疑；無根，二根想；無根，女想」，二根作二根想、疑，或是作無根想、女想，均正犯此戒。

《十誦律》、《僧祇律》中，只要對境是女人，都正犯此戒，想心錯誤並

---

1 《善見論》卷 12，《大正藏》24 冊，758 頁下欄至 759 頁上欄、760 頁下欄、761 頁上欄、761 頁中欄至 762 頁下欄；卷 13，《大正藏》24 冊，762 頁下欄；卷 16，《大正藏》24 冊，787 頁下欄；卷 18，《大正藏》24 冊，798 頁中欄至下欄。

2 《苾芻學處》，《宗喀巴大師集》卷 5，62 頁至 63 頁。

不會影響此戒的判罪。《摩得勒伽》卷 5 中記載：觸人女，不管是人女想、疑，還是非人女想、疑，都犯僧殘。而《摩得勒伽》卷 8 則記載，「若比丘疑為是女人非女人摩觸」，不正犯。此外，「觸二根人，意在女想者」，也正犯此戒。

藏傳《苾芻學處》中，有關想心只是提到「想、念，於總於別須不錯亂」，正犯此戒。(「想不錯亂」指 A 作 A 想，沒有錯誤。下文不再解釋其含義。)

其他律典中沒有記載此戒的想心。

3. 方便加行

《四分律》中，此戒的方便加行有兩種：(1) 主動用身體摩觸女人；(2) 被女人摩觸時「動身」，也就是移動自己的身體。《十誦律》、《巴利律》、《善見論》在這一點上與《四分律》相同。《鼻奈耶》、《薩婆多論》[1]、《摩得勒伽》、《根有律》、《根有律攝》中，主動摩觸女人，正犯此戒。《僧祇律》、《五分律》中，方便加行有兩種：(1) 主動摩觸女人；(2) 被女人摩觸。藏傳《苾芻學處》中，方便加行有兩種：(1) 主動摩觸女人；(2) 被女人摩觸時故意「忍受」。

在《四分律》中，摩觸女人或動身時，雙方接觸到的部位都沒有衣服相隔，正犯此戒。《十誦律》、《摩得勒伽》、《五分律》、《根有律》、《根有律攝》、《巴利律》、《善見論》、藏傳《苾芻學處》，在這一點上與《四分律》相同。此外，《善見論》中，隔着「細薄衣」觸女人，正犯此戒。《僧祇律》中，被女人捉時，只有「軟薄衣」相隔，正犯。

4. 究竟成犯

《四分律》中，主動摩觸女人，觸碰到女人身體時，正犯此戒；被女人摩觸，因「動身」帶來的樂受生起時，正犯此戒。《十誦律》、《巴利律》與《四分律》相同。

---

1 《薩婆多論》卷 3，《大正藏》23 冊，519 頁下欄至 520 頁中欄；卷 8，《大正藏》23 冊，554 頁中欄至下欄。

《僧祇律》中，主動摩觸女人，受樂時，正犯；被女人摩觸而「有異心」時，正犯此戒。

《五分律》中，主動摩觸女人，或被女人摩觸，生起「細滑」、「覺而受」，也就是受樂時，正犯此戒。

《善見論》中，主動摩觸女人而碰到時，正犯；被女人摩觸，動身時，正犯。

《鼻奈耶》、《薩婆多論》、《摩得勒伽》、《根有律》、《根有律攝》中，觸碰到女人身體時，正犯此戒。

藏傳《苾芻學處》中，「領受觸樂時成犯」。

5. 犯戒主體

《四分律》中，犯戒主體為比丘和比丘尼。《十誦律》、《薩婆多論》、《摩得勒伽》、《根有律攝》、《善見論》與《四分律》相同。其他律典中，犯戒主體都為比丘。

（二）輕重

1. 所犯境

（1）共同點

《四分律》中，觸女人，犯僧殘。其他律典在這一點上與之相同。

《四分律》中，觸「天女、阿修羅女、龍女、餓鬼女、畜生女能變形者，身相觸，偷蘭遮；畜生不能變形者，身相觸，突吉羅」。《十誦律》中，觸「非人女」，犯偷蘭遮。《僧祇律》：「若觸一切畜生女者，越比尼罪。若緊那羅女及獼猴女，偷蘭罪。」《五分律》中，觸「非人女」，犯偷蘭遮；「捉畜生女，突吉羅」。《根有律》中，「若觸傍生……得惡作」。《根有律攝》中，觸「傍生類，咸得惡作」。《巴利律》中，觸「夜叉女」，犯偷蘭遮；觸「畜生女」，犯突吉羅。《善見論》中，觸「他化自在天夫人」，犯偷蘭遮；觸「畜生女」，犯突吉羅。

《四分律》中，觸男子，犯突吉羅。《五分律》、《巴利律》、《善見論》與《四分律》判罪相同。《十誦律》、《摩得勒伽》、《根有律》、《根有律攝》、藏傳《苾芻學處》中犯偷蘭遮。《僧祇律》中犯越毗尼。

《四分律》中，觸「二形」，犯偷蘭遮。《十誦律》中，觸「二根女人」或「不能女」，犯偷蘭遮。《摩得勒伽》中，比丘摩觸「二根、不男」，犯偷蘭遮。《根有律攝》中，觸「二形之人若女強者，得僧伽伐尸沙。若異此者，但得粗罪」。

《四分律》中，觸「黃門」，犯偷蘭遮。《十誦律》、《摩得勒伽》、《僧祇律》、《根有律》、《巴利律》、《善見論》在這一點上與《四分律》相同。《根有律攝》中，觸「半擇迦」，犯偷蘭遮。藏傳《苾芻學處》中，觸「無根之男女半擇迦」，犯偷蘭遮。

《四分律》中，觸「多不壞」女屍，犯僧殘；觸女屍「半壞者」、「多壞者，若一切壞者」，犯偷蘭遮。《摩得勒伽》中，觸「青瘀、膖脹、爛壞、蟲啖、血塗、離散、白骨等」女屍，犯偷蘭遮。《根有律攝》中，觸「青瘀乃至骨鎖」的女屍，犯偷蘭遮罪。《十誦律》中，觸「新死女人、脹女人、青瘀女人、臭爛女人、噉殘女人、血塗女人、乾枯女人、脹壞女人、骨女人」這些死去的女人，犯偷蘭遮。

《四分律》中，觸碰女人身上佩戴的「耳環」、「華鬘」、「釵」等裝飾物，犯偷蘭遮。《十誦律》在這一點上與《四分律》相同：「捉女人鬢，捉髮花，捉真珠，捉耳瓔珞，捉耳璫，捉如是等女人莊嚴具，偷蘭遮」。而在《根有律》中，碰觸女人繫頭髮用的「縷帶」，犯僧殘。《根有律攝》中，碰觸女人繫頭髮用的「繫髮衣」，也犯僧殘。

《四分律》中，捉女人衣角，犯偷蘭遮。《五分律》中，「比丘捉女人衣，女人捨衣與比丘，偷羅遮」。《十誦律》中，捉女人衣，犯突吉羅。

《巴利律》中，觸「死女」，犯偷蘭遮。

（2）不同點

《四分律》：「若比丘有欲心觸衣鉢、尼師檀、針筒、草苕乃至自觸身，一切突吉羅。」

《十誦律》中，觸「繡畫女、木女」，犯突吉羅。觸入滅盡定女人，犯偷蘭遮。觸活着的女人，犯僧殘；觸「堪作淫欲」的女人，犯僧殘；觸不堪作淫欲的「小女人」，犯突吉羅。「為母抱捉嗚説邪語……突吉羅。姊妹、本二、先私通婦亦如是」，這裏犯突吉羅的原因可能為：比丘沒有動身，只是被女人摩觸。如果比丘與女人接觸的部位為「爪」、「齒」、「毛」、「瘡」、「無肉骨」等處，或是「身根壞」的身體部分，犯偷蘭遮；反之，如果摩觸爪、齒、毛、瘡，無肉骨之外的部位，或是摩觸身根不壞的部位，犯僧殘。

《摩得勒伽》中，如果女人「身根壞」，或有「病癬疥癢」，摩觸這些部位，犯偷蘭遮；「比丘身根壞等亦如是，俱身根壞等，突吉羅」。觸女人的骨、爪、毛、髮、齒等沒有知覺的部位，得偷蘭遮；雙方以這些沒有知覺的部位相觸，得突吉羅。「摩觸離身齒、爪、毛、髮、骨，突吉羅」，「摩觸入滅盡定比丘尼，偷羅遮」，「比丘比丘相摩觸，偷羅遮」。

《五分律》中，如果所觸的女人活着，犯僧殘；觸「死人女」，犯偷蘭遮。觸「無根」和「二根」，犯僧殘；觸女人髮也正犯。

《根有律》中，觸「堪行欲事」的女人，犯僧殘；觸不堪行欲的女人，犯偷蘭遮。觸女人繫頭髮用的「縷帶」，犯僧殘。

《根有律攝》中，觸「堪行淫」的女人，犯僧殘；觸「無堪小女」，犯偷蘭遮罪。被觸女人「若一身壞，若二俱壞，若身多癬疥……窣吐羅」。「若以髮、毛、爪、齒而觸髮、毛、爪、齒及乾枯骨……窣吐羅罪」；觸入滅盡定的比丘尼，犯偷蘭遮罪。碰觸女人的頭髮及繫頭髮用的「繫髮衣」，犯僧殘。

《巴利律》中，觸女人，犯僧殘；觸「木像女」，突吉羅。「以女人之捨物觸〔比丘之〕身」，犯突吉羅。《巴利律》的關鍵詞中還記載，摩觸「肘至指甲尖」也就是指甲也犯僧殘。

《善見論》中，如果比丘以髮、毛、爪等無觸覺的部位碰觸女人的無觸覺部位，犯偷蘭遮。此外，無因緣而觸「女人所用衣服」、「泥木畫女像」，犯突吉羅。

藏傳《苾芻學處》中，正犯僧殘的所犯境見上犯緣。如果「觸不可依止之女」或「觸變化女」，犯偷蘭遮。

2. 能犯心

（1）發起心

《四分律》中，有「欲心」，就是想通過摩觸女人獲得樂受之心，犯僧殘。其他律典在這一點上與之相同。

《十誦律》中，「若比丘愛一女人，而摩觸餘女人身，得偷蘭遮」，也就是説，對此女人有欲心而錯觸到了彼女人，由於比丘對所觸女人沒有欲心，犯偷蘭遮。「比丘以腳踢觸女人身，得突吉羅」，這裏比丘不以欲心，而是以瞋心打女人，所以犯突吉羅。

《摩得勒伽》中，「於餘女人染污心，觸餘女人，偷羅遮」，這裏是錯觸的情況，犯偷蘭遮。「有比丘觸女人腳……肩」，無意之中觸碰到了女人，犯突吉羅；若有女人觸比丘的腳、肩，捉比丘指、兩臂、兩膝、兩手等，此類比丘無意觸摸女人而被觸摸的情況，屬於發起心不具足，不犯。如果「為女人説法，彼女人腳觸比丘膝、髀、脅、脊、臂、肩、頸等，皆犯突吉羅」。如果是「為細滑暖等因緣故摩觸女人身」，犯偷蘭遮，這裏的「為細滑暖等因緣」，指比丘無淫欲心，只是為了通過觸碰女人以獲得細滑的感覺。此外，「無污染心摩觸女人，突吉羅。……本二，不染污心摩觸，突吉羅」。

《僧祇律》中，「無心觸女人，一切心悔越比尼」。

《五分律》中，如果「不以親近情摩觸」，也就是無欲心，犯偷蘭遮。如果比丘被女人摩觸，生起了欲心，則犯僧殘。

《根有律攝》中，「若欲觸此而誤觸彼……犯窣吐羅罪」，這裏是錯觸的情況，犯偷蘭遮。「母女、姊妹作受樂心觸彼身時，亦得粗罪，由羞慚境樂想不生；若無羞慚即得本罪」，這裏專門對欲心觸「母女、姊妹」作出了判罪：有慚愧心，犯偷蘭遮；無慚愧心，犯僧殘。

《巴利律》中，「對母以愛慕其母之情……對女兒以愛護女兒之情……對妹以愛護妹之情而觸摩之」，犯突吉羅。

《善見論》中，「若無欲心觸，突吉羅」。「念母者，以念故，觸母身突吉羅，女姊妹亦如是」，即如果以親情而非淫欲心觸女人，犯突吉羅。「有女人以青衣覆身而眠，比丘欲摩觸衣，誤得女人身」，這裏指比丘以欲心隔衣觸女人，結果誤碰到了女人的身體，犯僧殘。

藏傳《苾芻學處》中，「具足欲領受觸樂之貪心」，犯僧殘。「若發起心不具者，如以滑暖軟等意樂而觸女，皆粗罪」。

（2）想心

《四分律》中，「人女人女想，僧伽婆尸沙；人女生疑，偷蘭遮；人女非人女想，偷蘭遮；非人女作人女想，偷蘭遮；非人女生疑，偷蘭遮」。「與此女身相觸作餘女想」，犯僧殘；「與此男身相觸作餘男想」，犯突吉羅。此外，「若作女想與男身相觸」或者「若作男想與女人身相觸」，均犯偷蘭遮罪。

《十誦律》和《僧祇律》中，結罪輕重與想心無關。只要對境是女人，都犯僧殘；非人女、黃門、二根等，無論想心錯誤與否，都犯偷蘭遮。

《摩得勒伽》卷5中，人女，不管是人女想、疑，還是非人女想、疑，都犯僧殘。而《摩得勒伽》卷8則有一處不同的判罪記載：「若比丘疑為是女人非女人，摩觸，偷羅遮。」此外，「觸二根人，意在女想者僧伽婆尸沙，意在男想偷羅遮」。

《五分律》中，「女，女想、女疑；女，無根想；女，二根想，觸，僧伽婆尸沙」。此外，「女，男想；女，黃門想，觸，偷羅遮。男，男想、男疑；男，黃門想，觸，突吉羅。男，女想；男，無根想；男，二根想，觸，偷羅遮。黃門亦如是。無根，無根想、無根疑；無根，二根想；無根，女想，觸，僧伽婆尸沙；無根，男想；無根，黃門想，觸，偷羅遮。二根亦如是」。

《根有律攝》中，「人女人女想，若復生疑，染意觸時，並得本罪。非人女人女想疑，吐羅。人女非人女想，惡作罪」。此外，此女人，此女人想，犯僧殘；此女人疑，偷蘭遮。見律文：「若復生疑為此為彼……皆犯窣吐羅罪。」

《巴利律》中，女人，女想，僧殘；女疑，偷蘭遮；黃門、男、畜生想，偷蘭遮。黃門，想心不錯，偷蘭遮；想心錯亂，突吉羅。男子、畜生，無論作什麼想，均犯突吉羅。

《善見論》中，人女，人女想，僧殘；人女疑，偷蘭遮。人女作黃門、男子、畜生想，偷蘭遮。黃門作黃門想，偷蘭遮，黃門疑突吉羅；男子、畜生，不管作什麼想，都犯突吉羅。另「無女想以手捫女人身，悉突吉羅」。

藏傳《苾芻學處》中，「想、念，於總於別須不錯亂」，犯僧殘。

3. 方便加行

（1）共同點

《四分律》中，方便加行的判罪分兩種：①主動摩觸女人，犯僧殘，諸律在這一點上與《四分律》相同；②如果被女人摩觸時，故意「動身」，也犯僧殘，《十誦律》、《巴利律》、《善見論》在這一點上與《四分律》相同。

在《四分律》中，觸碰女人時，雙方身體相接觸，犯僧殘，隔着一層衣服，犯偷蘭遮；《十誦律》、《五分律》、《根有律》、《根有律攝》、《巴利律》、《善見論》、藏傳《苾芻學處》在這一點上與《四分律》相同。比丘與女人相觸時，雙方所觸部位有兩層衣服相隔，犯突吉羅；《五分律》、《善見論》在這一點上與《四分律》相同。《巴利律》中，「身所著之物觸身所著之物者，突吉羅」。《摩得勒伽》中，觸碰女人時，雙方身體相接觸，犯僧殘；隔着衣服摩觸，律中沒有明確說明犯什麼罪。《善見論》中，隔着「細薄衣」觸摸女人，犯僧殘；隔着「粗厚衣」或「瓔珞」觸，犯偷蘭遮。《僧祇律》中，被女人摩觸時，「合粗厚衣捉者，得偷蘭罪；若軟薄衣合捉者，得僧伽婆尸沙」。

《四分律》中，用物品觸碰女人身體，偷蘭遮；《摩得勒伽》、《僧祇律》、《五分律》、《巴利律》、《善見論》在這一點上與《四分律》相同。在《巴利律》中，女人用物品碰觸比丘時，比丘動身，犯突吉羅。《善見論》中，以物品觸碰女人，但物品沒動，或是以物品隔着物品碰觸女人，犯突吉羅。《四分律》中，以物品觸碰有衣女人，突吉羅；《善見論》在這一點上與《四分律》相同。

（2）不同點

《十誦律》中，「有女人與比丘瀉水，水流不斷，比丘於是女人生邪心……得偷蘭遮」。

《摩得勒伽》中，「女黃門」主動摩觸比丘，得突吉羅罪。「女人倒地，比丘扶起，突吉羅」。

《僧祇律》中，被女人摩觸，犯僧殘。比丘還女人物品時，「若淨物自手還，不得為女人著，著者，犯越比尼罪」。此外，「若比丘就女人手中捉小兒者，非威儀；若有欲心者，得越比尼罪」。

《五分律》中，比丘被女人摩觸，犯僧殘。「時有比丘以肘築女人身」，犯偷蘭遮，這裏應該是比丘以瞋心打女人的情況。「有比丘，女人在牀上、船車上、樹上，欲心搖之……皆犯偷羅遮」。「女人捉比丘衣，比丘不捨衣與女人，突吉羅」。

《根有律攝》中，「若於女根以腳指蹴，若土瓦打」，犯偷蘭遮。「畫作女人形狀及餘有情，皆惡作罪。其無犯者，若圖白骨，若畫髑髏，若香泥畫地為眾花彩」。在比丘乞食時，「入乞食時，應須用意，女有欲意，乞水飲時，以手遏口而飲水者，苾芻不應連注與水，或令掬飲待盡更傾。若異此者，便得惡作。女無染心連注，無犯」。

《巴利律》中，比丘「與女人渡橋……上樹……乘船，而動欲心」，比丘以欲心動橋、樹、船，犯突吉羅。

《善見論》中，「與女人共度橋，比丘以欲心動橋，橋動、不動，突吉羅」，比丘欲心觸動樹和船也一樣，都犯突吉羅。「若女人次第坐，膝膝相著，比丘捉著上頭第一女僧殘，餘女突吉羅。若合捉衣第一女偷蘭遮，第二女突吉羅，第三女以下無罪」。

藏傳《苾芻學處》中，「他來觸摩，自忍受」，犯僧殘，也就是比丘被女人摩觸而故意忍受，犯僧殘。「用土等塞女根中，結偷蘭遮罪」，「或以足等踢女，或女來推座等，或見女跌，彼自能起，輒相牽扶，皆惡作罪」。此外，「若見女人為水所漂等，而不救護；或應觸時，未作母等想而觸彼手及髮等；或不勤作得念（甦醒）方便；若未守護；若至乞食時，未令他人守護而去；若未觀察甦醒否等；皆學處惡作」。

4. 究竟成犯

《四分律》中，主動摩觸女人，觸碰到女人身體時，犯僧殘；除《僧祇律》、《五分律》和藏傳《苾芻學處》外，其他律典在這一點上與《四分律》相同。被女人摩觸時，因動身引起的樂受生起時，犯僧殘；《十誦律》、《巴利律》在這一點上與《四分律》相同。關於不動身受樂，《四分律》記載了兩種判罪：(1) 女人來摩觸比丘時，比丘「欲心染著，受觸樂不動身，偷蘭遮」；另外，還記載「時有母捉比丘，彼覺觸受樂不動身，疑，佛言：『突吉羅。姊、故二、淫女亦如是』」；(2) 如果是女人因正常行禮而摩觸比丘的情況，突吉羅。如：「時有女人捉比丘足禮，覺觸受樂不動身，疑，佛言：『突吉羅。』」

而有關結罪次數方面，《四分律》記載「比丘與女人身相觸，一觸一僧伽婆尸沙，隨觸多少，一一僧伽婆尸沙」；《善見論》與《四分律》相同，「若放已更捉，隨捉多少，一一僧殘」。《僧祇律》的結罪次數為「若比丘欲心，一時觸眾多女人，得一僧伽婆尸沙；若一一別觸，一一得僧伽婆尸沙」，「與女人相抱，共卧共起，竟宿不移者，犯一僧伽婆尸沙」。

《僧祇律》中，主動摩觸女人而受樂時，犯僧殘；被女人摩觸而「有異心」時，犯僧殘。作了摩觸女人的方便加行而沒觸到，犯偷蘭遮。

《五分律》中，比丘摩觸女人，或是女人主動摩觸比丘，受樂時，犯僧殘；不受樂，無罪。

《巴利律》中，被女人摩觸時，動身而不受樂，犯突吉羅。如：「一比丘〔思：〕『我當捉女人。』努力而不接觸。彼心生悔……『突吉羅。』」有方便加行而沒有觸到女人身體，犯突吉羅。女人用物品碰觸比丘，比丘因動身帶來的樂受生起時，犯突吉羅。

《善見論》中，被女人觸摸時，動身犯僧殘；如果有欲心不動身而受樂，犯突吉羅；如果僅有欲心，不動身，不犯；如果僅受樂，不動身，也不犯。如律文：「若女人掩比丘，比丘以欲心受樂不動，突吉羅……若女人摩觸比丘身，比丘有欲心，身不動，無罪。」「若比丘尼摩觸比丘，比丘受樂不動身，比丘不得罪。」「若比丘以形相欲心，或攝目，或動身、動手、動足，種種淫想形相變心，悉突吉羅」，這裏應指生起淫欲心而「動手、動足」起方便加行，但沒有觸到女人的情況。

藏傳《苾芻學處》中，比丘摩觸女人，或是女人來摩觸比丘，「領受觸樂時」犯僧殘。

5. 犯戒主體

《四分律》中，比丘，犯僧殘，在這一點上，諸律與之相同。比丘尼，犯波羅夷；在這一點上，《十誦律》、《薩婆多論》、《摩得勒伽》、《根有律攝》、《善見論》與《四分律》相同。此外，在《四分律》中，下三眾，犯突吉羅。《五分律》中，沙彌，犯突吉羅。《十誦律》還記載，「若比丘不能男，摩觸女人身，得偷蘭遮。」

（三）不犯

1. 能犯心不具足

《四分律》中，「不犯者，若有所取與相觸、戲笑相觸，若相解時相觸，不犯」。此外，此律有兩個相關案例：(1) 有比丘「愛故不以欲心」而「捉小沙彌摩捫嗚」，不犯；(2)「有比丘捉牸牛尾渡水，渡水已方知是牸牛」，不犯。

《鼻奈耶》中，「除其母、姊妹、病人，無染著意者，不犯戒」。

《十誦律》中，「若母想、姊妹想、女想，摩觸女身，不犯……若無染心觸，不犯」，「若為寒、為熱、為暖、無染心，無罪」。

《摩得勒伽》中，發起心方面：「摩觸母身，愛母故不犯……姊妹亦如是。」想心方面：「母想、姊妹想、女想，不犯。」

《根有律》中，「若無染心，觸母、女、姊妹並皆無犯」。

《根有律攝》中，「其無犯者……若無染心觸母、女、姊妹等，若復於餘作母等想，或若觸時心同觸地，若復好心欲觀女身冷熱堅軟」，「若母來抱，若女坐懷中，若卒倒地墮女人上，若於迮路口觸女肩，此皆無犯」。

《巴利律》中，「無意者、無念者、不知者」，不犯。被女人摩觸時「有求脫之意」，不管動不動身，受不受樂，都不犯。

《善見論》中，「不故者，是不故觸女身，或女人度鉢，或度種種飲食，相觸無罪。無想者，比丘於女人無想，比丘或緣餘事，行來相觸非故觸，如是無罪。不知者，若女人作男子裝束，比丘不知，捉者無罪」。

2. 方便加行不具足

《巴利律》中，被女人觸時「有摩觸之意，不動身而受觸樂者，不犯也。有摩觸之意，不動身而不受觸樂者，不犯也」。

3. 究竟成犯不具足

《四分律》:「時有女人笑捉比丘，比丘疑，佛問言:『比丘！汝覺觸受樂不？』答言:『不。』佛言:『無犯。比丘笑捉女人亦如是。』」在此案例中，比丘不受樂，所以不犯。

《巴利律》:「眾多女人強捉一比丘……不受樂者，不犯也。」

《善見論》:「若眾多女人共捉比丘，比丘不受樂無罪。」

4. 救人

《四分律》中，比丘在女人掉到水裏時將其救出，如:「時有大童女為水所漂，比丘見已，慈念即接出，疑，佛問言:『比丘！汝覺觸受樂不？』答言:『不。』佛言:『無犯。』」

《鼻奈耶》中，如果遇到「溺沒」、「火厄」或是「行險峪」的危急情況時，比丘可以救助女人，只要「無染著意」就不犯此戒。此外，世尊還告誡比丘在救助女人時，要「以衣裹手往捉臂過」，以免直接觸碰對方的身體。

《十誦律》中，「若救火難、水難、刀難，若墮高處、惡蟲難、惡鬼難，不犯」，「救惡獸……無罪」。救落水女人時，「雖淫心起，但捉一處莫放，到岸不應故觸。若更觸得罪」。

《摩得勒伽》:「比丘火中出女人，水中、坑中、刀中、塹中、非人等中出女人，尋即生悔。乃至佛言:『不犯。』」「若火中、水中、師子虎狼、非人及餘諸難中捉出，不犯。」

《僧祇律》:「若船沒時，女人水漂向比丘，比丘作地想持出水，不犯……若比丘河邊經行，有女人落水中，作哀苦聲求比丘救者，比丘作地想捉出，不犯;若授竹木繩牽出，不犯。若比丘言『知汝雖苦，當任宿命』者，無罪。」

《根有律》:「若見女人被水所漂，或時自縊，或啖毒藥等，為救濟時觸皆無犯。」

《根有律攝》：「若女墮火中，若見食毒藥、持刀自害，若墮坑陷，若見水漂，皆應救濟……若見女人被水漂溺，自有力者應可救濟，勿生染念，作母女想而牽取之。」這裏雖然沒有明確說明救人因緣不犯，但是從這段內容可以看出，救落水女人應該不犯此戒。

5. 梵行難

《善見論》：「若比丘有梵行難，比丘推蕩牽挽分解得脱，一切不犯。若女人年少力壯，卒抱比丘，比丘力羸不得轉動，隨其所作，若臨行淫時，比丘覓方便求走得脱，無罪。」

6. 犯戒主體不具足

《四分律》：「不犯者，最初未制戒，癡狂、心亂、痛惱所纏。」《五分律》、《根有律》、《巴利律》與《四分律》相同。

《十誦律》：「未結戒前摩觸女人身，一切時不犯，故名先作無罪。」

《摩得勒伽》：「未制戒前，一切不犯。」

《善見論》：「最初未制戒、顛狂、心亂無罪。」

7. 其他

《摩得勒伽》：「比丘倒地，女人扶起，不犯。」

五、原理

（一）防止淫欲煩惱現行

本戒為性戒。緣起比丘摩觸女人是因為貪著男女肌膚接觸所產生的細滑之樂，反映了其背後的淫欲煩惱。《根有律攝》記載：「因與説法便生染心，觸彼女身，隨意取樂。」本戒與上一條「漏失戒」一樣，都是佛陀為了對治比丘的淫欲心而制定的。

《薩婆多論》中，佛陀制此戒存在以下幾點考慮：「佛所以結此摩捉女人戒：一、以出家之人飄然無所依止，今結此戒與之作伴，令有所依怙；二、欲止鬥諍故，此是諍競根本，若捉女人則生諍亂；三、息嫌疑故，若比丘設捉女人，人見不謂直捉而已，謂作大惡，是故止之；四、為斷大惡之源，欲是眾禍之先，若摩捉女人則開眾惡門，禁微防著；五、為護正念故，若親近女人則失正念；六、為增上法故，比丘出家跡絕欲穢，棲心事外為世揩軌，若摩捉女人，與惡人無別，則喪世人宗敬之心。」

古印度比丘在日常生活中，尤其是在外遊行托鉢乞食，很容易遇到女人，摩觸女人會使比丘陷入難堪的境地，佛陀制此戒也為了防止生起這些過患。

（二）古印度比丘接觸女性的機會頗多

在古印度，比丘與女人近距離接觸的情況有許多。如：比丘接受食物與飲水，給居士受戒，女人給比丘行捉足禮，女人索水比丘遞與她們等等。這些帶有宗教文化意味的溝通方式，具有特定的地域、風俗特色，有具體的禮節性規定。

1. 托鉢乞食

《僧祇律》:「若比丘入城乞食，過到淫女家，淫女捉比丘者，當正思惟。若比丘乞食時，有端正女人持食與比丘，比丘見女人起欲想者，應放鉢著地令餘人授。若女人持食與比丘，若女人一手過食，一手承鉢底者，非威儀。」

《僧祇律》的例子，反映了比丘善護心念的重要，以及強調比丘乞食的過程中的威儀。《十誦律》中有比丘不善護心而犯戒的例子:「女人與比丘瀉水，水流不斷，比丘於是女人生邪心，得偷蘭遮。」

2. 捉足禮

《鼻奈耶》中的長者婦，「以手接難陀足作禮」，因為女人的手柔軟，難陀控制不住自己而失精，《根有律雜事》也有相似的故事。因此《僧祇律》中就有這樣的描述：比丘為了防護自己不要犯戒，會讓女人免去捉足禮而在稍遠的地方作禮；或在沒有心理準備時女人忽然來行捉足禮，比丘咬舌發痛以轉移注意力。

3. 施水

《僧祇律》記載了「女人從比丘索水」的故事，說明信眾會以「索水」的形式獲得來自比丘的加持物。比丘為避免遞水過程中碰到女眾，可以讓「知水家」或者淨人來專門做，或者「若牀上，若機上授與」。

4. 給居士受戒

《十誦律》記載了居士希望比丘可以度他的女兒，令作優婆夷。比丘說：「我等手不觸女人，云何得度？」說明當時給居士受戒，可能需要比丘以手接觸女眾。而佛陀也開許了這種行為:「慈愍心故，應度令作優婆夷。」

5. 引導女信徒看僧房

律中還有一個現象值得注意，迦留陀夷摩觸女人是發生在他引導女信徒參觀僧房的情節中。

由律典可知，在印度女人地位低下，她們沒有受教育的權利，整天忙於家務，如《根有律》中的女人言：「如世尊說：『若人居在八無暇中，於清淨行無容修習。』我之女身多諸障難，鎮營家業復是第九無容暇事。」女人閑暇時參觀寺院是表達她們信仰的重要方式，而比丘也會引領她們參觀僧房，《鼻奈耶》中說到這是比丘的接待工作，如當時的迦留陀夷恰好「當五日直」。《根有律》也詳細地描述了比丘帶居士「禮塔」，參觀「如來香殿」，依次參觀了阿若憍陳如、大迦葉、舍利弗、大目犍連等住房的場景。

《薩婆多論》說到女人為何來看僧房：「諸女人何以來看？一、以世間多事多諸匆務，出家人所住處寂靜安樂故；二、親近善知識，欲聞法故；三、眾僧房中種種嚴飾，采畫房舍牀榻卧具，觸目可樂，是故來看。」說明女人參觀僧房是帶着對佛教的崇敬而來，她們認為出家人「斷欲清淨」，所以進入比丘房間時不帶懷疑，以「信敬故隨入無疑」，而迦留陀夷摩觸女人的這類行為無疑會破壞這種宗教情感的神聖。

（三）從《根有律》的描述看本戒的演變和完善

《根有律》「皮革事」記載：六群比丘在幫助女居士渡河的過程中，「遂於水中摩觸女身所有支節」。因為此事，佛陀制定「汝等從今已後，不得觸女人身分。若觸者，得越法罪」。後來，又因為有女人溺水，比丘因為持戒的原因而不去救，引發譏嫌。因此佛陀開許，在女人有死難等危險的時候，比丘可以救助她們，如果她們可以自渡過河，說可以放手的時候就須放手。另外還說到比丘在執捉女人之時，生發染心，佛陀教導比丘要「當觀如母、如女、姊妹等想」等。

從《根有律皮革事》這一段材料，可以看到「摩觸女人戒」戒條不斷完善的過程。[1] 最初比丘摩觸女人，只判越法罪，與我們現在看到的摩觸女人判

1 《根有律皮革事》卷 2，《大正藏》23 冊，1054 頁下欄至 1055 頁上欄。

僧殘罪的判法不同，這啟示我們，戒條最終形態的呈現，很可能經歷了從不成文法到成文法的不斷積集、演變的過程。

佛陀雖然認為摩觸女身將會引發無量過患：「若諸患起，皆由摩觸女身。我今制諸苾芻，勿得觸女人身。」但是，最初發生的事情還不是那麼嚴重，犯此事的人還不多，因此只結越法罪。後來同類事情愈來愈多，到了結僧殘罪時，被摩觸的女人中，喜歡的默然，不喜歡的告諸比丘，說明被迦留陀夷摩觸的女人不止一個。接下來發生的事情愈發嚴重，女人喜歡比丘摩觸的同時，也會因為比丘不與之作「根本事」而不滿抱怨。如《僧祇律》中，有女人覺得比丘沒有性能力，稱比丘為「薄福黃門出家，遍摩觸我身而無好事」。比丘摩觸女人帶來的影響，不僅是引發其丈夫等人的不滿，還導致譏嫌、非難，比丘惡行會散播開去，甚至有人要置比丘於死地，訴諸國王面前以討回公道。在《根有律》「非時入聚落戒」的緣起故事中，迦留陀夷對一位婆羅門的女兒「摩觸彼身，嗚唼其口」，當童女的欲望被激起而迦留陀夷卻不滿足她的時候，「女懷瞋忿遂以指甲自攫身形」，然後誣陷比丘侵犯了她，婆羅門帶了五百人，將比丘「即共熟打，幾將至死，曳至王門」。雖然比丘最後免於國王的懲罰，但即使是信仰佛教的國王夫人也認為比丘的行為「苦哉！痛哉！鄙惡之極」。

可見，摩觸女人已經從較輕的越法罪發展到需要國王親自裁度的嚴重程度，因此，我們有理由認為摩觸女人戒的最終制定，經歷了不斷發展完善的過程。

（四）相關社會倫理分析

《僧祇律》中，從迦留陀夷的本事故事可以看到，一位嵩渠氏婆羅門竟然欲心迷醉，撫摸女兒。最後在女兒的哭求申訴之下，大羞慚而去。可見欲望蒙蔽心識，會讓人喪失理智，甚至超越倫理的界限。《根有律攝》的辨相中已經出現了對「母女、姊妹」，「由羞慚境樂想不生」而不犯，「作受樂心觸彼身時」得粗罪，「若無羞慚即得本罪」的規定。從「無羞慚」犯根本罪（僧殘），説明對母妹等產生淫欲心也會正犯。而佛經中也記載有比丘與其母亂倫的情況：「由屢次會見而相觸，由相觸而狎親，由狎親而墮貪愛。彼等以貪愛心，不捨學戒，顯贏劣而行交會。」發生這樣的人間倫理悲劇，讓人震驚，其背後所顯示的問題卻對人有所警示。[1]《南海寄歸內法傳》記載，有比丘「自從受具，女人曾不面言，母姊設來出觀而已。當時問曰：『斯非聖教，何為然乎？』答曰：『我性多染，非此不杜其源。』」義淨三藏法師認為，雖然佛陀沒有遮止比丘與自己母姊等女性親屬的接觸，但是防範內心淫染的做法卻是可取的：「雖復不是聖遮，防邪亦復何爽。」

另外，《根有律》「隨擯沙彌戒」中提到，有比丘與二沙彌共住，「言戲掉舉，身相摩觸」，這種讓比丘事後深感內疚的「罪業」[2]，提醒我們注意男性之間不適當的摩觸，很可能發展為一種帶有同性戀傾向的「淫行」。《根有律出家事》也説有兩位沙彌「更相調戲，猶如女人與丈夫戲，亦如男子共女人戲」[3]，因此，在僧團中，出家人之間朝夕共處，如果不能用佛法來攝護心念，彼此之間的蜜語邪行就會障礙修道，嚴重的甚至會導致破戒。

在中國，儒家思想中的禮制觀念，特別強調倫理對保持個人日常生活秩序乃至構建國家統治的重要性。「非禮勿視，非禮勿聽，非禮勿言，非禮勿動」成為很重要的修身方式。但是在面對特殊情況時，這種禮的規定也會變通，比如在《孟子》一書中，在面對兄嫂落入水中的情況時，孟子回答：「嫂溺不援，是豺狼也。男女授受不親，禮也；嫂溺援之以手者，權也。」由此可見，儒家思想中一方面看到「飲食男女，人之大欲存焉」的過患，日常生活中不得不進行嚴格的防護，同時在人命危急的情況下，也要「援之以手」，

---

1 漢譯《增一阿含經》沒有這則故事。南傳《增支部經典》中收有此故事，參見《增支部經典》卷5，《漢譯南傳大藏經》21冊，81頁至84頁，譯者為郭哲彰。另外還有莊春江譯本，題目為《母子經》。

2 《根有律》卷39：「彼二報曰：『仁等豈不昔與我等而為共住，言戲掉舉，身相摩觸，作諸罪業，云何於今獲增上證？』彼便答曰：『此事實爾，然我後時情生懊悔，深自剋責所犯之罪，如前具説，乃至獲得道果。』」《大正藏》23冊，841頁下欄。

3 《根有律出家事》卷3：「具壽鄔波難陀有二求寂，更相調戲，猶如女人與丈夫戲，亦如男子共女人戲。」《大正藏》23冊，1033頁上欄。

這是儒家人本思想的流露。律典中對落水女人的救援，幾乎無一例外地開緣，也正好表明了比丘面對他人的危難需要靈活變通。否則，就會如《根有律皮革事》記載，比丘怕犯戒不去救落水女人，被世人譏嫌：比丘喝水尚且要觀蟲有無，怎能對人「棄捨而不救」[1]。

（五）從修行的角度來看「摩觸戒」

從修行的角度來講，五欲皆為障道之法。《僧祇律》提到：「障道法者，五欲，眼見色愛念，心悅生欲著；如是耳鼻舌身細滑亦如是。」然而在五欲當中，細滑欲是最難遠離的。《大智度論》中，在教導修行者修習禪定之前，必須做好前行方便，首先是對五欲的呵責，其中說到「呵觸」，認為觸覺是「生諸結使之大因，繫縛心之根本」。因為其他受覺都局限在身體的一個有限的範圍裏，而觸覺「則遍滿身識，生處廣故，多生染著，此著難離」。從人體生理學的角度來看，皮膚是人體最大的器官，它確實有着豐富而廣泛的神經感受系統。《大智度論》認為，貪著細滑欲的時候，連不淨觀都無所用處。[2]「以其難捨，故為之常作重罪。若墮地獄，地獄有二部：一名寒冰，二名焰火。此二獄中，皆以身觸受罪，苦毒萬端。此觸名為大黑暗處，危難之險道也。」

因此在律中，有一個常見的說法稱「觸」為「毒」，《根有律雜事》中，鹿子母給難陀行捉足禮：「便起淨信禮其雙足，將手觸著，彼身柔軟，女是觸毒近便損害，難陀稟性多欲便起染心，遂即流精墮毗舍佉頭上。」《根有律雜事》還提到歡喜比丘快要入定的時候，一個魔女「坐其膝上，如是當知女人之境，是為大毒觸即害人，染心既生便共行欲」；另一個故事中，一老比丘回

---

1 《根有律皮革事》卷 2：「白言：『聖者！為愍有情，每於水中觀小蟲，今見女人被溺，豈合棄捨而不救之。』」《大正藏》23 冊，1055 頁上欄。

2 《大智度論》卷 17：「餘四情則各當其分，此則遍滿身識；生處廣故，多生染著，此著難離。何以知之？如人著色，觀身不淨三十六種則生厭心；若於觸中生著，雖知不淨，貪其細軟，觀不淨無所益，是故難離。」《大正藏》25 冊，182 頁中欄。

家看故二，故二要求比丘共睡在一處，他不允許，「苾芻不許，即來抱觸。女是觸毒，被摩觸時，心便動亂發諸惡念，即共交會多日共住」。《根有律》有一個故事提到金色比丘與金色比丘尼未出家以前的事情。結婚後，他們發誓互相不碰觸身體：「除初婚時暫爾執手，過斯已後所有身分誓不相觸。」在金色比丘用扇柄把毒蛇驅走時，妻子說了一個偈子，把男女的觸覺稱為「染毒」：「寧使我身遭毒蛇，慎勿虧誓來相觸；蛇毒但令一身死，染毒淪沒無邊際。」毒藥有致人死命的力量，而摩觸也確實讓人耽著細滑，「繫著」、「染纏」進而有破「大淫戒」的危險（比丘的法身慧命也就斷掉了），《根有律攝》稱「摩觸戒」為「由身語」而「作前方便」[1]。可見，此戒也是為了防護「大淫戒」而設。而對出家比丘來說，欲心摩觸女人除了引發現世糾紛，障礙修道，同時還會感得未來苦果，如《四分律》說到不要對女人「捫摸嗚之」，「寧捉此火捫摸嗚之，燒其皮肉筋骨消盡，此事為善。何以故？不以此因墮三惡道」。

---

1 《根有律攝》卷3：「下之四戒亦皆同此……次二學處（觸女學處），謂由身語作前方便。」《大正藏》24冊，540頁中欄。

六、專題

專題 1：「摩觸戒」的發起心與「大淫戒」和「漏失戒」有何區別？

「摩觸戒」的發起心諸律記載的內涵均為「淫欲意」，具體在關鍵詞部分已經作了詳細説明。「大淫戒」的發起心為「欲行淫」，目的是要作不淨行。「漏失戒」的發起心是「出精意」，以出精為目的。「摩觸戒」的發起心「淫欲意」，是想要通過摩觸女人來取樂，目的只是為了滿足欲望摩觸女人，並非想要行淫或出精。

因此，比丘摩觸女人，應按照其發起心來結罪：如果是為了行淫而摩觸女人，結「大淫戒」偷蘭遮罪；如果是為了出精而摩觸女人，精出犯僧殘罪，精不出犯「漏失戒」偷蘭遮罪；如果是為了得到樂受而摩觸女人，結「摩觸戒」僧殘罪。

以上判罪，在「大淫戒」、「漏失戒」和「摩觸戒」的辨相中已有分別記載，此不贅述。《善見論》、《薩婆多論》、《根有律攝》也作了相關總結。《善見論》記載：「比丘欲心觸女身，或抱或摩觸細滑精出不犯，以摩觸故，得僧殘罪，若樂觸樂、樂出精，俱得罪。」《薩婆多論》記載：「如本意欲女人上出精，若遂意僧殘；若不精出，直摩捉便止，偷蘭遮。若本心直規摩捉，樂意僧殘。」《根有律攝》記載，「若苾芻於女人處，為斯九事作受樂心，咸得眾教。若擬行不淨行，雖無衣隔觸彼女身，得窣吐羅罪」，其中，「九事」指的是捉牽拽抱等九種摩觸女人的方式，「眾教」是僧殘的別名，「窣吐羅」即偷蘭遮義，這裏特指「大淫戒」的方便罪。

綜上所述，「大淫戒」的發起心是「欲行淫」，「漏失戒」的發起心是「欲出精」，「摩觸戒」的發起心是「欲摩觸」，三者並不相同。對比丘摩觸女人的判罰，需要考慮其發起心的不同。

專題 2：被動摩觸相關問題的辨析

比丘被女人摩觸的情況下是否得罪，要看比丘的發起心和加行。下面先對被摩觸情況下的一些細節問題進行辨析，最後一部分是應對被摩觸的一些行持建議。

（一）預作方便使自己被女人觸如何判罪

假如比丘在巴士上，知道剎車時有女人會向一個方向傾斜，就故意預先站在該處等着被碰。如比丘所料，有女人真的由於剎車而倒向了自己，兩人發生肢體接觸。表面上看這屬於被摩觸的情況，按照一些律典的判罰，比丘若不動身即使欲心領受觸樂也不會正犯僧殘。但是，這種情況是否真的屬於被動摩觸，需要更深入地辨析。

《巴利律》「大淫戒」中有這樣的公案，比丘受邀以被動方式行淫，判波羅夷：「爾時，一女人見比丘而作是言：『來！大德！來行不淨法。』『止！妹！不許如此。』『來！大德！師不用力，我用力，師即不犯。』其比丘如此作。彼生悔心……乃至……『比丘！汝犯波羅夷。』」另外一個公案中，比丘受邀以被動方式出精，判僧殘：「『來！尊者！我以手擊打，令泄之，若如是，師當不犯也。』其比丘如是作，彼生悔心。『比丘！非犯波羅夷，乃犯僧殘。』」在律典真正的被動場景中（如被逼行淫等情況），佛陀都會確認比丘在過程中是否有主動領受欲樂的心。而上述這兩個公案中都沒有問比丘是否有受樂心，是因為比丘都是默許或接受邀請，這種行為本質上就屬於主動積極加行，後面的被動情形只是採取這種加行後可以預見的結果。

《善見論》「漏失戒」有這樣的公案：「若比丘心想而眠，先作方便以腳挾，或以手握根作想而眠，方夢精出，得僧伽婆尸沙罪。」[1] 覺前預作弄陰方便並且持續到眠中，導致眠中出精，這種情況下也正犯僧殘，不屬夢中出精的開緣所攝。這個公案的道理和上面的公案是一樣的，因為比丘預作方便，雖然

1 《善見論》卷 12，《大正藏》24 冊，760 頁下欄。

是在夢中出精，但是這種後果是比丘可以預見且故意追求的，因此正犯。

從這些公案可以得出，比丘如果有正犯的意樂，預先造作方便，造成預期的被動加行或者類似於不犯的情形出現，這種情況下也正犯，不能得到被動加行或者開緣情形的赦免。

律典的這些公案也可以從另外的角度去理解。這些行為可以看作是一種廣義的「不作為」：比丘本來可以不接受女人的行淫邀請，比丘本來可以選擇不站在必然會和女人發生摩觸的地方等等。法律上有一種「對結果原因的控制」的理論，即如果主體對於產生結果的原因有控制能力，卻故意選擇了不去控制以規避結果的發生，那麼即使主體沒有主動加行，也可能會被追究相應責任。

綜上所述，本節一開始假設的情形，即比丘以淫欲意站到相關位置，等待女人摩觸自己，比丘即使在摩觸過程中並不動身而領受觸樂，也正犯僧殘。

（二）被動摩觸中如何「動身」算正犯

《四分律》中，被女人觸碰時「動身」受樂，正犯僧殘：「女作女想，女以手捫摸比丘，動身欲意染著受觸樂，僧伽婆尸沙。」《四分律》中還記載了一個公案：「時有女人捉比丘足禮，覺觸受樂動足大指，疑，佛言：『僧伽婆尸沙。』」

「動身」對應的詞，在《十誦律》為「身動」。《巴利律》漢譯也是「動身」，如：「若女人以身捉摩比丘之身〔……乃至……〕捺摩時，〔比丘〕有依順之意向，動身以受觸樂者僧殘。」其中「動身以受觸樂」對應的巴利文為“kāyena（身體）vāyamati（努力）phassaṃ（接觸）paṭivijānāti（覺知，覺了）”，即努力進行身體接觸並覺知的意思。[1]《善見論》中對「動身」的描述比較具體：「若比丘以形相欲心，或攝目或動身動手動足，種種淫想形相變心，悉突吉羅。」[2]

1 “He exerts his body and recognises the contact.” I. B. Horner, *The Book of the Discipline*, Vol. I, p. 210

2 《善見論》卷 12，《大正藏》24 冊，762 頁上欄。

這裏結突吉羅，所以不屬於描述完整正犯的「動身」情形。

應該明確理解的是，比丘「動身」的本質是在被動情況下追求樂受的主動加行。上述《四分律》辨相中，女人向比丘行接足禮時，比丘的「動身」是為了與女人接觸產生觸樂，所以佛陀判僧殘。如果比丘不是以追求樂受為目的，那麼其身體動作就不算是「動身」。比如《五分律》記載，動身求脱即不犯：「而女人捉比丘，比丘作方便求脱。雖覺觸，而不受。乃至觸髮亦如是。」同樣《巴利律》中以求脱之意動身，一切不犯。

綜上所述，被動摩觸時比丘在欲心的驅使下，只要身體的動作是以追求樂受為目的，這種情況即正犯僧殘。如果只是無意識地動身或者由於其他原因動身，不是為了追求樂受，不能算是「動身」。發起心如何決定了「動身」行為的本質。所以，不能機械化地解讀律典中有關動身的文字，不能將任何細微的行為都算作動身，而忽略了發起心這個最為關鍵的因素。

（三）被女人摩觸時如何應對

比丘在被女人摩觸時，只要不故意動身求得樂受，就不會正犯「摩觸戒」。不過不動身只是可以採取的一種消極行為，若情況允許，比丘還應該採取更主動的預防和規避措施。

如《僧祇律》記載：「若比丘坐時，有女人來禮比丘足。比丘若起欲心，當正身住，應語女人言：『小遠作禮。』抄女人篤信，卒來接比丘足者，爾時應自咬舌令痛，不令覺女人細滑。」《善見論》記載：「求脱者，若比丘有梵行難，比丘推蕩、牽挽、分解得脱，一切不犯。若女人年少力壯，卒抱比丘，比丘力羸不得轉動，隨其所作，若臨行淫時，比丘覓方便求走得脱，無罪。」[1]

因此，比丘在面對女人來摩觸自己的情況時，應該躲避，或者口頭告訴對方不要觸碰到自己。如果在一些場合無法採取這些規避方法，確實被女人摸到了，可以參照律典建議用牙齒咬住舌頭，使自己將注意力放在疼痛上，

---

1 《善見論》卷 12，《大正藏》24 冊，762 頁上欄至中欄。

這樣可以避免生起主動領納觸樂的欲心。在梵行難情況下，應該想辦法掙脱並且逃離。這些做法都不犯本戒。

專題 3：救遇難女人時如何持好「摩觸戒」？

如果比丘遇到陷於命難的女人，是否應該伸出援助之手呢？答案是毋庸置疑的。救人於危難，是佛教慈悲為懷的體現，也為世俗道德準則所推崇。救人屬「摩觸戒」的開緣，前面辨相部分已經列舉了救人不犯的律典公案，這裏不再贅述。藏傳《苾芻學處》則進一步規定若不救護遇難女人犯突吉羅：「若見女人為水所漂等，而不救護……皆學處惡作。」[1] 因此，比丘在碰到這種情形時應救援對方，不用過於擔心自己是否犯「摩觸戒」。

另一方面，比丘在救人過程中應妥善而行，在救人的前提下兼顧「摩觸戒」的持守。下面結合律典公案來説明。

（一）守護好心念

《四分律》記載：「時有大童女……磨香女人為水所漂，比丘見，慈念即接出，疑，佛問言：『汝覺觸受樂不？』答言：『不。』佛言：『無犯。』」《鼻奈耶》記載：「諸女人各相執手便入水中，為水所漂。即稱怨言：『諸賢諸賢，誰有慈心能勝釋子，我今沒溺，願來見救。』諸比丘愍念，往執手救。諸比丘各懷疑：『不犯僧伽婆施沙？』即問諸比丘。諸比丘不知當何報，往白世尊。世尊告曰：『無染著意不犯罪。』」從這兩個公案可以看出，救人過程中還是要善護心念、防止染心，否則還是有過失。

為防止染心，救護時可作意女人是自己母女姊妹等。如《根有律皮革事》記載：「時諸苾芻執捉之時，乃生染心，佛言：『汝執於女，當觀如母、如女、姊妹等想，救渡令出。』」[2]《根有律攝》記載：「拯溺行法今當説之。若

---

1 《苾芻學處》，《宗喀巴大師集》卷 5，62 頁。

2 《根有律皮革事》卷 2，《大正藏》23 冊，1055 頁上欄。

見女人被水漂溺，自有力者應可救濟，勿生染念，作母女想而牽取之。」[1]藏傳《苾芻學處》中對此作意更是有強制性，否則得突吉羅：「若見女人為水所漂等……或應觸時，未作母等想而觸彼手及髮等……皆學處惡作。」

但是在求助過程中起了染心怎麼辦呢？《十誦律》強調此時不能放棄救助，要把人救到安全地點後才可以放手：「諸比丘如是捉時淫心起還放，諸女言：『大德小時莫放得到彼岸。』諸比丘不知云何？是事白佛，佛言：『雖淫心起，但捉一處莫放。』」

（二）救人方式要善巧

在不影響救人的前提下，比丘救人時應該利用現場條件，防止自己直接摩觸到女人身體。如《鼻奈耶》記載：「『以慈心往救，若復當有溺沒者，若捉髮執衣不得持體。火厄亦爾。』有一女人行險峪側，時比丘捉手過。比丘便疑：『我不犯僧伽婆施沙？』往白世尊。世尊告曰：『無染著意不犯罪。若復當更有如此者，以衣裹手往捉臂過。』」

《善見論》記載的救人方式更為謹慎，很強調不要用手直接接觸女人：「若母沒溺水中，不得以手撈取，若有智慧比丘以船接取，若用竹木繩杖接取得，若無竹木繩杖，脱袈裟鬱多羅僧接亦得。若母捉袈裟已，比丘以相牽袈裟而已，若至岸母怖畏未已，比丘向母言：『檀越莫畏，一切無常今已得活，何足追怖。』若母因此溺勢遂死，比丘得以手捉殯殮無罪，不得棄擲，若母於泥井中沒亦如是。」[2]此處「母」在《善見論》中解釋為「母者，能生他為義」，可以理解為成年女人的統稱。

從慈悲心的角度，救人方式的揀擇應以不影響救人為前提。比丘應該根據現場情況作智慧抉擇，靈活處理。

---

1 《根有律攝》卷 3，《大正藏》24 冊，541 頁中欄。

2 《善見論》卷 12，《大正藏》24 冊，762 頁中欄。

（三）人救起後的注意事項

《十誦律》中提醒，人救起後不得故意摩觸，否則還是得罪：「到岸不應故觸。若更觸得罪。」

《根有律皮革事》中，若被救人昏迷應繼續看護，同時保持適當距離防止產生染心：「有救得者，被溺既困，不能省悟，佛言：『於沙堆上，覆面而臥。』時苾芻等但覆面臥著棄去，遂被烏鷲野干啖嚼，佛言：『不應棄著而去，當須守護。』苾芻守護，近在身傍便生染心，佛言：『不應近住，隨時念護。』苾芻為守護故，過時不食，佛言：『苾芻食時欲至，見牧牛羊人，告令守護。食已，復須頻看，知其死活。』」[1]《根有律攝》中有類似記載。藏傳《苾芻學處》中則進一步規定若不妥善守護得惡作：「或不勤作得念（甦醒）方便；若未守護；若至乞食時，未令他人守護而去；若未觀察甦醒否等；皆學處惡作。」[2]

綜上所述，如果比丘見到女人遇難如溺水時，應該積極救助。即使在救助過程中「淫心起」，也不應終止救助，只需加以調整，在行為上更加謹慎。為了避免產生染污心，比丘在救遇難女人時應當如理作意，起「如母、如女、姊妹等想」。救助時利用現場條件，盡量不要直接接觸女人身體，但也應注意不要延誤了救人的關鍵時機，以救人為重。將女人救到安全地方後，不可無故繼續碰觸女人。被救的人如果昏迷，比丘應該繼續看護，也可以找其他人來幫忙。

---

1 《根有律皮革事》卷 2，《大正藏》23 冊，1055 頁上欄。

2 《苾芻學處》，《宗喀巴大師集》卷 5，62 頁。

七、總結

（一）諸律差異分析

1. 緣起差異

（1）結構差異

《四分律》有一個本制。《十誦律》、《根有律》、《巴利律》與《四分律》相同，只有本制。《鼻奈耶》有一個本制、兩個開緣。《僧祇律》有三個緣起、一個本制。《五分律》有一個緣起、一個本制。

（2）情節差異

《四分律》的主要情節是佛制「漏失戒」後，迦留陀夷便伺機撫摸女人的身體以泄淫欲。《鼻奈耶》、《十誦律》、《根有律》的本制情節與《四分律》相似，《鼻奈耶》有兩個開緣，觸碰母親、姐妹、病人和搭救遇險女子，無染著意不犯。

《五分律》、《巴利律》的本制與《四分律》略有差別，婆羅門夫婦來看長老迦留陀夷的精舍，迦留陀夷摩觸其婦，引發婆羅門和世人的譏嫌，四處宣揚比丘的惡行，引發負面的社會輿論。這一情節有助於從防止社會譏嫌的角度來理解佛陀制定本戒的意趣，可補充到《四分律》的本制中。

（3）結論

綜上所述，本戒仍以《四分律》的緣起結構和情節為準，補充緣起比丘摩觸女人引發社會譏嫌的情節。

2. 戒本差異

對應《四分律》中的「淫欲意」，《十誦律》、《十誦比丘戒本》、《僧祇律》、《僧祇比丘戒本》、《五分律》、《彌沙塞五分戒本》、梵文《說出世部戒經》、梵文《有部戒經》、梵文《根有戒經》、巴利《戒經》中都多出了「變心」或類似意思的內容。《解脫戒經》則表述為「染污心」，《根有律》、《根有戒經》、《根有律攝》為「染纏繞心」，這四部律典以及藏文《根有戒經》中都沒有出現與「淫欲」直接相關的字眼。

另外，對應《四分律》「若觸一一身分者」，不少律典還多出部分內容。其中：《鼻奈耶》作「摩抆把持」，《十誦比丘戒本》、《五分律》、《彌沙塞五分戒本》作「摩著細滑」，《僧祇律》作「摩觸受細滑」，《僧祇比丘戒本》作「摩觸受樂」。不過，參照梵文《說出世部戒經》和梵文《根有戒經》中動詞的語氣，上述漢文律典，應是「如果比丘想要」的意思。所以這部分可以視為是對發起心的補充，即在淫欲的驅使下，為了得到樂受而摩觸女人。

《四分律》本戒的表述清晰完整，沒有調整的必要。

3. 辨相差異

（1）所犯境

《四分律》中，觸男子，犯突吉羅。而《十誦律》、《摩得勒伽》、《根有律》、《根有律攝》、藏傳《苾芻學處》中犯偷蘭遮；《僧祇律》中犯越毗尼。比丘以淫欲心摩觸男子，若不及時停止，可能導致嚴重的後果。尤其在僧團這樣單一性別的環境，如果比丘以淫欲心觸男子，對自他都會造成很大的負面影響。因此，判為偷蘭遮可能更合適。

《四分律》中規定，觸碰女人的身體，包括頭髮在內，犯僧殘；《僧祇律》中捉女人頭髮也正犯；而在《根有律》中，摩觸碰觸女人的頭髮或繫頭髮用的「縷帶」，《根有律攝》中，碰觸女人的頭髮或女人的「繫髮衣」，均會正犯此戒，這種判法可能過於嚴格；《十誦律》中，比丘與女人的「爪」、「齒」、「毛」、「瘡」、「無肉骨」相接觸，犯偷蘭遮。而比丘摩觸女人頭髮等部位時，其後果嚴重程度未必小於摩觸其他部位。又如，《善見論》中規定，比丘以爪、毛、齒等沒有知覺的部位與女人無知覺的部位相接觸，犯偷蘭遮，可見，若比丘以有知覺的身體部位觸碰女人無知覺部位，應當重於偷蘭罪，即為正犯。《四分律》中，對比丘以哪些部位觸碰對方正犯，並沒有更細節的記載。從現實情況來看，若是無知覺的部位相觸，與雙方衣服相觸的情況比較相似。因此，《善見論》的判法值得借鑒。

（2）能犯心

①發起心

《四分律》中，有「欲心」，就是想通過摩觸女人取得樂受，犯僧殘。在這一點上，其他律典與之相同。《摩得勒伽》中，如果「為細滑暖等因緣故摩觸女人身」，犯偷蘭遮。這裏的「為細滑暖等因緣」，指比丘無淫欲心，只是為了通過觸碰女人以獲得細滑的感覺。藏傳《苾芻學處》中，「若發起心不具者，如以滑暖軟等意樂而觸女，皆粗罪」。若比丘對女人並無淫欲意，而僅以貪細滑摩觸的情況，則不宜判為正犯。可借鑒《摩得勒伽》和藏傳《苾芻學處》的判法，若以貪著細滑感摩觸女人，得偷蘭遮，而以淫欲意摩觸則為正犯。若以貪著細滑感摩觸男子，犯突吉羅，而以淫欲意摩觸男子，則犯偷蘭遮。

②想心

《四分律》中，人女作人女想，正犯此戒;《巴利律》和《善見論》也如此。藏傳《苾芻學處》中，「想不錯亂」，正犯此戒;《十誦律》、《摩得勒伽》、《僧祇律》中，只要對境是女人，就正犯此戒，想心錯誤並不影響此戒的判罪。《根有律攝》若是人女想和人女疑均正犯，若作非人女想則僅得突吉羅，與僅以境來判有較大差異。對「摩觸戒」而言，若是比丘對境生疑心，發起心也會有所猶豫，在判罪中考慮此想心的影響也比較合理，因此，《四分律》等諸律判法值得參考。

（3）方便加行

《十誦律》、《巴利律》、《善見論》中，被女人摩觸時，若故意「動身」，則正犯此戒；而在《僧祇律》、《五分律》、藏傳《苾芻學處》中，比丘被女人摩觸，不用「動身」，也會正犯此戒，但其前提則是比丘有「異心」、「受樂」和「領受觸樂」，即比丘有主動領受之心，這種情況判為正犯也合理。實際上，《四分律》中，「女以手捫摸比丘，動身欲意染著受觸樂」正犯；「女捫摸比丘，身身相觸欲意染著受觸樂」也正犯，沒有強調必須有動身的條件。這裏的「動身」，應當是比丘為了滿足淫欲意而迎合對方的行為，並非說比丘主動躲避開也是「動身」。否則，若被女人摩觸時，比丘以淫欲意不動身，就可以一直受樂而不正犯此戒。綜合諸律的觀點，對這種情況作出參考的判法：被女人摩觸時，比丘應馬上避開，如果以淫欲意故意不避開，正犯此戒；如果盡力避開，但還有樂受生起，這種情況不犯；如果為受樂而故意動身迎合對方，為正犯。

《四分律》中，如果比丘隔着衣服摩觸女人，如以「身觸彼衣瓔珞具，欲心染著受觸樂……如是捉摩乃至捉捺」，得偷蘭遮。《十誦律》、《五分律》、《根有律》、《根有律攝》、《巴利律》、《善見論》、藏傳《苾芻學處》在這一點上與《四分律》相同。而在《善見論》中，隔着「細薄衣」摩觸女人，犯僧殘。隔着「粗厚衣」或「瓔珞」觸，則為偷蘭遮。《僧祇律》與《善見論》類似，被女人摩觸時，「合粗厚衣捉者，得偷蘭罪；若軟薄衣合捉者，得僧伽婆尸沙」。在隔衣摩觸時，《四分律》等按照比丘隔自身衣或女人衣進行區分。然而在漢地的氣候條件下，不同衣服厚薄差異較大，即使隔兩層衣，也可能很薄，反之僅隔女人衣也可能很厚，按此準則可能會出現不合理的判罰。因此，按照《僧祇律》等根據隔衣的厚薄來區分比較合理。

此外，《四分律》中，「若比丘有欲心觸衣鉢、尼師檀、針筒、草苫乃至自觸身，一切突吉羅」，而其他律中都沒有這些細節方面的判罰。

（4）究竟成犯

對於主動摩觸女人的情況，《僧祇律》更多的是「隨所觸」結罪，如「若欲心觸眾女人者，隨所觸，僧伽婆尸沙」，並沒有提到是否受觸樂的問題。而在被動的情況，當被女人摩觸時，比丘如果已經「起欲心」，則「應自咬舌令痛，不令覺女人細滑」，說明這種情況下受觸樂是應當考慮的條件。《十誦律》中，在比丘主動的情況下，如「若比丘欲盛變心，上下摩觸無衣女人頭，僧伽婆尸沙」，未提到是否受樂。被動的情況則需要考慮「受細滑」的條件，如：「若女人欲盛變心，上下摩觸無衣比丘頭，比丘有欲心，身動受細滑，僧伽婆尸沙。」《四分律》中，比丘主動的情況未提到受樂，如：「若比丘與女人身相觸，一觸一僧伽婆尸沙。」而被動的情況則需要「受觸樂」的條件。如：「女以手捫摸比丘，動身欲意染著受觸樂，僧伽婆尸沙。」《巴利律》中，比丘主動摩觸的情況不需要考慮「受樂」。如：「若比丘作女想而起欲念，於女人身與〔己〕身捉摩、重摩……抱捉、捉、捺摩者僧殘。」被動的情況則需要考慮受樂的條件。如：「〔比丘〕有依順之意向，動身以受觸樂者僧殘。」不過，藏傳《苾芻學處》中「領受觸樂時」正犯。《五分律》和《僧祇律》在戒條中有比較明確地說明：「摩著細滑」以及「受細滑」正犯。而《五分律》辨相中僅提到「覺而受」正犯。可見對於主動摩觸的情況，《四分律》、《十誦律》、《僧祇律》、《巴利律》都不考慮受樂。從梵巴藏律典中對「受樂」一詞的解釋來看，受樂是一種主動領受的觸樂[1]。若比丘摩觸女人，其本身就是主動的行為，其主觀意願一般較強，所以只要碰到就正犯；在被動的情況，比丘的主觀意願較弱，若比丘主動領受觸樂，就從被動轉為主動。因此，在被動情況下，主動領受觸樂，是正犯的必要條件。

（5）不犯

《鼻奈耶》、《十誦律》、《摩得勒伽》、《根有律》、《根有律攝》中，比丘不以淫欲心摩觸母親、姊妹等親人不犯，《四分律》沒有類似開緣。

《摩得勒伽》中，「比丘倒地，女人扶起，不犯」。《四分律》中沒有相應開緣。在特殊情況下，比丘可能會需要女人的救助，例如落水、被搶救時。此時如果還堅持不與女人接觸，可能會送命或受重傷。為了比丘的生命安全，可借鑒《摩得勒伽》的開緣。

4. 諸律內部差異

《四分律》中的緣起屬於比丘主動摩觸女人的情況，戒本中則不明確，辨相中提到比丘被摩觸的情況：若以欲心，主動領受觸樂即正犯。《十誦律》、《巴利律》辨相中，比丘被摩觸時，若比丘以欲心身動領受細滑則正犯，與《四分律》類似。《五分律》中「女人觸比丘」與比丘觸女人的判罰一致，緣

---

1 梵文《根有戒經》作 “aṅgamarśanaṃ svīkuryāt”，意思為領受摩觸。其中 “svīkuryāt” 是祈願式，有想要的意思；梵文《說出世部戒經》作 “punar aṅgajātasya āmoṣaṇaparāmoṣaṇaṃ sādiyeya”，表示摩觸為比丘所同意和享受；藏文《根有戒經》作 “ཞུག་པ（觸，摩）་བདག་གིར་བྱེད（主動領受）་ན”；巴利律典中，「摩觸戒」有若不受樂（asādiyantassa）不犯，“asādiyantassa” 是 “sādiyanta” 的否定義，而 “sādiyanta” 是指持續的主動領受觸樂。也即是說整個過程都沒有主動領受觸樂，不犯。

起和戒本中無被動情況的記載。另外，《四分律》、《巴利律》辨相中還提到，摩觸非人女和畜生女的得方便罪，緣起和戒本則未提到。

(二) 調整文本

通過以上諸律間觀點同異的對比與分析，文本在《四分律》的基礎上作如下調整：

1. 緣起

佛在舍衛國制定「漏失戒」後，迦留陀夷便「另尋出路」以泄淫欲。站在門外招呼女人進屋看房，伺機撫摸女人的身體。其中，歡喜者笑，不喜者怒而告訴其他比丘。引人譏嫌，惡名流布。比丘白佛，佛數番呵責後制定本戒。

2. 戒本

若比丘，淫欲意，與女人身相觸，若捉手，若捉髮，若觸一一身分者，僧伽婆尸沙。

3. 關鍵詞

(1) 淫欲意：想要通過摩觸女人來取樂，目的是滿足欲望。

(2) 一一身分：身體的任何部位。

4. 辨相

(1) 犯緣

本戒具足五緣成犯：一、是女人；二、作女人想；三、以淫欲意求觸樂之心；四、以有知覺的部位摩觸女身；五、接觸時，成犯。

（2）辨相結罪輕重

①是女人

若比丘摩觸女人，僧伽婆尸沙。摩觸多半未壞的女屍，僧伽婆尸沙。

摩觸非人女、畜生能變形者、二形、黃門、男子，偷蘭遮。摩觸畜生，突吉羅；自觸身，突吉羅。

若「觸衣鉢、尼師壇、針筒、草苫」等物品，突吉羅。

②作女人想

對人女作人女想，僧伽婆尸沙；對人女生疑，偷蘭遮；對人女作非人女想，對非人女作人女想，對非人女生疑，偷蘭遮。

③以淫欲意求觸樂之心

以淫欲意求觸樂之心摩觸女人，僧伽婆尸沙；以貪細滑而摩觸女人，偷蘭遮。以淫欲意摩觸男人，偷蘭遮；以貪細滑而摩觸男人，突吉羅。

若無淫欲觸樂之心，如與女人遞物時不小心觸碰到，不犯。若無淫染心與女人戲笑觸碰，不犯本戒，但結非威儀突吉羅罪。

④以有知覺的部位摩觸女身

主動摩觸時，若比丘以有知覺的部位碰觸女身，包括其毛髮等無知覺的部位，僧伽婆尸沙。若比丘隔細薄衣物摩觸女人，僧伽婆尸沙。若隔厚衣物摩觸女人，偷蘭遮。

被女人摩觸時，故意不避開或動身迎合以領受觸樂，僧伽婆尸沙。

若事先預料到女人會摩觸或碰觸到自己，而以淫欲意站到相應位置，等待女人摩觸自己，在摩觸過程中不論是否動身，僧伽婆尸沙。

若以自身觸女人衣服等非身體部位，偷蘭遮。

以物品觸女人，偷蘭遮。

雙方均為無知覺的部位相觸，偷蘭遮。

⑤接觸時

主動摩觸女人時，接觸到，僧伽婆尸沙；被女人摩觸時，主動領受觸樂，僧伽婆尸沙。

一觸一僧伽婆尸沙。隨觸多少，一一僧伽婆尸沙。

⑥犯戒主體

比丘若犯，結僧殘罪；比丘尼若犯，波羅夷；下三眾若犯，突吉羅。

⑦不犯

被女人摩觸時，應避開，若無法避開，應採取措施對治，非主動領受樂受，不犯。

救護遇難的女人，救人過程中發生不可避免的接觸，不犯。

最初未制戒，癡狂、心亂、痛惱所纏，不犯。

八、現代行持參考

作為「大淫戒」的深防，「摩觸戒」對於現代比丘來説，需要嚴格持守。同時，在現代社會，比丘持戒的外部環境更加複雜，面臨的染緣大大增加，也給比丘持守此戒提出新的要求。

為了能夠更好地持守此戒，比丘可以從以下三個方面入手：

（一）防範外緣是第一

比丘在生活、承擔或者外出時，要充分考慮在這個過程中可能碰到的染緣，提前做好規避。如出門前皈依祈求，思維女眾過患，選擇合適路線，減少與女眾接觸的外緣。

外出時盡量避免單獨行動，有條件的可以和淨人一起出行，遇到會與他人有身體接觸的事情可由淨人代為完成。去醫院看病時，找比較熟悉的醫院治療，盡量約請男醫生。

在坐巴士或乘地鐵時，盡量避開上下班等高峰期。找座位時，盡可能找旁邊是男眾的座位。出門時可帶上香袋或者背包，在必要時用來隔離，保護自己不被碰到。

另外，如果遇到要帶女眾參觀寺院的因緣，盡量安排好陪同人員，同時要避免帶她們參觀僧房等比較私密的地方。

（二）遇到對境巧防護

接待或外出的過程中，如果遇到與女眾接觸的外緣，又無法避開，比丘需要善巧地防護本戒。

以手遞物時，盡量小心，避免碰觸對方，接物時可將自己的袖口放下來遮住手。就醫時如果沒有預約到男醫生，不得已與女醫護人員接觸，最好先説明一些持戒方面的需要，以獲得對方諒解，避免產生問題。診斷治療過程中，應小心謹慎、正心攝念。安檢時，注意不要碰到女安檢員的手。

接待客人時，提前先合掌，對方可能就能領會，這樣就能避免握手的情況。一般女客人要和比丘握手，比丘可以合掌婉拒，並善巧解釋自己的持戒要求。帶客人參觀時，和客人保持適當距離，避免碰到身體。合影時盡量挨着男性，特殊情況可相鄰站，但避免距離過近。

如果遇境生起淫欲心，內心要立刻懺悔，並通過念佛收攝身心。

（三）緊急情況的處理

特別情況下，比丘可能會面臨被女眾有意觸碰的情況，原則上只要不耽著摩觸的樂受，不故意動身以迎合對方，就不會犯到此戒，但比丘應該找機會中斷接觸。若是極端情況如梵行難時，應該「推蕩牽挽，分解得脱」，找機會逃開。如果無法避開，「應自咬舌令痛，不令覺女人細滑」，將注意力放在疼痛上，提策正念，避免樂受。

有特殊因緣必須主動觸碰女眾時（比如救人時），盡量避免身體直接接觸對方，接觸時候應防止生起染心。

總之，比丘要想持守好本戒，應當一方面經常思維淫欲的過患，另一方面多總結持戒經驗，對境善巧防護。另外，和男性接觸時也要有一定的防護意識，尤其在僧團這樣單一性別的環境中，比丘間過多身體上的接觸，有可能產生情景性同性戀傾向，成為自他修行路上的障礙。

03

粗語戒

一、緣起

（一）緣起略述

《四分律》僅有一個本制。佛在舍衛國時，迦留陀夷在佛陀制定「漏失戒」和「摩觸戒」之後，便在自己的門外招呼婦女到房中，向其說粗惡淫欲語，以發泄自己的淫欲，由此激惱了一些婦女。婦女們向其他比丘告發，頭陀比丘將此事白佛，佛陀於是集眾呵責迦留陀夷，然後制定了本戒。[1]

諸律緣起差異比較：

1. 制戒地點

《四分律》、《十誦律》[2] 中，制戒地點為「舍衛國」，《五分律》[3] 為「舍衛城」，《鼻奈耶》[4] 為「舍衛國祇樹給孤獨園」，《巴利律》[5] 為「舍衛城祇樹給孤獨園」，《根有律》[6] 為「室羅伐城逝多林給孤獨園」，《僧祇律》[7] 為「王舍城迦蘭陀竹園」。

2. 緣起比丘

《四分律》、《十誦律》中，緣起比丘為「迦留陀夷」，《鼻奈耶》、《僧祇律》、《五分律》、《巴利律》為「優陀夷」，《根有律》為「鄔陀夷」。這三個

---

1 《四分律》卷 3，《大正藏》22 冊，581 頁中欄至 582 頁上欄；卷 57，《大正藏》22 冊，987 頁中欄至 988 頁中欄。

2 《十誦律》卷 3，《大正藏》23 冊，15 頁下欄至 16 頁下欄；卷 52，《大正藏》23 冊，384 頁上欄。

3 《五分律》卷 2，《大正藏》22 冊，11 頁中欄至下欄；卷 28，《大正藏》22 冊，185 頁上欄。

4 《鼻奈耶》卷 3，《大正藏》24 冊，862 頁中欄至 863 頁上欄。

5 《經分別》卷 2，《漢譯南傳大藏經》1 冊，177 頁至 183 頁；《附隨》卷 1，《漢譯南傳大藏經》5 冊，51 頁。

6 《根有律》卷 11，《大正藏》23 冊，684 頁上欄至 685 頁上欄。

7 《僧祇律》卷 5，《大正藏》22 冊，267 頁下欄至 269 頁下欄。

名字其實指同一人，只是音譯不同而已。

3. 犯戒對象

除《僧祇律》中是淫女外，《四分律》及其他律典中，犯戒對象都是俗女。其中《四分律》明確記載是「居士家婦女」，《鼻奈耶》為「長者婦女」，其他律典沒有明確說明。

4. 緣起情節

諸部律典和《四分律》一樣，只有一個本制。其中，《鼻奈耶》、《十誦律》、《五分律》、《根有律》和《巴利律》的故事情節與《四分律》相似，而《僧祇律》中，淫女前往僧眾處所的背景及說粗語的方式與其他律典不同。

《僧祇律》中，醫師耆舊得到價值連城的好藥，便將此藥供養佛陀，又決定不以常人服用的方法讓佛陀受用，於是發心熏藥。結果佛陀嗅後示疾，城中國王、大臣及五百淫女等，都前去看望佛陀。其中，有一個貧窮弊衣的淫女，因無人說話，便主動到優陀夷房舍觀看。優陀夷對其戲弄並說粗語，導致對方不悅。後因房內有一坐禪比丘向佛告發了此事，佛陀因此制戒。

（二）緣起比丘形象

《四分律》中，因為佛陀已制定了「漏失戒」和「摩觸戒」，所以緣起比丘才以粗語的方式來宣泄欲望，體現出緣起比丘鑽漏洞、詭計多端的性格特點。《五分律》與此相同，其他律典均沒有提到此戒發生在前兩條戒制定之後。對女人說淫欲粗惡語來滿足欲望，說明緣起比丘淫欲習氣很重，諸律所刻畫的緣起比丘形象都有這一特點。

《鼻奈耶》中，當佛陀質問緣起比丘時，「優陀夷內懷慚愧，外則恥眾」，並如實認罪。這一描述說明緣起比丘還是有慚愧心和羞恥心的，這一點其他律典沒有提及。

（三）犯戒內因

《四分律》中，犯戒內因是緣起比丘淫欲煩惱熾盛。其他律典與《四分律》相同。《五分律》甚至直接表述為「欲火所燒」。

（四）犯戒外緣

《四分律》中，犯戒外緣是有婦女來到比丘的處所。其他律典與此類似，如《鼻奈耶》中「諸長者婦女來至浴池房園觀看」，《僧祇律》中「入園林中遊諸浴池，五欲自娛，歌舞戲笑」，《巴利律》中「眾多女人來園觀遊精舍」。

《僧祇律》、《巴利律》中，婦女主動要求參觀緣起比丘的房舍，讓緣起比丘有了可乘之機，最終導致緣起事件的發生。這與《四分律》、《鼻奈耶》和《十誦律》中比丘主動招呼對方明顯不同。

（五）犯戒後的影響

《四分律》中，緣起比丘對婦女說粗惡語後，該婦女瞋罵緣起比丘，並告諸大眾：「我常謂是處安隱、無患、無災變、無怖懼處，今日乃更生畏怖，身毛為豎。我等本謂水能滅火，而今火從水生。」由此可見，對方本以為僧團安全可靠，出家人清淨離欲，這般見聞之後，嚴重損傷了她對三寶的信心。

除《僧祇律》以外，其他律典描述俗眾的反應均與《四分律》相似。

《僧祇律》的故事中，因為粗語的對象只有淫女一個人，所以僅影響到她本人，對方被一番戲弄後，「瞋恚言：『此非沙門辭謝之法。』」這與《四分律》及其他律典有較大差異。

此外，《十誦律》中記載了一個其他律典沒有的情節。大眾比丘聽說後，「以種種因緣，為眾女說法，示教利喜」，讓對方從憤怒中平息下來，眾女最終「頭面禮足還去」。可見比丘們的悲心和善巧讓被損惱女人又恢復了對三寶的信心。

（六）佛陀考量

《僧祇律》中，佛陀示疾的故事背景中提到，耆舊藥師最先供養藥物時，佛陀回答：「如來、應供、正遍知，淫怒癡垢習障永盡，唯有堅固平等妙身，無有眾患應服此藥。」然而耆舊供養心切，雖然知道佛陀福德圓滿，擁有妙身功德，不需此藥，但仍懇請「哀愍我故，願受此藥，當為來世弟子開示法明：病者受藥，施者得福」。佛陀雖然不需要此藥，但為了能夠利益眾生，使未來眾生能夠得到法益，增長智慧，默然接受了耆舊藥師的供養。從中體現出佛陀的慈悲。

（七）文體分析

各部律與《四分律》相同，均只有一個因緣，沒有伽陀、本生、本事等其他文體。

在文字風格上，諸部律與《四分律》一樣，整體較為簡潔，語言描寫佔了主要部分。《十誦律》、《巴利律》中，佛陀審問、呵責緣起比丘的話語較為詳盡。《僧祇律》、《五分律》中，緣起比丘和婦女互動的對話情節較為細緻，使緣起比丘的形象更為生動和豐滿。另外《十誦律》、《僧祇律》、《五分律》中還涉及少量對緣起比丘犯戒動機的心理描寫。而《根有律》的文辭最為簡省，對犯戒背景和佛陀制戒經過都以「同前」二字一筆帶過。

在行文結構上，除《僧祇律》中緣起比丘犯戒前的背景故事較為曲折外，其他律典都是開門見山，直入主題。故事結構上，《根有律》將故事背景和制戒經過省略，《五分律》將被損惱者的反應省去，其他律典的故事結構都比較完整和相似。

二、戒本

《四分律》中，本戒的戒本為：「若比丘，淫欲意，與女人粗惡淫欲語，隨所說粗惡淫欲語，僧伽婆尸沙。」

（一）若比丘，淫欲意

《四分律》、《四分僧戒本》[1]、《新刪定四分僧戒本》[2]、《四分律比丘戒本》[3] 作「若比丘，淫欲意」，意思是：如果比丘以淫欲的心念。

梵文《根有戒經》中對應的內容完全從藏文戒經中重構而來，因此這一部分不再參與比較。

與《四分律》相似：

《鼻奈耶》作「若比丘，淫意熾盛」。

與《四分律》有部分差異：

《十誦律》、《五分律》、《彌沙塞五分戒本》[4] 作「若比丘，欲盛變心」，《十誦比丘戒本》[5] 作「若比丘，淫亂變心」，《僧祇律》、《僧祇比丘戒本》[6] 作「若比丘，淫欲變心」。

梵文《說出世部戒經》[7] 作 "Yo puna bhikṣu otīrṇo vipariṇatena cittena"，梵文《有部戒經》[8] 作 "Yaḥ punar bhikṣur udīrṇavipariṇatena cittena"，巴利《戒

---

1 《四分僧戒本》，《大正藏》22 冊，1023 頁下欄。

2 《新刪定四分僧戒本》，《卍續藏》39 冊，263 頁下欄。

3 《四分律比丘戒本》，《大正藏》22 冊，1016 頁上欄。

4 《彌沙塞五分戒本》，《大正藏》22 冊，195 頁上欄至中欄。

5 《十誦比丘戒本》，《大正藏》23 冊，471 頁中欄。

6 《僧祇比丘戒本》，《大正藏》22 冊，550 頁上欄。

7 Nathmal Tatia, *Prātimokṣasūtram of the Lokottaravādimahāsāṅghika School*, Tibetan Sanskrit Works Series, no. 16, p. 8.

8 Georg von Simson, *Prātimokṣasūtra der Sarvāstivādins Teil II*, Sanskrittexte aus den Turfanfunden, XI, p. 166.

經》[1] 作“Yo pana bhikkhu otiṇṇo vipariṇatena cittena”，三部梵、巴戒本的意思都是：任何比丘，以（淫欲）激發變異的心。

與《四分律》差異較大：

《解脫戒經》[2] 作「若比丘，染污心」。

《根有律》、《根有戒經》[3]、《根有律攝》[4] 作「若復苾芻，以染纏心」。藏文《根有戒經》[5] 作“ཡང་དགེ་སློང་གང་དྲལ་ཅིང་སྒྱུར་བའི་སེམས་ཀྱིས”，意思是：任何比丘，以毀壞和轉變的心。

（二）與女人粗惡淫欲語

《四分律》、《四分律比丘戒本》作「與女人粗惡淫欲語」，意思是：對女人說粗惡、淫欲的語言。

與《四分律》相似：

《四分僧戒本》作「與女人淫欲粗惡語」，《新刪定四分僧戒本》作「與女人粗惡淫欲語者」。

《十誦律》作「在女人前作不淨惡語」。

《僧祇律》作「與女人，說醜惡語，隨順淫欲法」，《僧祇比丘戒本》作「與女人，說作醜惡語，隨順淫欲法」。

梵文《說出世部戒經》作“Mātṛgrāmaṃ duṣṭhullāya vācāya obhāṣeya pāpikāya maithunopasaṃhitāya”，意思是：對女人說粗惡的言詞，（涉及）罪惡、淫欲交媾（的內容）。

梵文《有部戒經》作“Mātṛgrāmaṃ duṣṭhulayā vācā ābhāṣeta pāpikayā asabhyayā maithunopasaṃhitayā”，意思是：對女人說粗惡的言詞，（涉及）

---

1 Bhikkhu Ñāṇatusita, *Analysis of the Bhikkhu Pātimokkha*, p. 49.

2 《解脫戒經》，《大正藏》24 冊，660 頁上欄。

3 《根有戒經》，《大正藏》24 冊，501 頁中欄。

4 《根有律攝》卷 3，《大正藏》24 冊，541 頁下欄。

5 麗江版《甘珠爾》（འཇང་བཀའ་འགྱུར།）第 5 函《別解脫經》（སོ་སོར་ཐར་པའི་མདོ།）4a。

罪惡、下流、淫欲交媾（的內容）。

梵文《根有戒經》作“(*Mātṛgrāmaṃ duṣṭhulayā*) pāpikayā asabhyayā maithunopasaṃhitayā (vācā ābhāṣeta)”，意思是：對女人說粗惡、罪惡、下流、（涉及）淫欲交媾的話語。

巴利《戒經》作“Mātugāmaṃ duṭṭhullāhi vācāhi obhāseyya”，意思是：與女人說粗惡的言詞。

藏文《根有戒經》作“བུད་མེད་ཀྱི་ཡུལ་དང་ལྷན་ཅིག་གནས་ངན་ལེན་གྱི་ཚིག་སྡིག་པ་ཅན་ཚོགས་པར་མི་དབྱུང་བ་འཁྲིག་པ་ལས་བྱུང་བ་དང་ལྡན་པ་དག”，意思是：對女人說與淫欲相關的粗惡不堪的話。

與《四分律》差異較大：

《五分律》、《彌沙塞五分戒本》作「向女人粗惡語」。這兩部律典相比《四分律》都少了直接表述「淫欲」的詞語。

《鼻奈耶》作「向女人歎淫相娛樂事」，意思是：向女人讚歎淫欲等事。與《四分律》相比，多了讚歎的意思。

《根有律》、《根有戒經》、《根有律攝》作「共女人作鄙惡不軌淫欲相應語」。

《解脫戒經》作「說粗惡淫欲語」，《十誦比丘戒本》作「淫欲粗惡不善語」。這兩部律中都沒有「與女人」。

（三）隨所說粗惡淫欲語，僧伽婆尸沙

《四分律》、《四分律比丘戒本》作「隨所說粗惡淫欲語，僧伽婆尸沙」。意思是：由於（比丘）說與淫欲相關的粗惡語言，得僧伽婆尸沙罪。

與《四分律》相似：

《四分僧戒本》作「隨所說淫欲粗惡語者，僧伽婆尸沙」，《十誦律》作「隨淫欲法說者，僧伽婆尸沙」，《五分律》、《彌沙塞五分戒本》作「隨淫欲法說，僧伽婆尸沙」。

與《四分律》差異較大：

《新刪定四分僧戒本》只有「僧伽婆尸沙」。

《鼻奈耶》作「惡語相向惡眼相視，若大若小女人，犯者，僧伽婆施沙」。

《十誦比丘戒本》作「呼女人如年少男女相，僧伽婆尸沙」，《僧祇律》作「如年少男女者，僧伽婆尸沙」，《僧祇比丘戒本》作「如年少男女，僧伽婆尸沙」，《解脫戒經》作「如男子女人迭互說，僧伽婆尸沙」。

《根有律》、《根有戒經》、《根有律攝》作「如夫妻者，僧伽伐尸沙」。

梵文《說出世部戒經》作"Saṃyathīdaṃ yuvāṃ yuvatīti saṃghātiśeṣo"，意思是：就好像少男、少女那樣（說與淫欲相關的話），僧殘餘。

梵文《有部戒經》作"Yathāpi tad yuvā yuvatīm iti saṃghāvaśeṣaḥ"，梵文《根有戒經》作"Yathāpi (*tāṃ yuvā*) yuvatiṃ saṃghāvaśeṣaḥ"，以上兩部梵文戒經的意思都是：就好像少男、少女那樣（說與淫欲相關的話），僧殘餘。

巴利《戒經》作"Yathātaṃ yuvā yuvatiṃ, methunūpasaṃhitāhi, saṅghādiseso"，意思是：就好像少男對少女那樣（說）行淫有關的（話），僧始終。

藏文《根有戒經》作"སྐྱེས་བུས་ན་ཆུང་ལ་ཇི་ལྟ་བ་བཞིན་དུ་སྨྲས་ན་དགེ་འདུན་ལྷག་མའོ།།"，意思是：就好像少男與少女之間那樣說（淫欲相關的話），僧殘餘。

三、關鍵詞

粗惡淫欲語

1.「粗惡淫欲語」的名詞解釋

梵文《説出世部戒經》中對應的表述為"duṣṭhullāya（粗惡）vācāya（言詞）obhāṣeya（言説）pāpikāya（罪惡）maithunopasaṃhitāya（有關淫欲交媾）"。梵文《有部戒經》是"duṣṭhulayā（粗惡）vācā（言詞）ābhāṣeta（言説）pāpikayā（罪惡）asabhyayā（下流）maithunopasaṃhitayā（有關淫欲交媾）"。梵文《根有戒經》是"duṣṭhulayā（粗惡）pāpikayā（罪惡）asabhyayā（下流）maithunopasaṃhitayā（有關淫欲交媾）vācā（言詞）"。梵文《有部戒經》和梵文《根有戒經》除了語詞順序不同外，表述的內容相對一致：粗惡、罪惡、下流、（涉及）淫欲交媾的言詞（英譯：wicked, evil, vulgar words connected with sexual intercourse）。而梵文《説出世部戒經》相比則缺少了"asabhyayā（下流）"一詞，僅為：粗惡、罪惡、（涉及）淫欲交媾的言詞。

巴利《戒經》中對應的表述相對簡單，為"duṭṭhullāhi（粗惡）vācāhi（言詞）"，可以直接翻譯成：粗惡的言詞（英譯：depraved words）。

藏文《根有戒經》作"གནས་ངན་ལེན་（原意「取惡趣」，此即邪惡，粗惡）གྱི་（的）ཚིག་（言，詞）སྡིག་པ་（惡，罪惡）ཅན་（具有，者，的）ཚོགས་པར་མི་དབྱུང་བ་（無法忍受的）འཁྲིག་པ་（交媾）ལས་（源於以上）བྱུང་བ་དང་ལྡན་པ་（生起並執持，即説出）དག（這些）"。意思是：説一些與淫欲相關的粗惡不堪的話（英譯：holds a vicious discourse regarding sexual intercourse）。

《四分律》將「粗惡淫欲語」分為「粗惡」與「淫欲語」分別進行解釋：「粗惡」解釋為「非梵行」，「淫欲語」解釋為「稱説二道好惡」。

其他律典因為戒本文字與《四分律》不一致，所以戒條對應的關鍵詞也有很大差別。

與《四分律》的表述最接近的是《巴利律》，它的戒本對應內容為「對女人言粗惡語者，即如年輕男子向年輕女人言含淫欲法之語者」，其中，「粗惡語」解釋為「有關大小便道淫欲法之語」，「含淫欲法」解釋成「有關於淫欲之法」。

而《十誦律》、《僧祇律》、《根有律》只提及行淫的方面。如《十誦律》為「隨淫欲法者，二身共會」，《僧祇律》為「惡語者，呵罵形呰。稱説順淫欲者，説非梵行事」，《根有律》為「説淫欲交會之言」。

其他幾部廣律中沒有直接相關的名詞解釋。

2.「粗惡淫欲語」所表達的內容

從上文得出，《四分律》中「粗惡淫欲語」的定義包括兩個方面：(1) 與男女二道相關；(2) 與行淫相關。在戒條後闡釋部分所列舉的案例，基本都涉及對二道的直接描述。而第 57 卷則用另外的篇幅列舉了與本戒相關的案例，其中很多的表述相當隱晦，例如以「消蘇」、「赤衣」等暗示女性二道，以「增益」暗示男性二道；而用「可得不」、「與我來」、「汝多作」等，來暗示行淫。

《巴利律》中除了用粗惡語直接褒貶女性二道以外，還列舉了一連串用「赤染、粗、多、硬、長」來間接描述女性二道的情況，以及用「播種、道終、篤信、布施、作業」來暗指行淫的案例。

《十誦律》對「淫欲法」的定義是「二身共會」，但戒條後解釋部分全部描述的是女人「三瘡門」這一部位，且言語非常直接。其中有些話語單純描述「三瘡門」，有些是表明行淫的行為。與此類似，《五分律》雖然沒有相關的名詞解釋，但在隨後的案例中也以同樣的方式提到「女人三處」。《根有律》中，部分案例提及女人「三瘡門」，另以「作如是事」來指代行淫，並且提到，女人主動向比丘説粗惡語，描述、讚歎比丘的「二瘡門」，其中的話語同樣非常露骨。但《根有律攝》中僅提到以「可與我水」等代指行淫的隱晦説法。[1] 以上四部律典都沒有「三處」所指部位的描述，根據之前戒條的分析，

---

1 《根有律攝》卷 3，《大正藏》24 冊，541 頁下欄至 542 頁中欄。

「三處」應該指大、小便道及口。《摩得勒伽》中還提到「讚歎己身」的情況。[1]

《僧祇律》單獨討論了以「沐浴來、啖果來、出毒來」暗指行淫的情況。此外，同樣提到對女「八處」的褒貶，即「兩唇、兩腋、兩乳、兩脅、腹臍、兩髀、兩道」。《五分律》與之類似，在制戒緣起故事中，迦留陀夷詢問及評價對方的「手、腳、髀、膊、腰、腹、頸、乳、頭、面、爪、髮、大小便處」。

由此可見，對於《四分律》中「粗惡淫欲語」的第二方面含義（行淫相關），以上提及的諸部律典不存在分歧，但對第一方面含義（男女二道相關）的描述不一。《巴利律》僅僅提到女二道；《十誦律》、《僧祇律》、《五分律》則提到女三處；《僧祇律》、《五分律》除了涉及女性二處或三處外，還有其他諸多部位的描述。除《四分律》、《摩得勒伽》及《根有律》中提及男性部位外，其他律典僅涉及女性。

另外，在語言的隱晦程度方面，諸律也不相同。除了《僧祇律》明確提出「隱覆」的情況外，《四分律》、《根有律攝》、《巴利律》及《善見論》[2] 中都有所涉及。《十誦律》、《根有律》和《五分律》所列舉的淫欲粗惡語，則相對簡短和直白。

3.「粗惡淫欲語」表述的種類

《四分律》中列舉的種類，有「自求」、「教他求」、「問」、「答」、「解」、「說」、「教」、「罵」八種方式。以律文中的解釋來看，都是與行淫相關的描述，其中意思也不難理解，但「解」、「說」兩種情況在律文中並沒有給出明確的示例。

其他律典也有相應種類的列舉：《十誦律》為「讚、毀、乞、願、問、反問、辦、教、罵」，《僧祇律》為「譽、毀、語、問、求、請、睹、罵、直

1 《薩婆多論》卷 2，《大正藏》23 冊，571 頁下欄；卷 5，《大正藏》23 冊，591 頁下欄至 592 頁中欄；卷 8，《大正藏》23 冊，616 頁上欄。

2 《善見論》卷 12，《大正藏》24 冊，761 頁上欄；卷 13，《大正藏》24 冊，762 頁下欄至 763 頁中欄。

說」，《五分律》為「毀、譽、乞、願、問、反問、教」，《根有律》及《根有律攝》均為「善説」、「惡説」、「直乞」、「方便乞」、「直問」、「曲問」、「引事」、「讚歎」、「瞋罵」，而《巴利律》為「好」、「惡」、「乞」、「求」、「問」、「反問」、「解説」、「教誡」、「惡罵」。

需要説明的是，《十誦律》中的「讚、毀」，《僧祇律》的「譽、毀」，《五分律》的「毀、譽」，《根有律》、《根有律攝》的「善説」、「惡説」及《巴利律》中的「好」、「惡」，都是特指對「二道」或「三處」的褒貶而言，直接對應上文《四分律》中「粗惡淫欲語」的第一種含義。至少字面上並不直接與行淫相關，這點與《四分律》有較大差異。

此外，《四分律》中「教」的對象，與《十誦律》、《五分律》及《巴利律》中「教誡」的對象，都是指女性，並與之講授行淫相關的言語，並不涉及其他比丘或沙彌。

其他律典列舉的種類與《四分律》大同小異，內容均與二道或行淫相關。由於諸律的解釋均採用舉例的方式，缺乏明確的定義及描述，因此詳細羅列不僅冗雜，也不太可能作嚴格的區分或歸類，在此就不做深入討論。

四、辨相

（一）犯緣

具足以下五個方面的犯緣便正犯本戒：

1. 所犯境

《四分律》中，對人女，正犯。除《薩婆多論》[1] 沒有記載此戒的所犯境外，其他律典的記載均與《四分律》相同。《五分律》要求人女必須是活女。《根有律》、《根有律攝》[2]、《巴利律》還要求對方有理解語言及分別粗惡語的能力（《巴利律》的這項要求出自關鍵詞部分）。《根有律》還要求女人「堪行淫」。藏傳《苾芻學處》[3] 增加了「能言語，能了善説、惡説之義，心住本性，女根有作用，身平等住，可依止，非有神通者」等細節的要求。《毗尼母經》和《明了論》沒有此戒的記載。

2. 能犯心

（1）發起心

《四分律》中，本戒的戒條和關鍵詞提到發起心是「淫欲意」，解釋為「愛染污心」，與前面的「摩觸戒」相同。

《鼻奈耶》中本戒的發起心為「淫意熾盛」，《十誦律》、《五分律》的戒條記載為「欲盛變心」，《五分律》的辨相記載為「心染」，《僧祇律》、《善見論》[4] 為「欲心」，《巴利律》為「欲念」，《根有律》為「染纏心」，《根有律攝》

1 《薩婆多論》卷 3，《大正藏》23 冊，520 頁中欄至下欄。

2 《根有律攝》卷 3，《大正藏》24 冊，541 頁下欄至 542 頁中欄。

3 《苾芻學處》，《宗喀巴大師集》卷 5，63 頁。

4 《善見論》卷 12，《大正藏》24 冊，761 頁上欄；卷 13，《大正藏》24 冊，762 頁下欄至 763 頁中欄。

為「染心」。

以上幾部律典對發起心的表述不太一樣，但所指內涵相同，都是指淫欲心，與《四分律》相同。此淫欲心與「大淫戒」的發起心是否有明顯區別，從律文中找不到直接的證據。

但藏傳《苾芻學處》將發起心界定為「具足貪心，欲想領受說鄙語之樂」，這已經明顯不同於「大淫戒」。此外《四分律》、《五分律》的制戒緣起提到，犯戒比丘知道「漏失戒」和「摩觸戒」已經制定，由此推斷犯戒比丘並不期望和對方發生實際行為。而《僧祇律》的緣起故事更明確表達了這一觀點：「佛問優陀夷：『汝以何心？』答言：『欲心。』復問優陀夷：『汝欲作淫事耶？』答言：『不欲作，我但戲耳。』」而《僧祇律》在判罪的描述中提到「於女人起欲心說，若欲作，若不欲作」，都為本罪正犯。由此可見，在《僧祇律》看來，期望發生不淨行和僅貪圖口舌之快而言說粗語都在本戒治罰的範圍之內。在這點上，《僧祇律》與藏傳《苾芻學處》有明顯區別。

此外，藏傳《苾芻學處》強調「欲說之心未間斷」。可見發起心與其他律典不同。

綜上所述，從《四分律》、《五分律》緣起故事中可以得出：雖然在最初制戒時，發起心是指僅僅通過言說宣泄淫欲，但是在實際判罪時，並沒有明確區別於期望發生行為的淫欲心。在這一點上，《鼻奈耶》、《十誦律》、《根有律》、《根有律攝》及《巴利律》的界定也是模糊的。藏傳《苾芻學處》明確規定，本戒的發起心僅限於前一種樂說的情況。《僧祇律》明確說，不管是樂說還是期望行淫都構成正犯。

其他律典沒有涉及「發起心」的詳細定義。

（2）想心

①人女想

《四分律》中，「人女人女想，僧伽婆尸沙」。《十誦律》、《五分律》、《巴利律》、《善見論》與《四分律》相同。藏傳《苾芻學處》對想心的要求為「於總於別不錯亂」。

《十誦律》中，除了「人女人女想」正犯之外，若人女作「男想、黃門想、二根想」也正犯，傾向於根據實際對象來判，與《四分律》有較大不同。

《僧祇律》中，不管作何想，只要向女人說粗語就正犯，此律的想心不影響判罪。

《五分律》記載，「女，女想、女疑；女，無根想；女，二根想」，均正犯。

《根有律攝》對「人女，人女想、疑」，都判為正犯，比《四分律》多出了「人女疑」的情況。

《摩得勒伽》[1]中，若人女作人女想，人女作非人女想或疑，都正犯。

另外《四分律》還強調「人女人女想」的特殊情況，即「作此女想與彼女粗惡語」及「欲向此說錯向彼說」。如果比丘欲向甲女說粗惡語，不管明知乙女不是甲女，或誤將乙女當作甲女，都屬於「人女人女」想，亦正犯本戒。在這一點上，《僧祇律》與《四分律》相同，此律中「起欲心欲向此而向餘、欲向餘而向此、欲向此而向此、欲向餘而向餘」，只要對方是女人，均正犯。而《根有律攝》提到，如果有作意只向甲女說，結果對乙女說了，判偷蘭遮。這與《四分律》判罰不同。《根有律攝》中「若心無簡別，隨有女人，即得本罪」，意思是：如果內心沒有明確的對象，只要對方是女人，就判為正犯。

其他律典未記載相關內容。

②粗惡語想

《四分律》中，「粗惡語粗惡語想」正犯。《根有律攝》中，除了「鄙語鄙語想」正犯外，「鄙語鄙語疑」也正犯，而《四分律》未提及。

其他律典未記載相關內容。

3. 方便加行

方便加行分為加行方式和表達內容兩方面。

（1）加行方式

《四分律》中加行方式主要是當面言說，這點諸律相同。其中，藏傳《苾

---

1 《摩得勒伽》卷 2，《大正藏》23 冊，571 頁下欄；卷 5，《大正藏》23 冊，591 頁下欄至 592 頁中欄；卷 8，《大正藏》23 冊，616 頁上欄。

芻學處》還從五個方面作了詳細的要求:「一、是語;二、是自語;三、不錯亂;四、與自身相合;五、語義顯了。」簡言之，就是要求比丘必須當面言說並表達清楚自己的意思。

《四分律》還列舉了這幾種情況:「若與指印、書、遣使、作相」，即書寫、派遣別人轉達或以肢體語言表達相關的意思。這幾種加行方式都可結作正犯。但是,《十誦律》、《摩得勒伽》、《五分律》、《根有律攝》與《四分律》的判罰不同:書寫、派遣轉達或肢體語言都判作方便罪，不算正犯。另外，《十誦律》、《根有律》、《根有律攝》、《巴利律》、《善見論》中，如果是女人先說，比丘隨順說粗惡語，也正犯此戒。

除此之外，其他律典中對於言說之外的加行沒有相關記載。

(2)表達內容

如戒條「關鍵詞」所述,《四分律》要求表達的內容必須是「粗惡淫欲語」，即包含「稱說二道好惡」及「非梵行」的內涵。其後列舉的案例只要涉及男女二道或者行淫，不管明指還是暗示，都屬於正犯。

《巴利律》、《善見論》的表述及判罰標準與《四分律》一致,《巴利律》還明確定義為「大小便二道」。不過兩者描述和列舉的事例僅涉及女性的二道。

《十誦律》、《根有律》中對粗惡語的描述主要是行淫方面，但描述的部位與《四分律》有所區別。其中《十誦律》定義「隨淫欲法」為「二身共會」，列舉的內容均以「三瘡門」為例。《根有律》定義「鄙惡語」為「說淫欲交會之言」，在《根有律攝》列舉的案例同樣提及「三瘡門」。《五分律》雖然沒有明確的定義，但列舉的內容也都以「三處」為例。此處「三瘡門」或「三處」，指的是大、小便道和口道。可見，這幾部律與《四分律》、《巴利律》等不同之處在於:比丘對女人說關於口道的粗惡語也正犯。

諸律與《四分律》差異較大的是《僧祇律》，其明確了女性的「八處」，即「二道」、「兩唇、兩腋、兩乳、兩脅、腹臍、兩髀」。只要稱讚或詆毀這些部位都判為正犯。

藏傳《苾芻學處》為「所說事，若時，若處，共許其言為鄙惡語」。

其他律典沒有相關的詳細解釋。

4. 究竟成犯

《四分律》中，此戒究竟成犯條件為「說了了」，即對方清楚理解比丘所表達的意思。《五分律》為「彼解」，藏傳《苾芻學處》為「對境了義時成犯」，均為對方解了時正犯本戒，與《四分律》相同。此外，《根有律攝》為：聞而解時，正犯此戒。與《四分律》類似。

其他律典沒有明確提及究竟成犯的條件。

5. 犯戒主體

《四分律》中，此戒的犯戒主體是比丘，諸律相同。

（二）輕重

1. 所犯境

《四分律》中，對人女說粗惡語，結僧殘；除《薩婆多論》沒有記載本戒的所犯境外，其他律典與《四分律》相同。

另外，《四分律》中，非人女，包括：天女、阿修羅女、夜叉女、餓鬼女、龍女、能變形畜生女，結偷蘭遮；黃門、二形，偷蘭遮；男子和不能變形的畜生，結突吉羅。

其他幾部律典在對象的描述和劃分上存在明顯的區別：

《十誦律》僅記載對不能女、二道合一道女、入滅盡定女粗惡語為偷蘭遮，這幾類相當於「人女」的特殊情況，《四分律》中沒有提及。此外，對男子、黃門、二根說粗惡語，犯偷蘭遮。

《摩得勒伽》僅記載對境為入滅盡定比丘尼及黃門、二根時，均為偷蘭遮。其中的「入滅盡定比丘尼」這一特殊情況，《四分律》未有提及。

《僧祇律》中，緊那羅女、獮猴女，結偷蘭遮，其餘畜生女，結突吉羅；黃門結偷蘭遮；男子結突吉羅。可見《僧祇律》中，單把「獮猴女」從畜生女中提出來，結罪輕重是偷蘭遮，而其他僅為突吉羅，這和《四分律》按「變形」與「不能變形」的劃分不同。

《五分律》只提到非人女結偷蘭遮，畜生女結突吉羅。與《四分律》不同，未區分出「能變形」的畜生女。

《根有律》中，無力女，結偷蘭遮，此為人女中的特殊情況，《四分律》未提及。此外，如果是向堪行淫的男子或半擇迦（黃門），犯偷蘭遮；如果是不堪行淫的男子、半擇迦，犯突吉羅；傍生，犯突吉羅。可見，此律對於「男子」的判罪與《四分律》有所不同。對於「傍生」，此律沒有分為能變形和不能變形，可能這兩種都犯突吉羅。對於「黃門」，此律分為堪行淫和不堪行淫，而《四分律》沒有明確限定。

《根有律攝》中，大男及大扇侘（大黃門）、入滅定尼，偷蘭遮；小男、小扇侘（小黃門），犯突吉羅。此外，傍生，犯突吉羅，與《根有律》相同。

《巴利律》中，黃門結突吉羅，與《四分律》不同；而其他情況未提到。

藏傳《苾芻學處》中，神通女、不了善説惡説之女及男子，都結偷蘭遮。其中，「有神通女」、「不了善説惡説之女」《四分律》中未涉及；而對男子的判罰與《四分律》不同。

綜上所述，諸律對於人女結重沒有太多區別。但《十誦律》中提到的「不能女」、「二道合一道女」、「入滅盡定女」，《根有律》中的「無力女」，《摩得勒伽》中的「入滅盡定比丘尼」及藏傳《苾芻學處》中的「有神通女、不了善説惡説之女」，這些《四分律》中未提及的人女中的特殊情況，諸律判為偷蘭遮。而在畜生的判罪上，《根有律》中一律結突吉羅；《五分律》中畜生女才結突吉羅；《僧祇律》中除獼猴女以外的畜生女結突吉羅，獼猴女則結偷蘭遮。這和《四分律》中的能變形畜生女結偷蘭遮，不能變形結突吉羅的判罪方式還是有一定的差別。其他律典沒有相關內容的闡述。

另外，《十誦律》還提到一個判罪原則，即「若是事，人女邊，僧伽婆尸沙；即是事，非人女邊，偷蘭遮。若是事，人女邊，偷蘭遮；即是事，非人女邊，突吉羅」。意思是：如果此事對女人結僧殘，對非人女就結偷蘭遮；若對女人結偷蘭遮，對非人女就結突吉羅。而《僧祇律》對此也有描述，且更為詳細：「若女人邊，偷蘭罪；黃門邊，越比尼罪；男子邊，越比尼心悔。若女人邊，越比尼罪；黃門邊，越比尼心悔；男子邊，無罪。若女人邊，越比尼心悔；黃門、男子邊，無罪。」其他律典未記載相關內容。

2. 能犯心

（1）發起心

《四分律》中，僅以「淫欲意」的情況，犯重判僧殘，其他律典正犯僧殘的記載見上犯緣。此外，《四分律》中，迦留陀夷、六群比丘「性好粗惡語」，即習慣於講粗俗髒話，佛判突吉羅。這種情況是因為比丘沒有淫欲心，所以不正犯。而《十誦律》、《摩得勒伽》、《根有律攝》及藏傳《苾芻學處》與《四分律》不同，對習慣說粗惡語的判罰較重，均結偷蘭遮。《摩得勒伽》中還記載，如果比丘非故意說，結偷蘭遮，如律文：「有比丘，父欲與女別。彼是惡行女，比丘語女言：『莫作惡行。』女問言：『我當作何等行？』比丘言：『莫作如是如是事。』尋即生悔。乃至佛言：『犯偷羅遮。』」如果不以淫欲心，而是在開玩笑時說粗語，犯偷蘭遮。如律文：「有比丘尼晨朝洗浴已，著服安禪那，摩頭著新衣，入舍衛城乞食。比丘亦入城乞食，語彼比丘尼言：『姊妹！何以如是行？乞男子耶？』尋生疑悔。乃至佛言：『犯偷羅遮。』」

《十誦律》、《摩得勒伽》、《根有律攝》中，「為他」說粗惡語，結偷蘭遮。

由上可知，在《四分律》、《十誦律》、《摩得勒伽》、《根有律攝》及藏傳《苾芻學處》中，若比丘在沒有欲心的情況下說粗惡語，不正犯本戒。

《鼻奈耶》、《僧祇律》、《五分律》、《根有律》、《巴利律》對發起心的表述各異，但內涵一致，均是指淫欲心，與《四分律》相同。

（2）想心

①人女想

A. 人女人女想、疑、非人女想

《四分律》中，人女人女想，僧殘；人女人女疑、非人女想，偷蘭遮。其中，對於「人女想」，《十誦律》、《摩得勒伽》、《五分律》、《根有律攝》、《巴利律》、《善見論》、藏傳《苾芻學處》與此相同。對於「人女疑」，《摩得勒伽》、《五分律》、《根有律攝》中犯僧殘，與《四分律》有較大差異。對於「非人女想」，《摩得勒伽》則犯僧殘，《根有律攝》犯突吉羅，也與《四分律》不同。其他律典沒有相關記載。

B. 人女男子想等

《四分律》未提及這方面的情況。《十誦律》中，人女作男子想、二根想、黃門想，均犯僧殘。《五分律》中，人女作二根想，犯僧殘，與《十誦律》相同；而人女作男子想、黃門想，則犯偷蘭遮，與《十誦律》有所差異。此外，《五分律》中，人女作無根想，犯僧殘。其他律典沒有相關記載。

C. 非人女人想、人疑

《四分律》中，非人女作人女想、疑，犯偷蘭遮。《根有律攝》與此相同。其他律典沒有相關記載。

D. 男子、黃門、二根作男子想等

《四分律》未提及這方面的情況。

《十誦律》中，說境是男子、黃門、二根，不管想心如何，都結偷蘭遮。

《五分律》中，男作男想、男疑、黃門想，突吉羅。男作女想、男無根想、男二根想，偷蘭遮。黃門也是和男子一樣判罪。無根，無根想、疑，或是作二根、女想，均犯僧伽婆尸沙；無根作男想、黃門想，均犯偷蘭遮。二根亦如是。可見此律有部分情況的判罪與《十誦律》不同。

《巴利律》中，黃門作人女想，結突吉羅，與上兩部律都不同。

其他律典沒有相關記載。

E. 其他

《四分律》中，女想與男子粗惡語，或男想與女人粗惡語，偷蘭遮。

《根有律攝》中，若「無有女作有女想」犯偷蘭遮；若「實有女人作無女想」犯突吉羅；如果「心無簡別，隨有女人，即得本罪」，即沒有明確分別的心，遇到女人就說，則結僧殘；「若作局心對彼不言、對斯當說」，即本意對甲女說，而對乙女說了，結偷蘭遮。以上幾種情況《四分律》中並未提及。

《僧祇律》中，不管是於女人、黃門還是男子起欲心，只要向女人說粗語，就犯僧殘；向黃門說，犯偷蘭遮；向男人說，犯偷蘭遮。由此可知，此律只按所犯境來結罪，想心不影響此律的判罪。

②粗惡語想

《四分律》中，粗惡語粗惡語想，結僧殘；而粗惡語粗惡語疑，非粗惡語粗惡語想，非粗惡語粗惡語疑，都結偷蘭遮。

《根有律攝》中，粗惡語粗惡語想，粗惡語粗惡語疑，都結僧殘。其中第二種情況與《四分律》判罰不同。另外，粗惡語非粗惡語想，此律判為不犯，《四分律》則沒有明確提及。

其他律典沒有關於想心的判罪記載。

3. 方便加行

（1）加行方式

《四分律》中，無論是當面言說還是「與指印、書、遣使、作相」等間接的表達方式，都屬正犯，結僧殘。關於言說，諸律一致，而其他幾種間接表達的方式，《十誦律》、《摩得勒伽》、《五分律》及《根有律攝》與《四分律》存在顯著差異。《十誦律》中派遣使者、書寫、示現身體語言等，僅結方便偷蘭遮罪。《五分律》中派遣使者、書寫、示現身體語言、打手勢，同樣結偷蘭遮。《根有律攝》中，「若遣使，若傳說，若書印、手印」也結偷蘭遮。而《摩得勒伽》中提到「遣使」、「使化人」以及「遣書疏汝根斷、汝根惡、汝與我分、共我眠」等情況，同樣判偷蘭遮。其他律典未記載相關內容。

除此以外，《十誦律》、《根有律》、《根有律攝》、《善見論》及《巴利律》或直接提及，或在案例中表明：如果是女人先說，比丘隨順說粗惡語同樣犯僧殘。其他律典僅涉及比丘主動造作單方面情形的描述。

（2）表達內容

《四分律》中，如果符合「粗惡淫欲語」的描述，結僧殘。

關於涉及行淫方面，諸律不存在顯著差別，都判僧殘。《根有律》中，如果粗惡語不涉及男女交媾的內容，結偷蘭遮。《根有律攝》提到，如果沒有「鄙惡」的字眼，為偷蘭遮。

《五分律》提到，如果說「相似語」結偷蘭遮，但對「相似語」沒有明確的解釋和定義。

藏傳《苾芻學處》中，「本意欲說鄙語相連之事而異其言說，如謂汝瘡門美妙，或言汝可來與我作彼彼事等，或言我甚愛汝，或言今可與我共眠」，均犯偷蘭遮。

對描述好惡的部位及判罪輕重，諸律也存在一定分歧和差別。《四分律》中如果僅僅「除此大小便道，說餘處好惡」，結偷蘭遮。但《巴利律》的規定有所不同且最為詳細。如果是「除女人之大小便道外，就其頸以下，由膝蓋以上，言其好惡」，判偷蘭遮；而如果是「女人之頸以上、膝蓋以下」，判突吉羅；如果是「於女人之衣服，言其好惡」，一樣結突吉羅。《善見論》則僅提到「從膝以下」的部分，結突吉羅。

《四分律》中記載了一種藉此言彼的方式：比丘對一穿紅衣的女子稱說「汝著赤衣」，意在說對方女根，而對方不解，結偷蘭遮。《五分律》中類似的案例，沒有說明對方是否領解，比丘犯偷蘭遮。《根有律攝》中，如果「女人解意」，比丘犯偷蘭遮。而《巴利律》中，同樣相似的案例，對方不解，則判了突吉羅，如：「有一女人著粗毛織衣……如是言：『妹！實汝之粗毛。』其女不解，云：『大德！然！是粗毛織衣也。』彼心生悔……『突吉羅。』」《善見論》中，如果比丘「以欲心方便」，「欲樂此事假說傍事」，如描述對方毛衣長短黑紅，同樣結突吉羅；如果對方沒有理解其中的意思，則為無罪。

《僧祇律》所包含的所犯境比《四分律》範圍更大，其中明確定義了女性的「八處」，只要稱讚或詆毀這些部位都判為僧殘。

《摩得勒伽》中，比丘說暗示淫欲的話，犯偷蘭遮；《僧祇律》中，類似的情況如果對方知解，得本罪。

除此之外，其他律典未記載相關內容。

4. 究竟成犯

（1）成犯時間

《四分律》中，如果「說而了了」，即對方理解比丘的意思，結僧殘。如果「說不了了」則判偷蘭遮，《五分律》、《根有律攝》、藏傳《苾芻學處》與此相同。此外，《根有律攝》中，「若彼不聞」也結偷蘭遮。

《摩得勒伽》記載，「有比丘於女人所粗惡語，女人不憶念，問比丘言：『何所道？』比丘止不語。乃至佛言:『犯偷羅遮。』」結合上下文，此處的「憶念」應該指「理解」，也就是說，如果比丘對女人說粗惡語之後，對方不解，犯偷蘭遮。

其他律典未記載相關內容。

（2）犯戒數量

①隨說粗語一一結罪

《四分律》記載：「一返粗惡語，一僧伽婆尸沙。隨粗惡語多少，說而了了者，一一僧伽婆尸沙。」意思是：說一句粗惡語，即判一個僧殘，隨說多少句粗惡語，即犯多少個僧殘。

《十誦律》中，比丘向女人「讚歎」、「毀呰」種種不淨惡語，「乃至百語，一一語中，僧伽婆尸沙」，與《四分律》相同。此外，《十誦律》不以對境的人數多少，只以所說粗惡語來結罪。如：「若一比丘向一女人，不淨惡語，一僧伽婆尸沙；若一比丘向二、三、四女人，不淨惡語，僧伽婆尸沙；若二比丘向二、三、四、一女人，不淨惡語，僧伽婆尸沙。」

②依粗語的種類一一結罪

《僧祇律》記載：「若比丘於一女人有欲心，向傍女人說八處。若此一女人，知比丘欲心向己者，是比丘得八僧伽婆尸沙罪。」意思是：一個比丘對甲女起了欲心，而向在旁的乙女說了八個部位的言語，如果甲女知道比丘是對自己說，則比丘得八個僧殘。若對方不知，則「得六偷蘭罪、二僧伽婆尸沙」。根據上下文推測，比丘所結的兩個重罪是由於說了二道，其餘六處則結方便罪。可見，此律根據所說粗惡語的種類一一結罪。《四分律》對此沒有提及。

③依對境的數量一一結罪

《巴利律》記載：「有二女人，若比丘於二女人作女人想而起欲念，於二女人之大便道……二僧殘。有女人與黃門……於兩人之大便道……一僧殘、一突吉羅。」可見，此律根據對境的數量而一一結罪。《四分律》對此也沒有提及。

其他律典未記載相關內容。

5. 犯戒主體

《四分律》中，比丘犯此戒，結僧殘。諸律與《四分律》相同。

另外，《四分律》中，比丘尼犯此戒，結偷蘭遮；式叉摩那、沙彌、沙彌尼，結突吉羅。《薩婆多論》與此相同。《五分律》僅提及沙彌判突吉羅。其他律典未記載相關內容。

（三）不犯

1. 所犯境不具足

《四分律》中，如果「獨語」，即比丘單獨一個人說，不犯此戒。

2. 能犯心不具足

《四分律》中，比丘講不淨觀或者講毗尼時，以及傳授、講說、讀誦經文時，說到有關身體部位的內容，而對方錯解比丘在說粗惡語，這種情況下，比丘沒有淫欲心，不犯。如律文：「不犯者，若為女人說不淨惡露觀：『大妹當知！此身九瘡、九孔、九漏、九流。九孔者，二眼、二耳、二鼻、口、大小便道。』當說此不淨時，彼女人謂說粗惡語；若說毗尼時言次，及此彼謂粗惡語；若從受經，若二人同受，若彼問，若同誦。」

《巴利律》同樣提到「為義而說，為法而說，為教而說」不犯，但未有具體的案例。

《善見論》也規定「若讚歎衣服、鐶釧、瓔珞，說法論義，為講無罪」，但如果比丘為比丘尼說法的過程中起欲心而說粗惡語，則犯僧殘。

此外《四分律》還提及「戲笑語」、「夢中語」、「欲說此錯說彼」，這些應該是沒有欲心情況下的言說，都判不犯。最後一種「欲說此錯說彼」和前文提及的「欲向此說，錯向彼說」而判重的區別在於：後者結重是因為有欲心，並且有明確說的動機；前者不犯則是因為沒有欲心，只是口誤而說的粗惡語。

《根有律攝》中，粗惡語作非粗惡語想，不犯。

3. 方便加行不具足

在表達行為上，僅有《四分律》中提到的一個案例，其中淫女主動向比丘說粗惡語，比丘默然，後有疑惑請示佛陀，判不犯。

而表達的內容上，《根有律》及《根有律攝》中還提到，如果說一些帶有暗指二根含義的詞語，但只是使用原意，或者雖然說的是粗惡語，但是當地的風俗習慣並不忌諱的，不犯。如《根有律》：「無犯者，若說葉縛（言『大麥』也），或說葉摩尼（言『帷幔』也），若於方國雖說鄙惡言，然非所諱者，皆非是犯。」

4. 究竟成犯不具足

《四分律》中有提及「疾疾語」不犯的情況，推測可能是由於語速太快，而導致對方沒有聽到或聽清而判不犯。

5. 犯戒主體不具足

《四分律》記載：「無犯者，最初未制戒，癡狂、心亂、痛惱所纏。」《五分律》、《根有律》、《善見論》與《四分律》一致。

此外，《巴利律》記載：「癡狂者、最初之犯行者，不犯也。」《摩得勒伽》中提到，最初未制戒時，「作一切不犯」。

五、原理

（一）性遮與煩惱

此戒屬於性戒。如《善見論》所言，「因身心口起淫，性罪，身心業」。

由於佛已制「漏失戒」和「摩觸戒」，緣起比丘便以向女人說粗惡淫欲語的方式，來發泄自己的欲望。如《四分律》中比丘「向彼以欲心粗惡語」，《五分律》中「今當更作方便向諸女人作粗惡語，取悅欲樂」。由此可見，其本質是淫欲心的變相宣泄和滿足。因此，佛制定此戒的目的，不僅防止比丘對女人造不善口業，也期望比丘能夠善護身口，遠離淫心。這不僅對「大淫戒」起到防微杜漸的作用，而且能夠保護比丘與居士的關係，避免俗眾的譏嫌，維護三寶的形象和居士的信心。

（二）期望落差與婦女權益保障

佛世時，寺院是信仰者的依靠之處，如《四分律》中「我常謂是處安隱、無患、無災變、無怖懼處」，《十誦律》也記載「此安隱處」。可見，世人對於比丘僧團存在着嚮往與仰慕之心，比丘嚴格的行持得到了社會大眾的尊崇和認可。由於眾人皆知瞿曇沙門精勤梵行，所以某些比丘身上發生此類事情，勢必會招來世人嚴重的譏嫌。如《根有律》中，女人譏嫌：「誰知水內更出火光，於歸依處反生恐怖。」《鼻奈耶》中，被損惱的女人表示：「常聞無畏安隱處，而更恐畏。」可見比丘這一行為不僅使三寶形象受損，而且嚴重損傷了居士的信心。

另外，在世俗倫理中，絕大多數女性對於他人言語上的騷擾都感到不悅意。如《四分律》：「我在家時夫主作粗惡語向我，猶不能堪忍，況今出家之人惡口如是。」《摩奴法論》中也明確記載：「與他人之妻私下交談者，如果以前曾被指控犯同類罪過，則應受最低等罰款。」[1] 可見，在古代印度隨意與別人妻子說粗惡語，不僅被明令禁止，還要受到相關的懲罰。

即便是在現代社會，說粗惡語的行為不僅為社會大眾所不齒，還會受到相關法律的治罰。如：以色情的語言或文字等形式冒犯婦女被視為對女性的「性騷擾」（sexual harassment），我國《婦女權益保障法》中明確規定：「任何人不得對婦女進行性騷擾。」由此可見，在一般情況下對婦女宣說污言穢語，已經不僅僅是道德的問題，而且還是一個嚴肅的法律問題。

（三）古印度時的信眾參訪接待

從律文可知，當時的古印度，女人可以自由進入比丘精舍並且要求參觀比丘房舍。如《鼻奈耶》：「有諸長者婦女來至浴池房園觀看。」《巴利律》：「諸女人至長老優陀夷處，而作是言：『大德！我等欲觀大德之精舍。』」《根有律攝》：「時鄔陀夷苾芻見諸女人入寺中看。」由於給孤獨園之類的精舍「優雅美麗清淨」，僧團為滿足信眾好奇，或攝受大眾的方便，允許俗眾出入比丘的房舍。但這種方便無疑也增加了非法事發生的可能性，對比丘的修行有一定的影響。在現代僧團管理中，尤其要注意避免出現比丘在自己的寮房或者私密的地方單獨接待女性客人的情況。[2] 佛世時的僧團，由於沒有對外的佛堂、客堂，為接引信眾，允許居士到僧寮參觀可以理解。但現代僧團普遍有對外的客堂，甚至有專門的信眾服務中心，作為管理者應制定相關規約以避免居士進入僧寮。

1 《摩奴法論》，171 頁。

2 「摩觸戒」也要注意同樣的情況，如迦留陀夷摩觸女人的地方，除了《鼻奈耶》記載是在「陰室內」，其他律都是在迦留陀夷自己的房間內。

六、專題

專題：「粗語戒」的「說而了了」

《四分律》中對「粗語戒」究竟成犯的描述有兩個：「說了了」與「彼人知」。例如辨相記載：「若比丘與女人一返粗惡語，一僧伽婆尸沙。隨粗惡語多少，說而了了者，一一僧伽婆尸沙；不了了者，偷蘭遮。若與指印、書、遣使、作相，令彼女人知者，僧伽婆尸沙；不知者，偷蘭遮。」即對比丘當面言說時，成犯條件表述為「說而了了」，而「與指印、書、遣使、作相」的方式中則表述為「知者」。這樣可能讓人以為存在兩種不同的究竟成犯標準。

那麼這裏的「說了了」到底是什麼含義，與「彼人知」又是怎樣的關係？

《漢語大詞典》中，「了了」一詞解釋為「明白；清楚」。「說而了了」直譯過來就是清楚明白言說的內容。但是由於古漢語省略掉了最重要的主語成分，致使這一短語的解讀有了三種可能：(一) 犯戒比丘自己清楚自己言說的內容；(二) 所言說的對象明白比丘所說的內容；(三) 客觀的大眾能夠理解言說的內容。

從上述《四分律》辨相律文中「說了了」和「彼人知」相互混用的情況來看，更傾向於證明「說了了」與「彼人知」是同一個意思，即符合上述第二種解讀。《四分律》中相關記載可以證明：

第一，《四分律》第 3 卷記載：「若與指印、書、遣使、作相，令彼女人知者，僧伽婆尸沙；不知者，偷蘭遮。」在第 57 卷的調部中，優波離尊者請示佛陀時有相同內容的表述：「手印、信、書、相了了知者，僧伽婆尸沙；不了了知者，偷蘭遮。」這裏「了了」和「知」混用，可見二者的意思完全一致。

第二，《四分律》調部還連續記載了一系列比丘說完粗惡語而對方沒能及時理解的案例。例如：「時有乞食比丘，晨朝著衣持鉢往白衣家，語檀越婦言：『可得不？』彼即言：『大德！問何等可得不？』比丘默然不答。疑，佛言：『說不了了，偷蘭遮。』」從本則故事及上下文語境推斷，佛陀所說「說不了了」的意思指對方沒能及時理解和領會。比丘肯定清楚自己所言說的意思，但沒有正犯，這說明第一種理解是不對的。

其他律典對此戒究竟成犯的描述，《五分律》為「解者，僧伽婆尸沙；不解者，偷羅遮」。《根有律攝》為「若彼不聞，或聞而不解……得窣吐羅罪」。藏傳《苾芻學處》為「對境了義時成犯」。《巴利律》有十個比丘明確暗示而對方不解的例子，如：「其女不解……世尊曰：『比丘！非僧殘，突吉羅。』」表明對方解了時才算正犯。《僧祇律》中，比丘向女人說了隱晦的淫欲語，如：「時比丘以是因緣具白世尊。佛言：『解義不解味，偷蘭遮；解味不解義，偷蘭遮罪；解味解義，僧伽婆尸沙；不解義不解味，越毗尼罪。』」[1] 從佛陀的話來看，對方要領納比丘隱晦語的內涵才判正犯。其他律典則沒有相關描述。

此外，本戒的制戒意趣有相當大的成分是為了避免世俗譏嫌。對方是否領納比丘所說的粗惡語，對外界造成的影響差別很大。

綜合上述，從《四分律》中「說了了」即「彼人知」的相關表述，多數律典持有的觀點，以及本戒制戒意趣等不同的角度表明，以對方清楚明白比丘所表述的意思為「粗語戒」究竟成犯的條件比較合理。

值得一提的是，《四分律》「了了」和「彼人知」互用的這個文字特徵，在其他戒中也有體現，比如「說上人法戒」、「媒嫁戒」、「歎身索供戒」、「無根謗戒」、「假根謗戒」等。和「粗語戒」類似，「歎身索供戒」也有因對方不解隱晦語而判偷蘭的案例，如：「比丘言：『汝俱不能一切與我。』婦答言：『大德！不能何等一切與？』比丘默然。疑，佛言：『說不了了者，偷蘭遮。』」因此，《四分律》的這些戒中，「了了」的內涵和「粗語戒」一樣，都是對方領解。

---

1 《僧祇律》卷 29，《大正藏》22 冊，465 頁上欄。

七、總結

（一）諸律差異分析

1. 緣起差異

（1）結構差異

《四分律》、《鼻奈耶》、《十誦律》、《僧祇律》、《五分律》、《根有律》、《巴利律》都只有一個本制。

（2）情節差異

《四分律》的主要情節是，緣起比丘對女人說粗惡語，導致佛陀制戒。《鼻奈耶》、《十誦律》、《五分律》、《根有律》、《巴利律》與之相似。《僧祇律》與《四分律》有一些差異，由於佛陀接受熏藥而示疾，淫女來看望佛陀，才發生其中一位淫女主動去緣起比丘房內，被比丘戲弄說粗語的事情。

（3）結論

綜上所述，本戒緣起無須調整，仍取《四分律》的結構和情節。

2. 戒本差異

和前一條「摩觸戒」類似，對應《四分律》中的「淫欲意」，其他律典的表述各有不同。

此外，對應《四分律》的「隨所說粗惡淫欲語」，《十誦比丘戒本》、《僧祇律》、《僧祇比丘戒本》、《解脫戒經》、《根有律》、《根有戒經》、《根有律攝》、梵文《說出世部戒經》、巴利《戒經》及藏文《根有戒經》中都增加了如年輕男女等之類的內容。《鼻奈耶》則表述為「惡語相向惡眼相視，若大若小女人」，和其他律典都不相同。

《四分律》戒本中，「與女人粗惡淫欲語」這一句，對照《僧祇律》和梵文《說出世部戒經》，推測是由翻譯導致的重複。因此依《新刪定四分僧戒本》將其刪去，並為了讀誦流暢，補入「者」字。

3. 辨相差異

（1）所犯境

諸律中，正犯的對境都是「人女」。但某些律典對於一些特殊的「人女」，判為偷蘭遮。比如《摩得勒伽》中在現實中難以界定的「入滅盡定比丘尼」，《十誦律》中「不能女」，《根有律》中「無力女」等屬於不堪行淫的「人女」，以及《苾芻學處》中「不了善說惡說之女」。這些情況值得參考。

（2）能犯心

發起心

在發起心的問題上，《僧祇律》獨樹一幟，認為只要是淫欲意，不管是否有真實行淫的動機，都包括在內。但藏傳《苾芻學處》中則明確界定為以淫欲意引發的樂說粗語的心理。而比丘若以行淫欲的心說粗語，由於行淫的動機沒有得到滿足，結「大淫戒」的方便罪。二者在究竟成犯不同。而後者的好處是在實際判罪中，能夠比較清晰地區別此戒與「大淫戒」的方便罪。其他律典，如《鼻奈耶》、《十誦律》、《根有律》、《根有律攝》及《巴利律》對發起心的界定也較模糊。結合《四分律》、《五分律》緣起故事中對犯戒比丘心理的描述和實際判罰的需要，將發起心明確為帶有淫欲意而樂說的心，排除期望行淫欲的心，更為合理。

此外《四分律》中，對比丘習慣性說粗惡語，判突吉羅。這一情況應屬於比丘的等流習氣，而不具備相應的發起心。《四分律》中主要是針對「迦留陀夷」以及「六群比丘」，只是一般性地描述他們「性好粗惡語」，並沒有指出所說的對象和內容。這裏所指很可能只是比丘在日常生活中習慣性地說粗話、髒話，未必有所指的對象，也未必是對女人說，因此判得較輕。而《十誦律》、《摩得勒伽》、《根有律攝》及藏傳《苾芻學處》中均判為偷蘭遮。如《摩得勒伽》:「有比丘性粗惡語，於女人所作粗惡語。」其對境是女人，雖然也是習慣性地說，但在女人前說，其影響要惡劣得多。因此，結合諸部律典，針對比丘習慣性說粗惡語、但沒有淫欲意的情況，要根據比丘所說話的對境而判：若是女人，判偷蘭遮；若不是女人，或自說，得突吉羅。此外《根有律》及《根有律攝》中還提到一種值得參考的情況：雖然比丘說粗惡語，但當地風俗並不忌諱，判為不犯。

（3）方便加行

在表達方式上，當面言說粗惡語是最常見的正犯方式，這一點，諸律相同。但對「若與指印、書、遣使、作相」等間接表達方式的判罰標準上，《四分律》判為正犯，而《十誦律》、《摩得勒伽》、《五分律》和《根有律攝》中則結偷蘭遮。現代社會的網絡資訊、新興媒體等，都可能成為比丘犯戒的助緣。因此，在當今社會為了杜絕這樣的惡行，用新的通訊方式表達粗惡語也應判為正犯。

在表達內容上，《四分律》中關於「淫欲粗惡語」的定義是指涉及男女二道或者與行淫相關的粗穢語，且包括明指或暗示的方式。《巴利律》及《善見論》的表述與之相似。綜合相關的名詞解釋及案例，相比其他律典而言，《四分律》較為全面和清晰。雖然《十誦律》、《五分律》、《根有律》中都有提及女「三處」，但對確切位置並沒有予以描述。此外《僧祇律》中則提到女「八處」，有些部位則相對較為瑣碎。因此在「淫欲粗惡語」的定義上，同樣遵從《四分律》的解釋和界定。

此外，《十誦律》、《根有律》、《根有律攝》、《巴利律》及《善見論》中都提及一種情況，即在女人先對比丘說粗惡語時，比丘如果以喜樂心領受並出言隨順對方，即使所說話語中沒有任何粗惡的字眼，仍然判重，這是因為比丘隨順對方的淫欲意，實際上也是自己淫欲心的表達，所以結僧殘。

（4）不犯

對於比丘無淫欲意而說粗惡語的情況，《四分律》將教誡、折服的情況都判不犯。《巴利律》中「為義而說，為法而說，為教而說」，《善見論》「若讚歎衣服、鐶釧、瓔珞，說法論義，為講」，與《四分律》提及的情況相似。此外《四分律》還提到戲笑、說夢話、錯說的情況，均屬於發起心不具足，因此都判為無罪。

4. 諸律內部差異

各律典中，此戒的緣起、戒本以及辨相三部分相符。

（二）調整文本

通過以上諸律間觀點同異的對比與分析，文本在《四分律》的基礎上作如下調整：

1. 緣起

佛在舍衛國，迦留陀夷從門外招呼婦女到房中，向其説粗惡淫語，激惱了一些婦女，這些婦女向其他比丘告發，佛陀知道後集僧制戒。

2. 戒本

若比丘，淫欲意，與女人粗惡淫欲語者[1]，僧伽婆尸沙。

3. 關鍵詞

粗惡淫欲語：與男女二道或行淫相關的粗穢語，也包括暗示性的曖昧言語。

4. 辨相

（1）犯緣

本戒具足六緣成犯：一、對方是人女；二、作人女想；三、以淫欲意而樂説之心；四、比丘表達了粗惡語；五、知道自己表達的是粗惡語；六、對方領解，成犯。

（2）辨相結罪輕重

①是人女

對人女説粗惡語，僧伽婆尸沙。

對「不了善説惡説女」説粗惡語，偷蘭遮。

對非人女説粗惡語，包括天女、阿修羅女、夜叉女、餓鬼女、龍女，以

---

1 「者」，底本作「隨所説粗惡淫欲語」，據《新删定四分僧戒本》改。

及畜生女等能變形者，偷蘭遮。

對不能變形的畜生，結突吉羅。

對黃門、二形說，偷蘭遮。

對男子說，突吉羅。

②作人女想

對人女作人女想，僧伽婆尸沙；欲對此女而錯向彼女說，僧伽婆尸沙。

對人女作人女疑，或對人女作非人女想，偷蘭遮；對非人女作人女想，或非人女疑，偷蘭遮。

③以淫欲意而樂說之心

以淫欲意而樂說粗惡語的心說，僧伽婆尸沙；以期望行淫欲的心說粗惡語，結「大淫戒」的方便偷蘭遮罪。

④表達粗惡語

當面言說，言說不論明確還是隱晦，僧伽婆尸沙。

比丘如果以打手勢等肢體語言或書寫、傳話、電話、網絡及其他通訊方式，傳達粗惡語，正犯；以此間接方式對非人女說，偷蘭遮。

言說內容涉及男女二道以及行淫相關的粗穢語，僧伽婆尸沙。若言說內容不涉及男女二道，而說其他部位好惡，偷蘭遮。

女人先對比丘說粗惡語時，比丘如果以喜樂心領受並出言隨順對方的意思，即使所說話語中沒有任何粗惡的字眼，也正犯。

習慣性說粗惡語的情況，若對「人女」說，偷蘭遮，對「非人女」等說，突吉羅。

⑤作粗惡語想

若比丘說粗惡語作粗惡語想，僧伽婆尸沙；對所說粗惡語生疑，偷蘭遮；非粗惡語作粗惡語想、疑，均偷蘭遮。

⑥對方領解

對方理解比丘的意思，僧伽婆尸沙；隨說粗惡語的數量，一一結罪。若對方不理解，偷蘭遮。

⑦犯戒主體

比丘若犯，結僧殘罪；比丘尼若犯，偷蘭遮；式叉摩那、沙彌、沙彌尼若犯，突吉羅。

⑧不犯

比丘不以淫欲心，為教誡或呵斥別人時，說粗惡語，如為女人說不淨觀，講說毗尼時，傳授、講說、讀誦經文時，均不犯。

比丘不以淫欲心說粗惡語，但並不為當地的風俗習慣所排斥，不犯。

比丘不以淫欲心，戲笑說、誤說、夢中說，不犯。

若獨語，不犯。

最初未制戒，癡狂、心亂、痛惱所纏，不犯。

八、現代行持參考

雖然現代社會的文化觀念相比古代印度已經有一定的變化，但對本戒所約束的語言性騷擾行為，由於其本質惡劣，加上淫欲煩惱的特殊性，社會大眾的容忍度普遍較低。若不予以重視，則很容易引起譏嫌，對比丘修道也會構成障礙。

對於比丘個人而言，以往的溝通互動方式以面對面為主。而今通訊方式極其發達，各種即時通訊軟件、社交媒體層出不窮。不僅令比丘與異性的聯繫更為方便，同時也為污濁信息的湧入敞開了大門。因此，比丘與外界接觸時需要注意防護，避免因一時的煩惱現行而造下惡業。另外，也要防範女眾先對比丘説淫欲語的情況，這種情況下，比丘如果以喜樂心領受並出言隨順對方，也屬正犯。

僧團管理方面，應盡量營造良好的修道環境，在廣泛開展各項弘法事業的同時，也應注意避免出家人與居士有過於頻繁的接觸、互動。為此，可以安排專人負責與居士相關的接待工作，特別是避免讓居士、信眾不受限制地進出僧團內部，甚至比丘個人的僧舍。這樣不僅是對比丘個人的法身慧命負責，而且能夠更好地保護居士的信心，也為僧團的穩定、清淨、和合創造條件。

04

欺身索供戒

一、緣起

（一）緣起略述

《四分律》中，佛在舍衛國時，因佛陀已經制定「漏失戒」、「摩觸戒」、「粗語戒」，迦留陀夷便在自己房門外面等候諸婦女，然後將其帶入到自己的房間，向她們讚歎自己的種種修行功德，目的是讓對方用淫欲法來供養自己。迦留陀夷的行為遭到了一些婦女的譏嫌和責罵，後者將此事告訴了諸比丘。諸比丘遂向佛陀匯報，佛陀因此制戒，此是本制。[1]

諸律緣起差異比較：

1. 制戒地點

《四分律》中，制戒地點為「舍衛國」，《十誦律》[2]與《四分律》相同，《鼻奈耶》[3]為「舍衛國祇樹給孤獨園」，《巴利律》[4]為「舍衛城祇樹給孤獨園」，《僧祇律》[5]、《五分律》[6]為「舍衛城」，《根有律》[7]為「室羅伐城逝多林給孤獨園」。

2. 緣起比丘

《四分律》中，緣起比丘為「迦留陀夷」，《十誦律》與《四分律》相同，《鼻奈耶》為「六群比丘」，《僧祇律》、《五分律》、《巴利律》為「優陀夷」，

---

1 《四分律》卷 3，《大正藏》22 冊，582 頁上欄至下欄；卷 57，《大正藏》22 冊，988 頁中欄至 989 頁上欄。

2 《十誦律》卷 3，《大正藏》23 冊，16 頁下欄至 18 頁上欄；卷 52，《大正藏》23 冊，384 頁上欄至中欄。

3 《鼻奈耶》卷 3，《大正藏》24 冊，863 頁上欄至中欄。

4 《經分別》卷 2，《漢譯南傳大藏經》1 冊，183 頁至 188 頁；《附隨》卷 1，《漢譯南傳大藏經》5 冊，51 頁。

5 《僧祇律》卷 5，《大正藏》22 冊，269 頁下欄至 271 頁上欄。

6 《五分律》卷 2，《大正藏》22 冊，11 頁下欄至 12 頁上欄。

7 《根有律》卷 11，《大正藏》23 冊，685 頁上欄至下欄。

《根有律》為「鄔陀夷」。

3. 緣起情節

諸部廣律都只有一個本制。《十誦律》、《五分律》、《根有律》中的故事情節與《四分律》大體相似，而《僧祇律》、《巴利律》與《四分律》情節則有所不同。《僧祇律》中，一婆羅門是緣起比丘的老朋友，婆羅門外出前，囑託緣起比丘多去他家裏看看他的妻兒。緣起比丘到婆羅門家後，讓諸婦人用淫欲法來供養自己，被年長的婦女呵責後離開。緣起比丘又到淫女住處求淫欲供養，同樣被對方呵責並告發給其他比丘，佛陀得知後制戒。《巴利律》中，緣起比丘到一寡婦家講法，說法之後對方很歡喜，詢問需要什麼供養。緣起比丘便向寡婦索取淫欲供養，於是對方解衣卧牀，但緣起比丘對其諷刺一番後，吐唾而去，引起寡婦及其他眾多婦女的譏嫌非難。有比丘聽到後將此事告訴，佛陀因此制戒。

（二）緣起比丘形象

《四分律》中，緣起比丘屬於虛誑自讚的類型，如對婦女說：「諸妹知不？我學中第一，我是梵行、持戒、修善法人，汝可持淫欲供養我。」

其他律典中，緣起比丘的形象基本與《四分律》類似。如《鼻奈耶》記載：「時六群比丘語諸長者婦女言：『我等國王子，端正無雙，身體香潔，精進無比，於法中最上者，汝等可與我戲笑相娛樂，能以身施者於檀中最尊。』」《僧祇律》記載：「如我沙門持戒，行善法，修梵行，以此法供養我。」《五分律》記載：「汝供養沙門、婆羅門乃至入禪定、得四道果，不如以淫欲供養持戒者。」《根有律》記載：「此是第一供養中最。」

（三）犯戒內因

《四分律》中，佛陀制定以上三戒後，緣起比丘便想出歎身索供的方式滿足自己的淫欲心，由此可知，此戒的犯戒內因依然是淫欲煩惱。其他律典與

《四分律》相同。

此外，《鼻奈耶》中，緣起比丘自稱「我等國王子，端正無雙，身體香潔」，反映出緣起比丘內心的高慢以及對自身條件的憑恃，這也是引發犯戒的一個助緣。

（四）犯戒外緣

《四分律》中，犯戒外緣是諸居士婦來寺院。《鼻奈耶》、《十誦律》、《五分律》、《根有律》與《四分律》相同。

《僧祇律》和《巴利律》中則是比丘到僅有女人的居士家裏講法。《僧祇律》中是婆羅門外出，請緣起比丘多去家中關照他的妻兒。《巴利律》中則是到一位相貌端正的寡婦家說法。

（五）犯戒後的影響

《四分律》中，緣起比丘的行為令「不樂者罵詈而出」，其言行讓一部分婦女大驚失色，生起恐懼。《鼻奈耶》、《十誦律》、《五分律》、《根有律》中，影響與《四分律》相似。

《僧祇律》中，緣起比丘的行為使得諸婆羅門婦或慚愧，或憤怒，如律文說：「婆羅門諸婦中有少年者，即便慚愧低頭徐行，各還自房；有中年者，亦各慚愧低頭而住；有年老者即便呵責言：『阿闍梨優陀夷！此非善事，不應作是非類語。此是婆羅門家，而作淫女家法相待耶？我當以是事白諸比丘。』」

《巴利律》中，緣起比丘也被譏嫌：「此等沙門釋子無恥，虛言妄語而行惡行。彼等實自言己是法行者、寂靜行者……而彼等無沙門行，無梵行，彼等破沙門行，破梵行，彼等離沙門行，離梵行。」

（六）佛陀考量

《鼻奈耶》中，佛陀教誡六群比丘說：「云何癡人！我不說淫如蛇毒螫人

（修妒路）？寧為蛇毒、虺毒、黑蟒毒所蜇，不與刹利種、婆羅門種、長者種婦女交會。……大聚薪火炎熾盛，寧身投入中，不與刹利種、婆羅門、長者婦女交接娛樂。……淫如狗咬（五巧反）骨、如鳥銜肉，肉既少少，受苦多也。……如蜜塗刀，淫亦復爾。……如毒花香向鼻則死，寧飲毒漿而不向淫。……我無數方便説淫不淨……卿等云何於中造惡？」這裏佛陀引用各種比喻來説明淫欲的過患，教導弟子要遠離淫欲。

《十誦律》與之相似，佛陀呵斥緣起比丘：「汝癡人！不知我以種種因緣呵欲、欲想，種種因緣讚歎離欲，除滅欲熱？我常説法教人離欲，汝尚不應生心，何況乃作起欲恚癡、結縛根本不淨惡業？」這也從側面體現出眾生的頑愚與佛陀的慈悲不捨。

（七）文體分析

《四分律》只有一個因緣，沒有其他文體。《十誦律》、《僧祇律》、《五分律》、《根有律》、《巴利律》與此相同，《鼻奈耶》有兩個因緣、多個譬喻。

《四分律》中，語言描寫較為生動。如有婦女被緣起比丘索淫欲供養後驚呼的內容，表達了婦女內心的恐懼，也從側面襯托出緣起比丘這種行為的惡劣影響。

《鼻奈耶》用了大量的文字記述了佛陀説淫欲過患的種種比喻，其他內容的記述較為簡略。

諸部律中，《僧祇律》文字最多，情節也最為曲折，有大量的人物對話。緣起比丘對在家居士婦索求淫欲供養時，律文將層層誘導的過程描寫得細緻逼真，使得緣起比丘的形象躍然紙上。如：「我今希來，汝能少有所與不？」「汝多情詐如賊有四眼，何所不知？」「汝足知是事，何以不知此最第一供養？所謂交通，如我沙門持戒……所謂隨順淫欲法。」

《五分律》、《根有律》中，內容則較為簡略，與前面制戒相同的內容都被省略。

《巴利律》敘述比較詳細，語言描寫較多，人物對話也較為直白。

二、戒本

《四分律》中，本戒的戒本為：「若比丘，淫欲意，於女人前自歎身言：『大妹！我修梵行、持戒、精進、修善法，可持是淫欲法供養我，如是供養第一最。』僧伽婆尸沙。」

（一）若比丘，淫欲意

《四分律》、《四分僧戒本》[1]、《新刪定四分僧戒本》[2]、《四分律比丘戒本》[3] 作「若比丘，淫欲意」，意思是：如果比丘以淫欲的心念。

與《四分律》相似：

《鼻奈耶》作「若比丘，淫意熾盛」。

與《四分律》有部分差異：

《十誦律》、《五分律》、《彌沙塞五分戒本》[4] 作「若比丘，欲盛變心」，《十誦比丘戒本》[5] 作「若比丘，淫亂變心」，《僧祇律》、《僧祇比丘戒本》[6] 作「若比丘，淫欲變心」。

梵文《說出世部戒經》[7] 作 "Yo puna bhikṣu otīrṇo vipariṇatena cittena"，梵文《有部戒經》[8] 作 "Yaḥ punar bhikṣur udīrṇavipariṇatena cittena"，梵文《根

---

1 《四分僧戒本》，《大正藏》22 冊，1023 頁下欄。

2 《新刪定四分僧戒本》，《卍續藏》39 冊，263 頁下欄。

3 《四分律比丘戒本》，《大正藏》22 冊，1016 頁上欄。

4 《彌沙塞五分戒本》，《大正藏》22 冊，195 頁中欄。

5 《十誦比丘戒本》，《大正藏》23 冊，471 頁中欄。

6 《僧祇比丘戒本》，《大正藏》22 冊，550 頁上欄。

7 Nathmal Tatia, *Prātimokṣasūtram of the Lokottaravādimahāsāṅghika School*, Tibetan Sanskrit Works Series, no. 16, p. 9.

8 Georg von Simson, *Prātimokṣasūtra der Sarvāstivādins Teil II*, Sanskrittexte aus den Turfanfunden, XI, p. 167.

有戒經》[1] 作“Yaḥ punar bhikṣur avadalavipariṇatena cittena”，巴利《戒經》[2] 作“Yo pana bhikkhu otiṇṇo vipariṇatena cittena”，以上四部梵、巴戒本的意思都是：任何比丘，以（淫欲）激發變異的心。

與《四分律》差異較大：

《根有律》、《根有戒經》[3]、《根有律攝》[4] 作「若復苾芻，以染纏心」。

《解脫戒經》作「若比丘」。

藏文《根有戒經》[5] 作“ཡང་དགེ་སློང་གང་དྲལ་ཅིང་སྒྱུར་བའི་སེམས་ཀྱིས”，意思是：任何比丘，以毀壞和轉變的心。

(二) 於女人前自歎身言

《四分律》、《四分僧戒本》、《新刪定四分僧戒本》、《四分律比丘戒本》作「於女人前自歎身言」，意思是：在女人面前自己讚歎自身（的功德）說。

與《四分律》相同：

《根有律》、《根有戒經》、《根有律攝》作「於女人前自歎身言」。

與《四分律》相似：

《彌沙塞五分戒本》作「向女人自讚身言」，《解脫戒經》[6] 作「於女人前自讚身言」。這兩部戒本的「讚」字對應《四分律》中的「歎」。

《鼻奈耶》作「於女人前自歎身端正，又言」，相比《四分律》的「自歎身」，多了對自己外貌「端正」的描述。

與《四分律》有部分差異：

《十誦律》作「在女人前讚歎以身供養，作如是言」；《十誦比丘戒本》作

---

1 Anukul Chandra Banerjee, *Two Buddhist Vinaya Texts in Sanskrit*, p. 16.

2 Bhikkhu Ñāṇatusita, *Analysis of the Bhikkhu Pātimokkha*, p. 51.

3 《根有戒經》，《大正藏》24 冊，501 頁中欄。

4 《根有律攝》卷 3，《大正藏》24 冊，542 頁中欄。

5 麗江版《甘珠爾》（འཇང་བཀའ་འགྱུར།）第 5 函《別解脫經》（སོ་སོར་ཐར་པའི་མདོ།）4a-4b。

6 《解脫戒經》，《大正藏》24 冊，660 頁上欄。

「於女人前讚自供養己身語」;《僧祇律》作「於女人前歎自供養身言」;《僧祇比丘戒本》作「於女人前歎自供養己身」。

梵文《說出世部戒經》作"Mātṛgrāmasya antike ātmikāye paricaryāye varṇaṃ bhāṣeya",意思是:在女人前讚歎以(女人)自己的身體(來淫欲)供養,而說。

與上述戒本中「歎自供養」或類似的表達不同,以下戒本中強調為了自己而讚歎身體供養。

《五分律》作「向女人自讚供養身,言」。

梵文《有部戒經》作"Mātṛgrāmasyāntike ātmanaḥ kāyaparicaryāyā varṇaṃ bhāṣeta",梵文《根有戒經》作"Mātṛgrāmasya purastād ātmanaḥ kāyapari(caryāyā saṃvarṇayed)",以上兩部戒本的意思都是:在女人的面前讚歎以身體來供養自己。

巴利《戒經》作"Mātugāmassa santike attakāmapāricariyāya vaṇṇaṃ bhāseyya",意思是:在女人面前稱讚從淫欲方面來供養自己,而說。

以上《十誦律》等律典中直接表達出,為了讓對方以身體來供養而讚歎這一層意思,與《四分律》中僅僅表述出讚歎自己擁有的功德有所不同。

藏文《根有戒經》作"བུད་མེད་ཀྱི་ལུས་ཀྱི་འདུན་ད་བདག་ཉིད་ཀྱི་ལུས་ཀྱི་བསྙེན་བཀུར་བྱ་བའི་ཕྱིར་འདི་ལྟ་སྟེ།",意思是:在女人面前為了(讓她)供養(比丘)自己的身體,(而說:)像(我)這樣。相比《四分律》及其他律典,這裏缺少了與「歎」字直接對應的內容。

(三)大妹!我修梵行、持戒、精進、修善法,可持是淫欲法供養我,如是供養第一最。僧伽婆尸沙

《四分律》、《新刪定四分僧戒本》、《四分律比丘戒本》作「大妹!我修梵行、持戒、精進、修善法,可持是淫欲法供養我,如是供養第一最。僧伽婆尸沙」,大意是:姐妹,我修習清淨的解脫之行,持戒,(修行)精進,修持善法,應該用淫欲法來供養我,這樣的供養是第一供養,犯僧殘罪。

與《四分律》相似：

《四分僧戒本》作「大妹！我修梵行，持戒，精進，修善法，可持此淫欲法供養我，如是供養第一最。如是語者，僧伽婆尸沙」，相比《四分律》，這裏多出了「如是語者」。《解脫戒經》作「姊妹！我等持戒，善修梵行，應以淫欲供養我，此法供養最第一。僧伽婆尸沙」。《十誦比丘戒本》作「姊妹！如我等比丘，持戒，斷淫欲，行善法。姊妹！淫欲法供養，是第一供養，僧伽婆尸沙」。《十誦律》作「汝能以身供養我等持戒、行善梵行人者，諸供養中第一供養。僧伽婆尸沙」。

梵文《說出世部戒經》作 "Etad agraṃ bhagini paricaryāṇāṃ yā mādṛśaṃ śramaṇaṃ śīlavantaṃ kalyāṇadharmaṃ brahmacāriṃ etena dharmeṇa upasthiheya paricareya yaduta maithunopasaṃhiteneti saṃghātiśeṣo"，梵文《有部戒經》作 "Eṣāgry(ā) bhagini paricaryāṇāṃ ya(n) mādṛśaṃ bhikṣuṃ śīlavantaṃ kalyāṇadharmāṇaṃ brahmacāriṇam ane(na) dharmeṇa paricared yaduta maithunopasaṃhitena saṃghāvaśeṣaḥ"，梵文《根有戒經》"(Etad agraṃ mātṛsvasaḥ pari)caryāṇāṃ yaduta mādṛśaṃ bhikṣuṃ śīlavantaṃ kalyāṇa(dharmāṇaṃ brahmacāriṇa)m anena dharmeṇa paricared yaduta maithunopasaṃhitena saṃghāvaśeṣaḥ"，三部梵文戒本的意思都是：姊妹，淫欲供養像我這樣的比丘，持戒、（持守）善法的修行人，這樣方式的供養才是最殊勝的，僧殘餘。

巴利《戒經》作 "Etad-aggaṃ bhagini pāricariyānaṃ yā mādisaṃ sīlavantaṃ kalyāṇadhammaṃ brahmacāriṃ etena dhammena paricareyyā ti, methunūpasaṃhitena, saṅghādiseso"，意思是：姊妹，用這樣的方式供養像我這樣持戒、具善法的梵行者，是最殊勝的供養。與淫欲相關，僧始終。

藏文《根有戒經》作 "ང་ལྟ་བུའི་དགེ་སློང་ཚུལ་ཁྲིམས་དང་ལྡན་པ། དགེ་བའི་ཆོས་ཅན། ཚངས་པར་སྤྱོད་པ་ལ་འདི་ལྟར་འཁྲིག་པ་ལས་བྱུང་བ་དང་ལྡན་པའི་ཆོས་འདིས་བསྙེན་བཀུར་བྱས་ན། སྲུ་འདི་ནི་བསྙེན་བཀུར་བྱས་པ་རྣམས་ཀྱི་ནང་ན་མཆོག་ཡིན་ནོ་ཞེས་བསྔགས་པ་བརྗོད་ན་དགེ་འདུན་ལྷག་མའོ། །"，意思是：像我這樣持淨戒、具善法、修梵行的比丘，可依淫欲法供奉。姊妹，此供養法在一切供養中為最勝，如果比丘這樣說，僧殘餘。

以上《解脫戒經》及之後的律典中提及的「我等」、「如我」、「像我這樣」這些表述，與《四分律》的「我」略有差異。

與《四分律》有部分差異：

《僧祇律》作「姊妹！如我沙門持戒，行善法，修梵行。以是淫欲法供養讚歎者，僧伽婆尸沙」。《僧祇比丘戒本》作「姊妹！如我沙門持淨戒，行善法，修梵行，以淫欲法供養第一。僧伽婆尸沙」。這兩部律典缺少與《四分律》「可持是淫欲法供養我」直接對應的內容。

《根有律》、《根有戒經》、《根有律攝》作「姊妹！若苾芻與我相似，具足尸羅有勝善法修梵行者，可持此淫欲法而供養之。若苾芻如是語者，僧伽伐尸沙」。這裏缺少了與《四分律》「如是供養第一最」相對應的內容。

與《四分律》差異較大：

《五分律》、《彌沙塞五分戒本》作「姊妹！淫欲供養是第一供養。僧伽婆尸沙」，相比《四分律》，缺少與「大妹！我修梵行，持戒，精進，修善法，可持是淫欲法供養我」相對應的內容。

《鼻奈耶》作「精進比丘，於法中最上淨行，作如是法行者。僧伽婆施沙」，相比《四分律》及其他律典，這裏缺少了與「可持是淫欲法供養我，如是供養第一最」相對應的內容。

三、關鍵詞

（一）自歎身言

梵文《根有戒經》中，因為對應的內容涉及從藏文戒本重構，因此這裏不再列舉分析，以下僅討論梵文《說出世部戒經》和梵文《有部戒經》的情況。梵文《說出世部戒經》為“ātmikāye（自己的身體）paricaryāye（供養，暗指淫欲供養）varṇaṃ（讚歎）bhāṣeya（宣說）”，意思是：宣說讚歎以（女人）自己的身體（來淫欲）供養（英譯：saying for himself in praise of sexual service to himself）。梵文《有部戒經》作“ātmanaḥ（自己）kāya（身體）paricaryāyā（供養）varṇaṃ（讚歎）bhāṣeta（宣說）”，意思是：為自己讚歎以身體（淫欲）供養而說（英譯：saying for himself in praise of sexual service with the body to himself）。巴利《戒經》中的表述為“atta（自己的）kāma（欲、愛欲）pāricariyāya（供養）vaṇṇaṃ（稱讚）bhāseyya（宣說）”，意思是：稱讚從淫欲方面供養自己而說（英譯：saying for himself in praise of the ministering to himself with sex）。

藏文《根有戒經》為“བདག་ཉིད་ཀྱི་ལུས་ཀྱི་（自己的身體）བསྙེན་བཀུར་（承事，供奉）བྱ་བའི་ཕྱིར་（因為，由於）འདི་ལྟ་（依此，像這樣）སྨྲ（帶餘助詞）།”意思是：為了（其）承事自己的身體而說（像我這樣）（英譯：saying in praise of the ministering to himself with sex）。

《四分律》的關鍵詞中，對「歎身」的解釋是「端正好顏色，我是剎帝利、長者、居士、婆羅門種」，可見這是比丘對自己外在容貌、種姓的讚揚。但是在制戒的緣起故事中，這一點並沒有得到體現，犯戒比丘所說的內容是：「諸妹知不？我學中第一，我是梵行、持戒、修善法人。」這與戒本中的內容直接對應，而無相貌和種姓的描述。

綜合來看，《四分律》中「自歎」的內容實質上包含了兩個方面：1. 對自己外在容貌、種姓的讚歎；2. 對自己內在修持功德的讚歎。

對比其他律典，僅《巴利律》的關鍵詞和《鼻奈耶》的制戒緣起故事中有第一個方面內容。《巴利律》解釋「如我」是指「或刹帝利，或婆羅門，或吠舍，或首陀羅」，和《四分律》解釋類似，但僅提及種姓。而《鼻奈耶》在緣起中交代，犯戒比丘稱讚自己是「我等國王子，端正無雙，身體香潔」，除了涉及外貌還表明自己出家前的世俗身分。其他律典都沒有這一方面的內容。

對於第二方面的表述，《十誦律》、《根有律》、《巴利律》的關鍵詞部分、《鼻奈耶》、《僧祇律》、《根有律》的制戒緣起和《根有律攝》[1]中，都有與之對應的描述。其中《十誦律》對「持戒」、「行善」、「梵行」的解釋分別為「大戒律法盡能受持」、「正見忍辱故」、「二身不共會故」；而《根有律》、《根有律攝》與之對應的解釋分別為「謂具戒蘊」、「謂具定蘊」、「謂具慧蘊」；《巴利律》則為「已離殺生、已離偷盜、已離虛言」、「由其戒、其梵行而具足善法行者」、「已離不淨法」。可見，上述三部律典中的解釋與《四分律》還是存在相當大的差異，但整體而言仍未超出讚歎自己修證功德的範疇。其他律典中則沒有對應內容的描述。

綜上所述，從梵巴藏詞源分析看，「自歎身言」的含義是「宣說、讚歎以身體（淫欲）供養自己」；而漢譯律典中的含義略有不同，《四分律》中包括對自己容貌、種姓的讚歎以及對自己內在修持功德的讚歎兩個方面的內涵。《鼻奈耶》的制戒緣起、《巴利律》的關鍵詞解釋與《四分律》第一種內涵一致。《十誦律》、《根有律》、《巴利律》的關鍵詞解釋，《鼻奈耶》、《僧祇律》、《根有律》的制戒緣起，以及《根有律攝》與《四分律》的第二種內涵一致。

（二）淫欲法供養

梵文《有部戒經》中直接對應的內容是“anena（這個）dharmeṇa（法）paricared（供養）yaduta（謂）maithunopasaṃhitena（與淫欲交媾相關）”，

1 《根有律攝》卷 3，《大正藏》24 冊，542 頁中欄至下欄。

意思是：以淫欲行為來供養（英譯：to serve with this act connected with sexual intercourse）。其他兩部梵文戒經在表述上稍有差異，但內容是一致的。巴利《戒經》中作“etena（如此）dhammena（法）paricareyyā（供養）ti（表示一個間隔）methunūpasaṃhitena（與淫欲交媾相關）”，句意與梵文戒經相同。藏文《根有戒經》為“འདི་ལྟར（如上述身體承事的情況）འཁྲིག་པ་ལས（通過交媾的方式）བྱུང་བ་（生起）དང（並）་ལྡན་པའི་（具有的）ཆོས་འདིས（法門）བསྙེན་བཀུར་བྱ（供養承事）”，意思是：此種法門，通過交媾的方式用身體供養承事（英譯：the service rendered by one's own body, through an act of intercourse）。

《四分律》關鍵詞部分雖然沒有直接對應的解釋，但是在制戒緣起故事中，犯戒比丘對應的言說為「汝可持淫欲供養我」。

《僧祇律》記載：「歎自供養身者，歎自己身也。言：『姊妹！如我沙門持戒、行善法、修梵行，以淫欲法供養第一。』」《五分律》記載：「言將此淫欲法者，此中法言目其非法，將此淫欲非餘事也。淫欲者，謂不淨行。」

另外，《僧祇律》、《五分律》、《根有律》的緣起故事中均有類似的表述。《根有律》更是列舉了十八種讚歎淫欲供養的方式，「謂最、勝、殊、妙、賢、善、應供、可愛、廣博、極最、極勝、極殊、極妙、極賢、極善、極應供、極可愛、極廣博」。

《鼻奈耶》、《十誦律》的緣起故事中則表達成「以身供養」和「身施」，但與「淫欲供養」的實質仍然一致。《十誦律》中對「以身供養」關鍵詞的解釋是：「比丘語女言：『汝能以身作淫欲供養者，諸供養中第一供養。』」此外，還提及對「以身作淫欲供養」的九種讚歎方式都屬於正犯：「謂上、大、勝、巧、善、妙、福、好、快。」

綜上所述，詞源分析中諸部戒經內涵一致，都是指用淫欲的行為來供養。結合制戒緣起可以看出，上述漢譯諸律典的含義一致，即比丘不管以何種方式宣說、稱讚淫欲法供養自己的殊勝，其所表達的內容都屬於「淫欲法供養」。

四、辨相

（一）犯緣

具足以下五個方面的犯緣便正犯本戒：

1. 所犯境

《四分律》中，所犯境是人女。

《鼻奈耶》、《十誦律》、《摩得勒伽》[1]、《僧祇律》、《根有律》、《根有律攝》[2]、《巴利律》、《善見論》[3]、藏傳《苾芻學處》[4]與《四分律》相同。其中，《根有律》、《根有律攝》進一步限定是堪行淫女人；《巴利律》在關鍵詞中強調對方必須「謂知粗惡語、非粗惡語〔之智者〕」；藏傳《苾芻學處》與之類似，要求是「了善說惡說之女人」。

《五分律》中的所犯境除女人以外，對無根、二根也算正犯。而《四分律》中沒有直接提及對這兩種對象判罪的情況。

《毗尼母經》沒有具體判罪內容，《薩婆多論》、《明了論》沒有此戒的記載，下不贅述。

2. 能犯心

（1）發起心

《四分律》中，對發起心的陳述僅為「淫欲意」。

《鼻奈耶》、《十誦律》、《僧祇律》、《五分律》、《根有律》、《根有律攝》、《善見論》、《巴利律》對此的直接表述與《四分律》含義一致。其中，《四分

---

1 《摩得勒伽》卷 2，《大正藏》23 冊，571 頁下欄；卷 8，《大正藏》23 冊，616 頁上欄。

2 《根有律攝》卷 3，《大正藏》24 冊，542 頁中欄至下欄。

3 《善見論》卷 13，《大正藏》24 冊，763 頁中欄。

4 《苾芻學處》，《宗喀巴大師集》卷 5，63 頁至 64 頁。

律》、《鼻奈耶》、《十誦律》的發起心從戒條內提取。

藏傳《苾芻學處》中，對發起心的定義為「具足貪心，欲領受稱讚淫欲供養之樂」。

其他律典沒有相關內容。

（2）想心

《四分律》中，人女人女想，「此女作彼女想」，均正犯此戒。

《巴利律》中，人女作人女想，正犯。《十誦律》中，人女作人女、黃門、男人或二根想，均正犯此戒。《五分律》中，女作女想、疑，正犯；女作無根、二根想，均正犯此戒。無根、二根作女、無根、二根想、疑，均正犯。藏傳《苾芻學處》對想心的要求為「於總於別不錯亂」。

其他律典中沒有直接提及想心的內容。

3. 方便加行

以下分加行方式及表達內容兩方面來討論：

（1）加行方式

《四分律》和其他律典對當面言說正犯沒有分歧。其中，藏傳《苾芻學處》的加行要求為：「以具足五種相之語言，如謂於我相似之比丘前以淫欲法供養，諸供養中最為第一。」《四分律》提及「若手印，若書信，若遣使，若現知相令彼知者」這幾種通過文字、傳話或肢體語言等間接傳達意思的方式，同樣判正犯。《五分律》和《十誦律》與此不同，派遣使者、書寫、示現身體語言、打手勢，均不正犯此戒。

此外藏傳《苾芻學處》中還提及，如果是他人自歎身並索取淫欲供養，而比丘「用語言承受」，同樣正犯。這一點《四分律》及其他律典都未提及。

（2）表達內容

如上文分析可知，律典中所描述的言說內容，實際上包含了「自歎」和「淫欲供養」兩個方面。《四分律》中雖然沒有直接表述必須兩者都具足才構成正犯的條件，但從「自歎譽已供養我來，不說淫欲者，偷蘭遮；若說淫欲，僧伽婆尸沙」這句話中，不難推斷，必須「自歎」和「淫欲供養」同時具備，才構成正犯。雖然後文中也有「一自歎譽身，一僧伽婆尸沙」這樣的陳述，但推測應該是行文簡省所致。

《根有律》、《根有律攝》、《善見論》及藏傳《苾芻學處》的判罰標準與《四分律》相同，均為兩者都涉及才判正犯。

但《十誦律》、《僧祇律》、《五分律》中判罰只針對「淫欲供養」這一個方面。《巴利律》中雖然沒有明確的辨析，但列舉的案例和《僧祇律》、《五分律》一樣僅涉及「淫欲供養」即判正犯。如：「一不妊女如是對所供養比丘曰：『大德！我如何能有妊乎？』『然，妹！當行第一布施。』『大德！何為第一布施？』『淫欲法也。』彼心生悔……『僧殘。』」這一點和《四分律》的正犯標準不同。

其他律典沒有相關內容的陳述。

4. 究竟成犯

《四分律》中，究竟成犯為說而了了，即對方解了比丘言說內容時正犯。

《五分律》、《根有律攝》及藏傳《苾芻學處》中究竟成犯的條件雖表述與《四分律》不同，但含義一致。其中《五分律》為「解者」；《根有律攝》為「前人領解」；藏傳《苾芻學處》為「對境了義時成犯」。

其他律典中沒有明確的相關說明。

5. 犯戒主體

《四分律》犯戒主體是比丘，這一點諸律一致。

（二）輕重

1. 所犯境

《四分律》中，所犯對象是人女，結僧殘；如果是天女、阿修羅女、龍女、夜叉女、餓鬼女、畜生女能變形者，結偷蘭遮；畜生不能變形者，結突吉羅；黃門、二根，犯偷蘭遮；男子，結突吉羅。

其他幾部律典在對象的描述和劃分上存在明顯的區別：

《十誦律》中僅區分了人女和非人女兩類：「若是事，人女邊，僧伽婆尸沙；即是事，非人女邊，偷蘭遮」，意思是：人女結僧殘，非人女結方便偷蘭遮。如果是「不能女」、「二道合一道女」，或是「入滅盡定女」，均犯偷蘭遮。

《僧祇律》中，對人女，犯僧殘；黃門、緊那羅女、獼猴女，犯偷蘭遮；男子、畜生女，則犯突吉羅。其中單把「獼猴女」從畜生女中提出來，結偷蘭遮，其他結突吉羅，這與《四分律》按「變形」、「不能變形」的劃分方式截然不同。

《五分律》中，人女為僧殘；非人女，為偷蘭遮；畜生女，為突吉羅。而對畜生女沒有像《四分律》那樣區分。此外，對無根，二根，也犯僧殘。

《根有律》、《根有律攝》中，如對堪行淫的人女，結僧殘；而對不堪行淫的人女，結方便偷蘭遮；對堪行淫男子、半擇迦，結偷蘭遮；對不堪的二者，結突吉羅；而對畜生，一律結突吉羅。在對男子和畜生的結罪方式上與《四分律》有所差別。

《巴利律》中，女人犯僧殘；黃門，犯偷蘭遮；畜生，犯突吉羅。此律對女人、黃門的判罪與《四分律》相同。

此外，藏傳《苾芻學處》中，對女人說，犯僧殘；對男子或不解善說惡說的女人，犯偷蘭遮。

《鼻奈耶》的戒條記載，對「女人」，犯僧殘。

《摩得勒伽》記載，對「女人」歎身，犯僧殘；對黃門、二根，或是入滅盡定的比丘尼，均犯偷蘭遮。

《善見論》中，若所犯境是人女，犯僧殘。

2. 能犯心

（1）發起心

《四分律》中，必須具足「淫欲意」才結僧殘；但未提及其他有關發起心犯罪輕重的情況。

《鼻奈耶》、《十誦律》、《僧祇律》、《五分律》、《根有律》、《根有律攝》、

《巴利律》、《善見論》中的情況與《四分律》相同。上述律典中，《四分律》、《鼻奈耶》、《十誦律》的發起心從戒條內提取。《十誦律》：「若為他故向女人稱讚以身供養，得偷蘭遮。」

藏傳《苾芻學處》中對發起心的定義為「具足貪心，欲領受稱讚淫欲供養之樂」；若比丘雖說「我及淫欲」二事，但「無意中想求淫欲供養，但說供養比丘最為第一」，犯偷蘭遮。

其他律典沒有相關內容的表述。

（2）想心

《四分律》：「人女人女想，僧伽婆尸沙；人女疑，偷蘭遮；人女作非人女想，偷蘭遮。非人女作人女想，偷蘭遮；非人女疑，偷蘭遮。」如果是「於男子前作女想」，犯偷蘭遮；此女作彼女想，犯僧殘；此男作彼男想，犯突吉羅。

《十誦律》、《五分律》關於想心的判罪原則和《四分律》有所不同。其中《十誦律》較為純粹，一律按境來判，對女人，無論女想、男想、黃門想、二根想，一律結重判僧殘；而對男子，男想、黃門想、二根想、女想，都結偷蘭遮；黃門、二根，與男子情況一樣，不管想心如何，都結偷蘭遮。

但《五分律》中，情況則更為複雜，對象分為兩類：①女人、無根、二根；②男子、黃門。如果實際對象是人女，即女作女想、女疑、無根想、二根想，想心對應第①類的範圍，則判僧殘；而作男想、黃門想，即對應第②類，判偷蘭遮。同樣屬於第①類的無根、二根的情況可以此類推。如果對象是男子，即男作女想、無根想、二根想，對應第①類，判偷蘭遮；男作男想、男疑、男黃門想，對應第②類，判突吉羅。黃門也以此類推。

《巴利律》中僅提及女作女想，判僧殘；黃門作女想，則判突吉羅。

藏傳《苾芻學處》對想心的要求為「於總於別不錯亂」。

其他律典沒有相關內容的表述。

3. 方便加行

（1）加行方式

《四分律》中，無論當面言說，還是「手印」、「書信」、「遣使」、「現知相令彼知者」，同樣犯重，判僧殘。

《五分律》中「面與女語」判僧殘，但「遣使、書、作相、動手」僅結偷蘭遮，這點和《四分律》不同。《十誦律》與《五分律》類似，「若遣使，若書，若示相，得偷蘭遮」。

此外，藏傳《苾芻學處》還提及「或他如是說，自用語言承受」的情況，即他人在比丘前讚身索供，比丘只要用語言予以證成就判重，同樣結僧殘。但這一情況在《四分律》及其他律典中均未提及。

其餘律典中，以言說的方式歎身索供，犯僧殘。

（2）表達內容

如上分析，《四分律》中對言說的內容，分為「自歎」和「淫欲供養」兩個部分。如果言說內容包括兩者，則判僧殘；如果「不說淫欲者，偷蘭遮」，即缺少「淫欲供養」部分的表述，則結方便偷蘭遮。此外，如果「除二道，更為索餘處供養」，犯偷蘭遮。

《根有律》與《四分律》最為相似，言說包括「自讚」和「淫欲供養」，結僧殘。如果僅「自讚」，例如「『姊妹！此供養中最，如我等類具戒之人應可供養。』而不與淫欲法合說」，結方便偷蘭遮；同樣如果僅「淫欲供養」，例如「『姊妹！此供養中最，若有苾芻是具戒人應可供養。』與淫欲法合說，不云如我等類」，結偷蘭遮；如果「不云如我等類，不與淫欲法合說」，即只提及可以供養的含糊言語，結突吉羅，最後一點《四分律》未提及。《根有律攝》與《根有律》相同，但言詞更為簡練，如：「若無淫欲之言，但得粗罪；若無如我相似之言，亦得粗罪；若無如我相似及淫欲言，但得惡作罪。」藏傳《苾芻學處》與《四分律》相同，言說內容包括兩者才正犯，否則不正犯；如果「我及淫欲隨說一事」，只犯偷蘭遮。

《僧祇律》則將言說的內容分為三個層次。第一層中列舉了三十個描述：「汝若欲得第一勝長，自在、大自在……得三十三天、得天後、得天眼、清淨耳垂埵者。」即比丘暗示淫欲供養所能獲得的殊勝果報，言說這三十種情況，結突吉羅。第二層，律文提及有八類，但列舉的只有「如我沙門、持戒、行善法、修梵行」四類，推測可能加上否定的表述「非沙門、非持戒、非行善法、非修梵行者」則具足八類。這一層面屬於比丘「自讚」的範疇，言說結偷蘭遮。最後，若提及「應以此法奉之、事之，恭敬、尊重，承望、供養，所與、不惜，舒展、廣舒展，隨順取、隨順受」，直接為自己淫欲索供，結僧殘。

《五分律》在戒條中的判罪不涉及「自讚」，僅涉及「淫欲供養」，而且有更細緻明確的區分：「若作種種語讚欲供養身，語語突吉羅；若言『不如以淫欲供養』，語語偷羅遮；若言『淫欲供養是第一供養』，僧伽婆尸沙。」

《巴利律》與《五分律》相似，僅涉及「淫欲供養」結僧殘的情況，缺乏判輕的表述。

《善見論》中，如果「以淫欲法讚歎供養己身，或讚其所須淫事，此第一供養」，犯僧殘。如果讚歎自己並索取淫欲，「我亦剎利，汝可以欲事與我共通」，犯僧殘。

《十誦律》有許多「歎身索供」的案例，總結可知，如果說有關「淫欲供養殊勝」的話，正犯此戒。而關於「自讚」，律典沒有要求，但比丘不讚歎自己，只讚歎「淫欲供養殊勝」也犯僧殘。

其他律典沒有相關內容。

4. 究竟成犯

（1）成犯時間

《四分律》及《五分律》中，對方領解時，結僧殘；如果沒有領解，結偷蘭遮。《根有律攝》僅提及前人領解時犯重的情況。藏傳《苾芻學處》的成犯時間為「對境了義時成犯」。

其他律典中沒有涉及相關內容。

(2) 犯戒數量

①依話語數量結罪

《四分律》記載:「一自歎譽身,一僧伽婆尸沙。隨自歎身多少,了了者,一一僧伽婆尸沙。」意思是:只要說了一句歎身索供的話,即結一個僧殘。《僧祇律》、《五分律》有相似的表述。

②依對境數量結罪

《巴利律》:「於女人前,為己讚歎淫欲供養者,僧殘。有二女人,〔若比丘〕於二女人作女想……二僧殘。」可見其結罪數量根據所對境言說對象而定,這與《四分律》不同。

其他律典沒有相關內容。

5. 犯戒主體

《四分律》中,犯戒主體是比丘,結僧殘;比丘尼,結偷蘭遮;式叉摩那、沙彌、沙彌尼,結突吉羅。

《五分律》中,比丘,結僧殘;沙彌,結突吉羅。

其他律典中僅記載了比丘結僧殘。

(三) 不犯

1. 所犯境不具足

藏傳《苾芻學處》記載:「對男子及『不了善說惡說之女』言說,不犯。」關於對象是男子的判罪與其他律典都不相同,而「不了善說惡說之女」的結罪,其他律典沒有直接提及。

2. 能犯心不具足

《四分律》記載,「為說毗尼時言說相似,而彼自謂讚身」、「若從受經誦經,若二人共受誦,若問若同誦」、「戲笑語」、「夢中語」、「欲說此錯說彼」,屬於沒有淫欲意的情況,不犯。

藏傳《苾芻學處》中「無意中想求淫欲供養，但説供養比丘最為第一」，這種沒有求淫欲供養之意的誤説，不犯。

《巴利律》提到，「若言『請以衣服、飲食、房舍、病資具藥物供養』」，這種正常索供、不涉及淫欲的情況，不犯。

3. 方便加行不具足

《善見論》中，如果不讚歎自己而索供，只説「我亦刹利，汝亦刹利，若共和合，正好無過此也」，不犯。

4. 究竟成犯不具足

《四分律》提及，「若比丘語女人言『此處妙尊最上，此比丘精進、持戒、修善法，汝等應以身業慈、口業慈、意業慈供養彼』」，若女人誤解比丘是自讚身，不犯。此外還提到「疾疾語」不犯，因語速太快，對方未能聽清。

5. 犯戒主體不具足

《四分律》記載，「最初未制戒，癡狂、心亂、痛惱所纏」，不犯。

《五分律》、《根有律》、《善見論》與《四分律》相同。《巴利律》中則表述為：「癡狂者、最初之犯行者，不犯也。」

五、原理

（一）嚴防淫欲的多種變形

本戒屬於性戒。

此戒由淫欲煩惱推動，《根有律攝》中稱此戒與前三條僧殘戒一樣，由「淫事及淫煩惱」引發。「歎身索供戒」主要防範比丘以通過自讚功德的方式，向他人索取淫欲供養。佛陀制定「粗語戒」後，比丘以變相方式向女人宣說淫欲供養最殊勝。大多數律典顯示，比丘在女人面前宣說這一觀點時，引起了她們的尷尬與嘲笑。而《巴利律》中，比丘在房間單獨向一寡婦提出這樣的建議，寡婦毫不猶豫地聽從了，此時比丘面臨着破戒的危險。因此，此戒既是為了防止比丘說淫欲語以滿足欲樂，也是為了防範比丘犯「大淫戒」。

（二）生殖崇拜與淫欲供養

「粗語戒」中的淫欲語指涉及男女二道及行淫等粗穢語言，而此戒中的「淫欲供養」雖也涉及「淫欲」二字，但比丘把淫欲作為供養的形式而正式宣說，與上一條戒的粗惡語不同。諸律中，比丘把「淫欲供養」稱之為「第一供養中最」，而且試圖向他人表示淫欲供養本屬正當，眾所周知。如《僧祇律》中，比丘甚至反問婆羅門婦：「汝足知是事，何以不知此最第一供養？」比丘似乎在暗示：婆羅門婦不知道淫欲供養是很無知的。

同時，考察當時社會信仰，確實存在淫欲供養的風氣。印度民眾中存在着多種形式的生殖崇拜，其中，「林伽」崇拜就是一種廣泛而原始的信仰。林伽是濕婆神的象徵，它以生殖器或者石柱的形狀表現，人們給它們灑香水、上供品、戴花環等，以表達信仰。[1]「大淫戒」的一些案例中，就記載了比丘被信奉這種信仰的女人侵犯。如《巴利律》中，比丘中風後身體不能行動，有女人坐在比丘生支上，滿足後讚歎比丘為人中「牡牛」，並且「以香華供之而去」。[2] 甚至女居士也信解「施不淨法為最上之布施」，主動向比丘供養淫欲。[3] 耆那教經典中也有相似的記載，沙門借宿的時候，主人的妻子女兒以及婢女們互相談論：這些沙門已經離欲，與其交合將會生下天人般俊美的嬰孩。而聽到這個說法，她們中間就會有人試圖誘引沙門。即使現在，印度仍然有這樣的信仰：不孕的婦女可以通過親吻苦行者的男根而懷孕。[4]

在印度文化中，「實行禁欲的人被視為具有崇高道德力量者而受到高度評價」。民眾之所以崇拜「林伽」，是因為濕婆神就是以禁欲和禪定獲得神力的苦行者。[5] 而佛教也要求比丘遠離淫欲，耆那教教主大雄也是禁欲的苦修者。可見，民眾認為淫欲供養可以帶來福報的觀念，都與古印度人對禁欲者的崇仰有關。因此，如果比丘宣揚自己持戒、修善行，暗示女人可以通過淫欲供養獲得最大的福報，信眾就有可能主動獻身。宣說淫欲供養，便會成為比丘比較容易達到行淫目的的手段。這條戒顯示佛法中沒有淫欲供養的概念，而比丘試圖暗示他的聽者與其發生關係會得到利益，也不屬於開緣之列。

由此可見，本戒的制定有它特定的歷史文化背景。在當時的社會環境中，比丘索供淫欲有很大的可能性。這也就不難理解佛陀為何會在「大淫戒」、「摩觸戒」和「粗語戒」之外，另制此戒。

---

1 尚會鵬：《印度文化傳統研究：比較文化的視野》，北京大學出版社，2004 年 4 月，195 頁至 196 頁。劉達臨：《世界古代性文化》，上海三聯書店，1998 年，34 頁。

2 《經分別》卷 1：「爾時，一比丘於毗舍離大林之重閣講堂，日中休息，門開而卧，彼之四肢中風。其時有多女人，持香、華、鬘來精舍巡觀僧園。其時，彼女人等見此比丘，隨意坐於生支上，隨意作已，言：『此真是人牡牛（最上之丈夫）。』以香華供之而去。」《漢譯南傳大藏經》1 冊，49 頁。

3 《經分別》卷 1：「爾時，於王舍城有信佛之優婆夷，名須拔婆，彼女如是信解『施不淨法為最上之布施』。彼女見比丘而作是言：『來！尊者！行不淨法。』」《漢譯南傳大藏經》1 冊，49 頁。

4 Bhikkhu Ñāṇatusita, *Analysis of the Bhikkhu Pātimokkha*, p. 53.

5 《印度文化傳統研究：比較文化的視野》，199 頁。

（三）法律亦遮止

結合實際來看，此戒中緣起比丘「自讚」、「修梵行、持戒」，多數是屬於欺騙的情況。謊稱自己擁有殊勝的身分或功德，騙取對方同意與自己發生性行為。在當今的世俗社會，這類行為屢見不鮮。從法律的角度來看，犯罪者以欺騙、誘惑等手段使對方同意與其發生關係，涉嫌強姦罪，會受到法律的懲罰。而當女性意識到自己的「淫欲供養」並未給自己帶來好處，反而給自己帶來很大傷害時，受害人的控告將使比丘陷入名譽與法律的糾紛中。

可見，此戒可以防範比丘陷入上述不利處境中，故此戒的持守在現今時代很有必要。

六、總結

（一）諸律差異分析

1. 緣起差異

（1）結構差異

《四分律》與其餘律典都只有一個本制。

（2）情節差異

《鼻奈耶》、《十誦律》、《五分律》、《根有律》中的故事情節與《四分律》大體相似，都為緣起比丘將婦女帶到自己的房間後歎身索淫欲供養。

《僧祇律》、《巴利律》與《四分律》情節則有所不同，《僧祇律》為：緣起比丘分別到婦女家中、淫女家中歎身索淫欲供養；《巴利律》為：緣起比丘到一寡婦家講法後，向寡婦索淫欲供養，對方解衣臥牀，但緣起比丘靠近後說：「誰願觸其不淨臭處耶？」吐唾而去。

（3）結論

綜上所述，本戒緣起無須調整，仍取《四分律》的結構和情節。

2. 戒本差異

整體而言，除《鼻奈耶》缺少直接索取淫欲供養的意思外，其他律典的戒本與《四分律》雖然在表述、詳略上存在一些差異，但文意基本一致。

不過，就比丘歎身索供的言語內容而言，《四分律》及大部分律典只涉及讚歎自己在道業修證方面的功德，而《鼻奈耶》還提到「自歎身端正」，即還涉及到外在容貌。《五分律》、《五分戒本》完全沒有自歎的內容，僅是索取淫欲供養。

《四分律》中本戒的表述比較完備，無須調整。

3. 辨相差異

（1）所犯境

比丘說粗惡語的對象是人女，在這一點上諸律沒有差異。在細節上，《根有律》、《根有律攝》限定為堪行淫女人，《巴利律》和藏傳《苾芻學處》則要求能分別「粗惡語」。考慮到本戒防止的是比丘由淫欲意所驅使的粗語行為，其發起心並非行淫，對象是否堪行淫不是關鍵，所以不必將對象限定為堪行淫的女人。而說話對象能否理解比丘的粗惡淫欲語，對於觸動和滿足比丘的煩惱和產生譏嫌比較關鍵，因此能分別粗惡語作為限定條件比較合理。此外，《四分律》對其他對象的判罪情況較為詳盡，可作參考。

（2）能犯心

①發起心

在發起心方面，諸律都認同有淫欲意的驅使才算正犯。藏傳《苾芻學處》中明確界定為貪圖言說淫欲供養的樂受。從《四分律》、《五分律》、《巴利律》和《善見論》的緣起故事來看，其發起心的內涵和《苾芻學處》的觀點比較一致。因而，將此戒的發起心界定為貪圖言說淫欲供養的樂受更為合理。

②想心

《四分律》、《巴利律》中，人女人女想正犯，《十誦律》要求只要對境是人女即正犯，不管想心如何，其他律典沒有提及或所舉情況過於簡略。在想心的判罰上，仍遵從《四分律》的標準。

（3）方便加行

對於表達方式，當面言說索供結重，諸律一致。但對「若與指印、書、遣使、作相」等非直接語言的表達方式的判罰上，《四分律》同樣結重；而《十誦律》、《五分律》僅結方便偷蘭遮罪。與「粗語戒」相同，當面說和其他加行手段造成的影響並無本質的差別，因此仍採用《四分律》的判罰標準。

在對言說內容的要求上，《四分律》規定必須同時具備「自歎」和「索供」兩個方面才算正犯。《僧祇律》、《根有律》、《根有律攝》、《善見論》及藏傳《苾芻學處》的判罰標準與《四分律》一致，而《十誦律》、《五分律》、《巴利律》只要涉及淫欲索供就判正犯。從本戒的內涵和意趣看，所制罰的重點是索取淫欲供養的行為，「自歎」可以看作為達成這種目的所採用的方便。因此，這裏採納《十誦律》、《五分律》、《巴利律》的標準，只要所說言詞有淫欲索供的內容，就結僧殘。此外，與「粗語戒」相比，比丘以歎身的方式索取淫欲供養，除了講說內容不同外，在表達方式上更加委婉，比如以講法的方式，令對方明白淫欲供養的殊勝。而「粗語戒」則更加直接地表達比丘的淫欲意。

（4）究竟成犯

成犯時間上，《五分律》和藏傳《苾芻學處》與《四分律》一致，都是對方解了時正犯。

而在結罪數量上，《四分律》、《僧祇律》及《五分律》都按言說數量來結罪。而《巴利律》更傾向按所犯對象的數量結罪。從戒律的約束效果而言，《四分律》等的判罰方法更具約束力。

4. 諸律內部差異

《巴利律》的緣起故事中，犯戒比丘僅提到淫欲供養，沒有「自讚己身」。而戒本有「如我之持戒者、梵行者、具善法行者」讚歎己身的內容。辨相除了關鍵詞解釋，在列舉的諸多案例中，也包含讚歎淫欲供養的內容。其他各律典中，此戒的緣起、戒本以及辨相三部分皆相符。

（二）調整文本

通過以上諸律間觀點同異的對比與分析，文本在《四分律》的基礎上作如下調整：

1. 緣起

佛在舍衛國，迦留陀夷知道佛已制「漏失戒」、「摩觸戒」、「粗惡語戒」後，於是站在門外，諸婦女過來之後，帶她們到自己的房內，說：「我學中第一，我是梵行、持戒、修善法人，汝可持淫欲供養我。」有婦女不堪忍受，告訴諸比丘，諸比丘將此事向佛匯報，佛制戒。

2. 戒本

若比丘，淫欲意，於女人前自歎身言：「大妹！我修梵行、持戒、精進、修善法，可持是淫欲法供養我，如是供養第一最。」僧伽婆尸沙。

3. 關鍵詞

(1) 自歎身言：自己讚歎自己而說，說的內容包括外在的容貌、種姓或內在的修行、持戒等功德。

(2) 淫欲法供養：通過行淫的方式供養比丘。

4. 辨相

(1) 犯緣

本戒具足五緣成犯：一、能分別粗惡語的人女；二、作人女想；三、以淫欲意而樂說之心；四、索取淫欲供養；五、對方聽懂，成犯。

(2) 辨相結罪輕重

①能分別粗惡語的人女

對方是能分別粗惡語的人女，僧伽婆尸沙。

對象是天女、阿修羅女、龍女、夜叉女、餓鬼女、畜生女能變形者，結偷蘭遮；畜生不能變形者，結突吉羅；黃門、二根，犯偷蘭遮；男子，結突吉羅。

②作人女想

對人女作人女想，僧伽婆尸沙；人女疑，偷蘭遮；人女作非人女想，偷蘭遮；非人女作人女想，偷蘭遮；非人女疑，偷蘭遮。

③以淫欲意而樂說之心

若比丘以淫欲樂說的心索供，僧伽婆尸沙；若沒有淫欲意樂，如戲笑說，不犯。

④索取淫欲供養

若比丘只要為自己索取淫欲供養，不論是否自歎身，均僧伽婆尸沙；以書寫、傳話、打手勢等方式來暗示索取淫欲供養，亦僧伽婆尸沙。

若比丘自歎身索供，但沒有說淫欲，偷蘭遮。

⑤對方聽懂

對方聽懂，僧伽婆尸沙；每歎身索淫欲供養一次，結一僧伽婆尸沙罪。若對方未聽懂，偷蘭遮。

⑥犯戒主體

比丘若犯，結僧殘罪；比丘尼若犯，偷蘭遮；式叉摩那、沙彌、沙彌尼若犯，突吉羅。

⑦不犯

比丘真實讚歎他人功德，「此比丘精進、持戒、修善法，汝等應以身業慈、口業慈、意業慈供養彼」，女人誤認為比丘是向她歎身索供，不犯。

不以淫欲心，為講解戒律而言說淫欲索供的語言，不犯。

不以淫欲心，誦經時涉及淫欲索供的言詞，不犯。

戲笑說、誤說、疾疾語、夢中說，不犯。

最初未制戒，癡狂、心亂、痛惱所纏，不犯。

七、現代行持參考

本戒主要是對治比丘的淫欲煩惱。在現代社會，即使比丘沒有真的想要跟對方行淫的心，向異性索取淫欲供養的行為也屬於言語性騷擾。另外，現代通訊方式的應用，使得比丘能夠更方便地達成上述目的，這種行為往往會給對方帶來極大的觸惱，如果這類事件一經傳播更會造成擴大性的負面影響。

本戒的防護主要有以下幾個方面：

（一）首先要認識淫欲煩惱的過患，通過努力修行，提升自己內心善法的力量。

（二）盡量減少自己與女眾接觸的機會，包括電話及網絡上的溝通交往等，以避免增長自己的淫欲煩惱。

（三）受到他人尤其是女眾的恭維言辭後，應該如理作意，減少煩惱的滋生和蔓延。

05

媒嫁戒

一、緣起

(一) 緣起略述

《四分律》只有一個本制。佛在羅閱祇耆闍崛山時，城中有位迦羅比丘，因出家前曾是王大臣，善知俗法，故城中居士有婚嫁者都會去諮詢他。他會先到對方家觀視，然後往還居士家給予建議。婚娶後，得意者讚歎，歡喜供養；不得意者則埋怨。城中不信三寶的人諷刺說：「汝等若欲得與大富、多財饒寶為婚者，可往沙門釋子中問之，隨時供養親近恭敬可得如意。何以故？此沙門釋子善知媒嫁——此男可娶彼女，彼女可與此男。」諸比丘聽到後，呵責迦羅比丘並向佛作了匯報，佛陀以此因緣集僧制戒。[1]

諸律緣起差異比較：

1. 制戒地點

《四分律》中，制戒地點為「羅閱城」，《鼻奈耶》[2] 為「舍衛國祇樹給孤獨園」，《十誦律》[3] 為「舍衛國」，《僧祇律》[4]、《五分律》[5] 為「舍衛城」，《巴利律》[6] 為「舍衛城祇樹給孤獨園」，《根有律》[7] 為「室羅伐城逝多林給孤獨園」。

---

1 《四分律》卷 3，《大正藏》22 冊，582 頁下欄至 584 頁上欄；卷 57，《大正藏》22 冊，989 頁上欄至 990 頁上欄。

2 《鼻奈耶》卷 4，《大正藏》24 冊，864 頁下欄至 865 頁中欄。

3 《十誦律》卷 3，《大正藏》23 冊，18 頁上欄至 20 頁中欄；卷 52，《大正藏》23 冊，384 頁中欄至 385 頁上欄；卷 59，《大正藏》23 冊，443 頁中欄至 445 頁上欄。

4 《僧祇律》卷 6，《大正藏》22 冊，271 頁上欄至 276 頁上欄。

5 《五分律》卷 2，《大正藏》22 冊，12 頁上欄至 13 頁上欄；卷 28，《大正藏》22 冊，185 頁上欄。

6 《經分別》卷 2，《漢譯南傳大藏經》1 冊，189 頁至 202 頁；《附隨》卷 1，《漢譯南傳大藏經》5 冊，51 頁。

7 《根有律》卷 12，《大正藏》23 冊，685 頁下欄至 688 頁上欄。

2. 緣起比丘

《四分律》中，緣起比丘為「迦羅比丘」，《十誦律》、《僧祇律》和《四分律》相同，《鼻奈耶》、《五分律》為「迦留比丘」，《根有律》為「六眾苾芻」，《巴利律》為「優陀夷」。

3. 犯戒對象

《四分律》中，犯戒對象為「羅閱城中欲有所嫁娶者」，《鼻奈耶》為「長者」和「婦女」，《僧祇律》為「一田家兒子」和「某家女兒」，《五分律》為「寡婦女」和「婆羅門子」，《巴利律》為「村主寡婦之女」和村外「邪命外道俗弟子之子」。《十誦律》、《根有律》則沒有明確説明。

4. 緣起情節

《十誦律》與《四分律》相同，只有一個本制，且故事情節類似。不同的是，《十誦律》有緣起比丘出家前廣行媒嫁事的記載。

《鼻奈耶》有一個本制和一個隨制。本制與《四分律》相似。隨制中，比丘插手俗事，在吵架的夫妻之間調節説合，「牽捉使共宿」，遭人譏嫌，佛陀知道後增制此戒。

《僧祇律》只有一個本制，但情節與《四分律》差異較大。律中記載，緣起比丘乞食時，看到施主家裏面有位適齡的兒子，詢問其婚嫁情況後，主動為其撮合婚事。女方由於信任比丘，於是答應此事。但婚後不久，婆媳之間就爆發矛盾，雙方都非常痛苦，於是瞋怪緣起比丘，佛陀因此制戒。

《五分律》和《巴利律》均有一個本制和一個隨制。本制中，兩部律開始時都是有人找緣起比丘幫忙説媒，緣起比丘答應幫忙，媒嫁的過程與《僧祇律》本制相似。隨制中，《五分律》是緣起比丘涉嫌為「諸豪姓」與「年長童女」私通牽線搭橋，佛陀呵責後增制了此戒；《巴利律》為賭徒和一遊女（妓女）提供了「一時之媒」，遭人非難，佛陀因此增制了此戒。

《根有律》有一個緣起和一個本制。緣起情節中，有一大長者名黑鹿子，敬信三寶，受持五戒，在城中廣行媒嫁。媒嫁後婚姻美滿的，則稱讚長者，不適意的，則廣生嫌罵，於是長者「美惡聲譽俱時彰顯」。後來長者出家成為比丘，繼續行媒嫁事，影響如前。本制情節中，六群比丘也行媒嫁事，甚至撮合男女私通媾合，引起外道譏嫌，佛陀知道後制戒。

（二）緣起比丘形象

《四分律》中，緣起比丘善知俗法，對人情世故非常通達，熱衷於媒嫁之事。

《十誦律》、《五分律》與《四分律》相同，如《十誦律》中，緣起比丘「聰智利根，眾人所問常為斷疑，他事匆務」，又如《五分律》：「有長者名迦留，聰明利根，善斷人疑，舍衛城人凡有所作，乃至婚姻無不諮問。」

《鼻奈耶》中，緣起比丘交際廣泛，社會影響力很大，是一位國王、大臣、長者、梵志等無人不識的名比丘。《僧祇律》中，緣起比丘是一位受人尊敬的長老形象：「母人遙見長老迦羅，便起迎之，恭敬問訊。」《根有律》中，緣起比丘「既出家已還復如前，於其親友廣行媒嫁」，這一點與《根有律》相似。

《巴利律》中沒有明確描寫比丘形象，但通過隨制中緣起比丘與「遊女」的對話可知，緣起比丘是位受人信任的大德形象。

（三）犯戒內因

《四分律》中，緣起比丘媒嫁行為的背後實為癡煩惱在作祟，這是導致其犯戒的內因。同時，熱衷媒嫁的背後還有可能隱藏着微細的淫欲煩惱。

其他律典的犯戒內因與《四分律》相似。如《十誦律》中「作比丘已，猶如本法，他事匆務」。《五分律》中，緣起比丘出家後做媒之事更加頻繁：「迦留後時以信出家，諸諮問者日月更甚。」《根有律》記載：「既出家已還復如前，於其親友廣行媒嫁。」

（四）犯戒外緣

《四分律》中，因為居士有需求，主動來找緣起比丘諮詢婚嫁：「時羅閱城中諸居士，欲有所嫁娶盡往諮問迦羅。」緣起比丘告訴來訪者：「須我至彼家，先當觀視」。可見比丘與居士交往密切，向外攀緣俗事是犯戒外緣。

其他律典與《四分律》大致相同。如《鼻奈耶》：「時此比丘即隨是語，即往媒嫁女人。」《巴利律》記載：「彼邪命弟子等至長老優陀夷處而如是言：『……願大德令彼婦之女與我等之子。』如是，優陀夷至彼婦家而如是言：『何故女不與彼等耶？』」《十誦律》記載：「迦羅比丘數出入諸檀越舍。有人問迦羅言：『大德，汝至某家不？汝能語某與我兒女，若與姊妹。』迦羅言：『能。』如是作媒人往來。」《巴利律》記載：「長老優陀夷於舍衛城有施主，往返於許多家。」

《僧祇律》中，緣起比丘到居士家乞食，主動與之攀談，得知家中長子未能與相宜女子成婚時，便自發到女家做媒，這同樣說明主動攀緣俗務是犯戒外緣。

（五）犯戒後的影響

1. 對緣起比丘的影響

《四分律》中，緣起比丘名譽毀譽參半，《十誦律》和《根有律》也有相同記錄，如《十誦律》：「如是迦羅比丘，或得讚歎，或得毀呰。」

其他律中，緣起比丘被譏嫌者居多。如《鼻奈耶》：「此沙門釋子自稱譽精進，今方似商人，販賣媒嫁男女。」《僧祇律》中，緣起比丘被「二家所瞋」。《五分律》中，緣起比丘「惡名流布遠近」。《巴利律》中，緣起比丘還被邪命弟子侮辱。

2. 對俗眾的影響

《四分律》中，因為緣起比丘的婚娶建議，導致幾家歡喜幾家愁。《十誦律》和《根有律》中也是如此。如《根有律》:「彼夫家不稱女意，是時女族於黑鹿子即便嫌罵。」「夫家衣食充足，女不營勞，於黑鹿子即便稱讚。」

另外，諸律中，緣起比丘的行為還造成了社會各個層面的譏嫌，由其促成的不和諧婚姻也傷害了男女雙方的親屬。如《四分律》記載:「時羅閱城中不信佛法僧諸居士自相謂言:『汝等若欲得與大富、多財饒寶為婚者，可往沙門釋子中問之，隨時供養親近恭敬可得如意。何以故?此沙門釋子善知媒嫁，此男可娶彼女，彼女可與此男。』」《鼻奈耶》記載:「諸長者聞是語各各怨恨:『此沙門釋子自稱譽精進，今方似商人，販賣媒嫁男女。』」《巴利律》中，寡婦母親為了向親家討回女兒，卻反被邪命弟子侮辱。

3. 對僧團的影響

《四分律》記載，緣起比丘犯戒後，遭到僧團少欲知足比丘的呵責:「云何媒男與女，媒女與男?」

《十誦律》、《巴利律》與《四分律》相同。《五分律》記載，比丘因媒嫁被長老比丘種種呵責。

(六) 佛陀考量

《四分律》中，佛陀呵責緣起比丘說:「我以無數方便與諸比丘說離欲事，汝今云何乃作和合欲事?」可見佛陀制戒的根本目的是對治比丘的淫欲心。其他律典基本類似，如《十誦律》:「我尚不讚歎少有欲心，何況汝作媒嫁事。」

稍有不同的是，《巴利律》的本制和隨制中，佛陀都責罵比丘「愚人，此非令未信者生信」，可見佛陀非常重視保護居士對三寶的信心。《鼻奈耶》中，佛陀訓斥緣起比丘「汝非沙門行……執奴僕使」，佛陀認為做媒有失比丘尊貴的身分。《根有律》中，佛陀沒有因黑鹿子比丘「廣行媒嫁」制戒，而是因六群比丘行媒嫁事才制戒，相比敬信三寶、「於善說法律之中而為出家」的黑鹿子比丘，六群比丘的行為和影響可能更為惡劣。

（七）文體分析

《四分律》、《十誦律》、《僧祇律》只有一個因緣。另外《僧祇律》中還有一則本事和八段伽陀；而《鼻奈耶》、《五分律》、《根有律》和《巴利律》有兩個因緣。

《四分律》、《五分律》和《根有律》都不同程度地介紹了緣起比丘出家前的背景，側重描述緣起比丘聰利、擅世間法、常行媒嫁等特點，這為其犯戒作了必要的鋪墊，敘事結構比較完整。這種敘事結構讓讀者更加明白緣起比丘熱衷於媒嫁的原因，同時也啟發我們，出家前養成的不好習氣要及時改正，否則容易引發犯戒行為。

《僧祇律》、《五分律》和《巴利律》中都有不少的篇幅提到女方嫁到男方家後，慘遭欺負，如《巴利律》中寫道：「彼女再三遣使至母處：『我實困苦……帶我歸。』」突出了因婚姻帶來的悲慘人生，讓讀者對弱勢女性產生同情。另外，俗眾因不美滿的婚姻而遷怒於媒人，也體現了做媒的過患。如《五分律》中，寡婦說：「汝豈不知，由此沙門使我稚女致此苦劇。」這也側面反映出當時印度女性社會地位低下的現實。

《巴利律》還插入了一段賭徒與一優婆塞打賭，緣起比丘無辜遭戲弄的情節，讓整個緣起故事顯得更加生動，貼近生活，具有很強的教育意義，也增加了閱讀的趣味性。

《鼻奈耶》、《僧祇律》、《五分律》和《巴利律》中都或多或少地記錄了緣起比丘因媒嫁往來做使的細節。如《鼻奈耶》：「比丘即往至諸婦女家，具傳此事。」《五分律》：「迦留便著衣持鉢，往到彼舍。」這讓整個故事具有畫面感和立體感。

二、戒本

《四分律》中，本戒的戒本為：「若比丘往來彼此媒嫁，持男意語女，持女意語男，若為成婦事，若為私通，乃至須臾頃，僧伽婆尸沙。」

（一）若比丘往來彼此媒嫁

《四分律》、《四分僧戒本》[1]、《新刪定四分僧戒本》[2]、《四分律比丘戒本》[3]作「若比丘往來彼此媒嫁」，意思為：如果比丘往來於（男方、女方）之間，從事（撮合）雙方媒嫁（的事情）。

與《四分律》有部分差異：

《十誦律》作「若比丘行媒嫁法」。《十誦比丘戒本》[4]、《五分律》、《彌沙塞五分戒本》[5]、《解脫戒經》[6]作「若比丘行媒法」。《根有律》、《根有戒經》[7]、《根有律攝》[8]作「若復苾芻作媒嫁事」。

梵文《說出世部戒經》[9]作"Yo puna bhikṣuḥ saṃcaritraṃ samāpadyeya"，梵文《有部戒經》[10]作"Yaḥ punar bhikṣuḥ saṃcāritraṃ samāpadyeta"，梵文《根有戒經》[11]作"(Yaḥ punar bhikṣuḥ saṃca)ritraṃ samāpadyeta"，巴利《戒

---

1 《四分僧戒本》，《大正藏》22 冊，1024 頁上欄。

2 《新刪定四分僧戒本》，《卍續藏》39 冊，263 頁下欄。

3 《四分律比丘戒本》，《大正藏》22 冊，1016 頁上欄。

4 《十誦比丘戒本》卷 1，《大正藏》23 冊，471 頁中欄。

5 《彌沙塞五分戒本》，《大正藏》22 冊，195 頁中欄。

6 《解脫戒經》，《大正藏》24 冊，659 頁下欄至 660 頁上欄。

7 《根有戒經》卷 1，《大正藏》24 冊，501 頁中欄。

8 《根有律攝》卷 3，《大正藏》24 冊，542 頁下欄至 543 頁下欄。

9 Nathmal Tatia, *Prātimokṣasūtram of the Lokottaravādimahāsāṅghika School*, Tibetan Sanskrit Works Series, no. 16, p. 9.

10 Georg von Simson, *Prātimokṣasūtra der Sarvāstivādins Teil II*, Sanskrittexte aus den Turfanfunden, XI, p. 167.

11 Anukul Chandra Banerjee, *Two Buddhist Vinaya Texts in Sanskrit*, p. 16.

經》[1] 作"Yo pana bhikkhu sañcarittaṃ samāpajjeyya"，以上四部梵、巴戒經的意思都是：任何比丘，參與媒嫁的事。

藏文《根有戒經》[2] 作"ཡང་དགེ་སློང་གང་[བུད་མེད་ལ་སྐྱེས་པའི་ཚིག་དང་། སྐྱེས་པ་ལ་བུད་མེད་ཀྱི་ཚིག་གིས་]ཆུང་མ་ཉིད་དང་། མཛའ་ན་མོ་ཉིད་དུ་སྨྲན་བྱེད་ན།"，意思是：任何比丘，〔交換女與男的話或男與女的話，〕為與已婚女或未婚女作媒介〕其實質是（為促成）妻或女友（關係）。

《鼻奈耶》作「若比丘用心，媒嫁女與男、媒男與女」。這裏多出「用心」二字。

與《四分律》差異較大：

《僧祇律》作「若比丘，受他使，行和合男女」，《僧祇比丘戒本》作「若比丘，受使行和合男女」。這兩部戒本中的「受他使」或「受使」的意思，是《四分律》及其他律典中所沒有的。

(二) 持男意語女，持女意語男

《四分律》、《四分僧戒本》、《新刪定四分僧戒本》、《四分律比丘戒本》作「持男意語女，持女意語男」，意思是：將男子的意思說給女子，將女子的意思說給男子。

與《四分律》相同：

《解脫戒經》作「持男意語女，持女意語男」。

與《四分律》相似：

《十誦律》作「持女意語男，持男意語女」。《十誦比丘戒本》作「持男意至女邊，持女意至男邊」。《五分律》、《彌沙塞五分戒本》作「持男意至女邊，持女意至男邊」。

《根有律》、《根有戒經》、《根有律攝》作「以男意語女，以女意語男」。

梵文《說出世部戒經》作"Istriyāye mataṃ puruṣasyopasaṃhareya

---

1 Bhikkhu Ñāṇatusita, *Analysis of the Bhikkhu Pātimokkha*, p. 54.

2 麗江版《甘珠爾》（འཇང་བཀའ་འགྱུར།）第 5 函《別解脫經》（སོ་སོར་ཐར་པའི་མདོ།）4b。

puruṣasya vā mataṃ istriyāye upasaṃhareya”，意思是：把男人的意思傳給女人，或者把女人的意思傳給男人。

梵文《有部戒經》作“Striyā vā puruṣamatena puruṣasya vā strīmatena”，梵文《根有戒經》作“Striyaṃ vā puruṣamatena puruṣaṃ vā strīmatena”，意思都是：或者把男人的意思（傳遞）給女人，或者把女人的意思（傳遞）給男人。

巴利《戒經》作“Itthiyā vā purisamatiṃ purisassa vā itthimatiṃ”，意思是：或者（帶着）男子的意圖到女方那裏，或者（帶着）女子的意圖到男方那裏。

藏文《根有戒經》作“བུད་མེད་ལ་སྐྱེས་པའི་ཚིག་དང་། སྐྱེས་པ་ལ་བུད་མེད་ཀྱི་ཚིག་གིས”，意思是：把男人的語言（傳遞）給女人，或者把女人的語言（傳遞）給男人。

（三）若為成婦事，若為私通

《四分律》、《四分僧戒本》作「若為成婦事，若為私通」，意思是：如果是為了促成婚姻，或者為了（促成雙方）私通。

與《四分律》相似：

《新刪定四分僧戒本》作「若為成婦事，及為私通事」。《四分律比丘戒本》、《十誦律》作「若為成婦事，若為私通事」。《十誦比丘戒本》作「若為婦事，若私通事」。《僧祇律》、《僧祇比丘戒本》作「若娶婦，若私通」。《解脫戒經》作「若為婦事，若為私通」。《根有律》、《根有戒經》、《根有律攝》作「若為成婦及私通事」。

梵文《說出世部戒經》作“Jāyattanena vā jārtanena vā”，梵文《有部戒經》作“Jāyātvena vā jāritvena vā”，梵文《根有戒經》作“Jāyātvena vā jā(ritvena vā)”，巴利《戒經》作“Jāyattane vā jārattane vā”，以上四部梵、巴戒經的意思都是：或是為了成為夫妻，或是為了私通。

藏文《根有戒經》作“ཆུང་མ་ཉིད་དང་། མཛའ་ན་མོ་ཉིད་ད་སྨྲན་བྱེད་ན”，意思是：為與已婚女或未婚女作媒介為妻妾或情婦（關係）做媒。

與《四分律》有部分差異：

《五分律》、《彌沙塞五分戒本》作「若為私通事」。相較於《四分律》，缺少「若為成婦事」。

與《四分律》差異較大：

《鼻奈耶》作「媒若嫁寡婦與傍夫」。

（四）乃至須臾頃，僧伽婆尸沙

《四分律》、《四分僧戒本》、《新刪定四分僧戒本》、《四分律比丘戒本》作「乃至須臾頃，僧伽婆尸沙」，意思是：乃至（比丘與其中一方僅僅）短暫時間（的相會），犯僧殘罪。

與《四分律》相似：

《根有律》、《根有戒經》、《根有律攝》作「乃至須臾頃，僧伽伐尸沙」，《僧祇律》作「乃至須臾頃者，僧伽婆尸沙」，《僧祇比丘戒本》、《解脫戒經》作「乃至須臾，僧伽婆尸沙」。

梵文《說出世部戒經》作"Antamaśato tatkṣaṇikāyām api saṃghātiśeṣo"，梵文《有部戒經》作"Antatas tatkṣaṇam api saṃghāvaśeṣaḥ"，梵文《根有戒經》作"(Antatas ta)tkṣaṇikāyām api saṃghāvaśeṣaḥ"，以上三部梵文戒本的意思都是：乃至很短暫的時間，僧殘餘。

巴利《戒經》作"Antamaso taṃkhaṇikāya pi,saṅghādiseso"，意思是：乃至只是短暫的時間，僧始終。

與《四分律》差異較大：

《鼻奈耶》作「下及和解合偶，僧伽婆施沙」。

《十誦律》作「乃至一會時，僧伽婆尸沙」。《十誦比丘戒本》作「乃至一交會時，僧伽婆尸沙」。《五分律》、《彌沙塞五分戒本》作「乃至一交會，僧伽婆尸沙」。

藏文《根有戒經》作"ཐ་ན་ཐང་འགའ་ཕྲད་པ་ཡང་ཅང་སྐྱེ་དགེ་འདུན་ལྷག་མའོ། །"，意思是：乃至暫時遇會，僧殘餘。

三、關鍵詞

往來彼此媒嫁

梵文《有部戒經》為“saṃcāritraṃ（媒嫁、媒介）samāpadyeta（參與、從事）”，梵文《根有戒經》為“saṃcaritraṃ（媒嫁、媒介）samāpadyeta（參與、從事）”，梵文《說出世部戒經》中對應的語詞稍有不同，但意思都是「參與媒嫁的事」（英譯：engage in coupling）。巴利《戒經》中對應的詞為“sañcarittaṃ（媒嫁、媒介）samāpajjeyya（參與、從事）”，文意和梵文戒經相同。關於「媒嫁」的內容，梵文《說出世部戒經》作“jāyattanena（娶妻）vā（或）jārtanena（私通）vā（或）”，既包含男女嫁娶的婚姻事，也包括介紹、促成男女間和合事。其餘的兩部梵語戒經以及巴利《戒經》用詞雖略有差異，但含義與梵文《說出世部戒經》一致。

藏文《根有戒經》在句法上並沒有按照漢譯的語序一一對應。首先，「往來彼此」的意思，體現在“དགེ་སློང་གང་བུད་མེད་ལ་སྐྱེས་པའི་ཚིག་དང་སྐྱེས་པ་ལ་བུད་མེད་ཀྱི་ཚིག་གིས”這句話中，這裏“དགེ་སློང་གང……གིས”表示比丘是主語，中間省略部分的意思是「男人對女人的言語或者女人對男人的言語」，即比丘攜帶着男人對女人的言語或者女人對男人的言語（英譯：a monk by conveying the words of a man to a woman or those of a woman to a man）。其次，「媒嫁」的意思並沒有同時出現，而是作為全文的唯一動詞出現在後半部分，“སྨན་བྱེད”，即作為媒介、建立聯繫之意（英譯：acts as an intermediary）。因此，後半部分句子的含義是：為妻子（已婚女）或情人（未婚女）作中介。藏文《根有戒經》與梵、巴戒經的內涵一致。

《四分律》僅記載「往來彼此媒嫁」，但沒有作具體的解釋，其字面意思是：為男女往返相媒，以成嫁娶。對於媒嫁內容，戒條記載，「若為成婦事，若為私通」。

《十誦律》中對應的解釋為：「媒法者，受他語往來。」《僧祇律》解釋為：

「行者，往來；和合者，和合男女也。」《根有律》解釋為：「言媒嫁者，謂為使往還。」《根有律攝》解釋為：「言媒嫁者，往來通信也。」《巴利律》記載：「為媒者，被女人所遣而至男子處，或被男子所遣而至女人處。」以上幾部律的含義都為往返男女雙方而做媒，其內容既包括婚姻事，也包括和合事，這在上述律典的戒條中都有體現。

綜上所述，詞源分析中，諸部戒經內涵相同，指參與媒嫁之事。漢譯律典中，上述律典的含義基本一致，指往返於男女雙方而做媒。另外，不管是從詞源分析，還是律典記載來看，媒嫁的內容既包含男女嫁娶的婚姻事，也包括介紹、促成男女間的和合事。

四、辨相

（一）犯緣

具足以下五個方面的犯緣便正犯本戒：

1. 所犯境

《四分律》中，本戒所犯境是人男、人女。

《鼻奈耶》中，所犯境既包括人男、人女，又包括畜生。

藏傳《苾芻學處》[1]與《四分律》相同，但強調的是滿足「能言語，能解義，心住本性，可依止，男女根有作用，非自體」的人。

《薩婆多論》、《毗尼母經》、《明了論》中沒有提及本戒的判罪內容，這幾部律典的情況下文不再重述。除此以外，其他律典與《四分律》相同。

2. 能犯心

（1）發起心

《四分律》中，發起心為欲作媒嫁之心。

藏傳《苾芻學處》的發起心為「為欲令彼等和合之心未間斷」，強調發起心要相續到究竟。

其他律典與《四分律》一致。《十誦律》還提到，「若狂心受語，惺心語彼人」，也就是比丘受語時意識狂亂不清，在清醒過來後將媒嫁的話傳給對方，這種情況也會正犯。

（2）想心

《四分律》中，「來往媒嫁作媒嫁想」以及「人女人女想」都正犯本戒。

藏傳《苾芻學處》記為「想須不錯亂」，正犯本戒。

1 《苾芻學處》，《宗喀巴大師集》卷 5，64 頁至 65 頁。

其餘律典沒有明確的想心記載。

3. 方便加行

《四分律》中，方便加行是自作或遣使，每一種又有口傳、書信、指印和現相等方式。

《僧祇律》、《巴利律》與《四分律》相同，自作或遣使都正犯此戒，但具體的方式，《僧祇律》中只有口傳和現相兩種，《巴利律》中沒有詳細記載。

《十誦律》、《五分律》、《根有律》、《根有律攝》[1] 除了《四分律》中的自作或遣使外，使使（即輾轉使）也正犯此戒。具體的方式上，《十誦律》較《四分律》多出「威儀」和「期」兩種方式。《五分律》中口傳、書信和現相三種方式與《四分律》相同，另有一種方式是相似語。《根有律》、《根有律攝》比《四分律》多出「期處」、「定時」兩種方式。

另外，《善見論》[2] 記載的加行方式上，口受、受書、手印三種方式與《四分律》相同，此律另有記載，以「搖頭」和「搖身」的方式作相媒嫁，也正犯此戒。藏傳《苾芻學處》記載的方便加行為：「如先於男處受言，次向女處傳送，後還報男處。或自作，或遣使作，或以書信等作。還報時或自現等令他了知，或自未還報，彼從他人輾轉聞知。」

《鼻奈耶》和《摩得勒伽》[3] 中，雖沒有直接說明此戒的方便加行，但是通過律典記載的案例，推斷此戒的方便加行是通過口說的方式來媒嫁。

4. 究竟成犯

《四分律》中，經過受他語、往語彼、受彼語還報三個階段，還報時，說而了了，正犯本戒。並且自作、遣使的方便加行，和口傳、書信、指印、現

---

1 《根有律攝》卷 3，《大正藏》24 冊，542 頁下欄至 543 頁下欄。

2 《善見論》卷 13，《大正藏》24 冊，763 頁中欄至 764 頁中欄；卷 18，《大正藏》24 冊，799 頁中欄。

3 《摩得勒伽》卷 2，《大正藏》23 冊，571 頁下欄；卷 5，《大正藏》23 冊，592 頁中欄至 593 頁中欄；卷 8，《大正藏》23 冊，616 頁上欄至下欄。

相四種方式，以及三個階段的任意組合，都正犯此戒。如律文：「若比丘自受語、遣使持書往彼、遣使持指印還報，僧伽婆尸沙。」

《十誦律》、《摩得勒伽》、《僧祇律》、《根有律》、《巴利律》、《善見論》與《四分律》略有差異，無須說了了，還報時，即正犯本戒。《根有律攝》中，「凡為媒嫁，要待男女為交會事，方得本罪」，即男女雙方做了淫欲交會之事時，才正犯。

《五分律》也無須說了了，但要對方同意媒嫁事，還報時才正犯本戒。

藏傳《苾芻學處》與《四分律》差異最大，「由彼因緣生支與瘡門交合，成犯」，即媒嫁的雙方和合時，比丘才正犯此戒。

其餘律典未明確說明究竟成犯的情況。

5. 犯戒主體

《四分律》中，犯戒主體是比丘，比丘尼同犯。

《五分律》、藏傳《苾芻學處》與《四分律》觀點相同。

《十誦律》中，犯戒主體是比丘和學悔沙彌。

《摩得勒伽》中，犯戒主體是比丘和學悔沙彌。

其餘律典犯戒主體均為比丘。

（二）輕重

1. 所犯境

《四分律》中，所犯境是人男、人女，結僧伽婆尸沙罪。諸律典與《四分律》相同。

《四分律》中有關其他所犯境的結罪輕重，分析如下：

（1）畜生

《四分律》中，所犯境是能變形的畜生時，說而了了者，偷蘭遮；若不了了，突吉羅。若是不能變形的畜生，突吉羅。《鼻奈耶》與《四分律》不同，媒嫁畜生犯重，「比丘解放畜生合其牝牡，僧伽婆施沙」。《根有律攝》中，所犯境是傍生時，偷蘭遮。《僧祇律》中，所犯境為一般的畜生時，結越毗尼罪，若是像獼猴女、馬等體型較大、有靈性的動物，偷蘭遮。《五分律》中，媒嫁人與畜生，突吉羅。

（2）非人

《四分律》中，所犯境為「天女、阿須羅女……夜叉女、餓鬼女」等非人時，說而了了者，偷蘭遮；若不了了，突吉羅。《十誦律》中，和合的雙方是非人，或有一方是非人，犯偷蘭遮。《摩得勒伽》與《十誦律》一致。《僧祇律》中，和合緊那羅女，偷蘭遮罪。《五分律》中，媒嫁人與非人，偷蘭遮罪；《根有律攝》中所犯境是非人時，結偷蘭遮。

（3）不健全人

《四分律》中，所犯境為黃門、二根時，說而了了者，偷蘭遮；若不了了，突吉羅。《十誦律》中，媒嫁胎兒、不能男、不能女、二道合一道女、石女，偷蘭遮。《摩得勒伽》中，媒嫁胎兒、童女、無子人、黃門、二根，偷蘭遮。《根有律攝》中，所犯境為胎兒、半擇迦、孩童女時，偷蘭遮。藏傳《苾芻學處》中，所犯境「或為未入胎者，或為初入胎者……或為女根不具不可依止者」，偷蘭遮。媒嫁黃門，《五分律》中得突吉羅，《僧祇律》、《巴利律》中得偷蘭遮。

（4）同性別

《四分律》中，媒嫁男，突吉羅。《僧祇律》中，和合男子，得越毗尼罪。《根有律攝》與《四分律》不同，媒嫁兩個男子，或是媒嫁兩個女子，偷蘭遮。《十誦律》和《摩得勒伽》中，媒嫁過程中，一方轉根，變成與另一方同性別，比丘得偷蘭遮罪。《十誦律》還記載，比丘尼在遇到這種情況時的判罪與比丘相同。《根有律攝》中，「若媒嫁時隨一形轉或二俱轉」得偷蘭遮。

除上述情況以外，還有一些特殊的所犯境《四分律》沒有提到，而其他律典中有記載：

（1）對於媒嫁已事成之人或已要期之人

《十誦律》中，若媒合男女事已成，比丘後來佐助，得偷蘭遮。媒嫁已要期者，偷蘭遮。如果夫婦離婚，但沒有完成「作卷」和「唱言」兩個程序，和合犯偷蘭遮。《摩得勒伽》記載:「男女先已期,問比丘言:『見某甲女人不?』答言:『見,在某處所。』偷羅遮。」《根有律攝》與《摩得勒伽》相同。《摩得勒伽》中還記載:「人男人女先以期,比丘言:『姊妹合耶。』突吉羅。」

(2)媒嫁尊卑有別之人

《十誦律》中,媒嫁兩富貴人或兩貧賤人,僧伽婆尸沙。若媒嫁一貧賤人一富貴人,偷蘭遮。

《根有律攝》記載:「凡為媒處人有尊卑,尊謂家長取言為定,翻此成卑。若受言、往問及以還報三處皆尊,即犯本罪。若一尊二卑、二尊一卑,應知尊處並皆粗罪;卑咸惡作;不得卑語報彼尊人,亦得粗罪。」《根有律》與此相同。

《摩得勒伽》記載:「自在不自在亦如是。云何自在?多有財有息、國王長者所信。云何不自在?無有財息、國王長者所不信持。不自在語至自在所,偷羅遮。」

(3)媒嫁精神不正常之人

《十誦律》記載:「受惺心者語,語狂心者,得偷蘭遮;若受狂心者語,語惺心者,得僧伽婆尸沙。」

《摩得勒伽》中,媒嫁狂人、散亂人,偷蘭遮。

(4)其他情形

《十誦律》記載:「和合父母,得偷蘭遮。」而《善見論》中,為父母媒嫁,正犯僧殘。如律文:「若父母鬥諍,父遣母還本家,父後生悔心,語比丘言:『我年老,旦夕無人侍養,汝可向汝母語,還看我。』比丘受如是使,語母還報父,悉僧伽婆尸沙。」

《摩得勒伽》中,比丘媒嫁梵行人、本犯戒人、學悔沙彌,均犯偷蘭遮;若比丘「自媒嫁」,偷蘭遮。《根有律攝》中,犯戒對象為媒尼及以比丘、梵行者、「自為己」媒嫁,犯偷蘭遮。

《五分律》中,「若夫婦義已離,和合者,僧伽婆尸沙」。《僧祇律》中,「若人夫婦鬥諍,比丘便勸喻和合,得偷蘭罪」。

藏傳《苾芻學處》中,「或為已住禁戒決定不婚嫁者」,偷蘭遮。

2. 能犯心

（1）發起心

《四分律》中，發起心為欲作媒嫁之心時，僧伽婆尸沙。

藏傳《苾芻學處》中，發起心為欲作媒嫁之心，相續到究竟成犯時未間斷，僧伽婆尸沙。其他律典與《四分律》一致。

《十誦律》中，無媒嫁意但實際完成了媒嫁的事情，犯偷蘭遮。

《根有律攝》、藏傳《苾芻學處》中，發起心不具足，犯偷蘭遮。如《根有律攝》中，「於其三處往返之時，一住本性、二是亂心，一是亂心、兩非心亂，諸如此類，並得吐羅」；藏傳《苾芻學處》中，「若發起心不具者，如為僧眾作施食緣者（若為彼作媒，彼即布施僧眾），或由她請喚比丘託為轉請某男為作家主、財主等故，後因此成夫婦」，均犯偷蘭遮。

《十誦律》還記載：「惺心受語，狂心語彼人，得偷蘭遮；若狂心受語，惺心語彼人，得僧伽婆尸沙。」

（2）想心

《四分律》中，來往媒嫁作媒嫁想，僧伽婆尸沙；媒嫁作不媒嫁想或疑，偷蘭遮；不媒嫁作媒嫁想或疑，偷蘭遮。律中還記載，人女人女想，僧伽婆尸沙；人女作非人女想或疑，偷蘭遮；非人女作人女想或疑，偷蘭遮。

藏傳《苾芻學處》記為「想須不錯亂」，僧伽婆尸沙。

其餘律典沒有明確記載。

3. 方便加行

《四分律》中，自作或遣使媒嫁，僧伽婆尸沙。通過口傳、書信、指印和現相等方式進行媒嫁，也是僧伽婆尸沙。

其餘律典正犯本戒，結僧伽婆尸沙罪的情況詳見上文犯緣，此處不再贅述。

有的律典中記載了一些其他的方便加行，結罪如下：

《十誦律》中，教其他人買女人作配偶，得偷蘭遮；若買已合偶事成，得僧伽婆尸沙。《巴利律》中，媒嫁買得婦，僧伽婆尸沙。而《摩得勒伽》記載：「若比丘言買女人，突吉羅；買某甲女人，偷羅遮；於買女人所媒嫁，偷羅遮。」藏傳《苾芻學處》中，「或教他買女為妻等，皆粗罪」。

《五分律》記載：「若比丘，為男借女、為女借男長使，偷羅遮。」

《根有律》中沒有直接說媒嫁事情，而說一些比較隱晦的可能會導致和合的話語，突吉羅。如：「若門師苾芻至施主家作如是語『此女長成何不出適？此男既大何不取妻？』者，皆惡作罪。若言：『此女何不往夫家？』若云：『此男何不向婦舍？』亦皆得惡作。」《根有律攝》也有類似記載：「但是片言與媒事相應，所有言說皆惡作罪。」

《根有律攝》中，師長默許弟子行媒嫁，偷蘭遮。如：「弟子語師：『我欲為他作媒嫁事。』師聞此語默而許者，得窣吐羅。」

藏傳《苾芻學處》還記載其他一些加行不具足犯偷蘭遮的情況：「若加行不具者，如彼等為行淫故，或男或女一處相待，比丘為彼告知時處，或由鬥爭故告之（如二家爭婚，比丘告以於何時在何處可奪得其婦）。」同時記載：「若除彼二人及主宰者，從他人處受語、送信、還報等；若三種貞良婦中或正鬥時，或已鬥爭，或折草鬥爭時而令和合；或隨對一人云『此孩、此女何故不相配偶』；或不說其名，但說『汝可買女為妻』；或男女作現相問比丘時，答云『已得』等，皆惡作。」

4. 究竟成犯

《四分律》中，經過受他語、往語彼、受彼語還報三個階段，還報時，說而了了，僧伽婆尸沙；不了了，偷蘭遮。三個階段只完成其中任意兩個階段，偷蘭遮，如：「自受語、往彼、不還報，偷蘭遮」。如果三個階段只完成一個階段，突吉羅，如：「若不受語、往說、不還報，突吉羅」。《巴利律》中沒有「說而了了」的要求，其餘與《四分律》相同。

《十誦律》經過受他語、往語彼、受彼語還報三個階段，還報時，僧伽婆尸沙；不還報，偷蘭遮。此外，在受他語這個環節時，比丘理解了對方的意旨之後進行後兩個媒嫁環節，犯僧伽婆尸沙；不解意旨，不犯。如果理解了對方的意旨，但是沒有按照對方的意旨進行媒嫁，偷蘭遮。

《僧祇律》、《善見論》中，受語時得突吉羅，往說偷蘭遮，還報得僧殘。《摩得勒伽》中，受語之後往說，還報之時犯僧殘。《根有律》中，受語時得偷蘭遮，往說再得一偷蘭遮，還報得僧殘。另外，《僧祇律》中，比丘受語時，不管是口許還是口不許心許，滿足三階段，還報都犯僧伽婆尸沙。《根有律攝》中，媒嫁三個階段，「若為一、為二，或不和合，但得方便，窣吐羅罪」。以期處、定時和現相來還報時，需對方解了時，才算完成還報。等還報完成後，「凡為媒嫁，要待男女為交會事，方得本罪」，如果雙方因種種原因不能和合，犯偷蘭遮，如律文「為他行媒作三事已，若父母變悔，若男女身亡，若遇病緣，若遭饑儉，由此緣闕，並窣吐羅」。

《五分律》與諸律差異較大，律中記載，受語，突吉羅；往彼，偷蘭遮；不許，還報，偷蘭遮；許，還報，僧伽婆尸沙。

另外，《四分律》中，若比丘為人往說媒嫁，對方已出嫁或已死亡，不得和合媒嫁者，犯偷蘭遮；若對方得病，比丘還報，仍犯僧伽婆尸沙。《十誦律》記載不同，往語對方時，雙方「俱時得病，不得和合」，比丘得偷蘭遮。《根有律攝》記載：「為他行媒作三事已，若父母變悔，若男女身亡，若遇病緣，若遭饑儉，由此緣闕，並窣吐羅。」《巴利律》比丘受語後前往說媒時，得知對方已經「眠」、「死」、「外出」，或是得知對方「非女」或是「黃門」，在這種情況下媒嫁不成，比丘犯突吉羅罪。《僧祇律》記載：「若女人存在未嫁，是比丘先以誇說食他飲食，慚羞便還報言不得，僧伽婆尸沙。若彼女人或嫁或死，還報者，犯偷蘭罪。」《摩得勒伽》也有類似記載，如果遇到「兒病、女病、俱病、俱狂癡，若與餘處」，或是媒嫁時「眠未覺」、「眠食戲笑」，乃至於被對方拒絕，「比丘到女人所，道居士意。女言：『我不用。』」在這些情況之下做媒事不成，犯偷蘭遮。如果媒嫁完成前，有一方命終，犯突吉羅。如律文：「此居士兒命終，若女命終，若狂若癡，若先與他處，犯突吉羅。」《十誦律》中，「居士與女人共期，語比丘言：『汝為我語彼女人來。』比丘語彼女人，彼女人不隨語」，由此媒嫁不成，犯偷蘭遮。

《四分律》中，比丘行媒嫁事犯此戒後，若再犯，則重複結罪。如：「若比丘一返媒嫁人女，僧伽婆尸沙。隨媒嫁多少說而了了，一一僧伽婆尸沙；

若說不了了，偷蘭遮。」《僧祇律》在結罪次數方面與四分律相同，如律文：「來還已各各別報，各各得僧伽婆尸沙。」《善見論》中，「若眾多女遣一比丘傳語，語眾多男子，比丘受語往說還報女，眾多僧伽婆尸沙」。藏傳《苾芻學處》也有此戒結罪次數的記載：「若於一對夫婦有多比丘作媒，每一比丘犯一僧殘。若於多夫婦一比丘作媒，於一一夫婦犯一一僧殘。」

《五分律》記載：「若比丘，受父母所護男語，語父母所護女，女言：『可語我父母。』比丘以此語還報，偷羅遮；父母所護男，又令比丘語彼女父母，受此語，突吉羅；語彼女父母及不許，還報，偷羅遮；許，還報，僧伽婆尸沙。」除父母所護，其他所護情況結罪相同。

藏傳《苾芻學處》中，由媒嫁因緣生支與瘡門交合，僧伽婆尸沙。「此中生罪次第乃至加行之加行惡作罪如前。正加行中受語、傳信、還報三事各得一粗罪。」

其他律典未明確說明究竟成犯的相關判罪。

5. 犯戒主體

《四分律》中，比丘、比丘尼若犯此戒，僧伽婆尸沙；式叉摩那、沙彌、沙彌尼若犯，得突吉羅。《五分律》與《四分律》相同。《十誦律》中，比丘和學悔沙彌犯僧殘，未受具戒人，犯突吉羅。

藏傳《苾芻學處》中，比丘、比丘尼若犯此戒，僧伽婆尸沙。沒有提到下三眾的結罪情況。

其他律典只記載比丘犯本戒，結僧伽婆尸沙，沒有提到比丘尼和下三眾的情況。

除此以外，一些律典還記載了幾種特殊犯戒主體的結罪情況。

《四分律》中，僧差比丘行媒嫁，所有比丘結僧伽婆尸沙。《十誦律》、《摩得勒伽》與《四分律》相同。《四分律》還記載，若僧差遣的比丘作是念：「我今若還白眾僧，恩不在我。」即自往語彼居士已，則「眾僧偷蘭遮，使比丘僧伽婆尸沙」。《僧祇律》中，王讓比丘僧幫王求某女，許時，所有比丘得越毗尼罪；求時，所有比丘得偷蘭罪；還報時，所有比丘犯僧伽婆尸沙。若遣使作，得罪相同。律文又說：「若受使者作是思惟：『我若還眾中，俱使我白王。我不如即往白王，王當識我。』如是者，是比丘得不得，還報時，僧伽婆尸沙；一切僧故得先偷蘭罪。」《根有律攝》記載：「若有俗人來請僧伽為作媒事，共和遣使並獲本罪。若一人獨擅為媒合者，則一人犯。」《巴利律》中，男子命眾多比丘：「大德！往傳言某女。」全體比丘受語，傳言和還報不管是一比丘還是全體比丘，全部僧殘。

《十誦律》中，若先破戒，若賊住，若先來白衣犯此戒，不得僧伽婆尸沙。學悔沙彌犯戒，得僧伽婆尸沙。未受具戒人或受具戒時受語，非具戒人語彼，得突吉羅；具戒人語彼，僧伽婆尸沙；受具戒人受語，非具戒人語彼，得偷蘭遮。《摩得勒伽》中，學悔沙彌犯此戒，僧伽婆尸沙；「本犯戒、本不和合、賊住、污染比丘尼」的比丘犯此戒，突吉羅；「未受具戒」者，犯突吉羅。比丘媒嫁的過程中轉根，犯偷蘭遮罪。如：「比丘受使已轉根，偷羅遮。還報轉根，偷羅遮。受語時轉根作比丘尼，還報，偷羅遮。」《十誦律》中，「若比丘受他人語，比丘自轉根作比丘尼，得僧伽婆尸沙」。

(三) 不犯

1. 能犯心不具足

《十誦律》中，比丘無媒嫁意，介紹居士幫助居士婦幹活，雙方因此和合，不犯。如律文：「是居士常入出，與居士婦和合。比丘生疑：『我將無得僧伽婆尸沙耶？』是事白佛，佛言：『無罪。』」

《根有律攝》中，「若不知彼意為傳信者，無犯」。

2. 方便加行不具足

《巴利律》中，「不受語、不傳言、不還報者不犯也」。

《善見論》中，「若僧使，若因此使往語女言：『某甲男子意欲索汝為己婦。』不犯。何以故？由不受說語故」。

3. 犯戒主體不具足

《四分律》中，最初犯人，或癡狂、心亂、痛惱所纏的比丘，不犯。

《五分律》、《根有律》、《善見論》與《四分律》相同。《巴利律》中，癡狂比丘和最初犯比丘，不犯。《十誦律》、《摩得勒伽》中，最初犯人，不犯。

4. 開緣

《四分律》中，若男女先已通而後離別還和合，無犯；又如律文：「時有婦人，與夫共鬥已出去，往常供養比丘所語言：『我共夫鬥已出外，今欲懺悔。』比丘即往和合令懺悔，疑，佛言:『為懺悔無犯。』」此外，媒嫁雙方「先以和合」，不犯。

《僧祇律》記載：「若彼夫婦不和，或於佛事僧事有鬥，為福事故，勸令和合，無罪。」《巴利律》記載：「非被離婚者，不犯也。」《五分律》中，比丘可以和合未離婚的夫婦：「若夫婦義已離，和合者，僧伽婆尸沙；若未離，無犯。」

五、原理

(一) 約束煩惱與性遮分析

1. 約束貪求恭敬利養等煩惱

在古印度，比丘循門乞食。他們與社會大眾有廣泛的接觸，對各家各戶的情況比較熟悉，為男女家溝通有行動上的便利；且比丘作為道德品質高尚的修行者，他們的勸説之詞往往會讓人信服，對促成男女婚姻起關鍵性的作用。有的施主正是看到了比丘具有這樣的優勢，才供養比丘以得到現實的需求。比丘答應做媒，或者礙於情面，或者擔憂拒絕施主而失去衣服飲食，這反映了其內在對利養的貪著。《根有律攝》記載，此戒由「為他因求衣食，作媒嫁事，和合男女」而制。

2. 遠離雜染之業

比丘是離欲清淨的梵行者，而不管是合法的婚嫁，還是世俗社會認為不道德的私通等事，都涉及到男女淫欲。比丘為在家人做媒或牽合男女私通，只會增加欲染、妄語與瞋恨。首先，比丘為了做媒往往會談論男女色貌體質，很可能為促成婚姻説虛妄不實的話，以及婚姻不成時不負責任地推脱；其次，比丘為在家人男女欲事奔走，既荒廢道業又失去世人的信敬。如《四分律》中，緣起比丘為在家人做媒，適意者歡喜讚歎，而不適意者便遷怒比丘，乃至詛咒比丘與眾僧「亦受苦惱，不得供養」。《鼻奈耶》中，佛陀批評比丘身為沙門，卻參與在家人的婚喪嫁娶，無異於給在家人「執奴僕使」，這樣的行為有違沙門行：「汝違比丘行。汝出家學道，媒嫁女人以為歡樂。有死亡時汝亦在中，歡樂時汝亦在中。汝非沙門行，汝為沙門，執奴僕使。」

「媒嫁戒」是遮戒，此戒意在遮止比丘因從事世俗媒嫁之事而引起世人譏嫌，也是為了讓比丘遠離外緣，專心辦道。

(二）文化習俗和倫理觀念的影響

《摩奴法論》中，古印度人的婚姻有八種形式：「梵式，天神式，仙人式，生主式，阿修羅式，乾達婆式，羅剎式和第八種、最低賤的畢舍遮式。」[1] 從其內容規定來看，前四種皆須長輩按照門當戶對的標準來選擇，「阿修羅式」、「乾達婆式」可以算作自由戀愛，後兩種則涉及暴力搶奪。可見，古代印度大多數人的婚姻並不自主，自由度相當小。同時由於種姓制度的存在，婚姻是否合法也會因種姓而有差異：「智者們認為前四種適合於婆羅門，唯羅剎式適合於剎帝利，而阿修羅式適合於吠舍和首陀羅。」

律典記載了很多婚姻不平等的形式，如《僧祇律》中的多妻制，「男子有眾多婦」；《善見論》中的寡婦不能自主再嫁他人，「若寡女欲與餘人私通，先向官說，若許者便通，若不許者不得專輒，犯者罰金輸官」；有丈夫對妻子不滿意就可以把她賣掉，如《僧祇律》記載「如頗梨國法，有婦小嫌便賣」；《巴利律》提到了丈夫把妻子當奴婢使用，「一月令作婦事，其後即令作婢事」。另外諸律都提到了婚姻結合的種種形式。如《根有律》所列的「水授婦、財聘婦、王旗婦、自樂婦、衣食婦、共活婦、須臾婦」等等，其中一些結合方式非常隨意。因此，當時社會的夫妻關係脆弱，比丘給他人作媒嫁，可以說要冒很大風險。

另外，諸律還記載了為「私通事」往來傳遞的案例。如《五分律》：「諸豪姓，欲得年長童女共行私通；恥自宣意，因無行人，便語六群比丘。」私通即為邪淫，它不僅為佛教所禁斷，婆羅門教的《摩奴法論》中對此也制定了嚴酷的刑罰，因為它破壞了種姓制度的神聖性：「國王應該用種種令人畏懼的刑罰給予他人之妻通姦成性的人做個記號，然後放逐。因為，通姦引起世間的種姓混雜，由此出現非法，它毀滅人類，毀滅萬物。」[2]

---

1 《摩奴法論》，43 頁。

2 《摩奴法論》，170 頁。

（三）維護清淨的僧俗關係

從此戒的緣起來看，緣起比丘雖然「善知俗法」，不過他仍會受困於世俗法的局限，給自己和他人造成傷害。信眾依止僧團需要的是佛法，世俗法畢竟不圓滿。比丘在與俗眾的交往中，也需要清楚把握事務的性質，以便能善加抉擇。

此外，此戒遮止了比丘「為白衣作使」的行為，但把為父母親人、信心居士「病獄急難」時傳信作為開緣。比丘清楚了解事緣後，幫助居士解決燃眉之急，這樣做既有利於維護好僧俗關係，也不失佛教慈悲濟世的精神。

六、專題

專題 1:「媒嫁戒」是否可以為三寶事開緣？

諸律典中，「媒嫁戒」有和三寶事相關的記載，其中有些情況判為不犯。有人就此認為，為三寶事比丘可以行媒嫁法。其實不然，下面對此部分內容進行梳理、分析。

(一) 相關律典記載

《四分律》記載：「若為佛、為法、為僧、為塔，若為病比丘看書持往，如是無犯。」

《巴利律》記載：「為僧、為塔、為病人而往理事務……不犯也。」

《僧祇律》記載：「若彼夫婦不和，或於佛事僧事有鬥，為福事故，勸令和合，無罪。」

《十誦律》記載：「有一居士作僧坊，常供給是處衣被、飲食、湯藥資生所須。是居士後少時便死，更無人供給是處衣被、飲食、湯藥資生所須。有一比丘到是居士婦邊語言：『汝何以不供給是處眾僧衣被、飲食、湯藥資生所須。』居士婦言：『大德！是居士福德勇健，本所供給皆是其力。大德！汝若能令某甲居士此間處分作務，若爾可得供給。』比丘即到彼居士邊語言：『汝能與某甲居士婦在外處分作務不？』彼居士言：『我家自多事處分不遍。』比丘言：『為受，為供養塔、僧人故。』是居士信佛法僧故便言：『能。』是居士常入出，與居士婦和合。比丘生疑：『我將無得僧伽婆尸沙耶？』是事白佛，佛言：『無罪。』」後面還有一個內容類似的公案。

(二) 具體分析

上述《四分律》的記載中，比丘在男女間「看書持往」是為三寶事或者病人的事情，不是為了媒嫁事。《巴利律》和《四分律》的內涵相同。《僧祇律》中，比丘看到夫婦不和而勸和，或夫婦為三寶事爭鬥，比丘為了讓他們增長福報而勸和，這兩種行為與媒嫁無關，而是為了讓別人行善積福。《十誦律》中，比丘基於僧坊物資的供應問題，詢問男居士可否與女居士一處幹活，男居士本來沒有這個意願，但聽説這是作供塔供僧之用，出於對佛法的信心他才答應。後來男女居士和合，與比丘並沒有關係。

上述律典不犯的記載中雖然提到了為三寶事，但是為三寶事不是其不犯「媒嫁戒」的原因。真正的原因是沒有媒嫁的發起心和主動促成媒嫁的行為。犯緣不具足故不犯，不是為了三寶事可以開緣。

（三）結論

綜上所述，「『媒嫁戒』可以為三寶事開緣」這個觀點是對律典記載的誤解，沒有切實的律典依據。如制戒原理部分所述，比丘行媒嫁有很多過患，對自身修行解脱或者對三寶形象都非常不利；若比丘以媒嫁意行媒嫁事，雖為三寶事也難以避免這些過失。《四分律》中，僧團集體行媒嫁事所有比丘犯僧殘，可見比丘要非常謹慎地持守此戒。因此，不管是從戒律精神還是現實緣起考慮，「媒嫁戒」都不能因三寶事開緣。

專題2：「媒嫁戒」與佛化婚禮

在天主教、基督教等普及的地區，神父、牧師等教職人員參與和見證信眾的婚禮，是一種普遍的宗教和文化傳統。近些年中國民間出現了自發推廣漢式婚禮的現象，反映了民眾回歸傳統文化的精神訴求。隨着佛教的傳播和普及，在很多地區佛化婚禮也開始漸漸盛行，頗得信眾的支持。佛化婚禮通常按照佛教的相關儀式舉行，有時邀請出家人參與並請其證婚。從比丘戒的角度來看，如果比丘為男女雙方證婚會觸犯「媒嫁戒」嗎？比丘是否可以應邀參加佛化婚禮呢？

（一）參加佛化婚禮不犯「媒嫁戒」

從「媒嫁戒」的犯緣看，比丘有意促成男女雙方和合而往來其間，在男女結合的過程中比丘起中間媒介和促成的作用，才正犯此戒。

至於佛化婚禮，男女雙方結合為夫婦已經是事實。比丘參與婚禮，最多只是起出席或見證的作用。因此，比丘參加佛化婚禮乃至給予證婚不犯「媒嫁戒」。

律典中也有相關記載，比如《僧祇律》明威儀法部分提到比丘在不同的受請場合如何應對和祝願，其中就提到了「取婦施者」[1]，即比丘至婚禮現場受供並祝願的情況。

（二）關於佛化婚禮的多元觀點

社會上對於出家人是否可以參與佛化婚禮，存在不同的看法，有人贊成，有人反對。

贊成者認為，佛化婚禮是佛教積極入世和慈悲為懷的體現，比丘參加可以淨化人心、服務社會，也能讓更多的人有機會親近三寶、修學佛法。同時，佛化婚禮也是佛教深入民眾生活的一種方式，從長遠看對於保證佛教的信眾基礎和長久住世不無裨益。太虛大師早年即提倡佛化婚禮，並且以法苑住持的名義給信眾頒發結婚證書。[2] 實際上，受「人間佛教」的影響，從上世紀以來漢傳佛教便開始提倡佛化婚禮。目前海峽兩岸都有佛化婚禮，中國台灣的法鼓山、佛光山等更是多有實踐。南傳佛教國家也有比丘參加信眾婚禮、誦經祝福的傳統，比如在斯里蘭卡「青年男女結婚時，也禮請出家人誦經祝福」[3]，在緬甸「一般佛教徒結婚，出家人亦有受請誦經祝福及供養」[4]。

而反對者認為，婚姻和欲事相關，和比丘離欲修道的生活相違，因此對

---

1 《僧祇律》卷 34，《大正藏》22 冊，501 頁中欄。

2 太虛：《太虛大師全書》卷 33，宗教文化出版社，2015 年，495 頁。

3 淨海：《南傳佛教史》，宗教文化出版社，2002 年，93 頁。

4 《南傳佛教史》，178 頁。

於在佛教場所舉行婚禮儀式以及比丘參加婚禮等活動，持反對或者保留態度。

這些不同的觀點，本身體現了佛教的多元和與時俱進。比丘面對此類情景，可以根據自身情況進行判斷和抉擇。實際上兩種觀點分別站在佛教整體和個人修行的角度而言，不一定是衝突的，關鍵是比丘在具體情形下如何平衡把握。

（三）需要注意的地方

比丘收到參加婚禮的邀請，要先充分考量新人背景、參加意義、可能產生的公眾輿論等等，再作決定。如果比丘確定參加婚禮，要把握好參加婚禮的意樂和動機，應以促進佛教弘化為目的。婚禮上如果受請致辭，應當避免説世間祝讚和合的話語，也不適合説「無常、苦、空」一類不符合婚禮場合的話，可以勉勵雙方敦倫盡份、和睦相處、共同精進、修行佛法、踐行菩薩道等。如前述《僧祇律》中關於比丘受請到在家人婚禮上應供的記載，比丘受供後對施主作如是祝願：「女人信持戒，夫主亦復然，由有信心故，能行修布施。二人俱持戒，修習正見行，歡喜共作福。諸天常隨喜，此業之果報，如行不齎糧。」[1] 現代比丘也可以參考這類善巧的説法。

專題 3：勸夫婦和合如何判罪？

關於勸夫婦和合如何判罰，諸律典有不同的記載。梳理諸律典中的材料，可以分成以下幾類：

（一）犯重

《鼻奈耶》記載：「諸長者夫婦自共鬥諍，此比丘往教使和解，牽捉使共宿。……彼婦鬥諍和解，僧伽婆施沙。」

《善見論》記載：「若父母鬥諍，父遣母還本家，父後生悔心，語比丘言：

1 《僧祇律》卷 34，《大正藏》22 冊，501 頁中欄。

『我年老，旦夕無人侍養，汝可向汝母語，還看我。』比丘受如是使，語母還報父，悉僧伽婆尸沙。此戒不問知已不知，但受語往說還報，悉僧伽婆尸沙。」[1]

《鼻奈耶》、《善見論》記載的情況為正犯僧伽婆施沙罪，這兩部律典都沒有明確說明所勸夫婦是否已經離婚，但《鼻奈耶》中描寫「牽捉使共宿」，這應該是正犯的主要原因之一。《善見論》記載比丘對父母勸和一樣犯重，其中「此戒不問知已不知，但受語往說還報」的判罰標準相對於其他律典較為嚴格。

（二）有輕有重

《十誦律》將離別分為三種情況：「有夫婦相瞋不和合，有一比丘常入出其家，是比丘中前著衣持鉢到其舍，與坐處坐已共相問訊，是比丘令二人懺悔。是二人懺悔已和合行欲。比丘生疑：『我將無得僧伽婆尸沙耶？』是事白佛。佛言：『人有三種婦：一、用財得；二、禮法得；三、破壞得。是三種婦，若作券言「非我婦」禮法未斷猶故出入，未唱言「非我婦」；比丘和合是婦，得偷蘭遮。是三種婦，若作券言「非我婦」，禮法已斷不復出入，而未唱言「非我婦」；爾時比丘和合，得偷蘭遮。是三種婦，若已作券言「非我婦」，禮法已斷不復出入，已唱言「非我婦」；爾時比丘媒合，得僧伽婆尸沙。』」

《五分律》記載：「時有夫婦共鬥不和合，比丘往和合之。生疑問佛，佛言：『若夫婦義已離，和合者，僧伽婆尸沙；若未離，無犯。』」如果夫婦已經離婚，和合便正犯；如果沒有離婚，和合不犯。

《僧祇律》同《五分律》類似，區別在於：夫婦沒有離婚，比丘和合，判偷蘭遮。如律文：「若人夫婦鬥諍，比丘便勸喻和合，得偷蘭罪。」

《根有律》中將離別分為了七種情況，記載如下：「一、正鬥即離；二、鬥後方離；三、折草三段離；四、三方擲瓦離；五、依法對親離；六、言非我婦離；七、普告眾人離。若苾芻見他俗人於初三婦，因鬥諍等作離別時，

---

1 《善見論》卷 13，《大正藏》24 冊，764 頁中欄。

若作初離，和之令合，得一惡作；若作第二離，和之，得二惡作；若作第三離，和之，得三惡作；若作第四、第五、第六離，和之，如次得一、二、三粗罪；若作第七離，和，得僧殘。」其中「普告眾人離」應該即是正式離婚並且向大眾宣告的意思。《根有律攝》與《根有律》記載相似。

（三）犯輕

《摩得勒伽》記載：「有比丘到居士舍。居士共婦鬥諍，居士鞭婦驅出，比丘和合。和合已，尋生疑悔。乃至佛言：『意已斷驅出，宣令言非我婦，於彼媒嫁，犯偷羅遮。』」[1] 這裏記載的情況屬於居士口頭表達離婚的意向，但沒有採取相關措施，並不能按照已經離婚來判罰。否則已經離婚的話，比丘勸其和合，具足本戒犯緣，應該判為正犯。

（四）不犯

《四分律》中，為懺悔故和合鬥諍的夫婦不犯。此律有四個相似的公案，例如：「時有婦人，與夫共鬥語言：『汝若不須我為婦，當言不須。』夫言：『我不須汝為婦。』即驅出。往常供養比丘所語言：『我與夫共鬥，我語夫言：「若不須我為婦，當言不須為婦。」夫言：「不須。」即驅我出，今欲懺悔。』比丘即和合令懺悔，疑，佛言：『為懺悔故無犯。』」

如前述，《五分律》中比丘和合未離婚的夫婦不犯：「若未離，不犯。」並且將「為和合」明確列為開緣：「不犯者，為和合故。」

《巴利律》中，勸和沒有離婚的夫婦不犯。如：「爾時，或女人與夫爭執而往母家。所供養比丘和解之。彼心生悔……乃至……『比丘！〔其女〕被離婚乎？』『世尊！無。』『比丘！〔其女〕非被離婚者，不犯也。』」

上述幾部律典的共同點是：如果夫婦雙方已經正式離異，比丘和合，結僧伽婆尸沙罪；夫婦雙方已經離異的情況下，雙方就是獨立個體，此時若和合雙方，正犯本戒。

---

1 《摩得勒伽》卷 5，《大正藏》23 冊，592 頁下欄。

夫婦雙方只是爭吵、鬧矛盾，或者暫時分開，這些情況下比丘和合不正犯，具體判罰諸律典略有差異。其中《十誦律》、《摩得勒伽》、《僧祇律》中得偷蘭遮罪，《四分律》、《五分律》、《巴利律》中不犯。《根有律》、《根有律攝》中分得更精細。根據律典精神和現實情況，如果夫婦雙方沒有離異而比丘勸和，參照《四分律》、《五分律》、《巴利律》等，判不犯。

綜上所述，對比丘勸和夫婦，做出以下判罰：夫婦雙方已經正式離異，比丘和合，僧伽婆尸沙；夫婦雙方沒有離異，比丘勸和，不犯。

（五）現代結合

在當今中國，離婚是指夫妻雙方通過協議或者訴訟的方式解除婚姻關係，終止夫妻間權利和義務的法律行為。我國《婚姻法》規定離婚有協議離婚和訴訟離婚兩種形式。協議離婚以夫妻雙方在婚姻登記機關辦理離婚登記並領取離婚證為標誌。訴訟離婚以法院終審判決雙方解除婚姻關係生效為標誌。

因此，如果夫婦雙方關係滿足上述兩種情況中的任一種，即處於正式離婚狀態，比丘若再進行媒嫁和合，會犯僧伽婆尸沙。如果夫婦雙方只是不和而沒有正式離婚，比丘有因緣的情況下勸和雖然不犯，但也要把握好內心的動機和意樂。宜以促進佛法弘揚、增進社會和家庭和諧為目的，方法上側重提醒當事人自我反省、調伏煩惱；婚姻的具體走向還是由當事人自己決定。

七、總結

（一）諸律差異分析

1. 緣起差異

（1）結構差異

《四分律》、《十誦律》、《僧祇律》只有一個本制。《鼻奈耶》、《五分律》、《巴利律》有一個本制和一個隨制。《根有律》有一個緣起和一個本制。

（2）情節差異

《鼻奈耶》、《十誦律》、《五分律》、《巴利律》的本制，《根有律》的緣起、本制與《四分律》本制故事情節相似，《十誦律》、《五分律》、《根有律》比《四分律》多了緣起比丘出家前廣行媒嫁的情節；《鼻奈耶》隨制的故事情節是緣起比丘勸合吵架的夫妻；《巴利律》的隨制情節是緣起比丘為賭徒和一遊女提供了「一時之媒」；《五分律》的隨制情節是緣起比丘為「諸豪姓」與「年長童女」私通牽線搭橋；《根有律》多了緣起比丘撮合男女私通的情節。《四分律》的戒條中有「若為私通」，但是本制中沒有這一故事情節，可以將《五分律》中的這一情節補充為隨制。

《僧祇律》本制與《四分律》本制情節差異較大，《僧祇律》的情節是緣起比丘主動為男方撮合婚事，婚後不久，婆媳之間產生矛盾，瞋恨緣起比丘。

（3）結論

綜上所述，本戒仍以《四分律》的情節為準，補充《五分律》隨制中緣起比丘撮合男女私通的故事情節。

2. 戒本差異

在對究竟成犯的表述上，諸律有所不同。《四分律》及多數律典為「乃至須臾頃」或類似的意思，而《鼻奈耶》作「下及和解合偶」，《十誦律》、《十誦比丘戒本》分別為「乃至一會時」、「乃至一交會時」，《五分律》、《彌沙塞五分戒本》為「乃至一交會」。不過，參照相關梵、藏戒本的表述，上述的差異可能是由翻譯造成的。所表示的文意應該都是：比丘與所撮合的對象中的一方，即便是會面時間很短暫，也成犯。

戒條的其他部分，《僧祇律》的「受他使，行和合男女」和《僧祇比丘戒本》的「受使行和合男女」中「受使」的意思，《四分律》及其他律典中都沒有提及。《鼻奈耶》「用心，媒嫁女與男、媒男與女」中「用心」的意思並不明確，其他律典與《四分律》同樣沒有相應的內容。

戒本的修改方面，《四分律》中「若為私通」，依《四分律比丘戒本》等添加一個「事」字，使句子更加工整、順暢。

3. 辨相差異

（1）所犯境

媒嫁人男人女，《四分律》、《鼻奈耶》為正犯，結僧伽婆尸沙罪。

對於畜生，《四分律》中，媒嫁能變形的畜生，結偷蘭遮；不能變形的畜生，突吉羅。《僧祇律》中，媒嫁像獼猴女、馬等體型較大、有靈性的動物，結偷蘭遮；一般的畜生，結突吉羅。《鼻奈耶》中，媒嫁畜生犯僧殘，而《根有律攝》中，媒嫁傍生犯偷蘭遮。

結合現實情況，媒嫁畜生與媒嫁人的差異較大，影響不同，判犯重不是很合適，所以採用四分律的判法，即能變形的畜生，結偷蘭遮；不能變形的畜生，結突吉羅。

媒嫁非人，諸律典記載比較一致，都結偷蘭遮。

媒嫁胎兒、童女、黃門、二根等不健全的人，《四分律》與多數律典都結偷蘭遮，但《五分律》判定媒嫁黃門，結突吉羅。《十誦律》媒嫁孕中男女胎兒，結偷蘭遮。這裏採用《四分律》的判法。

媒嫁同性別的人，《四分律》、《僧祇律》結突吉羅，《十誦律》、《摩得勒伽》、《根有律》、《根有律攝》都結偷蘭遮。考慮時代現實緣起，採用多數律典判法，即媒嫁同性別人，結偷蘭遮。

媒嫁或幫助已約定或和合已成之人，《十誦律》、《摩得勒伽》結偷蘭遮。

媒嫁精神不正常之人，《十誦律》記載：「受惺心者語，語狂心者，得偷蘭遮；若受狂心者語，語惺心者，得僧伽婆尸沙。」《摩得勒伽》中，媒嫁狂人、散亂人，結偷蘭遮。以上所犯境的判罰，《四分律》沒有記載，可以借鑒。

（2）能犯心

①發起心

關於發起心，諸律含義一致，都是欲作媒嫁之心。藏傳《苾芻學處》則要求發起心相續到究竟未間斷才正犯，與其他律典略有不同。

②想心

關於想心，《四分律》中，來往媒嫁作媒嫁想，僧伽婆尸沙；人女人女想，僧伽婆尸沙，其餘的想心犯輕。藏傳《苾芻學處》中，想心為「想不錯亂」，僧伽婆尸沙。其他律典沒有相關記載。

（3）方便加行

《四分律》中，方便加行是自作或遣使，每一種又有口傳、書信、指印和現相等方式。《僧祇律》、《巴利律》與《四分律》相同，《十誦律》、《五分律》、《根有律》、《根有律攝》較《四分律》多出使使（即輾轉使），這種加行現實中也時常出現，故補充到《四分律》中。

《五分律》中，若比丘，為男借女、為女借男長使，偷蘭遮。《根有律》中沒有直接說媒嫁事情，而說一些比較隱晦的可能會導致和合的話語，突吉羅。如「若門師苾芻至施主家作如是語『此女長成何不出適？此男既大何不取妻？』者，皆惡作罪。若言：『此女何不往夫家？』若云：『此男何不向婦舍？』亦皆得惡作。」結合現實情況，以上加行也值得借鑒。

（4）究竟成犯

《四分律》中，經過受他語、往語彼、受彼語還報三個階段，還報時，說而了了，僧伽婆尸沙；不了了，偷蘭遮。《十誦律》、《僧祇律》、《根有律》、《巴利律》、《善見論》經過媒嫁三個階段，還報時即犯。《五分律》需對方同意，對方答應媒嫁事，還報，才正犯。而《根有律攝》中，經過了三個階段後，「要待男女為交會事，方得本罪」。藏傳《苾芻學處》與《根有律攝》相似，「由彼因緣生支與瘡門交合」，才正犯本戒。

另外，《四分律》中，比丘為人往說媒嫁後「若言癩病，若癰，若白癩、乾痟、癲狂，若痔病，若道有瘡，若有膿出不斷，如是還報此語，僧伽婆尸沙」。而《十誦律》記載不同，往語對方時，雙方「俱時得病，不得和合」，比丘得偷蘭遮。《根有律攝》記載：「為他行媒作三事已，若父母變悔，若男女身亡，若遇病緣，若遭饑儉，由此緣闕，並窣吐羅。」這種情況下，因病、難緣等媒嫁未成，而判為不正犯。

各律寬嚴不同，媒嫁的重點在於為雙方傳達意見，結合現實情況，若一方願意而一方不願意反而更容易遭受譏嫌。另外，雙方是否結合涉及到很多的因緣和變數，這些並不是比丘主觀意願能夠影響的，因此結果成否不應成為判罪的依據，而比丘行媒嫁事本身也容易招致譏嫌，故而採用《四分律》的判法，比丘只要還報，對方聽清楚意思就判正犯。

（5）犯戒主體

《四分律》中，比丘、比丘尼若犯此戒，僧伽婆尸沙；式叉摩那、沙彌、沙彌尼若犯，得突吉羅。《五分律》與《四分律》相同。藏傳《苾芻學處》記載，比丘、比丘尼若犯此戒，僧伽婆尸沙。其餘律典只記載比丘犯本戒結僧伽婆尸沙，沒有提到比丘尼和下三眾。

《摩得勒伽》記載，學悔沙彌犯此戒，僧伽婆尸沙；本犯戒人、本不和合人、賊住人、污染比丘尼人犯此戒，突吉羅。比丘媒嫁的過程中轉根（變性），犯偷蘭遮罪。《摩得勒伽》所記載的這些特殊犯戒主體，以及相關的案例為我們實際判罪提供了很好的依據。

（6）不犯

《四分律》中，若男女先已通而後離別還和合，無犯。這一開緣其他律典沒有記載，但從現實角度考慮，這一開緣比較合理。

4. 諸律內部差異

《四分律》、《十誦律》、《僧祇律》、《根有律攝》、《巴利律》緣起中並未提及比丘為居士「私通」而傳話的情況，而戒本及辨相中都有提及。

《鼻奈耶》辨相中，如果比丘「解放畜生合其牝牡」也會正犯，這在緣起和辨相中都未提到。

其他律典中，此戒的緣起、戒本以及辨相三部分相符。

（二）調整文本

通過以上諸律間觀點同異的對比與分析，文本在《四分律》的基礎上作如下調整：

1. 緣起

（1）本制

佛在羅閱祇耆闍崛山中，迦羅比丘出家之前是大臣，善知俗法，城中有嫁娶都向他諮問。當有人諮詢他時，迦羅比丘會先到對方家觀視，然後往還居士家給予建議。婚娶如意的人，對他讚歎、歡喜供養；不如意的人對他埋怨。諸居士譏嫌，諸比丘得知此事後向佛匯報，佛制戒：「若比丘往來彼此媒嫁，持男意語女、持女意語男，若為成婦事，僧伽婆尸沙。」

（2）隨制

城中有諸豪姓想與年長童女共行私通，但恥自宣意，於是找六群比丘為其構合，被人譏嫌。諸比丘知道此事後向佛匯報，佛因此制戒，增加了「若為私通事」的相關內容。

2. 戒本

若比丘往來彼此媒嫁，持男意語女，持女意語男，若為成婦事，若為私通事[1]，乃至須臾頃，僧伽婆尸沙。

1　「事」，底本闕，據《四分律比丘戒本》、《新刪定四分僧戒本》、《十誦律》、《十誦比丘戒本》、《五分律》、《彌沙塞五分戒本》、《根有律》、《根有戒經》、《根有律攝》加。

3. 關鍵詞

（1）往來彼此：往返於男女雙方之間。

（2）媒嫁：為了結合夫婦或通姦之事而介紹雙方。

4. 辨相

（1）犯緣

本戒具足六緣成犯：一、媒嫁對象是人男人女；二、欲作媒嫁之心；三、作人男人女想；四、媒嫁想；五、經過受他語、往語彼、受彼語還報三個階段；六、對方聽懂，成犯。

（2）辨相結罪輕重

①媒嫁對象

媒嫁人男人女，僧伽婆尸沙；媒嫁人男與非人女，偷蘭遮；人男與畜生女，突吉羅；媒嫁人女與非人男，偷蘭遮；人女與畜生男，突吉羅。

比丘勸離異的夫婦雙方和合，僧伽婆尸沙。

媒嫁能變形的畜生、非人、胎兒（如指腹為婚）、童女、黃門、二根、同性別之人，媒嫁精神不正常之人，或幫助已有約定或和合已成之人，結偷蘭遮。

媒嫁不能變形的畜生，結突吉羅。

②欲作媒嫁之心

比丘以作媒嫁之心和合人男人女，僧伽婆尸沙。

③作人男人女想

人女作人女想，正犯；人女作非人女想或疑，非人女作人女想或疑，結偷蘭遮；人男亦如是。

④作媒嫁想

媒嫁作媒嫁想，正犯；媒嫁作非媒嫁想或疑，不媒嫁作媒嫁想或疑，結偷蘭遮。

⑤經過受他語、往語彼、受彼語還報三個階段

經過受他語、往語彼、受彼語還報三個階段，還報時，正犯；若只完成

其中任意兩個階段，結偷蘭遮；若只完成一個階段，突吉羅。

自作、遣使或輾轉遣使行媒嫁，正犯；通過口傳、書信、指印或現相等方式行媒嫁，正犯。

為男借女作長使（長期服勞者）、為女借男作長使，結偷蘭遮。

⑥對方聽懂

經過三個階段，還報時，對方聽懂，正犯，隨媒嫁多少，一一僧伽婆尸沙。若對方未聽懂，結偷蘭遮。

未行媒嫁事，而說勸人出嫁或娶妻的話，突吉羅。

⑦犯戒主體

比丘、比丘尼若犯，僧伽婆尸沙；式叉摩那、沙彌、沙彌尼若犯，得突吉羅。

學悔沙彌犯此戒，僧伽婆尸沙；本犯戒者（犯邊罪者）、本不和合者、賊住者、污染比丘尼者犯此戒，突吉羅。

比丘媒嫁的過程中轉根，結偷蘭遮。

⑧不犯

夫婦雙方沒有離異，比丘勸和，不犯。

最初犯戒人，或癡狂、心亂、痛惱所纏，不犯。

八、現代行持參考

在現代社會，對「媒嫁戒」的持守與防護依然具有現實意義。

首先，現代比丘應注意避免主動地撮合男女交往，更不能為他人說媒，即使為了三寶事也不能作為「媒嫁戒」的開緣。

其次，對於佛化婚禮，有觀點認為出家修行遠離欲染，而在家人的婚禮與欲事相關，因此對佛化婚禮持排斥的態度。另有不同觀點，認為佛化婚禮是佛教積極入世的體現，是一種與時俱進的弘法方便，故支持佛化婚禮。

律典中也有記載俗眾舉行婚禮時供齋，比丘去應供的公案。僅從犯緣上看，為佛化婚禮證婚的比丘或者參加佛化婚禮的比丘不會犯到「媒嫁戒」。但要注意參加婚禮時，應依據律典規範，如理如法說祝詞，例如希望雙方和睦相處、福慧增長等。

最後，在勸和夫婦的問題上，如果雙方已經正式離異，比丘不能勸和；即使沒有正式離異，比丘在特定的因緣下勸和，也要把握內心意樂。應從夫妻雙方如何調服煩惱、相互懺悔的角度勸說，不宜直接勸阻夫婦做出離異的決定。

除了禁止勸和男女之外，比丘也要避免為在家人做其他類型的中間傳遞人，除非為父母親人、信心居士「病獄急難」等情況，以免牽涉太多俗眾的事情，引起俗眾譏嫌。

06

無主房戒

一、緣起

(一) 緣起略述

《四分律》只有一個本制，佛在羅閱祇耆闍崛山時，有曠野國比丘得知佛聽作私房後便私作大房。因所需人力、財力、物力眾多，便常向居士索供，致使居士厭煩遠避。後有一曠野比丘砍樹造房，破壞了樹神的住處，後者便向佛投訴，佛讓樹神另外找一課大樹居住。正好迦葉尊者和五百比丘來曠野城止宿，入城乞食時，見諸居士對其唯恐避之不及，得知事情經過後，便報告給佛。佛陀因此集眾，核實原委後呵責緣起比丘，之後開示了三個往昔因緣故事：蠡髻梵志向龍王乞索瓔珞寶珠而遭嫌棄；林中坐禪比丘為鳥鳴所苦，故向鳥求翅而令其遠離；賴吒婆羅比丘出家後恐生怨恨，不從父母家乞食。佛陀以此教育緣起比丘如理乞求，最後制戒。[1]

諸律緣起差異比較：

1. 制戒地點

《四分律》中，制戒地點為「曠野城」，《鼻奈耶》[2] 為「迦維羅越釋種新造大堂舍」，《十誦律》[3] 為「阿羅毗國」，《五分律》[4] 為「阿荼髀邑」，《僧祇律》[5] 為「曠野精舍」，《根有律》[6] 為「室羅伐城逝多林給孤獨園」，《巴利律》[7] 為「阿羅毗之阿伽羅婆寺」。

---

1 《四分律》卷 3，《大正藏》22 冊，584 頁上欄至 586 頁中欄。

2 《鼻奈耶》卷 4，《大正藏》24 冊，865 頁中欄至 866 頁下欄。

3 《十誦律》卷 3，《大正藏》23 冊，20 頁中欄至 21 頁中欄；卷 52，《大正藏》23 冊，385 頁上欄。

4 《五分律》卷 2，《大正藏》22 冊，13 頁上欄至 14 頁中欄。

5 《僧祇律》卷 6，《大正藏》22 冊，276 頁中欄至 279 頁上欄。

6 《根有律》卷 12，《大正藏》23 冊，688 頁上欄至 689 頁上欄。

7 《經分別》卷 2，《漢譯南傳大藏經》1 冊，203 頁至 216 頁；《附隨》卷 1，《漢譯南傳大藏經》5 冊，51 頁；《附隨》卷 4，《漢譯南傳大藏經》5 冊，152 頁。

2. 緣起比丘

《四分律》中，緣起比丘為「曠野國比丘」，《僧祇律》與之相同，《鼻奈耶》為「達貳比丘」，《十誦律》為「阿羅毗比丘」，《巴利律》與之相同。《五分律》為「阿荼髀邑諸比丘」，《根有律》為「眾多苾芻」。

3. 緣起情節

其他律典與《四分律》相同，都只有一個本制，在緣起情節方面，與《四分律》相比，有如下差異：

《四分律》中，世尊聽諸比丘作私房，其他律典沒有提及。另外，除《鼻奈耶》外，其他律典與《四分律》一樣，都有比丘因造房多乞惱居士，迦葉（《僧祇律》為舍利弗）尊者後來乞食得知其原因後向佛匯報的情節。其中《僧祇律》情節為比丘向估客強行乞索，致使後者「閉戶還家」，舍利弗到估客家乞食時知曉此事，為估客婦說法後，將此事匯報佛陀。

《四分律》、《五分律》有比丘砍樹惹惱樹神的緣起故事，其他律典沒有。除《鼻奈耶》、《十誦律》、《根有律》外，《四分律》及其他律典都記載了三個往昔因緣故事。此外，《五分律》還多出「迦夷國王」讚歎梵志不言乞，隨後布施對方的故事。

諸律中，差別最大的是《鼻奈耶》，大致內容為，達貳比丘做瓦舍後燒之，佛知後與阿難同往並命阿難壞之，達貳乞食返回後，看到瓦舍被破壞，內心生瞋。後有「迦維羅越釋種」在新造的大堂舍裏供養佛及比丘僧，佛為大眾說法，大眾歡喜。後佛因患脊痛而讓目犍連代為說法，目犍連為大眾開示「無聞之聞法」，勸勉諸比丘正知正念，魔便不得。之後，佛讚歎目犍連說法，並以達貳作瓦舍的緣由告訴諸比丘：「此釋種長者造作堂舍，量度尺寸不失其法，門正向東。世人尚爾，況汝達貳於吾法中所不許而作瓦舍。」最後結戒。

(二) 緣起比丘形象

《鼻奈耶》中，緣起比丘為「瓦陶家子」，擁有高超的造房技能。

《僧祇律》中，緣起比丘是位能說會道，擅長開示說法的比丘，並藉此來滿足自己的貪欲。如律文：「比丘念言：『是估客見我便閉戶還家去，知我來乞不欲與故。』便於餘道，往截其前，問言:『長壽。汝欲何處去？不得相置，我依阿誰而起房舍？正依汝等信佛法者。知有罪福業行果報而不欲與，誰當與者？』」「是故長壽，如世尊說偈……。」

其他律典沒有明確記載。

(三) 犯戒內因

《四分律》中，緣起比丘的犯戒主因是貪心熾盛，無足無厭，如律文中，緣起比丘對居士說：「與我工匠巧人，給我車乘並將車人，給我材木竹草繩索。」其他律典與之相同，如《十誦律》記載，緣起比丘從居士乞言：「我須墼，須磚、鏟、钁、斧鑿、釜盆、盤盂、瓶甕、麻繩、種種草木、皮繩、土囊，作人車、鹿車。」《五分律》中，緣起比丘「從諸居士求車，求車直，求人，求人直，材、木、草、竹皆從求索」，《根有律》記載：「眾多苾芻廣造房舍，或嫌太長、太短，或嫌寬狹，或復朽故不堪修理，悉皆棄捨更造新屋。」

(四) 犯戒外緣

《四分律》中，緣起比丘犯戒外緣是佛「聽諸比丘作私房舍」。緣起比丘因錯解了佛意，「私作大房舍」，導致犯戒。

《鼻奈耶》中，緣起比丘因沒有房子住，而造瓦舍，最終導致犯戒，如律文：「我既盛壯，前造木舍，阿闍世王欲取吾殺，我今當作瓦舍於中住。」

《十誦律》、《僧祇律》、《五分律》、《根有律》和《巴利律》沒有明確記載犯戒外緣。

（五）犯戒後的影響

《四分律》記載，「諸居士」因緣起比丘過多索乞而「迴車遠避」，《十誦律》、《僧祇律》、《五分律》、《根有律》、《巴利律》也有類似記載。如《五分律》：「居士厭之，見皆逃避。」又如《巴利律》：「諸居士為此乞求而煩惱，見諸比丘則恐怖戰慄。」稍微不同的是，《十誦律》中諸居士覺得損失了供養的功德：「我等失利，供養如是難滿難養無厭足人。」《僧祇律》中，尊者舍利弗入聚落乞食時，「估客婦」對他抱怨：「家內悉佳，但生活頓弊。」

《四分律》還記載了樹神因緣起比丘砍了他居住的大樹而憤怒，然後向佛告狀。《五分律》也有類似記載，不同的是「樹神小兒，時戲樹間，斫斷其指。樹神痛惱，便興惡意，欲來打之」，可見緣起比丘嚴重損惱了樹神。

《四分律》中，尊者摩訶迦葉入城乞食時，「居士遙見比丘便避」，緣起比丘的行為損害了居士對佛教的信心，導致僧團內其他比丘的供養中斷。《十誦律》、《五分律》也有類似記載，如《十誦律》記載：「長老大迦葉晨朝著衣持鉢入城乞食，居士見之，悉皆逃走。」

《鼻奈耶》中，比丘在製造房屋時，「火炎盛熾，國人無不見者」。

（六）佛陀考量

《四分律》中，被損惱的樹神向佛投訴，佛先是讚歎其「不打持戒比丘」，後又告訴他恒河邊有棵大樹可以「居止」。佛陀的讚歎使得樹神怒氣消滅，介紹新住處又為其解決實際問題，從身心兩方面為樹神着想，可見佛的慈悲和善巧。

另外，佛陀知道了犯戒原委並集眾，但並沒有一開始就呵責緣起比丘，而是說有「神」向佛報告說：「世尊聽曠野比丘作私房舍，多所乞求。」面對曠野國比丘的非法行為，佛並沒有提到大迦葉尊者的舉報，而是通過樹神的因緣引出事件。佛陀的做法在於避免「曠野諸比丘生瞋恚心」而遷怒於大迦葉尊者。同時，也避免因頭陀第一的大迦葉舉報而造成蘭若比丘與聚落比丘之間的不和合。可見佛陀行事的圓融。

《四分律》大篇幅地記錄了當緣起比丘認罪後，佛除了種種呵責，還講述了兩個本生和一個本事故事，以此告誡弟子「非時乞求、不耎乞求、不正乞求」的過患，並稱讚「知時乞求、柔軟乞求、正乞求已」。佛陀不厭其煩地開示說法，無非是讓弟子深刻認識錯誤，進而改正錯誤。同時也說明戒法並非是一種處罰手段，而是佛陀對弟子的深切慈悲。

《鼻奈耶》中，佛先是為「迦維羅越釋種」兩度說法，後因脊痛而請目犍連代勞，當目犍連說完「無聞之聞法」後，佛陀讚歎並讓他繼續說法，「莫使斷絕」。體現出佛陀不捨一切時機教化弟子的殷切悲心。

（七）文體分析

《四分律》有三個因緣、兩個本生、一個本事、三個伽陀和一個祇夜。其中在樹神向佛告狀，佛教梵志索龍珠、比丘乞鳥翅的故事中，分別記錄了佛為樹神介紹新住處，龍王說偈，諸鳥心念口言等內容。

《巴利律》比《四分律》少一個因緣和一個伽陀，其中在記錄因比丘乞求，諸居士心生煩惱時，用了「恐怖戰慄」、「驚恐戰慄」和「見牛誤以為比丘而奔逃」這樣的描述，雖然有些誇張，但卻不失畫面感和趣味性。

《僧祇律》有兩個因緣、兩個本生、四個伽陀和一個祇夜。《五分律》的文體最豐富，有三個因緣、兩個本生、一個本事、七個伽陀和兩個祇夜。《僧祇律》和《五分律》都有梵志索龍珠、比丘乞鳥翅的故事。《五分律》比《四分律》還多了「迦夷國王」因梵志不言乞索而布施對方的故事。佛通過分享功德故事的形式來教化比丘，這種形式既簡單又容易理解，同時還能感染人，也方便比丘憶持牢記，教育意味十足。

《十誦律》和《根有律》在敘事文體上較單一，只有一個因緣。

二、戒本

《四分律》中，此戒的戒條為：「若比丘，自求作屋，無主，自為己，當應量作。是中量者，長佛十二搩手，內廣七搩手。當將餘比丘指授處所，彼比丘當指示處所，無難處、無妨處。若比丘有難處、妨處，自求作屋，無主，自為己，不將餘比丘指授處所，若過量作者，僧伽婆尸沙。」

(一) 若比丘，自求作屋，無主，自為己，當應量作

《四分律》、《新刪定四分僧戒本》[1]、《四分律比丘戒本》[2]作「若比丘，自求作屋，無主，自為己，當應量作」，意思是：如果比丘在沒有施主（供養）的情況下，自己求取（材料）建造房屋，應該按照規定的尺寸建造。

與《四分律》相似：

《四分僧戒本》[3]作「若比丘，自乞作屋，無主，自為己，當應量作」。《解脫戒經》[4]作「若比丘，自求作房，無主，自為己，當應量作」。

《十誦律》作「若比丘，自乞作舍，無主，自為，當應量作」，《十誦比丘戒本》[5]作「若比丘，無主，為身，自乞欲作房，應量作」。《僧祇律》作「若比丘，自乞作房舍，無主，為身，當如量作」，《僧祇比丘戒本》[6]作「若比丘，自乞作房，無主，為身，應量作」。《五分律》、《彌沙塞五分戒本》[7]作「若比丘，自乞作房，無主，為身，應如量作」。

1 《新刪定四分僧戒本》，《卍續藏》39 冊，263 頁下欄。
2 《四分律比丘戒本》，《大正藏》22 冊，1016 頁上欄。
3 《四分僧戒本》，《大正藏》22 冊，1024 頁上欄。
4 《解脫戒經》，《大正藏》24 冊，660 頁上欄至中欄。
5 《十誦比丘戒本》，《大正藏》23 冊，471 頁中欄。
6 《僧祇比丘戒本》，《大正藏》22 冊，550 頁上欄。
7 《彌沙塞五分戒本》，《大正藏》22 冊，195 頁中欄。

藏文《根有戒經》[1] 作“དགེ་སློང་གིས་བདག་གིས་བསླངས་པ། བདག་པོ་མེད་པ། བདག་གི་ཕྱིར་ཁང་པ་རྩིག་ཏུ་འཇུག་ན་དགེ་སློང་དེས་ཁང་པ་ཚད་བཞིན་དུ་བརྩིག་ཏུ་གཞུག་ཅིག །”，意思是：任何比丘沒有施主，自乞（材料）為自己建造房舍，應按照尺寸建造。

與《四分律》有部分差異：

《根有律》、《根有戒經》[2]、《根有律攝》[3] 作「若復苾芻，自乞作小房，無主，為己作，當應量作」。

梵文《有部戒經》[4] 作“Svayācitāṃ bhikṣuṇā kuṭiṃ kārayatā asvāmikām ātmoddeśikāṃ prāmāṇikā kuṭiḥ kārayitavyā”，梵文《根有戒經》[5] 作“Svayaṃ yācitā bhikṣuṇā kuṭiṃ kārayitvā asvā(mikām ātmoddeśikāṃ) prāmāṇikā kuṭiḥ kārayitavyā”，意思都是：比丘（如果）自己乞求（材料）建造小屋，（而）小屋沒有施主（並且）是為自己（建造），應按照尺寸來建。

巴利《戒經》[6] 作“Saññācikāya pana bhikkhunā kuṭiṃ kārayamānena assāmikaṃ attuddesaṃ, pamāṇikā kāretabbā”，意思是：又有比丘自己乞求（材料）建造小屋，沒有施主（並且）是為自己（建造），應按照尺寸建造。

梵文《說出世部戒經》[7] 作“Svayaṃ yācikāya bhikṣuṇā kuṭī kārayamāṇena asvāmikātmoddeśikā kuṭī kārāpayitavyā”，意思是：比丘（如果）自己乞求（材料）建造小屋，（而）小屋沒有施主（並且）是為自己建的。與《四分律》相比，沒有提到應該按照尺寸建造。

以上戒本中，與《四分律》的「屋」相對應的是「小房」或「小屋」。

---

1 麗江版《甘珠爾》（འཇང་བཀའ་འགྱུར།）第 5 函《別解脱經》（སོ་སོར་ཐར་པའི་མདོ།）4b。

2 《根有戒經》，《大正藏》24 冊，501 頁中欄。

3 《根有律攝》卷 3，《大正藏》24 冊，543 頁下欄。

4 Georg von Simson, *Prātimokṣasūtra der Sarvāstivādins Teil II*, Sanskrittexte aus den Turfanfunden, XI, p. 168.

5 Anukul Chandra Banerjee, *Two Buddhist Vinaya Texts in Sanskrit*, p. 17.

6 Bhikkhu Ñāṇatusita, *Analysis of the Bhikkhu Pātimokkha*, p. 55.

7 Nathmal Tatia, *Prātimokṣasūtram of the Lokottaravādimahāsāṅghika School*, Tibetan Sanskrit Works Series, no. 16, p. 9.

與《四分律》差異較大：

《鼻奈耶》作「若比丘，自用如達貳作瓦舍者，僧伽婆施沙。自為自作主，當有限量」。

（二）是中量者，長佛十二搩手，內廣七搩手

《四分律》、《四分僧戒本》、《新刪定四分僧戒本》、《四分律比丘戒本》作「是中量者，長佛十二搩手，內廣七搩手」。意思是：（建造房屋）適宜的尺寸是，以佛手的長度來看，長為十二搩手，內部寬七搩手。

與《四分律》相似：

《十誦律》作「是中量者，長十二修伽陀搩手，內廣七搩手」，《十誦比丘戒本》作「是房量，長十二佛磔手，內廣七磔手」。

《解脫戒經》作「是中量者，長佛十二手，內廣七手」。

梵文《有部戒經》作“Tatredaṃ kuṭipramāṇaṃ dīrghato dvādaśa vitastayaḥ sugatavitastyā tīryak saptāntaratas”，意思是：小屋的尺寸長度是十二個佛手，內部寬度是七個佛手。

梵文《根有戒經》作“Tatredaṃ kuṭyāḥ pramāṇaṃ dairghyeṇa dvādaśa vitastayaḥ (sugatavitastyā tīryak) saptāntarataḥ”，意思是：小屋的尺寸長度是十二佛手，內部寬度是七佛手。

巴利《戒經》作“Tatr’idaṃ pamāṇaṃ: dīghaso dvādasa vidatthiyo sugatavidatthiyā tiriyaṃ satt’antarā”，意思是：這裏的尺寸長度是十二佛手，內部寬度是七（佛手）。

與《四分律》有部分差異：

《鼻奈耶》作「彼舍限量者，長十二肘，是如來舒手廣七肘」。這裏以「肘」對應《四分律》的佛「搩手」。

《根有律》、《根有戒經》、《根有律攝》作「此中量者，長佛十二張手，廣七張手」。

梵文《說出世部戒經》作“Tatredaṃ pramāṇaṃ dīrghaśo dvādaśa

vitastīyo sugatavitastinā| tiryak saptāntaraṃ”，意思是：這裏的尺寸長度是十二佛手，內部寬度是七佛手。

《僧祇律》作「應長十二修伽陀搩手，內廣七搩手」。《僧祇比丘戒本》作「長十二修伽陀磔手，內廣七磔手」。

《五分律》作「長佛十二磔[1]手，廣七磔[2]手」，《彌沙塞五分戒本》作「長佛十二搩手，廣七搩手」。

《鼻奈耶》、《五分律》、《彌沙塞五分戒本》、《根有律》、《根有戒經》、《根有律攝》六部律典與《四分律》不同之處在於僅僅指出房屋的長和寬，沒有強調「內廣」。另外，《僧祇律》、《僧祇比丘戒本》、《五分律》、《彌沙塞五分戒本》中缺少與《四分律》「是中量者」相對應的表述。

藏文《根有戒經》作“དེ་ལ་ཁང་པའི་ཚད་ནི་འདི་ཡིན་ཏེ། ནང་གི་སྲིད་དུ་བདེ་བར་གཤེགས་པའི་མཐོའི་མཐོ་བཅུ་གཉིས། ཞེང་དུ་མཐོ་བདུན་ནོ།”，意思是：此房舍的標準是內部長佛十二張手，廣七張手。與《四分律》不同的是，這裏強調的長和寬都是指房屋內部的尺寸。

（三）當將餘比丘指授處所，彼比丘當指示處所，無難處、無妨處

《四分律》、《四分律比丘戒本》作「當將餘比丘指授處所，彼比丘當指示處所，無難處、無妨處」，意思是：應該為其他比丘們指示（自己建房的）地點，其他比丘們應該為（建房的比丘）指定沒有障難、沒有妨礙的地方（作為）建房的地點。

與《四分律》相似：

《四分僧戒本》作「應將餘比丘往看處所，彼比丘當指示處所無難處、無妨處」，《新刪定四分僧戒本》作「當將諸比丘指授處所，彼應指授處所無難處、無妨處」。

1 「磔」：《大正藏》作「磔（磔）」，據《高麗藏》再雕版改。
2 「磔」：《大正藏》作「磔（磔）」，據《高麗藏》再雕版改。

《十誦比丘戒本》作「是比丘應將諸比丘，示作房處無難處、非妨處。諸比丘應示作房處無難處、非妨處」。《解脱戒經》作「應將餘比丘往視處所，諸比丘應觀處所，無難處、無妨處」。

《十誦律》作「是比丘應問諸比丘，諸比丘當示，無難、無妨處」。相比《四分律》的「當將餘比丘指授」，這裏表述為「應問諸比丘」。

《僧祇律》作「應將諸比丘示作房處，無難處、無妨處」，《僧祇比丘戒本》作「應將諸比丘示作房處，無難處、非妨處」。與《四分律》相比，上述戒本中缺少與「彼比丘當指示處所」相對應的內容。

與《四分律》有部分差異：

《五分律》、《彌沙塞五分戒本》作「應將諸比丘求作處，諸比丘應示作處，無難處，有行處」。相比《四分律》的「當將餘比丘指授」，這裏表述為「應將諸比丘求」。

梵文《說出世部戒經》作“Bhikṣū cānenābhinetavyā vastudeśanāya| tehi bhikṣuhi vastu deśayitavyaṃ| anāraṃbhaṃ saparikramaṇaṃ”，意思是：應該帶領（其他）這些比丘們來查看（造房的）地點，通過比丘們指示一個不會傷害生命的地點，（並且）周圍有行走的空間。

梵文《有部戒經》作“Tena bhikṣuṇā bhikṣavo ‘bhinetavyā vāstu deśayitum abhinītair bhikṣubhir vāstu deśayitavyam anārambhaṃ saparākramaṃ”，意思是：因此比丘應該帶領（其他）比丘們查看（造房的）地點，（這個）比丘們來查看的地點（應該）不會傷害生命，（並且）周圍有行走的空間。

梵文《根有戒經》作“Tena bhikṣuṇā bhikṣavo ‘bhinetavyāḥ vāstudarśanāya| abhinītair bhikṣubhir vāstu draṣṭavyam anārambhaṃ saparikramam”，意思是：因此比丘應該帶領（其他）比丘們查看（造房的）地點，比丘們查看的地點（應該）不會傷害生命，（並且）周圍有行走的空間。

巴利《戒經》作“Bhikkhū abhinetabbā vatthudesanāya. Tehi bhikkhūhi vatthuṃ desetabbaṃ anārambhaṃ saparikkamanaṃ”。意思是：應帶領比丘們去查看（造房的）地點，通過比丘們指示一個不會傷害生命的地點，（並且）

周圍有行走的空間。

以上《五分律》及以下的律典中，與《四分律》「無妨處」對應的內容為：周圍有行走的空間的地方。另外，三部梵文戒本、巴利《戒經》與《四分律》「無難處」對應的內容為：不會傷害到生命的地方。

《根有律》、《根有戒經》、《根有律攝》作「是苾芻應將苾芻眾往觀處所，彼苾芻眾應觀處所，是應法淨處、無諍競處、有進趣處」。

藏文《根有戒經》作“གཞི་བལྟ་བའི་ཕྱིར་དགེ་སློང་དེས་དགེ་སློང་དག་བཀྲི་བར་བྱའོ། །ཕྱིན་པའི་དགེ་སློང་དག་གིས་ཀྱང་གཞི་ཙང་བ་དང་། རྩོད་པ་མེད་པ་དང་། བཅམ་ཏུ་ཙང་བར་བལྟ་བར་བྱའོ།”，意思是：此後，（應請）其他比丘們前往造房地點，比丘們應考察無糾紛、進出方便、（對於建造）恰當可行的地方。

上述《根有律》及以下的戒本中，與《四分律》「無難處、無妨處」相對應的內容是「法淨處、無諍競處、有進趣處」或相似的表述，大意是指：可以如法建造、不會引起爭論或者糾紛、進出方便的地方。

與《四分律》差異較大：

《鼻奈耶》作「於其間呼持法比丘，持法比丘當以法量，不以淫怒癡量」。

（四）若比丘有難處、妨處，自求作屋，無主，自為己

《四分律》、《新刪定四分僧戒本》、《四分律比丘戒本》作「若比丘有難處、妨處，自求作屋，無主，自為己」，意思是：如果比丘在一個有障難、有妨礙的地點，自己求取（材料）建造房屋，沒有施主（供養），自己為自己建造。

與《四分律》相似：

《四分僧戒本》作「若比丘有難處、妨處，自乞作屋，無主，自為己」。

《十誦比丘戒本》作「若比丘難處、妨處，自乞作房，無主，為身」。《僧祇律》作「若比丘於難處、妨處，自乞作房，無主，為身」，《僧祇比丘戒本》作「若難處、妨處，自乞作房，無主，為身」。《解脫戒經》作「若比丘難處、妨處，自求作房，無主，自為己」。

與《四分律》有部分差異：

《十誦律》作「若比丘自乞作舍，無主，自為」，與《四分律》相比，這裏缺少與「有難處、妨處」相對應的表述。

梵文《說出世部戒經》作“Sāraṃbhe ced bhikṣu vastusminn aparikramaṇe svayaṃyācikāya kuṭīṃ kārāpeya asvāmikām ātmoddeśikāṃ”，意思是：如果比丘在容易傷害生命、沒有行走空間的地方，自己乞求（材料）沒有施主（供養，並且是）為自己而建造小屋。

梵文《有部戒經》作“Sārambhe ced bhikṣur vāstuny aparākrame svayācitāṃ kuṭiṃ kārayamāṇa asvāmikām ātmoddeśikāṃ”，意思是：如果比丘在一個容易傷害生命、沒有行走空間的地點，沒有施主（供養，並且是）為自己而建造小屋。

梵文《根有戒經》作“Sārambhe ced bhikṣur vāstuny aparākrame svayaṃ yācitāṃ kuṭiṃ kārayed asvāmikām ātmoddeśakāṃ”，意思是：如果比丘在容易傷害生命、沒有行走空間的地點，自己乞求（材料），沒有施主（供養，並且是）為自己而建造小屋。

巴利《戒經》作“Sārambhe ce bhikkhu vatthusmiṃ aparikkamane saññācikāya kuṭiṃ kāreyya”，意思是：如果比丘在容易傷害生命、沒有行走空間的地方，自行乞求而建小屋。

梵文《說出世部戒經》及以下的律典與《四分律》相比有三處不同，分別是：以「容易傷害生命」的地點，對應「有難處」；以「沒有行走空間」的地點，對應「妨處」；以「小屋」對應「屋」。

《根有律》、《根有戒經》、《根有律攝》作「若苾芻於不應法、不淨處、有諍競處、無進趣處，自乞作房，無主自為己」。

藏文《根有戒經》作“གལ་ཏེ་དགེ་སློང་གིས་གཞི་མི་རུང་བ་འམ། རྩོད་པ་དང་བཅས་པ་འམ། བརྩམ་དུ་མི་རུང་བར་བདག་གིས་བསླངས་པ་བདག་པོ་མེད་པ་བདག་གི་ཕྱིར་ཁང་པ་རྩིག་ཏུ་འཇུག་གམ།”，意思是：如果比丘，沒有施主，自乞為己造房，且建造地點有糾紛、進出不方便、不是恰當可行的地方。

《根有律》及以下的四部律典與《四分律》「有難處、妨處」對應的內容為「不應法、不淨處、有諍競處、無進趣處」或類似的表述，指的是：不如法、不合適建造，容易引起爭論或者糾紛，進出不方便的地方。

與《四分律》差異較大：

《鼻奈耶》作「若以淫怒癡量者，不得作舍。比丘自求索作舍，自為自作主」。

《五分律》、《彌沙塞五分戒本》中無對應的內容。

（五）不將餘比丘指授處所，若過量作者，僧伽婆尸沙

《四分律》、《四分律比丘戒本》作「不將餘比丘指授處所，若過量作者，僧伽婆尸沙」。意思是：沒有帶領其他比丘們（為自己）指定（建房的）地點，或者房屋的建造超過規定的尺寸，犯僧殘罪。

與《四分律》相似：

《四分僧戒本》作「不將餘比丘往看處所，若過量作者，僧伽婆尸沙」。《新刪定四分僧戒本》作「不將諸比丘指授處所，若過量作者，僧伽婆尸沙」。

《十誦律》作「不問諸比丘，過量作者，僧伽婆尸沙」。《五分律》作「若不將諸比丘求作處，若過量，僧伽婆尸沙」。《彌沙塞五分戒本》作「若不將諸比丘求作處，若過量作，僧伽婆尸沙」。相比《四分律》的「將餘比丘指授」，上述《十誦律》表述為「問諸比丘」，《五分律》、《彌沙塞五分戒本》表述為「將諸比丘求」。

《解脱戒經》作「不將餘比丘往觀處所，若過量作，僧伽婆尸沙」。

梵文《有部戒經》作"Bhikṣ(ū)n nābhinayed vāstu deśayituṃ pramāṇaṃ vātikramet saṃghāvaśeṣaḥ"，意思是：沒有帶領（其他）比丘們查看地點，或是（房屋）超過尺寸，僧殘餘。

梵文《根有戒經》作"Bhikṣūṃś ca (nābhinayed vāstu) darśanāya anabhinītair bhikṣubhiḥ adarśitavāstuni pramāṇaṃ vātikramet saṃghāvaśeṣaḥ"，意思是：並且沒有帶領（其他）一部分比丘查看地點（而）比丘們沒有查看的地點（又）不合適，或是（房屋）超過尺寸，僧殘餘。

巴利《戒經》作"Bhikkhū vā anabhineyya vatthudesanāya，pamāṇaṃ vā

atikkāmeyya, saṅghādiseso”，意思是：或者沒有帶領（其他）比丘們查看地點，或者（房屋）超過尺寸，僧始終。

與《四分律》有部分差異：

《鼻奈耶》作「又不呼持法比丘，過限量者，僧伽婆施沙」。

《十誦比丘戒本》作「亦不將諸比丘示作房處，亦過量，僧伽婆尸沙」。

《僧祇律》作「亦不將諸比丘示作房處，而過量作者，僧伽婆尸沙」。《僧祇比丘戒本》作「亦不將諸比丘示作房處，而過量作，僧伽婆尸沙」。

《根有律》、《根有戒經》、《根有律攝》作「不將諸苾芻往觀處所，於如是處過量作者，僧伽伐尸沙」。

梵文《說出世部戒經》作“Bhikṣūn vā nābhineya vastudesanāya，pramāṇaṃ vā atikrameya, adeśite vastusminn aparikramaṇe saṃghātiśeṣo”，意思是：或者沒有帶領（其他）比丘們查看地點，或者超過尺寸，建在不容易走動的地方，僧殘餘。

藏文《根有戒經》作“གཞི་བལྟ་བའི་ཕྱིར་དགེ་སློང་དག་ཀྱང་མི་ཁྲིད་དམ། དགེ་སློང་ཁྲིད་པ་དག་ལ་གཞི་སྟོན་ཏམ། ཚད་ལས་འདས་ན་དགེ་འདུན་ལྷག་མའོ། །”，意思是：不請其他比丘前往考察恰當的處所，而且建造超過標準，僧殘餘。

三、關鍵詞

（一）屋

梵文戒經中對應“kuṭī”或“kuṭi”一詞，意思都是：小屋（英譯：hut, cell）。巴利《戒經》中對應“kuṭi”，和梵文意思相同。藏文《根有戒經》中對應“ཁང་པ་རྩིག”一詞，意思是：房屋、房舍類建築（英譯：a house）。

《四分律》作「屋者，房也」，將「屋」解釋為房舍。《十誦律》對應「舍」，並以舉例的方式列舉了「溫室、涼室、殿堂、樓閣、一柱舍、重舍」六種類型。《五分律》和《根有律》的解釋相同，從空間大小上說明房子可以容納行住坐臥四威儀。《巴利律》對應為「房舍」，並從外表形式上描述為「內部有塗抹，外部亦有塗抹，或內、外均有塗抹者」。《僧祇律》作「房舍者，佛所聽也」，從佛陀聽許的角度加以說明。

綜上所述，詞源分析中，梵、巴戒經中都是指小屋，藏文《根有戒經》指房屋、房舍。漢譯律典中，除《僧祇律》外，以上律典含義基本一致，都是房舍的意思。其中《四分律》解釋最為籠統，《十誦律》從房屋類型說明，《五分律》、《根有律》從房屋空間解釋，而《巴利律》更加強調房屋的裝飾塗抹。

（二）無主

梵文戒經中為“asvāmika”一詞，表示：無主的、無人認領的（英譯：having no possessor, unowned），本戒中引申為「沒有施主」之意。巴利《戒經》中是“assāmika”，意思與梵文相同。藏文《根有戒經》中為“བདག་པོ་（主人）མེད་པ་（無有）”，表示：沒有主人，亦引申為「沒有施主」（英譯：independent of a layman）。

《四分律》作「無主者，彼無有人，若一，若兩，若眾多」，即沒有施主供養的意思。《根有律》解釋為「謂無男、女或半擇迦等為其施主」，《根有律攝》解釋為「無主者，謂無別人與之為主」[1]，這兩部律與《四分律》相似，意思都是沒有施主供養，但並未說明施主是否包括出家人在內。

《十誦律》作「無主者，是舍，無檀越主，若男女、黃門、二根」，《五分律》作「無主者，無有檀越」，《善見論》作「無主者，無檀越主，但自東西乞求」[2]，這三部律典意思相同，明確指明為沒有檀越主。

《僧祇律》作「無主者，無有主，若男，若女、在家、出家人為主也」，明確記載沒有在家、出家人為施主。《巴利律》解釋為「無其他任何人為施主，即或男，或女，或在家，或出家者」，與《僧祇律》相同。

綜上所述，詞源分析中，諸部戒經內涵一致，都是指沒有主人之意，本戒中引申為沒有施主。漢譯諸律典對「無主」的解釋都是沒有施主供養的含義，但對施主範疇的界定有所不同。《十誦律》、《五分律》、《善見論》明確記載為檀越主，不包括出家人在內。《僧祇律》、《巴利律》中施主包括在家人和出家人。《四分律》、《根有律》、《根有律攝》對出家人是否在施主之列沒有明確的記載。

（三）自為己

梵文戒經中都是"ātmoddeśika"，該詞由"ātma（自己）"和"uddeśika（打算、意欲）"組成，所以直接的意思是：打算為自己的（英譯：intended for oneself）。巴利《戒經》為"attuddesa"，意思和梵文相同。藏文《根有戒經》中為"བདག（自己，本人）གི（的）ཕྱིར（因由）"，意思是：自己的原因（英譯：for himself）。

《四分律》將「自為己」解釋為「自求索、自為作也」，就是自己求索建築所需材料，自己建造房屋的意思。

1 《根有律攝》卷 3，《大正藏》24 冊，543 頁下欄至 544 頁上欄。

2 《善見論》卷 13，《大正藏》24 冊，764 頁中欄至 765 頁中欄。

《僧祇律》作「自身者，自己也」，《巴利律》作「自理者，為自己而作」，這兩部律都是為自己建造房屋的意思。《五分律》記載：「為身者：為己，不為人，亦不為僧。」《十誦律》記載：「自為者，不為眾僧故，專為己，名自為。」《根有律攝》記載「為己作者，非為僧伽」，《善見論》解釋為「自為者，自為己身，不為眾僧」，這幾部律典的意思相同，除了為自己外，還強調不為眾僧的內涵。《根有律》提到為自己建房的尺寸要應量，「為己作者，謂為自身當應量作」。其餘律典沒有相關內容記載。

綜上所述，詞源分析中，諸部戒經內涵一致，都是指「為了自己（建造房屋）」。漢譯律典中，《僧祇律》、《巴利律》只提到只為自己建造房屋，《十誦律》、《五分律》、《根有律攝》、《善見論》中除了為自己外，還有不為眾僧的內涵。《四分律》中則有自己求索建築所需材料和為自己建房的雙重內涵。《根有律》比較特別，意思是應量而作。

（四）應量

梵文戒經中對應“prāmāṇika”一詞，意思是：合量的、符合標準（英譯：measurable, subject to measurement）。巴利《戒經》中是“pamāṇika”，意思與梵文相同。藏文《根有戒經》中對應“ཚད་བཞིན་དུ”一詞，意思是：合適的量、標準、程度（英譯：the proper measurements）。

《四分律》中，「應量」的內涵是「長佛十二搩手、內廣七搩手」，指出長度為佛十二搩手，內部寬度為佛七搩手的房子是為應量。《十誦律》與之相同。

《根有律》、《僧祇律》、《巴利律》雖然也解釋為長佛十二搩手，寬佛七搩手，但在測量的對象上有微細差別。《巴利律》記載，佛十二搩手為房子外側的長度，佛七搩手為房子內部的寬度。《僧祇律》的長寬測量對象都是房子的內部，而且還限定了房屋的高度，「內七搩手者，作屋法有內外量，令縱橫量壁內也。屋高下量者，邊壁一丈二尺。」《根有律》沒有房子內外部測量的說明。

此外，《僧祇律》還特別記載了「佛一搩手」的長度為二尺四寸。《根有律》中，佛一搩手與凡夫一搩手的換算比例為 1：3，佛一搩手與凡夫一肘的換算比例為 2：3。

綜上所述，詞源分析中，諸部戒經內涵相同，都為「合適的量、符合標準」之意。以上漢譯諸律典，對房子應量的解釋都是長佛十二搩手、寬佛七搩手，只是在測量對象上有微細的差別。《僧祇律》長、寬、高都是從內部測量；《巴利律》外測長度，內測寬度；《四分律》、《十誦律》只提到內測寬度；其餘律典沒有提及。另外《僧祇律》還記載了佛一搩手的具體尺寸，《根有律》記載了佛陀與普通人一搩手、一肘的換算比例。

（五）難處

梵文戒經中對應的是“sārambha”一詞，由前綴“sa（具有）”和“ārambha（殺戮、傷害）”組成，所以引申為：容易傷害生命的地方（英譯：a site which is entailing harm to creatures）。巴利《戒經》中對應的“sārambha”與梵文意思相同。藏文《根有戒經》中沒有與「難處」直接對應的詞，其中相似表述為“རྩོད་པ་（衝突）དང་བཅས་པ་（伴隨）”，意思是：可能發生衝突，可以引申為有糾紛的（地方）。

《四分律》對於「難處」的解釋中大致列舉了三類：1. 有野獸或昆蟲等生命存在，傷害或被傷害的可能性很大；2. 土地所有權不明，在此建房會產生紛爭；3. 自然環境不適合建房的地方，如陷溝、坑陂等地形障礙，或石、樹株、荊棘等物體障礙，或水淹漬等環境障礙。

《十誦律》和《善見論》的「難處」的解釋，與《四分律》的第一部分意思相同。《僧祇律》的「難處」主要有兩類：1. 和《四分律》第一部分同；2. 有樹木、植物的地方，與《四分律》第三部分相似。

除了《四分律》中所舉三類處所之外，《五分律》中更列了一些《四分律》中沒有提到的難處，如：十字路口中多人聚戲處，淫女處，市肆處，放牧處，離村太近、太遠、道路險峻處。《根有律》、《根有律攝》解釋「難處」分為

「不淨處」和「有諍競處」兩個部分，其中不淨處和《四分律》的第一部分相同，有諍競處指靠近王宮、天祠、比丘尼寺等容易引起紛爭和譏嫌的地方，這些處所《四分律》中沒有提及。《巴利律》的「難處」涵蓋範圍很廣，列舉了許多難處，除了和《四分律》第一部分相同的處所外，還包括「七穀之生處、七菜之生處」，這與《四分律》第三部分相似；另有「或屠殺處、刑場處，或冢墓處、園地處，或王地、象屋、馬屋、監獄、酒坊、獄所、車道、四叉路、集會處、有幕處」等環境障礙的地方。

綜上所述，詞源分析中，梵、巴戒經內涵一致，指容易傷害生命的地方。藏文《根有戒經》含義為有糾紛的地方。漢譯律典中，諸律典一致的解釋是有野獸或昆蟲等生命存在，造成傷害或被傷害的可能性很大的地方。《十誦律》、《善見論》中「難處」包含的範圍最窄，《巴利律》的範圍最寬，《五分律》、《根有律》、《根有律攝》記載了一些比較特殊的「難處」。

（六）妨處

梵文戒經中使用“aparikrama”或“aparākrama”，該詞由否定前綴“a”和“parikrama”或“parākrama”（來回走動）組成，引申為：不能走動、不方便轉彎的地方（英譯：a site which is not having a surrounding space）。巴利《戒經》中“aparikkamana”一詞意思與梵文相同。藏文《根有戒經》中“བརྩལ་ད་（搜尋）མི་རུང་བ（不合適）”一詞，意思是：進出不方便（英譯：not being easy of access）。

《四分律》中「妨處者，不通草車迴轉往來」，意思是「影響交通的狹窄處」，強調的是避免影響交通。

《僧祇律》中，妨處指「周匝不得容十二桄梯，令作事者不得周旋往返覆苫塗治也」，強調的是房屋周圍的空間應方便施工。與《四分律》的角度不同。

《五分律》中用「行處」一詞，從正面說明的話，解釋為「繞四邊得通車，是名有行處」，意思是以房屋周圍能夠通車為「行」的標準。從比丘的角度出發，強調的是應選擇房屋周圍比較寬敞的地方。

《根有律》對應「妨處」的詞語為「無進趣處」，其中「進趣」在詞典中含有「行動」的意思；律中解釋「於其四邊下至一尋，容得往來亦須觀察，若有河井或臨崖坎，是名無進趣，不應求法」，意思是：此地周圍行走不便，如有河流、水井或是懸崖、坑陷（這些地點可能會造成比丘受傷或死亡）。主要強調可供通行而且途中沒有諸如河流水、井、懸崖之類的安全隱患。《根有律攝》與之相同。

《薩婆多論》對應的詞是「大石者」，解釋為：「若近在房，行來進止作諸惱害，或破器物。」其內涵包括兩個方面：1. 妨礙往來行走；2. 有危險的物品。意思與《根有律》相同。[1]

《巴利律》中「行處」的具體解釋是：牛車得迴轉之處，四周階梯得迴轉之處。意思是：所謂可供行走，即是房屋周圍比較寬敞，比如牛車可以迴轉。

《十誦律》中「妨處者，是舍四邊一尋地內，有塔地，若官地、居士地、外地道、比丘尼地，若有大石、流水、池水、大樹、深坑」。總結其內涵主要包括兩方面：1. 易引發紛爭的地方；2. 妨礙建房的環境。這兩類情況在《四分律》中均列為「難處」，與其「妨處」所指可比性不強。

《善見論》解釋「妨處」為：「或人田園，或是道路處，或是怨家處，或是賊處，或是尸陀林處，或是王誌護處。」其內涵類似《根有律》中的「有諍競處」。

綜上所述，詞源分析中，梵、巴戒經引申的含義為「不能走動、不方便轉彎的地方」，藏文《根有戒經》指進出不方便（之地）。漢譯律典中，《四分律》、《五分律》、《巴利律》的解釋相同，意思是不能使車子環繞往來的地方。《薩婆多論》、《根有律》、《根有律攝》除了強調不得阻礙通行之外，途中還不能存在安全隱患。《僧祇律》強調房子周圍的空間不能太小，否則影響通行和修治房屋等，而且明確指出「不得容十二桄梯」，是為妨處。《十誦律》、《善見論》的解釋更傾向於「難處」的內涵，與其他律典中「妨處」的解釋差別較大。

---

1 《薩婆多論》卷 3，《大正藏》23 冊，520 頁下欄至 521 頁中欄。

四、辨相

(一) 犯緣

具足以下五個方面的犯緣便正犯本戒：

1. 所犯境

《四分律》的所犯境為「無主房」，即比丘自己乞求建造，沒有施主供養的房屋。

《毗尼母經》[1]中，「若比丘私作房」，正犯此戒；沒有説明此房是否是有施主供養。

除《毗尼母經》外，其他律典的所犯境均與《四分律》相同，其中《鼻奈耶》、《根有律》、《根有律攝》[2]是在戒條中提及。

此外，《善見論》[3]中，「若自為身作説戒堂、溫室、食堂……若兼為自己住」，也正犯此戒。

《明了論》沒有此戒的內容，下不贅述。

2. 能犯心

(1) 發起心

《四分律》中，有想要「為己」即為自己建房的心，正犯此戒。除《薩婆多論》[4]、《毗尼母經》和藏傳《苾芻學處》[5]，其他律典的發起心與《四分律》相同。其中《鼻奈耶》是在戒條記載，《根有律》和《根有律攝》在戒條和關鍵

1 《毗尼母經》卷 2，《大正藏》24 冊，812 頁上欄；卷 4，《大正藏》24 冊，823 頁中欄至下欄；卷 7，《大正藏》24 冊，841 頁中欄；卷 8，《大正藏》24 冊，848 頁上欄。

2 《根有律攝》卷 3，《大正藏》24 冊，543 頁下欄至 544 頁上欄。

3 《善見論》卷 13，《大正藏》24 冊，764 頁中欄至 765 頁中欄。

4 《薩婆多論》卷 3，《大正藏》23 冊，520 頁下欄至 521 頁上欄。

5 《苾芻學處》，《宗喀巴大師集》卷 5，66 頁。

詞記載。

《根有律》、《根有律攝》戒條記載，想要「為己」建房，正犯。而《根有律》中，「若有苾芻往餘苾芻處作如是語：『仁當為我於無諍競有進趣處求僧聽許，勿令過量造作小房。』時彼苾芻為作小房，於有諍競處，或於無進趣處，或僧不聽許，或過量作。彼營作苾芻……若總具前過而作房者，得僧伽伐尸沙」，為他人建房，也正犯此戒。《根有律攝》也有類似說明，「若有苾芻語餘苾芻言：『為我造房，勿令違法。』若彼苾芻違法作者，自得其罪」。由以上內容可以看出，《根有律》和《根有律攝》中，不論是為自己還是為他人建房，都正犯此戒。

《摩得勒伽》[1]中，為他人建房，不正犯此戒；由此可以反推出此戒發起心是「為己建房」之心。

藏傳《苾芻學處》的發起心為「非為三寶，為一主」之心，而且此心要一直持續到究竟成犯，才正犯此戒。這裏的「一主」是指「一個人」。

《薩婆多論》和《毗尼母經》沒有明確說明此戒的發起心。

（2）想心

《四分律》中，「若僧不處分作不處分想」，正犯此戒；過量作過量想，正犯此戒。藏傳《苾芻學處》中，「想不錯亂」，正犯此戒。

其他律典沒有記載與想心有關的犯緣。

3. 方便加行

（1）一人自作

《四分律》中，在「不被僧處分」的地方建房，或是建造房屋時「過量」，都正犯此戒。《巴利律》、《善見論》與《四分律》相同。

《十誦律》中，建房時「過量作」、「不問處」、「有難處」、「有妨處」，這四個條件任意違背一個，便正犯。

---

1 《摩得勒伽》卷 2，《大正藏》23 冊，571 頁下欄至 572 頁上欄；卷 8，《大正藏》23 冊，616 頁下欄。

《摩得勒伽》中，建房時「不從僧乞」，正犯此戒。《毗尼母經》中，造房時「不白眾僧乞羯磨」，正犯此戒。這兩部律比《四分律》少了「過量」的犯緣。

《鼻奈耶》戒條記載，比丘建房時「不呼持法比丘，過限量者」，正犯此戒。此律沒有說明到底是「不呼持法比丘」和「過限量」兩個條件都滿足，才正犯此戒，還是只要滿足一個條件就正犯此戒。《五分律》戒條記載，造房時「若不將諸比丘求作處，若過量」，正犯此戒，此律也沒有說明到底是「不將諸比丘求作處」和「過量」兩項都滿足才正犯，還是只要滿足一項就正犯。但從各有一個「若」字的字面理解來看，後一種可能性較大。上面兩部律典的方便加行不確定。

與《四分律》相比，《薩婆多論》等五部律典需要滿足多個條件才正犯。如《薩婆多論》中，「不問處、過量、難處、妨處，四事不如法」，正犯此戒。《僧祇律》中，比丘在「難處妨處」，且不經過僧團的指授而建房，正犯此戒；值得一提的是，此律雖然對房屋的尺寸做出了規定，但是過量作並不是此戒的犯緣。《根有律》中，「僧不許」而在「不淨處」、「有諍競處」、「無進趣處」、「過量」而建房，這五項都滿足，才正犯此戒。《根有律攝》戒條中，「眾不觀許」而在「不清淨處」、「有諍競處」、「無進趣處」，建造「肘量增多」的房屋，此五項都滿足，正犯此戒。藏傳《苾芻學處》中，造房時：①「具足三種不清淨（一、有蟲等名不淨，二、與他競爭處名不諍，三、牆外一弓之內或有河水，或有懸巖，或有井等，名無進趣處，是名三種不清淨）」；②「未請僧伽觀看」；③「所作之房房體成就（多障多覆），能容四威儀，內中長十八肘，寬十肘半，過此量半肘以上」。滿足這三個條件，正犯。

（2）教他作

《四分律》中，自作、教他，都正犯此戒。對此，《十誦律》、《薩婆多論》、《僧祇律》、《根有律》、《根有律攝》、《巴利律》與《四分律》相同。藏傳《苾芻學處》中，「或自樂意作，或他教作，或自作，或教他作。若教他作，他未如教而作，自承許」，都正犯此戒。

《四分律》中，如果比丘教他人為己建如量房，「彼作者過量，作者犯」，教作如量房的比丘不犯。《薩婆多論》中，「倩他作，作不如法，二俱得罪」，即二人都正犯此戒。《根有律攝》中，「若遣他者，作如是言：『此處善好可為作房，我乞木等以相供濟。』而實不淨，二並得罪」，即乞材料者和建造者都正犯此戒。

《巴利律》記載：「比丘命『汝等造我房舍！』而去，而不命『應被指示作處，適量而於無難處、有行處』。」比丘教別人為自己造房，卻不說明應該如法建房，造房時「不被指示作處」或「過量」，都正犯此戒。「彼若於房舍未成時來」也就是此非法房造好之前，「由彼比丘云其房舍應與他人，或拆壞再造」，不犯。否則，造房時「不被指示作處」或「過量」，都正犯此戒。此律中並未說明比丘在非法房造好之後「來」，是否正犯。此外，「他人造而未成，由己成之」或「他人造而未成，由他人成之」，都正犯此戒。

（3）多人共建一房

《摩得勒伽》中，「十人共乞作一房」，十人全部正犯。

《僧祇律》中，「二比丘、眾多比丘」共作一房，都正犯此戒。

《根有律攝》中，如果「十人共造一房，同興方便，十俱得罪」，所有參與的人都正犯。

《善見論》中，如果多人共造一房，「若段段分，人得一屋分」，都正犯此戒。

（4）其他

《十誦律》中，乞眾僧指授建房處所時，「若乞作房不乞地」而建房，正犯此戒。

4. 究竟成犯

《四分律》中，「屋成」，即房子造完時，正犯此戒。《十誦律》、《薩婆多論》、《五分律》、《毗尼母經》與《四分律》相同。

《僧祇律》中，「作房時……乃至屋成。若磚覆者，最後一磚時」，正犯此戒；「若瓦覆，若木覆，若板覆，若石灰覆，若泥團覆，若草覆，乃至最後一把草覆時」，正犯此戒。若作房未完成而中止，以後再繼續做，完成時正犯此戒。房屋未作成，比丘教他人為自己繼續建造，建成時，正犯此戒。

《根有律攝》中，「造房已了堪應受用」，正犯此戒。

《巴利律》中，「至〔最後之〕一泥團未塗者……其泥團塗已者」，正犯此戒。

《善見論》中，建房時有三種究竟成犯的情形：(1) 造房結束時，需要用磚壘的房舍，壘上最後一塊磚時，正犯此戒；(2) 造房結束時，需要用泥的房舍，「最後第一摶泥偷蘭遮，第二摶得竟」，正犯此戒；(3) 還有一種情況根據作房者心理來判罪，「若作屋餘磚泥留置，我後當成，偷蘭遮，若決定罷心」，正犯此戒，意思是如果比丘自己覺得房屋已經完成，正犯。

藏傳《苾芻學處》中，「由彼加行因緣覆圍圓滿時」，房屋的屋頂和牆壁必須建造完成，才正犯此戒。

《鼻奈耶》、《摩得勒伽》、《根有律》中沒有明確説明此戒的究竟成犯。

5. 犯戒主體

《四分律》中，比丘，正犯此戒；其餘律典與《四分律》相同。

（二）輕重

1. 所犯境

《四分律》中，比丘建造「無主房」，犯僧殘。

其他律典中與所犯境相關的正犯情況詳見上文犯緣，此處不再贅述。

《十誦律》中，他人建造了一半的非法房，比丘接收後建完，犯偷蘭遮。

藏傳《苾芻學處》中，「他人已作未完之房，續作圓滿」，犯偷蘭遮。另外，「資非所求」而建房犯偷蘭遮。這裏的「資非所求」，指的是比丘建房用的資材並非是通過乞求得來的，是清淨的，但滿足其他犯戒條件。

《摩得勒伽》中，「自物作房」，犯偷蘭遮。《根有律攝》中，「用己物」建房，犯偷蘭遮。

《善見論》記載：「若自為身作説戒堂、溫室、食堂，如此作不為自己住，無罪；若兼為自己住，僧伽婆尸沙。」

2. 能犯心

（1）發起心

《四分律》中，有想要為自己建造無主房的心，犯僧殘。除《薩婆多論》、《毗尼母經》、《根有律》、《根有律攝》、藏傳《苾芻學處》外，其餘律典正犯此戒的發起心如犯緣所述。

《根有律》和《根有律攝》中，有想要建造無主房之心，不管是為自己還是為他人，都犯僧殘。藏傳《苾芻學處》中，「非為三寶，為一主，作此心未斷」，此心要一直持續到究竟成犯，才犯僧殘。「如為二人、三人而作，若於他自在處為彼故，未問彼而作，或他人已作未完之房，續作圓滿」，犯偷蘭遮。

《薩婆多論》、《毗尼母經》沒有與發起心有關的判罪。

《四分律》中，為他人建房，在僧不處分的地點建、過量建，犯兩個偷蘭遮；在有難、妨處建房，犯兩個突吉羅。《摩得勒伽》中，為他人建房，有兩段判罪：①「他房，他作為成，偷羅遮；二人共作，偷羅遮」；②「成他房自住，偷羅遮；未覆為覆，偷羅遮」。

（2）想心

《四分律》記載：「若僧不處分作不處分想，僧伽婆尸沙；若僧不處分疑，偷蘭遮；僧不處分作處分想，偷蘭遮；僧處分作不處分想，偷蘭遮；僧處分有疑，偷蘭遮。過量亦如是。」於有難處作有難處想、疑、無難處想，都犯突吉羅；於無難處作有難處想、無難處疑，突吉羅；作無難處想，不犯。妨處與此相同。

藏傳《苾芻學處》中，「想不錯亂」，犯僧殘。

其餘律典中沒有關於想心的判罪。

3. 方便加行

（1）一人自作

《四分律》中，若比丘建房時「不被僧處分」或「過量」，都犯僧殘；在「有難處」或「有妨處」建房，犯突吉羅。《巴利律》和《善見論》與《四分律》

相同。

《十誦律》中，比丘建房時「過量作」或「不問處」或「有難處」或「有妨處」，均犯僧殘。

《摩得勒伽》中，建房時「不從僧乞，僧伽婆尸沙」。《毗尼母經》中，造房時「不白眾僧乞羯磨」，犯僧殘。

《鼻奈耶》和《五分律》中結犯僧殘的情況不能完全確定，詳見上文犯緣，此處不再贅述。對於犯輕罪的情況，《五分律》中提到：「若僧示難處、無行處，僧突吉羅；若於此處作者，亦如是。」由此可知：在「難處」或「無行處」建房，結突吉羅罪。

以下幾部律典，均須滿足多項條件才犯僧殘罪。

《薩婆多論》中，「不問處、過量、難處、妨處，四事不如法」，犯僧殘；如果「三事不如法、一事如法，二事不如法、二事如法，一事不如法、三事如法……得重偷蘭」。

《僧祇律》中，在「難處、妨處」，「不將諸比丘指授處所」而建房，犯僧殘罪。

《根有律》中，「僧不許」而在「不淨處」、「有諍競處」、「無進趣處」、「過量」建房，這五項都滿足，才犯僧殘；滿足其中的任意一項，犯一個偷蘭遮。

《根有律攝》戒條記載，「眾不觀許」而在「不清淨處」、「有諍競處」、「無進趣處」，建造「肘量增多」的房屋，此五項都滿足，犯僧殘罪；滿足其中的任意一項，犯偷蘭遮。

藏傳《苾芻學處》中，造房時滿足如犯緣所述的三個條件，犯僧殘。此外，「或無處所三種不淨緣及隨缺一種，或未得僧眾許可而作」，犯偷蘭遮。如果建房的物資是乞求而來，犯偷蘭遮；造房過量，犯偷蘭遮。如果同時存在乞求和過量的問題，亦犯偷蘭遮；若沒有這兩個問題，而其他方面不符合要求，得突吉羅。

（2）教他作

《四分律》中，不管是自作，還是教他，都結本罪。《十誦律》、《薩婆多論》、《僧祇律》、《根有律》、《根有律攝》、《巴利律》與《四分律》相同。

藏傳《苾芻學處》中，「或自樂意作，或他教作，或自作，或教他作。若教他作，他未如教而作，自承許」，均犯僧殘。

《四分律》中，如果比丘教他人為己建如量房，「彼作者過量，作者犯」，教作如量房的比丘不犯。此外，「彼教人案繩墨作，即如法作，不還報，作者犯。若教人案繩墨作，即如法作，教者不問：『如法作不？』教者犯」。

《根有律》記載：「若彼苾芻往營作苾芻所作如是語：『汝今作房極是善好，如我所教不相違背，若有少闕草木泥等我當供給。』若於有諍處，或於無進趣處，或僧不聽許，或時過量，二人皆得窣吐羅底也。若總具前過，二人俱得僧伽伐尸沙。」

《巴利律》中，比丘教別人為自己造房，卻不說明應該如法建房，造房時違反了幾項規定，就結相應的罪。「彼若於房舍未成時來」，也就是此非法房屋造好之前，「由彼比丘云其房舍應與他人，或拆壞再造」，不犯。比丘命人如法造房，但是造房者非法作，比丘「應自往，或遣使云『應被指示作處，而於無難處、有行處』」，否則犯突吉羅。他人命比丘如法造房，比丘非法造，於「不被指示作處」、「過量」、「有難處」、「無行處」四項中，任意違反一項，結一個突吉羅罪。比丘的非法房舍，「他人造而未成，由己成之則僧殘，他人造而未成，由他人成之亦僧殘」，意思是：別人未造完的房子，比丘造完了，犯僧殘；別人未造完的房子，由別人造完，也犯僧殘。

《薩婆多論》中，「倩他作，作不如法，二俱得罪」，即二人都犯僧殘罪。

《根有律攝》中，「若遣他者，作如是言：『此處善好可為作房，我乞木等以相供濟。』而實不淨，二並得罪」，這裏的「得罪」指得僧殘罪。

（3）多人共建一房

《摩得勒伽》、《僧祇律》、《根有律攝》中，若多人共造房舍，均一一犯僧殘。

《善見論》中，多人共造一房，「若段段分，人得一屋分」，多人均犯僧伽婆尸沙。

（4）其他

《十誦律》中，乞眾僧指授處所時，「從眾僧乞地不乞作房，是中作房，得偷蘭遮。若乞作房不乞地，得僧伽婆尸沙」。

《薩婆多論》中，「若僧不教應量、不示難處妨處者」，眾僧犯突吉羅，「作房已不得嫌小，更大作房不如法，隨作時得偷蘭」。

《摩得勒伽》中，「乞房已不作」犯偷蘭遮；這裏的「乞房」在律文後面有解釋，「云何乞房？眾僧和合作羯磨」。此外，該律典還記載：「物不現前而作房，偷羅遮；不捨房而作，偷羅遮；遠處作房，偷羅遮。」

《僧祇律》中，比丘將非法房屋造好後，「受用時，得越比尼罪」。只要房主比丘「不捨戒、不死、不與僧」，其他比丘在此非法房內「若熏鉢、作衣，若受誦，若思惟一切受用者，得越比尼罪」。

《五分律》中，「若僧示難處、無行處，僧突吉羅」。此外，「雜金銀珍寶作，及完成瓦屋，乃至僧地中作，皆偷羅遮」。

《根有律攝》記載：「若有苾芻語餘苾芻言：『為我造房，勿令違法。』若彼苾芻違法作者，自得其罪。」若比丘令他人造房時起了疑心，不管對方是否造房，比丘都犯偷蘭遮。

藏傳《苾芻學處》中，造房時「或雖清淨而不白僧求聽許……或得聽許後而不作等，皆學處惡作」。

4. 究竟成犯

《四分律》中，「屋成」，即房子造完時，犯僧殘。在這一點上，《十誦律》、《毗尼母經》與《四分律》相同。

（1）諸律與《四分律》的相似處

《根有律攝》中，「造房已了堪應受用」，犯僧殘。

《薩婆多論》記載：「四事不如法，若平地時、封地作相時，以得偷蘭遮；從二團泥未竟已還，盡輕偷蘭；餘一團泥在，未竟，重偷蘭；竟，僧殘。」

《僧祇律》記載：「作房時，若授磚泥團者，盡得越比尼罪。壘磚安行行，作房比丘一一得越比尼罪。乃至若戶牖成已，得偷蘭罪。乃至屋成若磚覆者，最後一磚時，得僧伽婆尸沙罪。」「若瓦覆，若木覆，若板覆，若石灰覆，若泥團覆，若草覆，乃至最後一把草覆時，得僧伽婆尸沙。」

《五分律》記載：「從發心及治地至粗泥，皆突吉羅；細泥，偷羅遮；作竟，僧伽婆尸沙。」

《巴利律》記載：「自造或令他造者，每所造，突吉羅。至〔最後之〕一泥團未塗者，偷蘭遮。其泥團塗已者，僧殘。」

藏傳《苾芻學處》中，「由彼加行因緣覆圍圓滿時」，房屋的屋頂和牆壁必須建造完成，才犯僧殘；「或作無頂房……皆成粗罪」。與《四分律》相比，此律強調了房屋的屋頂與牆壁需要建造完整。

上面的《根有律攝》等六部律典與《四分律》相比，雖然在細節上有差異，但是究竟成犯的判罪相似。

（2）諸律與《四分律》的差異之處

《十誦律》記載：「若比丘作房未成反戒，得偷蘭遮。」

《薩婆多論》記載：「從平地封地作相，乃至一團泥未竟已還，盡輕偷蘭；作房竟，得重偷蘭。」

《僧祇律》中，作房未完成而中止的情況：「作房未成中止者，得偷蘭罪；後更成時，僧伽婆尸沙。」房屋未作成，他人為自己完成的情況有兩種：①「作房者若房主安處房已，令餘人作，乃至房成時，作房者比丘得僧伽婆尸沙」，比丘教他人為自己作房，完成時犯僧殘；②「若房主安處房已，後他人成者，偷蘭罪」，如果比丘選中了一塊地點建房，不教他人為自己建房，別人自發為比丘完成房屋，完成時，犯偷蘭遮。

《摩得勒伽》記載：「乞物作房，不作，偷羅遮；從僧乞已不作，偷羅遮；已作不成，偷羅遮……作未成自殺，若自言：『我沙彌、黃門、二根。』廣說如捨戒，皆犯偷羅遮。」

《根有律攝》記載：「或時有過造而中休，若被他奪，若已興功而便命過，若作白衣，若為求寂……並窣吐羅。」

《善見論》中，建房時有三種究竟成犯的情形。①用磚壘的房舍：「隨作房有所造作營理，一一悉突吉羅；若以磚壘壁，隨磚多少，一一突吉羅；最後二磚，第一磚偷蘭遮；第二磚僧伽婆尸沙。」②需要用泥才能造成的房舍：「初作乃至二摶泥已還，悉突吉羅；最後第一摶泥偷蘭遮；第二摶得竟，僧伽婆尸沙。」③還有一種情況需根據作房者心理來判罪：「若作屋，餘磚泥留置，我後當成，偷蘭遮；若決定罷心，僧伽婆尸沙。」意思是：如果比丘還覺得房子沒蓋完，留着材料準備繼續造，犯偷蘭遮；如果自己覺得已經完成了，犯僧殘。

藏傳《苾芻學處》只是動心，沒有方便加行的情況：「欲求地基及資具，或欲於不清淨處作……或雖得聽許而欲過量作……皆學處惡作。」

（3）其他

《四分律》還記載，比丘在「僧不處分、過量、有難、有妨處」的情況下為他人建房，「作而不成，四突吉羅」。

5. 犯戒主體

《四分律》中，比丘，犯僧殘；其他律典在這一點上與《四分律》相同。

《四分律》和《薩婆多論》中，比丘尼，偷蘭遮；下三眾，突吉羅。

《五分律》中，沙彌，犯突吉羅。

（三）不犯

1. 所犯境不具足

《四分律》中，「講堂、草庵、葉庵；若作小容身屋」，不犯。

《十誦律》記載：「若得先成舍，無犯。」

《摩得勒伽》記載：「問：『頗有比丘自作房，不從僧乞不犯耶？』答：『有，謂蚊蝱。』」

《僧祇律》記載：「若比丘於佛生處，得道處、轉法輪處、五年大會處，是諸尊處，為供養作草庵、樹葉庵、帳幔旃庵，暫住者聽作。」

《根有律》記載：「若得先成屋及舊受用房，或修營舊室者無犯。」

《根有律攝》記載：「無犯者，得先成屋及舊受用房，並大蚊幬，此皆無犯。」

《巴利律》記載：「造山窟、洞穴、草屋……不犯也。」

《善見論》記載：「若壘磚作窟，壘石壘土壘木，若草屋乃至過量不處分，亦不犯。」

2. 能犯心不具足

《四分律》記載：「若為僧作；為佛圖……若作多人住屋，如是者不犯。」此律還記載，於無難處作無難處想，或是於無妨處作無妨處想，均不犯。

《十誦律》記載：「若為佛為僧，無犯。」

《巴利律》記載：「為他人造，不犯也。除〔己之〕住屋，〔為公眾者〕皆不犯也。」

《善見論》中，「若自為身，作説戒堂、溫室、食堂，如此作不為自己住，無罪。」

3. 方便加行不具足

《四分律》記載：「不犯者，如量作，減量作，僧處分作，無難處、無妨處作，如法拼作。」

《根有律》記載教別人如法作房，而別人非法作的情況：「若彼苾芻至營作苾芻所作如是語：『汝今作房極為不善，如我所言皆相違背，有所闕少皆不供給。』其營作人如前得罪，彼苾芻無犯。」

4. 究竟成犯不具足

《善見論》記載：「若作屋未成，若施僧乃至一人，若打壞若擲置，不犯。」

5. 犯戒主體不具足

《四分律》記載：「不犯者，最初未制戒、癡狂、心亂、痛惱所纏。」《五分律》、《根有律》與《四分律》相同。

《巴利律》記載：「癡狂者、最初之犯行者，不犯也。」

《善見論》記載：「無罪者，最初未制戒阿羅毗迦比丘無罪。」

五、原理

(一) 約束貪欲煩惱、避免損惱他人

本戒屬於遮戒。

《根有律攝》中記載了此戒制定的原因：「由住處事誹恨，住處鄙業煩惱，制斯學處。」佛陀開許比丘可以自建私房，比丘乘此機會作大房舍。他們因為忙於建造房舍，使「讀經、坐禪、行道」等修行廢缺，另外又由於過量建房產生的頻繁乞求，給施主的實際生活帶來了壓力，使得施主對比丘的行為心懷惱恨。

《薩婆多論》提到：「與諸比丘結戒：一、以為法久住故；二、為止誹謗故；三、不惱害眾生令信敬增長故；四、為少欲知足行善法故。」世間人看到比丘不能專注於修道正業，一味追求住房的寬廣舒適，會損害他們對比丘的崇敬之心，並可能因此讓他們對佛教也失去信心。本戒也是為約束比丘在為自己建房過程中的過度貪欲，避免社會譏嫌而制定。

(二) 比丘住處的演變

最初，佛跟他的弟子都沒有房產。[1] 從《四分律》「房舍揵度」中可以看出，佛陀初轉法輪，度五人出家，比丘並沒有固定的房舍，只能居住「在阿蘭若處樹下，若空房，若山谷窟中，若露地，若草苫、草積邊，若林間，若冢間，若水邊，若敷草，若葉」[2]。可見，此時的比丘還在遵守四依法的「依樹

---

1 《四分律》卷 50：「時諸比丘清旦從耆闍崛山來王舍城中，有大長者見已問言：『大德在何處宿？』答言：『在山窟中、水邊、樹下、石邊、若草上。』長者問言：『無房舍耶？』答言：『無。』『若作房者得不？』比丘答言：『世尊未聽作房舍。』諸比丘白佛，佛言：『聽作房舍。』」《大正藏》22 冊，936 頁下欄。

2 《四分律》卷 50，《大正藏》22 冊，936 頁中欄。

下坐」這條規定。

後來，隨着摩竭國瓶沙王供養迦蘭陀竹園以及居士長者布施僧房，比丘才有了固定的房舍。佛開許僧團擁有房產主要有兩個原因：一是從人類的自然屬性看，衣食住行是最基本的需求，畢竟不是每個比丘都能適合頭陀行，沒有住處連佛事活動都難以開展[1]；二是從社會屬性看，因為有信眾供養及弘法的需要，如竹園精舍就是瓶沙王為了佛法弘化事業的推展而供養的。[2]但這些房產都是屬於僧團集體所有，不屬於個人，還不是此戒所說的私房。

關於私房的開許，在此戒緣起故事中，佛陀「聽諸比丘作私房舍」，律典裏沒有說明為什麼佛陀做出這樣的開許。根據緣起故事背景來看，很可能是因為隨着僧團規模的擴大，集體僧房不夠用了，比如「大盜戒」中說到比丘「共一處安居，少於房舍」[3]，安居的時候因為比丘人太多，僧次分房戒臘低的比丘分不到僧房，才發生了比丘盜木材給自己建房的故事。可見隨着僧團的壯大，對房屋的需求也愈來愈多。《僧祇律》記載，比丘自乞索而作的私房已經有五百之多，說明比丘建私房，已經成為一種群體性的客觀需要。

《四分律》「受戒揵度」提到，比丘為新戒授具足戒時，都要說四依法，所謂依糞掃衣，依乞食，依樹下坐，依腐爛藥。比丘都要被問到是否能夠盡形壽持，在比丘回答「能持」的同時，也對之有相關的開許，如制「依樹下坐」，同時開許其「若得長利，若別房尖頭屋、小房石室、兩房一戶，得受」。四依法有開有制，很可能是因為佛陀看到比丘來自不同的地方，出家以前的生活習慣不一樣，比如有的比丘是釋迦族的王種，而且每個人的報體也不同。依樹下坐這條規定，對一些人來說持守起來無疑很困難。只有那些堅持頭陀行的蘭若比丘，比如此戒中的大迦葉尊者，才一直實踐這種苦行。由

1 《四分律》卷 54：「時諸比丘從毗舍離往王舍城，作如是言：『我等先當作何等？為當先治房舍卧具？先論法毗尼耶？』皆言：『先當治房舍卧具。』」《大正藏》22 冊，967 頁中欄。

2 《四分律》卷 50：「時王瓶沙，聞世尊聽眾僧作房舍，欲於迦蘭陀竹園作大講堂，如王住殿，一切所須供給具足，佛言：『聽作。』」《大正藏》22 冊，937 頁上欄。

3 《十誦律》卷 1：「爾時眾多比丘共一處安居，少於房舍，時諸比丘隨所知識乞索草木，各各自作庵舍止住。」《大正藏》23 冊，3 頁中欄。

此也看到，佛陀對四依法的制與開，也是出於適應眾生根器，以及觀察現實因緣的變化而作的適應與調整。

（三）居住環境對比丘修行的重要意義

修行環境的選擇，對修行者無疑有很重要的影響。

從律中來看，對住房地理環境的選擇，大致要注意三個方面：第一，避免建築過程中給動物帶來損害，如蟲蟻、老鼠等；第二，遠離對人有傷害的動物，如蛇蠍、虎獅等；第三，避開影響比丘寂靜與安寧的環境，如娛樂場所、農田、果園之類。

由於無主私房大多不是建在僧地[1]，屬於個人生活學修之用，從律中可以看出，這種房屋在修禪定時用得比較多。外部環境會影響內在的用功，如龍的恐怖身形[2]就會讓比丘「憂患」並因此而「形體羸瘦，顏貌憔悴」；眾鳥鳴噪，也會擾亂比丘的定功。《鼻奈耶》中，佛陀讓目犍連替佛講法，在宣唱「皆寂靖，皆寂靖，深入微妙種種三昧」之後，所講內容即強調了任何對外境的執著會使「魔得其便，壞敗其意」。因此，此戒的制定一方面反對比丘貪著外物，另一方面也說明，在人與環境和諧相處的狀態下，才更容易達到佛法中內心寂靜的境界。

從建築學的角度來看，一個地方的建築也時常體現出當地的自然環境與文化，尤其是與宗教聯繫在一起的建築，更有其獨特之處，因此，任何軌度

1　《大毗盧遮那成佛經疏》卷 3：「遊地分，若不得一向求菩提人，即應平治此中晝作悲生漫荼羅。偈云：及餘諸方所。僧坊阿練若者，除聖跡之外，但隨方國土諸梵行者所居。僧坊，梵音毗訶羅譯為住處，即是長福住處也。白衣為長福故，為諸比丘造房，令持戒禪慧者，得庇禦風寒暑濕種種不饒益事，安心行道；令檀越受用施福，日夜常流無有斷絕，故名住處也。阿練若名為意樂處，謂空寂，行者所樂之處。或獨一無侶，或二三人，於寺外造限量小房。或施主為造，或但居樹下空地。皆是也。」《大正藏》39 冊，615 頁下欄至 616 頁上欄。

2　根據經論當中的記載，佛教裏的「龍」是一類具有神通的動物，具有蛇形。回溯到梵語 “nāga” 可知，龍是經過修行而能夠變換身形的一種「非人」，其明顯的特徵是具有蛇冠，也就是眼鏡蛇的這種形態。

上的逾越都會因為超出常人的心理預期而顯得不合時宜。《鼻奈耶》中的釋種長者為眾僧造作堂舍，「量度尺寸不失其法，門正向東」，似乎是很自然地遵循着約定俗成的軌度，建築的空間大小以及方位的選擇，都有一種世間共許的「法」來約束。經此對照，佛陀對比丘違犯世俗常識的行為進行批評：「世人尚爾，況汝達貳於吾法中所不許而作瓦舍？」

房屋的外部特徵通常與房主的身分地位相匹配，造型特別或者過於奢華，自然與修行者少欲知足的內在追求相違背。從此戒的緣起故事來看，即使是居士有能力提供建築材料和承擔勞作，比丘若過量建房，也會因為超出了世俗對比丘身分的習慣性看法，而讓居士覺得不能忍受。

房屋是重物，它的建造與「資產之業」相關，「多事多惱」，比丘自作房舍乃是「漏結因緣法」。與四依法其他三法「衣」、「食」、「藥」相比，房屋引發的過患要嚴重得多，佛陀也依此判定罪的輕重，與房舍相關的戒結僧殘罪，而其他與「衣」、「食」、「藥」相關的戒則結罪較輕。

此外，《毗尼母經》中還從「緣」、「制」、「重制」的角度論述了比丘建私房這一緣起，可能涉及其他犯戒行為，如與「壞生種戒」、「用蟲水戒」、「覆屋過三節戒」有直接的關聯。理解此戒與其他戒的關係，有助於增進對房舍類戒條的重視。[1]

（四）聚落比丘與蘭若比丘關係

本戒的緣起分析中，有五部律典都記載，當頭陀第一的大迦葉尊者了解到居士們對建私房比丘有所不滿，便向佛申白，隨後便離開了，如《四分律》：「出曠野城。何以故？恐曠野諸比丘生瞋恚心故。」《根有律》：「為欲將護同梵行者故，執持衣鉢遊行人間。」大迦葉尊者選擇離開，是因為佛陀既

1 《毗尼母經》卷 7：「復於一時世尊在拘睒彌國。闡陀比丘私作房，用有蟲水和泥作房。作房竟有餘長泥，盡取積在房上，房即崩壞。佛因此制戒，不聽私作房伐路中大樹，不聽用有蟲水和泥，不聽積泥著屋上。是名重制。」《大正藏》24 冊，841 頁中欄至下欄。

已開許了比丘自建私房，尊者批評他人「合法」的行為顯然不合適，而且建房的人很多，如果公開反對也會面對很大的壓力。由此可以看出，大迦葉尊者不把自己的價值觀強加給他人，具有心意柔軟、善護他意的一面。

以迦葉尊者為代表的蘭若比丘，其特點在《毗尼母經》裏有記載，如冢間住、樹下止、露地坐、只坐不臥等，偏重於苦行。[1] 這些在山林中生活的比丘根本就不需要私房，更不會奢求大房，最多在雨季來臨時搭一個簡便的遮擋處而已。而他們之所以對聚落比丘造大房而損惱信眾的行為「悵然不樂」，是出自他們對自建房可能出現的弊端的敏感以及憂患意識。蘭若比丘安於自己的苦行生活，但也並非高蹈塵外，他們的行為本身就有一種榜樣的力量，「作大燈炬示其正路」[2]，而在發現問題時也會以善巧的方式建言獻策。兩類比丘的修行方式不同，關係也很微妙，佛陀對此持一種調和的態度。

對於如何理解處理聚落比丘與蘭若比丘的關係，《僧祇律》[3] 提供了很好的參考依據：「阿練若比丘不應輕聚落中比丘言：『汝必利舌頭少味而在此住。』應讚：『汝聚落中住，説法教化、為法作護，覆蔭我等。』聚落比丘不應輕阿練若言：『汝在阿練若處住，希望名利，獐鹿禽獸亦在阿練若處住。汝在阿練若處，從朝竟日正可數歲數月耳。』應讚言：『汝遠聚落在阿練若處，閑靜思惟上業所崇，此是難行之處，能於此住而息心意。』阿練若應如是，聚落比丘應如是。」應發現對方的優點並隨喜讚歎，無論居住於聚落還是蘭若，都應發揮各自的作用。

---

1 《毗尼母經》卷 1：「佛告迦葉：『四聖種住應如是學。迦葉！云何復欲行十二頭陀？』迦葉白佛言：『一者，常自行空閑靜處，亦當讚彼閑靜之處；二者，乞食；三者，糞掃衣；四者，若有瞋心止不食，滅已乃食；五者，一坐食；六者，一時受取；七者，常冢間行；八者，露地坐；九者，樹下坐；十者，常坐不卧；十一者，隨得敷具；十二者，齊三衣。如此等法皆應讚歎，亦不自恃譏彼，乃至少欲，眾具知足、眾具廣示於人。』」《大正藏》24 冊，804 頁下欄至 805 頁上欄。

2 《根有律》卷 33：「佛告大迦攝波：『汝見何利自居蘭若、讚歎蘭若，自常乞食、讚歎乞食，自居樹下、讚歎樹下，自著糞掃衣、讚歎糞掃衣。』大迦攝波白佛言：『世尊！我見二利。云何為二？一者，於現世中得安樂住；二者，於未來世能與多人作大燈炬示其正路。』」《大正藏》23 冊，809 頁上欄。

3 《僧祇律》卷 35，《大正藏》22 冊，510 頁上欄。

六、總結

（一）諸律差異分析

1. 緣起差異

（1）結構差異

《四分律》只有一個本制，《鼻奈耶》、《十誦律》、《僧祇律》、《五分律》、《根有律》、《巴利律》與之相同。

（2）情節差異

《十誦律》、《僧祇律》、《五分律》、《根有律》、《巴利律》與《四分律》主要情節相似，內容上有一些差異。《十誦律》、《根有律》沒有比丘砍樹惹惱樹神和三個往昔因緣故事；《僧祇律》也沒有比丘砍樹惹惱樹神的情節，同時也沒有賴吒婆羅比丘不乞父母故事的記載，提到了比丘向估客乞索，致使其「閉戶還家」而遭其婦瞋，後舍利弗為安慰其婦而說法的情節；《五分律》則提到了「迦夷國王」讚歎梵志無所乞求，受其影響而廣行布施的故事。

《鼻奈耶》與《四分律》差異較大，講述了達貳比丘做瓦舍被燒、目連代佛說法等情節。

（3）結論

綜上所述，本戒緣起無須調整，仍取《四分律》的結構和情節。

2. 戒本差異

諸律間對建造房屋尺寸的要求略有不同，《四分律》中明確規定長度為「十二搩手」，內部寬度為「七搩手」，多數律典與之相同，但《鼻奈耶》、《五分律》、《彌沙塞五分戒本》、《根有律》、《根有戒經》、《根有律攝》中卻沒有明確指出「七搩手」是指「內」的寬度。而藏文《根有戒經》則表述長、寬都為內部的尺寸。另外，相比其他律典使用佛手的長度作為度量，《鼻奈耶》則用「肘」。

對應《四分律》的「無難處、無妨處」，《五分律》、《彌沙塞五分戒本》作「無難處、有行處」，四部梵巴戒本是「不會傷害生命、周圍有行走空間的地方」。而《根有律》、《根有律攝》、《根有戒經》對應的是「法淨處、無諍競處、有進趣處」，藏文《根有戒經》的意思與之相似。

在最後成犯條件的陳述方面，除了《五分律》、《彌沙塞五分戒本》使用兩個「若」字，其他律典對諸多條件之間的關係是「或」還是「與」，表述得並不是特別明確。

戒本調整方面，結合本戒的制戒緣起，將《四分律》「自求」中的「求」字，依《十誦律》改為「乞」。「當應量作」中的「當應」，為了使文意更加淺白，依《五分律》等調整為「應如」。「搩」字對於現代人而言較為生僻，為了便於理解，借鑒《根有律》的翻譯，將其改為「張」。相比《四分律》的「餘比丘」，結合廣律對「指授處所」相關羯磨法的叙述，《十誦律》、《僧祇律》、《五分律》等中的「諸比丘」顯得更為合理。而其後的「彼比丘」又非常容易造成歧義，不清楚指代的到底是前面的「餘比丘」，還是犯戒的「是比丘」，故依《十誦律》、《五分律》等修訂為「諸比丘」，與前面的修改統一。為了和後一條「有主房戒」一致，據《新刪定四分僧戒本》等將「彼比丘當指示處所」中的「當」字改為「應」。另外，《四分律》中前後出現的「指授」和「指示」在要傳達的意思上並沒有差別，為了避免帶來不必要的疑惑，依《新刪定四分僧戒本》統一為「指授」。為了文辭的準確，將「若比丘有難處」中的「有」字，據《僧祇律》、《根有律》等改為「於」。「若過量作者」中的「者」字，為了避免誤以為本戒僅有這樣一個成犯條件，借鑒《五分律》、《解脱戒經》等的表述，將其刪除。

3. 辨相差異

（1）所犯境

《摩得勒伽》中「自物作房」，《根有律攝》中「用己物」建房，都犯偷蘭遮罪。藏傳《苾芻學處》中「資非所求」而建房，犯偷蘭遮；這裏的「資非所求」指的是比丘建房用的資材並非是通過乞求得來的。而《四分律》中雖然沒有相對應的判罪，但是結合《四分律》的所犯境為「無主房」，即比丘自己乞求建造，沒有施主供養的房屋。在用自己的資材作房的情況下，不滿足此犯緣，就不正犯。此外，比丘已經有建築用物資的情況下，就不會汲汲以求妨廢道業或者過度求索讓居士生嫌，所以就不正犯。在當今社會，比丘用私財建房（茅棚、精舍等）的情況也很容易遇到。綜上所述，為所犯境增補規定：用自己的財物建房，犯偷蘭遮罪。

（2）能犯心

《四分律》中，正犯此戒的發起心為想要為己建造無主房的心。《根有律》、《根有律攝》中，為自己和他人而建無主房，都正犯此戒。藏傳《苾芻學處》的發起心為「非為三寶，為一主」之心。這裏的「一主」應該是指個人。上面三部律典中，為自己或他人建造無主房，都正犯此戒；而《四分律》中，為自己建造，才正犯此戒，「若為他作屋成，二偷蘭遮、二突吉羅」。《摩得勒伽》：「問：『頗有比丘自乞作房不犯耶？』答：『有。謂他房，他作為成，偷羅遮。』」即自己為別人作房，這樣自己得偷蘭遮。在造無主房的情況下，若比丘為其他比丘作房，在「無主」供養的情況下，實際上都需要向居士募集資金。考慮到比丘為己造房有保護貪心的作用，而為他造是利他的行為，因此依《四分律》判為偷蘭遮可能更合適。

（3）方便加行

《四分律》等四部律典中，在「不被僧處分」的地方建房，或是建造房屋時「過量」，都正犯此戒。而在《薩婆多論》、《根有律》、《根有律攝》、藏傳《苾芻學處》中，同時違反不處分、過量、難處、妨處等多條規定，才正犯此戒。《鼻奈耶》、《五分律》中則規定：造房時過量，沒有得到僧團許可，正犯此戒。這兩部律中都沒有說明這兩個條件都滿足了才正犯，還是滿足一個就正犯。如果要求的多條規定同時滿足才正犯的話，很容易規避這條戒，因此，仍然保留《四分律》的判罰標準。

《巴利律》中，比丘教別人為自己造房，離開前不交代清楚應該如法建房，「彼若於房舍未成時來」，也就是此非法房屋造好之前比丘回來了，「由彼比丘云其房舍應與他人，或拆壞再造」，不犯。否則正犯此戒，這種做法也值得參考，而《四分律》沒有相對應的規定。

《十誦律》中，乞眾僧指授處所時，「從眾僧乞地不乞作房，是中作房，得偷蘭遮。若乞作房不乞地，得僧伽婆尸沙」。

《薩婆多論》記載：「作房已不得嫌小，更大作房不如法，隨作時得偷蘭。」而《四分律》沒有相似判罪。在實際生活中，比丘擴建房屋是有可能發生的，但是擴建畢竟跟新建房屋不一樣，花費的精力和財力都會比較少。在此借鑒《薩婆多論》：比丘按照如法量將房屋建造完成後，又將房屋擴建為非法量，得偷蘭遮。

（4）究竟成犯

《四分律》中，「屋成」，即房子造完時，犯僧殘。而《善見論》中，究竟成犯有三種，前兩種與《四分律》類似，第三種判罪為：「若作屋，餘磚泥留置，我後當成，偷蘭遮；若決定罷心，僧伽婆尸沙。」如果比丘還認為房子沒蓋完，留着材料準備繼續造，犯偷蘭遮；如果自己認為已經完成了，犯僧殘。現代房屋的建設雖然不難找出一個可視為「屋成」的標準，但一個客觀的標準有時候可能與比丘自己的意圖相違，因而結合兩個標準，在此借鑒《善見論》，將究竟成犯標準修改為：房屋建成或者比丘認為房屋建造完成的時候，犯僧殘。

藏傳《苾芻學處》中，只是動心，沒有方便加行的情況，也犯突吉羅：「欲求地基及資具，或欲於不清淨處作……或雖得聽許而欲過量作……皆學處惡作。」而《四分律》中，只是起心，沒有任何方便加行，無罪。

4. 諸律內部差異

《四分律》辨相中若「使他作」正犯，「為他作」犯偷蘭遮，緣起和戒本中都沒有記載。《十誦律》辨相中若比丘教他比丘「為我作舍」也會正犯，而緣起和戒本中只是自為己作，《根有律》與此類似。《僧祇律》辨相包括「自作若教他作」正犯，緣起和戒本中都是比丘自為己作。《根有律》、《巴利律》與《僧祇律》相同。

《十誦律》、《根有律》、《巴利律》緣起中，比丘自求作屋，不知限度，而遭到譏嫌，但並未提到建房位置不對。而戒本和辨相中還有無難處，無妨處兩個因素。

《僧祇律》緣起中比丘過量乞索，如「作五百私房，皆人人自乞索而作」，遭居士譏嫌，沒有記載比丘建房的具體細節。而戒本和辨相中則規定了自乞作房的大小是「長十二修伽陀搩手，內廣七搩手」，並且要在「無難處、無妨處」。《五分律》、《巴利律》與《僧祇律》類似，只是《五分律》辨相中並未提到如量作房的判罪。

《鼻奈耶》戒本中提到，「自求索作舍」也是一個犯戒因素，而緣起中並沒有提到犯戒比丘向居士乞索。

（二）調整文本

通過以上諸律間觀點同異的對比與分析，文本在《四分律》的基礎上作如下調整：

1. 緣起

佛在羅閱祇耆闍崛山時，曠野國比丘得知佛聽作私房後便私作大房，常向居士索供，致使居士厭煩遠避。後有一曠野比丘砍樹造房損惱樹神，樹神向佛投訴，佛讓他去恆河邊一棵大樹居住。迦葉尊者和五百比丘來曠野城止宿，入城乞食時，居士遙見便避，尊者得知事情經過便向佛舉報。佛為比丘說多求過患，開示了三個往昔因緣故事：蠡髻梵志向龍王乞索瓔珞寶珠，林中坐禪比丘向鳥求翅；賴吒婆羅比丘出家後恐生怨恨而不從父母家乞食。佛以此教育緣起比丘如理乞求，然後制戒。

2. 戒本

若比丘，自乞[1]作屋，無主，自為己，應如[2]量作。是中量者，長佛十二

---

1 「乞」，底本作「求」，據《四分僧戒本》、《十誦律》、《十誦比丘戒本》、《僧祇律》、《僧祇比丘戒本》、《五分律》、《彌沙塞五分戒本》、《根有律》、《根有戒經》、《根有律攝》改。

2 「應如」，底本作「當應」，據《五分律》、《彌沙塞五分戒本》改。

張[1]手，內廣七張[2]手。當將諸[3]比丘指授處所，諸[4]比丘應[5]指授[6]處所，無難處、無妨處。若比丘於[7]難處、妨處，自乞[8]作屋，無主，自為己，不將諸[9]比丘指授處所，若過量作[10]，僧伽婆尸沙。

3. 關鍵詞

（1）無主：沒有施主供養。

（2）自為己：比丘通過乞索為自己建造房舍。

（3）如量：長度為佛十二張手、內部寬度為佛七張手的房子是為如量。

（4）難處：不適合建造房屋或不適合比丘居住的地方。例如：自然環境不適合建造房屋，或在此建房後容易引起紛爭、譏嫌的地方。

（5）妨處：妨礙車輛通行或修治房屋的地方。

4. 辨相

（1）犯緣

本戒具足六緣成犯：一、是無主房；二、為自己建房之心；三、建房過限或未經僧團允許；四、知道未經僧團許可，或過量建房；五、建造房屋；

---

1 「張」，底本作「搩」，據《根有律》、《根有戒經》、《根有律攝》改。

2 「張」，底本作「搩」，據《根有律》、《根有戒經》、《根有律攝》改。

3 「諸」，底本作「餘」，據《新刪定四分僧戒本》、《十誦律》、《十誦比丘戒本》、《僧祇律》、《僧祇比丘戒本》、《五分律》、《彌沙塞五分戒本》改。

4 「諸」，底本作「彼」，據《十誦律》、《十誦比丘戒本》、《五分律》、《彌沙塞五分戒本》、《解脫戒經》改。

5 「應」，底本作「當」，據《新刪定四分僧戒本》、《十誦比丘戒本》、《五分律》、《彌沙塞五分戒本》、《解脫戒經》、《根有律》、《根有戒經》、《根有律攝》改。

6 「授」，底本作「示」，據《新刪定四分僧戒本》改。

7 「於」，底本作「有」，據《僧祇律》、《根有律》、《根有戒經》、《根有律攝》改。

8 「乞」，底本作「求」，據《四分僧戒本》、《十誦律》、《十誦比丘戒本》、《僧祇律》、《僧祇比丘戒本》、《根有律》、《根有戒經》、《根有律攝》改。

9 「諸」，底本作「餘」，據《新刪定四分僧戒本》、《十誦律》、《十誦比丘戒本》、《僧祇律》、《僧祇比丘戒本》、《五分律》、《彌沙塞五分戒本》改。

10 「作」後，底本有「者」，據《五分律》、《彌沙塞五分戒本》、《解脫戒經》刪。

六、屋成或者比丘認為屋已建成時，成犯。

（2）辨相結罪輕重

①比丘募資建無主房

沒有施主供養，自己乞索財物而建房，犯僧殘；用自己的財物建房，犯偷蘭遮罪。

②為自己建房之心

為自己建無主房，犯僧殘。為他人建無主房，犯偷蘭遮；為僧團而造房，不犯。

③建房過限或未經僧團允許

建房尺寸為：長佛十二張手，內部寬七張手，過此正犯；如量或減量作，不犯；為佛造大房，或建造講堂，不犯；若作小容身屋，不犯。

若建房未經僧團允許，正犯；若得到僧團允許，不犯。

④知道未經僧團許可，或過量建房

若僧不處分作不處分想，僧伽婆尸沙；若僧不處分疑，偷蘭遮；僧不處分作處分想，偷蘭遮；僧處分作不處分想，偷蘭遮；僧處分有疑，偷蘭遮。房過量與此判法相同。

於有難處作有難處想、疑、無難處想，都犯突吉羅；於無難處作有難處想、無難處疑，突吉羅；作無難處想，不犯。妨處亦如是。

⑤建房

比丘教別人為自己造房，離開前不交代清楚應該如法建房，此非法房屋造好之前比丘回來了，其房應捨與他人，或拆壞再造，不犯；否則，正犯。

沒有經過僧團允許，以及超過限量的尺寸而建房，各犯一僧殘；在難處、妨處建房，犯二突吉羅；自作，教他，都犯僧殘。

比丘按照如法量將房屋建造完成後，又將房屋擴建為非法量，犯偷蘭遮。

⑥屋成或者比丘認為屋已建成時

房屋建成或者比丘認為房屋建造完成的時候，犯僧殘；作而不成，得四突吉羅。

⑦犯戒主體

比丘若犯，僧殘；比丘尼若犯，偷蘭遮；下三眾若犯，突吉羅。

⑧不犯

若施僧乃至一人，若打壞，若擲置，不犯。

最初未制戒，癡狂、心亂、痛惱所纏，不犯。

七、現代行持參考

在現代社會，比丘一般住在寺院內，為自己造房的現象比較少有，但是仍有部分比丘住山，會為自己建造茅棚。對於所建房屋的大小，按《四分律》的標準，換算成現代尺寸，房屋應該長 5.88 米，內寬 3.43 米，面積約 20 平方米。這個面積足夠比丘個人起居使用，不過在這個面積的房屋內，很難再進行拜佛、學習等活動了。為了避免犯戒，同時方便使用，比丘在建造房屋時，可以專門劃設出佛堂的範圍，與自己的居住區隔開。只要居住區面積不過量，原則上就不會犯此戒。另外，選址時還需要注意周圍的自然生存環境、保證自身安全。盡可能獲得相關管理部門的同意，避免將來發生違緣。建造過程中應注意保護周邊山林的生態環境。

在現代，較可能發生的另外一種情況是比丘購入社區的私人住宅用於內部學修。這種情況下，所購房屋面積要視實際需要而定，不應過於追求寬敞舒適，裝修也應該以簡約實用為主。總之不要花費太多精力和時間，否則有悖於本戒精神。同時選擇房屋時也要考慮其所處的周邊環境，盡可能遠離喧鬧的場所（包括娛樂場所乃至涉及殺生、淫業等不清淨的地方），一方面防止障礙自己學修，另一方面避免比丘在這樣的地方出入招致譏嫌。

無論是建造茅棚還是購買私人住宅，依據戒律的要求，應該上報自己所處僧團以獲得允許，並請僧團指導和把關。

07

有主房戒

一、緣起

（一）緣起略述

《四分律》只有一個本制。佛在拘睒彌國瞿師羅園時，優填王與尊者闡陀是「親友知識」。王發心給尊者建房，並稱「隨意所好，何處有好地堪起房舍，亦任意作」。在靠近拘睒彌城的地方有棵神樹，有多人往返經過，象馬車乘在樹下休息。闡陀因王言在先，便將這棵神樹伐作大屋。諸居士見後皆譏嫌，諸比丘往白世尊，佛以此因緣制戒。[1]

諸律緣起差異比較：

1. 制戒地點

《四分律》中，制戒地點為「拘睒彌國瞿師羅園」，《鼻奈耶》[2] 為「羅閱祇耆闍崛山」，《十誦律》[3] 為「拘睒彌國」，《僧祇律》[4] 為「俱睒彌國」，《五分律》[5] 為「拘舍彌國」，《根有律》[6] 為「憍閃毗瞿師羅園」，《巴利律》[7] 為「憍賞彌國瞿師羅園」。

2. 緣起比丘

《四分律》中，緣起比丘為「闡陀」，《僧祇律》、《五分律》、《巴利律》

---

1 《四分律》卷 3，《大正藏》22 冊，586 頁中欄至 587 頁上欄；卷 50，《大正藏》22 冊，937 頁上欄至中欄、940 頁下欄至 941 頁中欄。

2 《鼻奈耶》卷 4，《大正藏》24 冊，866 頁下欄至 867 頁中欄。

3 《十誦律》卷 4，《大正藏》23 冊，21 頁中欄至 22 頁上欄；卷 51，《大正藏》23 冊 377 頁中欄；卷 52，《大正藏》23 冊，385 頁上欄。

4 《僧祇律》卷 6，《大正藏》22 冊，279 頁上欄至 280 頁上欄。

5 《五分律》卷 3，《大正藏》22 冊，14 頁中欄至 15 頁上欄。

6 《根有律》卷 12，《大正藏》23 冊，689 頁上欄至 691 頁中欄。

7 《經分別》卷 2，《漢譯南傳大藏經》1 冊，217 頁至 220 頁；《附隨》卷 1，《漢譯南傳大藏經》5 冊，51 頁。

與《四分律》相同。《鼻奈耶》為「摩訶羅比丘」，《十誦律》為「闡那」，《根有律》為「六眾苾芻」。

3. 緣起情節

其他律典與《四分律》一樣，都是一個本制，且都有緣起比丘伐樹造房遭譏嫌的情節。其中，《鼻奈耶》、《十誦律》和《巴利律》的情節與《四分律》類似，不同之處在於《十誦律》中支持緣起比丘建房的是「國王、夫人、王子、大臣、將帥、官屬」，《巴利律》是「施主居士」，而《鼻奈耶》中並沒提及相關內容。

《五分律》的情節與《四分律》略有不同。緣起比丘常為俗眾說法，料理官事，療病等，受到眾人敬重，但身為下座，「一切諸房上座已滿，是故遊行」。眾人因難以親近緣起比丘，便發心為其造房。於是緣起比丘便去尋找建房處所，後發現神樹處最合適，便將神樹砍伐，招致眾人譏嫌，佛陀因此制戒。

《僧祇律》與《四分律》的差異較大。佛住俱睒彌國，五百比丘各作私房。緣起比丘無人為其作房，便來到檀越阿跋吒家，阿跋吒主動提出可為其作房，並供養他「五百金錢」。緣起比丘便尋找地址修建房舍，錢物用盡，但只建了地基和少量的牆壁。於是又到阿跋吒家說明情況，又得五百金錢造房。待到窗戶安完，金錢亦盡。後再到其家求索，引起譏嫌而不復供養。此時緣起比丘想到有薩羅林樹可伐造房，便砍此樹，結果損惱樹神，樹神向佛哭訴，佛因此制戒。

《根有律》與《四分律》差異最大。大致內容為，佛在憍閃毗瞿師羅園，六群比丘居住於他寺之中，並時常嫌賤寺廟破敗。其他比丘聽到後譏嫌：「諸具壽！仁等唯他住他舊寺，自無功力能安片石及造小庵，而復流言譏嫌他事？」被輕賤後，六群比丘便欲自建新寺，然後推選闡陀比丘承辦此事。闡陀以種種善巧方便接引了「大富多財」的婆羅門夫婦，隨後六群比丘往婆羅門夫婦所，求得建寺所需的財物供養。另外闡陀又得到國王的允許，可「隨情造寺」。當時有一婆羅門常在一棵大樹下給五百童子授學，其學徒經常調弄路過的比丘。六群比丘中有一比丘記恨在心，便僱人伐樹充當建寺所需。次日婆羅門與學徒不見大樹，心生憂惱，得知是六群比丘所為後，婆羅門嫌責對方惡行。諸苾芻聽說後，告訴佛陀，佛陀因此制戒。

（二）緣起比丘形象

《四分律》中的緣起比丘是國王的「親友知識」，關係親密。《十誦律》和《五分律》與《四分律》類似，但相比起來，人際關係更為複雜，而《鼻奈耶》、《僧祇律》、《根有律》、《巴利律》都沒有相關記載。另外，《四分律》中的緣起比丘形象比較普通，沒有特別的褒貶傾向。《十誦律》、《巴利律》與之相同。

《僧祇律》與《四分律》相比，緣起比丘的性格顯得強悍得多。當他伐神樹時，鬼神求他別砍，他卻說：「死鬼促去，莫住此中，誰喜見汝？」

《五分律》中對緣起比丘形象正面描述居多。首先，緣起比丘常為信眾「說法，料理官事，療治眾病」。其次，僧房被上座佔滿，而自己是下座，沒有房子住，便外出遊行，顯得少欲知足。後來在眾多居士殷勤的請求下才接受了供養。最後他砍倒了神樹後，還有人讚歎「大神、大貴、可重」。

《根有律》中對緣起比丘的描述是「聰明利智，善識機宜」，且善於說法，巧妙地使用了各種計策求取了金錢和土地來建造寺院，但被童子調弄即砍樹報復，顯得胸襟不寬、記恨心強。

（三）犯戒內因

《四分律》中緣起比丘的犯戒內因是貪心熾盛，主要表現在對房產的貪著。如優填王說：「何處有好地堪起房舍，亦任意作。」緣起比丘報言：「大佳。」除了《根有律》外，其他律典與之相同。如《僧祇律》中的居士面對緣起比丘再次索供時說道：「用千金錢可起樓閣，而作一房云何不足？尊者且還，不能復與。」

《根有律》中緣起比丘建房表面上是因為受到了其他比丘的刺激，要爭口氣；而伐樹是為了報復，也就是瞋煩惱。但實則是對名利的貪著，轉化成了嫉妒、比較和瞋恨。如律文記載，緣起比丘議論道：「我今極被黑鉢者之所輕賤，我等宜應別造餘寺，令黑鉢者曾所不見。」又如緣起比丘砍完樹以後對調弄他們的童子說：「癡人！我等故欲惱亂於汝，豈汝不憶曾作此言調弄我等？」

（四）犯戒外緣

《四分律》中，緣起比丘的犯戒外緣是與信眾關係密切，而信眾的供養為緣起比丘提供了犯戒的可能。《十誦律》、《僧祇律》、《五分律》、《巴利律》與《四分律》類似。如《十誦律》記載：「長老闡那多有知識：國王、夫人、王子、大臣、將帥、官屬。」不同的是，《僧祇律》中緣起比丘已得供養後仍然數數索供，惹得居士不復供養，遂自謀出路導致犯戒。如律文記載：「闡陀即便愁憂：『云何方便得成是房舍？』有薩羅林樹，便伐之持用成房。」

《鼻奈耶》沒有明確說明此戒的犯戒外緣。

（五）犯戒後的影響

《四分律》中，諸居士譏嫌緣起比丘說：「沙門釋子無有慚愧。」《鼻奈耶》、《十誦律》、《五分律》、《巴利律》與《四分律》相似，如《鼻奈耶》中，諸長者譏嫌：「與我俗人當有何異？」

《十誦律》略有不同，供養緣起比丘的「諸居士」似乎顯得有些後悔：「我等失利，供養如是難滿難養、多欲無厭足人。」《僧祇律》中，供養緣起比丘的居士「生不信心」，於是不再供養。《五分律》則是「不信樂佛法者皆呵罵」，「信樂佛法者」則讚歎、追捧緣起比丘。《根有律》中，童子學徒「憂惱」，婆羅門老師面「帶憂色」。

《四分律》記載了緣起比丘被佛和諸比丘呵責。《鼻奈耶》、《五分律》、《巴利律》與《四分律》相似。不同的是《十誦律》中記載了少欲知足行頭陀比丘「聞是事心不喜」。《五分律》還記載了「毀譽之聲充滿國內」。

《鼻奈耶》、《僧祇律》中，樹神及其眷屬被緣起比丘損惱。

（六）佛陀考量

《僧祇律》中，諸比丘問佛：「云何是闡陀比丘巧作方便營事，得彼主人千舊金錢？」佛便開示了其與緣起比丘的本生故事，回憶了闡陀比丘過去世就曾「不善方便」的經歷。

《鼻奈耶》中佛陀面對被損惱的樹神，慈悲軟語對一位天人說：「將此樹神安隱所宜，使過大寒。」體現出佛陀對眾生一視同仁。《僧祇律》也類似，佛陀除了「隨順說法，示教利喜」外，還給樹神介紹新住處。

（七）文體分析

《四分律》、《鼻奈耶》、《十誦律》、《五分律》、《根有律》和《巴利律》均只有一個因緣。《僧祇律》有一個因緣、一個伽陀、兩個譬喻、一個本生故事。

《鼻奈耶》、《僧祇律》都描述了樹神向佛舉報、訴苦的情節，如《鼻奈耶》：「此樹是我舍，於今向寒，竹園葉落，將此兒子當向何所？」，又如《僧祇律》：「世尊！尊者闡陀伐我林樹，持用作房。世尊！我男女劣小，風雨漂露，當何所依？」這些手法容易博得讀者對受害者的同情，突顯出了緣起比丘的罪行。佛事後呵責緣起比丘：「非法、非律、非是佛教，不可以是長養善法。」體現出對非人眾生的尊重。

《根有律》中，緣起比丘為了砍一棵樹還僱了「五百傭人」，顯得有些誇張，但也側面體現出了此「形勝大樹」的高大。此外，律中還描述了六群比丘事發之前，曾遭童子學徒調弄的細節：「此是第一乞食人，此是第二乞食人，鉢袋開張多有容受。」在其他戒條的制戒緣起中，一般都是六群比丘捉弄他人，這次卻反被輕笑、調弄，使得六群比丘的整體形象更為飽滿、生動。另外文中還介紹了比丘有五處不應乞食，頗有教化意味。

二、戒本

《四分律》中，本戒的戒本為：「若比丘，欲作大房，有主為己作，當將餘比丘往指授處所，彼比丘應指授處所，無難處、無妨處。若比丘，有難處、妨處作大房，有主為己作，不將餘比丘往看指授處所，僧伽婆尸沙。」

（一）若比丘，欲作大房，有主為己作

《四分律》、《四分僧戒本》[1]、《新刪定四分僧戒本》[2]、《四分律比丘戒本》[3]作「若比丘，欲作大房，有主為己作」，意思是：如果比丘想建造大房，有施主為自己建造。

與《四分律》相同：

《解脫戒經》[4]作「若比丘，欲作大房，有主為己作」。

與《四分律》相似：

《十誦律》作「若比丘，作大房舍，有主自為作」，《十誦比丘戒本》[5]作「若比丘，有主自為，欲作大房」，《僧祇律》作「若比丘，作大房舍，有主為身」，《僧祇比丘戒本》[6]作「若比丘，作大房，有主為身」。

梵文《說出世部戒經》[7]作"Mahālakaṃ bhikṣuṇā vihāraṃ (kārā)payamāṇena sasvāmikam ātmoddeśikaṃ"，梵文《有部戒經》[8]作"M(a)hallakaṃ bhikṣuṇā

---

1 《四分僧戒本》，《大正藏》22 冊，1024 頁上欄。

2 《新刪定四分僧戒本》，《卍續藏》39 冊，263 頁下欄。

3 《四分律比丘戒本》，《大正藏》22 冊，1016 頁上欄。

4 《解脫戒經》，《大正藏》24 冊，660 頁中欄。

5 《十誦比丘戒本》，《大正藏》23 冊，471 頁中欄。

6 《僧祇比丘戒本》，《大正藏》22 冊，550 頁上欄。

7 Nathmal Tatia, *Prātimokṣasūtram of the Lokottaravādimahāsaṅghika School,* Tibetan Sanskrit Works Series, no. 16, p. 9.

8 Georg von Simson, *Prātimokṣasūtra der Sarvāstivādins Teil II,* Sanskrittexte aus den Turfanfunden, XI, p. 169.

vihāraṃ kārayatā sasvāmikam ātmoddeśikaṃ”，巴利《戒經》[1] 作“Mahallakaṃ pana bhikkhunā vihāraṃ kārayamānena sassāmikaṃ attuddesaṃ”，以上三部梵、巴戒本的意思都是：比丘（如果）建造大房舍，（而房舍是）有施主（供養，並且）是為自己建的。

與《四分律》有部分差異：

《根有律》、《根有戒經》[2]、《根有律攝》[3] 作「若復苾芻，作大住處，有主為眾作」。

梵文《根有戒經》[4] 作“(Mahallakaṃ punar bhikṣuḥ) vihāraṃ kāraya(mānāḥ sa)svāmikaṃ saṃghoddeśakaṃ”，意思是：如果比丘為僧團建造有施主供養的大房舍。

藏文《根有戒經》[5] 作“དགེ་སློང་གིས་བདག་པོ་ཡོད་པ་དགེ་འདུན་གྱི་ཕྱིར་གཙུག་ལག་ཁང་ཆེན་པོ་རྩིག་ཏུ་འཇུག་ན་གཞི་བསྟ”，意思是：任何比丘，有（施）主的情況下，為了僧團，籌劃在此建一座大廟並將實地勘察。

相比《四分律》中的「為己」，《根有律》及之後的戒本中都是為了大眾或為了僧團。

與《四分律》差異較大：

《五分律》、《彌沙塞五分戒本》[6] 作「若比丘，有主為身作房」。這兩部律典中沒有提到建造的是大房舍還是小房，而《四分律》及其他律典中都明確指的是建造大房。

《鼻奈耶》作「摩訶羅比丘起大堂舍，僧伽婆施沙。若起堂舍」。

---

1 Bhikkhu Ñāṇatusita, *Analysis of the Bhikkhu Pātimokkha*, p. 61.

2 《根有戒經》，《大正藏》24 冊，501 頁中欄。

3 《根有律攝》卷 4，《大正藏》24 冊，544 頁上欄。

4 Anukul Chandra Banerjee, *Two Buddhist Vinaya Texts in Sanskrit*, p. 17.

5 麗江版《甘珠爾》（འཇང་བཀའ་འགྱུར།）第 5 函《別解脫經》（སོ་སོར་ཐར་པའི་མདོ།）4b。

6 《彌沙塞五分戒本》，《大正藏》22 冊，195 頁中欄。

(二) 當將餘比丘往指授處所，彼比丘應指授處所，無難處、無妨處

《四分律》、《四分律比丘戒本》作「當將餘比丘往指授處所，彼比丘應指授處所，無難處、無妨處」，意思是：應該為其他比丘們指示（自己建房的）地點，其他比丘們應該為（建房的比丘）指定沒有障難、沒有妨礙的地方（作為）建房的地點。

與《四分律》相似：

《四分僧戒本》作「應將餘比丘往看處所，彼比丘應看處所，無難處、無妨處」，《新刪定四分僧戒本》作「當將餘比丘指授處所，彼應指授處所，無難處、無妨處」。

《十誦比丘戒本》作「是比丘應將諸比丘示作房處，無難處、非妨處，諸比丘應示作房處，無難處、非妨處」，《解脱戒經》作「應將餘比丘往視住處，諸比丘應觀住處，無難、無妨」。

《十誦律》作「是比丘應問諸比丘，諸比丘當示無難、無妨處」。相比《四分律》的「當將餘比丘指授」，這裏表述為「應問諸比丘」。

《僧祇律》作「應將諸比丘指授處所，無難處、非妨處」，《僧祇比丘戒本》作「應將諸比丘指授處，無難處、非妨處」。與《四分律》相比，上述戒本中缺少與「彼比丘應指授處所」相對應的內容。

與《四分律》有部分差異：

《五分律》、《彌沙塞五分戒本》作「應將諸比丘求作處，諸比丘應示作處，無難處、有行處」。相比《四分律》的「當將餘比丘指授」，這裏表述為「應將諸比丘求」。

梵文《說出世部戒經》作 “Bhikṣū cānenābhinetavyā vastudeśanāya| tehi bhikṣūhi vastu deśayitavyaṃ| anāraṃbhaṃ saparikramaṇaṃ”，意思是：應該帶領（其他）這些比丘們來查看（造房的）地點，通過比丘們指示一個（應該）不會傷害生命的地點，（並且）周圍有行走的空間。

梵文《有部戒經》作 “Tena bhikṣuṇā bhikṣavo ‘bhineta(vyā vā)

stu deśayitum abhinītair bhikṣubhir vāstu deśayitavyam anāraṃbha(ṃ) saparākramaṃ”，意思是：因此比丘應該帶領（其他）比丘們查看（造房的）地點，（這個）比丘們來查看的地點（應該）不會傷害生命，（並且）周圍有行走的空間。

梵文《根有戒經》作“Tena bhikṣuṇā bhikṣavo ‘bhihitavyā vāstudarśanāya | ataḥ (abhinī)tair bhikṣubhir vāstu draṣṭavam anāraṃbhaṃ saparikramam”，意思是：因此比丘應該帶領（其他）比丘們查看（造房的）地點，然後比丘們查看的地點（應該）不會傷害生命，（並且）周圍有行走的空間。

巴利《戒經》作“Bhikkhū abhinetabbā vatthudesanāya. Tehi bhikkhūhi vatthuṃ desetabbaṃ anārambhaṃ saparikkamanaṃ”，意思是：應帶領比丘們去查看（造房的）地點，通過比丘們指示一個不會傷害生命的地點，（並且）周圍有行走的空間。

《五分律》及之後的律典，對應《四分律》「無妨處」的描述為：周圍有行走的空間的地方。此外，對應於「無難處」的描述，三部梵文戒本、巴利《戒經》中表述為：不會傷害到生命的地方。

《根有律》、《根有戒經》、《根有律攝》作「是苾芻應將苾芻眾往觀處所，彼苾芻眾應觀處所，是應法淨處、無諍競處、有進趣處」。

藏文《根有戒經》作“བའི་ཕྱིར་དགེ་སློང་དེས་དགེ་སློང་དག་བཀྲི་བར་བྱའོ། །ཁྲིད་པའི་དགེ་སློང་དག་གིས་ཀྱང་གཞི་ཅང་བ་དང་། རྩོད་པ་མེད་པ་དང་། བརྩམ་དུ་ཅང་བར་བལྟ་བར་བྱའོ།”，意思是：此後，（應請）其他比丘們前往造房地點，比丘們應考察無糾紛、進出方便、（對於建造）恰當可行的地方。

《根有律》、《根有戒經》、《根有律攝》、藏文《根有戒經》中，與《四分律》「無難處、無妨處」相對應的內容是「法淨處、無諍競處、有進趣處」或相似的表述，大意是指：可以如法建造、不會引起爭論或者糾紛、進出方便的地方。

與《四分律》差異較大：

《鼻奈耶》作「當呼持法比丘並呼檀越，持法比丘來，當語尺丈，不使增滅」。其大意似乎是：要請「持法」的比丘和檀越過來，並且要按照一定的尺寸來建造房屋。這樣的內容在《四分律》及其他律典中並未提及。

（三）若比丘，有難處、妨處作大房，有主為己作

《四分律》、《四分律比丘戒本》作「若比丘，有難處、妨處作大房，有主為己作」，意思是：如果比丘在一個有障難、有妨礙的地點，有施主為自己建造大房。

與《四分律》相似：

《四分僧戒本》、《新刪定四分僧戒本》作「若比丘，難處、妨處作大房，有主為己作」。

《十誦比丘戒本》作「若難處、妨處，有主為身作大房」，《僧祇律》作「是比丘於難處、妨處，有主為身」，《僧祇比丘戒本》作「若難處、妨處，有主為身」。

與《四分律》有部分差異：

《十誦律》作「若比丘作大房舍，有主自為」，《解脫戒經》作「比丘初治地作大房，有主為己作」。這兩部戒本中沒有與《四分律》「有難處、妨處」相對應的內容。

梵文《說出世部戒經》作“Sāraṃbhe ced bhikṣu vastusminn aparikramaṇe mahallakaṃ vihāraṃ kārāpeya sasvāmikam ātmoddeśikaṃ”，梵文《有部戒經》作“Sāra(ṃ)bhe ced bhi(kṣur vāstu)ny aparākrame mahallakaṃ vihāraṃ kārayamāṇaḥ sasvāmikam ātmoddeśikaṃ”，意思都是：如果比丘在容易傷害生命、沒有行走空間的地點，有施主（供養，並且）為自己而建造大房舍。

梵文《根有戒經》作“Sāraṃbhe ced bhikṣur vāstuny aparikrame mahantaṃ vihāraṃ kārayitvā yat sasvāmikaṃ saṃghoddeśakaṃ”，意思是：如果比丘在容易傷害生命、沒有行走空間的地點為僧建造有施主（供養的）大房舍。

巴利《戒經》作“Sārambhe ce bhikkhu vatthusmiṃ aparikkamane mahallakaṃ vihāraṃ kāreyya”，意思是：如果比丘在容易傷害生命、沒有行走空間的地方，建造大房舍。

梵文《說出世部戒經》及之後的律典與《四分律》相比，以「容易傷害生命」的地點，對應「有難處」；以「沒有行走空間」的地點，對應「妨處」。

《根有律》、《根有戒經》、《根有律攝》作「若苾芻於不應法處、不淨處、有評競處、無進趣處作大住處，有主為眾作」。

藏文《根有戒經》作“གལ་ཏེ་དགེ་སློང་གིས་གཞི་མི་རུང་བ་འམ། རྩོད་པ་དང་བཅས་པ་འམ། བརྐམ་དུ་མི་རུང་བར་བདག་པོ་ཡོད་པ་དགེ་འདུན་གྱི་ཕྱིར་གཙུག་ལག་ཁང་ཆེན་པོ་རྩིག་ཏུ་འཛུག་གམ། གཞི་བལྟ་བའི་ཕྱིར”，意思是：如果有（施）主，比丘為了僧團，籌劃建大廟並實地勘察，但在有糾紛、進出不方便、（對於建造）不恰當不可行的地方。

《根有律》及之後的四部律典與《四分律》「有難處、妨處」對應的內容為「不應法、不淨處、有諍競處、無進趣處」或類似的表述，指的是：不如法、不合適建造、容易引起爭論或者糾紛、進出不方便的地方。

與《四分律》差異較大：

《鼻奈耶》作「若摩訶羅比丘起大堂」。與《四分律》相比，此處沒有「有難處、妨處」，也沒有「有主為己作」。

《五分律》、《彌沙塞五分戒本》無對應內容。

（四）不將餘比丘往看指授處所，僧伽婆尸沙

《四分律》作「不將餘比丘往看指授處所，僧伽婆尸沙」，意思是：沒有帶領其他比丘們前往觀看，（為自己）指定（建房的）地點，犯僧殘罪。

與《四分律》相似：

《四分僧戒本》作「不將餘比丘往看處所者，僧伽婆尸沙」，《新刪定四分僧戒本》作「不將餘比丘指授處所者，僧伽婆尸沙」，《四分律比丘戒本》作「不將餘比丘指授處所，僧伽婆尸沙」。

《十誦比丘戒本》作「亦不將諸比丘示作房處，僧伽婆尸沙」，《僧祇律》

作「亦不將諸比丘指授處所者，僧伽婆尸沙」，《僧祇比丘戒本》作「亦不將諸比丘指授處者，僧伽婆尸沙」，《解脫戒經》作「不將餘比丘往視住處，僧伽婆尸沙」。

《十誦律》作「不問諸比丘難處、妨處，作者，僧伽婆尸沙」，《五分律》、《彌沙塞五分戒本》作「若不將諸比丘求作處，僧伽婆尸沙」。相比《四分律》的「將餘比丘往看指授」，《十誦律》表述為「問諸比丘」，《五分律》、《彌沙塞五分戒本》表述為「將諸比丘求」。

梵文《根有戒經》作“(Bhikṣūṃś ca nābhinayed) vāstudarśanāya (saṃghā) vaśeṣaḥ”，意思是：而且沒有帶領（其他）比丘們查看地點，僧殘餘。

梵文《有部戒經》作“Bhikṣ(ū)n nābhinayed vāstudeśanāyai saṃghāvaśeṣaḥ”，意思是：沒有帶領（其他）比丘們查看地點，僧殘餘。

巴利《戒經》作“Bhikkhū vā anabhineyya vatthudesanāya, saṅghādiseso”，意思是：或者沒有帶領（其他）比丘們查看地點，僧始終。

藏文《根有戒經》作“དགེ་སློང་དག་ཀྱང་མི་ཁྲིད་དམ། དགེ་སློང་ཁྲིད་པ་དག་ལ་གཞི་མི་སྟོན་ན་དགེ་འདུན་ལྷག་མའོ། །”，意思是：如果沒有讓其他比丘看地基（給予）指導，僧殘餘。

與《四分律》有部分差異：

《根有律》、《根有戒經》、《根有律攝》作「不將諸苾芻往觀處所，於如是處造大住處者，僧伽伐尸沙」。這三部律典相比《四分律》多了「於如是處造大住處者」的描述。

梵文《說出世部戒經》作“Bhikṣūn vā nābhineya vastudeśanāya, adeśite vastusminn aparikramaṇe saṃghātiśeṣo”，意思是：或者沒有帶領（其他）比丘們查看地點，（或者）所指導的地點沒有行走空間，僧殘餘。相比《四分律》多了「所指導的地點沒有行走空間」的描述。

與《四分律》差異較大：

《鼻奈耶》作「不呼持法比丘及檀越，自用意作者，僧伽婆施沙」。

三、關鍵詞

（一）大房

梵文戒經中對應“mahallakaṃ（或 mahālakaṃ，大）vihāra（房舍）”一詞，意思是：大的房舍（英譯：a large dwelling）。值得注意的是，相比前一條「無主房戒」中使用的是“kuṭi（小屋）”，“vihāra”更強調的是僧團日常起居所使用的住宅，而不是個人臨時性的茅棚或小屋。巴利《戒經》中使用“mahallakaṃ vihāra”，與梵文戒經意思相同。藏文《根有戒經》中對應“གཙུག་ལག་ཁང་（經堂、寺院）ཆེན་པོ་（大的）བརྩིག（建築）”，意思是：大的寺廟建築（英譯：a large monastery）。

《四分律》中記載：「大者，多用財物；房者，屋也。」「大房」的意思就是造價昂貴的房屋，《根有律》的意思與之相同。《根有律攝》記載：「一、施物大；二、形量大。」除了造價昂貴之外，還有房子規模大的意思。[1]《僧祇律》中「大房」解釋為過量房，即大小過量的房屋。《十誦律》中說明「大房」時列舉了「溫室、涼室、殿堂、樓閣、一柱舍、重舍，乃至容四威儀行、立、坐、臥」等房屋種類，可以看出，這裏的「大房」就是各類大小房屋的意思。《巴利律》中「大房」是指有施主捐建的房屋。其他律典沒有相關記載。

綜上所述，梵、巴戒經的詞源分析含義一致，都是指大的房舍，強調的是僧團日常起居所使用的住宅；藏文《根有戒經》強調的是大的寺院建築。漢譯律典中，《四分律》、《根有律》、《根有律攝》都是指造價昂貴的房屋，《僧祇律》、《根有律攝》指規模大的房屋，《巴利律》指有施主捐建的房屋，而《十誦律》則是指各類大小房屋的統稱。

---

1 《根有律攝》卷 4，《大正藏》24 冊，544 頁上欄至 545 頁中欄。

（二）有主

梵文戒經中是"sasvāmika"，意思是：有主的、屬於某人的（英譯：having an owner, belonging to somebody），本戒中引申為「有施主（供養）」。相比前一條「無主房戒」中的"asvāmika"，區別僅在於：一個使用的是前綴"sa（有）"，一個是否定前綴"a（沒有）"，後面的部分"svāmika（主）"是相同的。而巴利《戒經》中對應的是"sassāmika"，構詞和詞意與梵文相同。藏文《根有戒經》中是"བདག་པོ་（主人）ཡོད་པ（有）"，意思是：有主（英譯：having an owner），亦引申為「有施主（供養）」。

《四分律》記載：「有主者，若一，若二，若眾多人。」聯繫上下文，這裏的含義是：房子有檀越主，一位、兩位或者多位都可以。《薩婆多論》記載：「有主者，有檀越主人為比丘出錢作僧房。以僧房故，不問量。」[1]《五分律》記載：「有主者，有檀越。」

《十誦律》記載：「有主者，是舍有檀越主，若男，若女、黃門、二根。」《根有律》記載：「有主者，謂有女、男、半擇迦等為作施主。」這兩部律典中，施主包括黃門等特殊人群。

《僧祇律》記載：「有主者，若有男子、女人、在家、出家為作主也。」《巴利律》與《僧祇律》相同。《巴利律》中記載：「有主者，有其他任何人為施主，即或男，或女，或在家，或出家者。」這兩部律典對施主雖有限定對象，但範圍都比較寬泛，既包括在家人，也包括出家人。

綜上所述，詞源分析中，諸部戒經內涵相同，本戒中都引申為「有施主（供養）」。漢譯律典的內涵也較為一致，都是指房子有施主（資助修建）。其中《四分律》、《薩婆多論》、《五分律》中施主沒有任何的限定對象，《十誦律》、《根有律》中黃門等特殊人群也可以作施主，而《僧祇律》、《巴利律》中不但在家人，出家人也可以作施主。

1 《薩婆多論》卷 3，《大正藏》23 冊，521 頁下欄。

（三）為己作

梵文《說出世部戒經》和梵文《有部戒經》中使用的都是“ātmoddeśika”，巴利《戒經》為“attuddesa”，和前一條「無主房戒」用詞完全一樣，意思都是：打算為自己的（英譯：intended for oneself）。不過梵文《根有戒經》中使用的是“saṃghoddeśaka”，該詞由“saṃgha（僧團）”和“uddeśika”複合而成，前半部分區別於前一條戒的“ātma（自己）”，意思是：打算為僧團的（英譯：intended for the samgha）。

藏文《根有戒經》中對應為“དགེ་འདུན་（僧眾，僧團）གྱི（的）ཕྱིར（因由）”，意思是：為僧團（英譯：for monks）。

《四分律》記載：「為己者，自為己身作。」意思是：為自己建造。《五分律》記載：「為身者，為己，不為人，亦不為僧。」《十誦律》記載：「自為者，不為僧故，專為己故，名為自為。」《僧祇律》記載：「為身者，為己，不為僧也。」《巴利律》記載：「自理者，為自己而作。」這幾部律典與《四分律》內涵一致。

《根有律》與之對應的詞為「為眾作」，意思是「為如來及苾芻僧眾」，即為了僧眾和佛陀而建造。

綜上所述，梵文《說出世部戒經》、梵文《有部戒經》、巴利《戒經》，以及除《根有律》外的漢譯律典中都是「打算為自己作」的含義，而梵文《根有戒經》、藏文《根有戒經》以及《根有律》中含義一致，都是指「為僧作」。

四、辨相

(一) 犯緣

具足以下五個方面的犯緣便正犯本戒：

1. 所犯境

《四分律》中，此戒的所犯境為有施主供養建造的房子。除《摩得勒伽》[1]、《毗尼母經》[2]、《明了論》、藏傳《苾芻學處》[3]外，其他律典的所犯境與《四分律》相同。

《鼻奈耶》所犯境為「大堂」，此律沒有明確說明此房有主還是無主，但是從律中「量從檀越也」可以看出，此房是由檀越供養建造的，是有主房。

藏傳《苾芻學處》的所犯境和《四分律》恰好相反，「作房資具，或自乞，或教他乞而得」，也就是建造沒有施主供養的房舍，正犯。

《摩得勒伽》中，此戒的所犯境為「大房」，律中沒有明確界定什麼是「大房」，有兩種可能的解釋：(1) 有施主供養的房；(2) 為了僧作，所以量沒有限制的房舍。

《毗尼母經》中，此戒的所犯境為「私作房」，沒有說明此房是否有施主。

《明了論》沒有此戒的內容，下不贅述。

2. 能犯心

(1) 發起心

《四分律》中，此戒的發起心為「為己」造房的心。《十誦律》、《摩得

1 《摩得勒伽》卷 2，《大正藏》23 冊，571 頁下欄至 572 頁上欄；卷 8，《大正藏》23 冊，616 頁下欄。

2 《毗尼母經》卷 2，《大正藏》24 冊，812 頁上欄；卷 8，《大正藏》24 冊，848 頁上欄。

3 《苾芻學處》，《宗喀巴大師集》卷 5，66 頁至 67 頁。

勒伽》、《僧祇律》、《五分律》、《巴利律》、《善見論》[1] 在這一點上與《四分律》相同。

《摩得勒伽》中，「成他房自住，偷羅遮；未覆為覆，偷羅遮」，這裏應該指：比丘修建他人的房子供自己住，不正犯。由此可以推出：為己作，正犯。

《根有律》中，有「為如來及苾芻僧眾」建房的心，正犯。《根有律攝》[2] 中，有「為眾」造房的心，正犯。《薩婆多論》[3] 中，有「為眾僧作房」的心，正犯。這三部律典的發起心與《四分律》不同，《四分律》是為己，這三部律典是為眾僧。

藏傳《苾芻學處》中，有「欲為三寶及四人以上欲作之心」，且一直持續到究竟成犯「未斷」，才正犯。此律與《四分律》的差異有兩點：①發起心是為了「三寶」及「四人以上」而建房，這裏的「四人以上」應該指僧團的意思；②要求發起心一直持續到究竟成犯。

《鼻奈耶》、《毗尼母經》沒有明確說明此戒的發起心。

（2）想心

《四分律》中，「僧不處分作不處分想」正犯。藏傳《苾芻學處》中，「想不錯亂」，正犯。

其他律典均無想心方面的記載。

3. 方便加行

（1）一人自作

《四分律》中，「若僧不差指授」而建房，正犯。《摩得勒伽》、《僧祇律》、《五分律》、《巴利律》、《善見論》、《毗尼母經》在這一點上與《四分律》相同。

《鼻奈耶》中，「起大堂，不呼持法比丘及檀越」，正犯。與《四分律》

---

1 《善見論》卷 13，《大正藏》24 冊，765 頁中欄。

2 《根有律攝》卷 4，《大正藏》24 冊，544 頁上欄至 545 頁中欄。

3 《薩婆多論》卷 3，《大正藏》23 冊，520 頁下欄至 522 頁上欄。

相比，此律多出一個要求：需要提前徵得檀越允許。

《十誦律》中，建房時「過量作大舍犯、不問處犯、有難處犯、有妨處犯」，至於具體如何才算正犯，此律沒有明確説明。

《薩婆多論》、《根有律》等四部律典需要同時違反多條規定，才正犯。

如《薩婆多論》中，「不問僧作處、難處、妨處」，這三條規定全部違反，正犯。《根有律》中，在「不淨處、有諍競處、無進趣處……不將諸苾芻往觀處所」，四個條件都滿足而建房，正犯。《根有律攝》與《根有律》犯緣相同。

藏傳《苾芻學處》中，滿足三個條件，正犯：①「具足三種不清淨（一、有蟲等名不淨，二、與他競爭處名不諍，三、牆外一弓之內或有河水，或有懸巖，或有井等，名無進趣處，是名三種不清淨）」；②「未請僧伽觀看」；③「所作之房房體成就（多障多覆），能容四威儀」。

（2）教他作

《四分律》中，自作、教他，正犯。《十誦律》、《薩婆多論》、《根有律》、《根有律攝》、《巴利律》和《善見論》在這一點上與《四分律》相同。藏傳《苾芻學處》中，「或自樂意作，或他教作，或自作，或教他作。若教他作，他未如教而作，自承許」，均正犯。

另外，《薩婆多論》中，「倩他作，作不如法，二俱得罪」，即兩人都正犯。《根有律》中，教他建房，而他人不如法作，自己繼續支持，正犯；別人讓比丘幫忙如法建房，比丘故意非法建造，也正犯。《根有律攝》記載：「若有苾芻語餘苾芻言：『為我造房，勿令違法。』若彼苾芻違法作者，自得其罪。」這種情況下，違法建造的比丘正犯。又如：「若遣他者，作如是言：『此處善好可為作房，我乞木等以相供濟。』而實不淨，二並得罪。」

《巴利律》中，比丘教別人為自己造房，卻沒有説明應該如法建房，造房時違反了幾項規定，就結相應的罪。「彼若於房舍未成時來」，也就是此非法房造好之前，「由彼比丘云其房舍應與他人，或拆壞再造」，不犯。比丘命人如法造房，但是造房者非法作，比丘「應自往，或遣使云：『應被指示作處，而於無難處、有行處。』」否則犯突吉羅。他人命比丘如法造房，比丘非法造，於「不被指示作處」、「有難處」、「無行處」三項中，任意違反一項，結一個突吉羅罪。此外，「他人造而未成，由己成之」，或是「他人造而未成，由他人成之」，都正犯。

（3）多人共建一房

《僧祇律》中，如果「二人、多人」共建一房，都正犯。《摩得勒伽》中，「十人共乞作一房」，十人都正犯。《根有律攝》：「或時十人共造一房，同興方便，十俱得罪。」《善見論》中，如果多人共造一房，「若段段分，人得一屋分」，所有人都正犯。

4. 究竟成犯

《四分律》中，「作竟」，正犯。《薩婆多論》、《五分律》、《毗尼母經》與《四分律》相同。

《僧祇律》和《巴利律》的究竟成犯與《四分律》相似，只是細節上存在少許差異。如《僧衹律》中，「作房時……乃至屋成，若磚覆者，最後一磚時」，正犯。「若瓦覆，若木覆，若板覆，若石灰覆，若泥團覆，若草覆，乃至最後一把草覆時」，正犯。若「作房未成中止者……後更成時」，正犯。房屋未作成，比丘教他人為自己繼續建造，建成時，正犯。

《巴利律》中，「至〔最後之〕一泥團……其泥團塗已者」，正犯。此外，「他人造而未成，由己成之」或「他人造而未成，由他人成之」，都正犯。

《根有律攝》中，「造房已了，堪應受用」，正犯，此律比《四分律》多出了「堪應受用」的要求。藏傳《苾芻學處》中，「由彼加行因緣覆圍圓滿時」，即房屋的屋頂和牆壁必須建造完成，才正犯；而《四分律》與之相比，沒有強調「圍」（牆壁）和「覆」（屋頂）圓滿完成，才正犯。

《善見論》中，建房時有三種究竟成犯的判法。（1）造房結束時，需要用磚壘的房舍，壘上最後一塊磚時，正犯。（2）造房結束時，需要用泥的房舍，「最後第一摶泥，偷蘭遮；第二摶得竟，僧伽婆尸沙」。（3）還有一種情況是根據作房者的心理來判定：如果比丘自己覺得房屋已經完成了，正犯。此律的前兩種究竟成犯與《四分律》相似，而第三種則與之差異較大，將建房者的心理因素引入了究竟成犯。

《鼻奈耶》、《十誦律》、《摩得勒伽》、《根有律》沒有明確說明此戒的究竟成犯。

5. 犯戒主體

《四分律》中，此戒的犯戒主體為比丘。其他律典與《四分律》相同。

（二）輕重

1. 所犯境

《四分律》中，修建有施主供養建造的房子，犯僧殘。其他律典中結僧殘罪的情況見上文犯緣，此處不再贅述。

結輕罪的情況，《摩得勒伽》中，「自物作房，偷羅遮」；《根有律攝》中，「若用己物，並窣吐羅」。

2. 能犯心

（1）發起心

《四分律》中，有欲「為己」建造房舍的心，犯僧殘。《十誦律》、《摩得勒伽》、《僧祇律》、《五分律》、《巴利律》、《善見論》與《四分律》相同。

《薩婆多論》、《根有律》、《根有律攝》和藏傳《苾芻學處》中，結僧殘罪的情況見上文犯緣，此處不再贅述。

結輕罪的情況，《四分律》中，為他人建房，犯偷蘭遮；《摩得勒伽》中，「成他房，自住，偷羅遮；未覆為覆，偷羅遮」；藏傳《苾芻學處》中，「為三寶及二三人而作，或為四人以上作，而非為三寶作」，都犯偷蘭遮。

《鼻奈耶》、《毗尼母經》沒有發起心的判罪。

（2）想心

《四分律》：「僧不處分作不處分想，僧伽婆尸沙；僧不處分生疑，偷蘭遮；僧不處分作處分想，偷蘭遮；僧處分作不處分想，偷蘭遮；僧處分生疑，偷蘭遮。」難處、妨處，不管想心如何，都犯突吉羅。

藏傳《苾芻學處》中，「想不錯亂」，犯僧殘。

其他律典中沒有關於想心的判罪。

3. 方便加行

《四分律》中，「若僧不差指授」而建房，犯僧殘。《摩得勒伽》、《僧祇律》、《五分律》、《巴利律》、《善見論》、《毗尼母經》在這一點上與《四分律》相同。

《四分律》中，在難處、妨處建房，犯兩個突吉羅。《巴利律》和《善見論》在這一點上與《四分律》相同。

《鼻奈耶》中，「起大堂，不呼持法比丘及檀越」，犯僧殘。

《薩婆多論》中，若用施主物或自物造房，同時違反「不問僧作處、難處、妨處」，犯僧殘；「若二事不如法、一事如法，若一事不如法、二事如法……重偷蘭」。若用僧祇物造房，「不問作處、難處、妨處，而作房處無難、無妨，作房竟，突吉羅」。

《摩得勒伽》：「乞物作房，不作，偷羅遮；從僧乞已不作，偷羅遮。」「物不現前而作房，偷羅遮；不捨房而作，偷羅遮；遠處作房，偷羅遮。」

《五分律》記載，「若僧示難處、無行處，僧突吉羅」；若在僧處分的難處、妨處建房，犯突吉羅；「雜金銀珍寶作，及完成瓦屋，乃至僧地中作，皆偷羅遮」。

《僧祇律》中，受用非法房，「受用時，得越比尼罪」；「是房主比丘不捨戒、不死、不與僧，若有比丘，於此房中，若熏鉢、作衣，若受誦，若思維，一切受用者，得越比尼罪。二人、多人作房亦如是」。

《根有律》和《根有律攝》中，比丘建房時若同時滿足「不淨處、有諍競處、無進趣處……不將諸苾芻往觀處所」四個條件，犯僧殘；任意滿足其中一個條件，犯一個偷蘭遮。另外，《根有律攝》中記載，比丘令他人為自己建房時若起了疑心，不管對方建不建，比丘都犯偷蘭遮。

藏傳《苾芻學處》中，滿足如前文犯緣所述的三個條件而建房，犯僧殘；「或於三種不淨處作，或隨有一種不淨，皆粗罪。若無三種不淨，縱具餘一切支，亦是惡作」。「雖清淨而不白僧求聽許……或得聽許後而不作等，皆學處惡作」。若房舍「是他先作未竟，自續作之」，犯偷蘭遮。

各律典中，教他造房和多人共造一房的結罪情況詳見上文犯緣，此處不再贅述。

4. 究竟成犯

《四分律》中，「作竟」時，犯僧殘；「作而不成」犯偷蘭遮。《毗尼母經》與《四分律》的判罪相同。

《薩婆多論》：「不如法從平地印封作相，二團泥未竟已還，盡輕偷蘭；一團泥未竟，重偷蘭；作房舍竟，僧殘。若二事不如法、一事如法，若一事不如法、二事如法，從平地印封作相，一團泥未竟已還，輕偷蘭；作房竟，重偷蘭。」

《摩得勒伽》：「已作不成，偷羅遮。」「作未成自殺，若自言：『我沙彌、黃門、二根』，廣說如捨戒，皆犯偷羅遮。」

《僧祇律》：「作房時，若授磚泥團者，盡得越比尼罪；壘磚安行行，作房比丘一一得越比尼罪；乃至若戶牖成已，得偷蘭罪。」最後房屋徹底完成時，犯僧殘。另外，若建到一半便中止，犯偷蘭遮；若之後再繼續完成，犯僧殘。若自作一半之後，教他人建造完成剩餘的部分，犯僧殘。如果比丘建房未完成，他人主動為其建造完成，比丘犯偷蘭遮。

《五分律》：「從發心及治地至粗泥，皆突吉羅；細泥，偷羅遮；作竟，僧伽婆尸沙。」

《根有律攝》中，若未造完結偷蘭遮罪：「或時有過造而中休，若被他奪，若已興功而便命過，若作白衣，若為求寂……並窣吐羅。」「造房已了，堪應受用」，犯僧殘。

藏傳《苾芻學處》中，比丘起心欲造房時便結惡作罪：「欲求地基及資具，或欲於不清淨處作……或得聽許後而不作等，皆學處惡作，應遮止。」之後，「從發身語，漸次生起加行，是加行惡作罪」。如果房頂尚未完成，犯偷蘭遮；若房屋建造完成，包括屋頂和牆壁都建造完成，犯僧殘。

《巴利律》:「每所造，突吉羅；至〔最後之〕一泥團未塗者，偷蘭遮；其泥團塗已者，僧殘。」

《善見論》中，建房時有三種究竟成犯的判法。(1) 用磚壘的房舍:「隨作房有所造作營理，一一悉突吉羅；若以磚壘壁，隨磚多少，一一突吉羅；最後二磚，第一磚偷蘭遮；第二磚僧伽婆尸沙。」(2) 需要用泥才能造成的房舍:「初作乃至二摶泥已還，悉突吉羅；最後第一摶泥，偷蘭遮；第二摶得竟，僧伽婆尸沙。」。(3) 根據作房者心理來結罪:「若作屋，餘磚泥留置，我後當成，偷蘭遮；若決定罷心，僧伽婆尸沙。」如果比丘還覺得房子沒蓋完，留着材料準備繼續造，犯偷蘭遮，如果自己覺得已經完成了，犯僧殘。

5. 犯戒主體

《四分律》中，比丘，犯僧殘。諸律在這一點上的判罪與《四分律》相同。

《四分律》和《薩婆多論》中，比丘尼，犯偷蘭遮，下三眾，犯突吉羅。

《五分律》中，沙彌，犯突吉羅。

(三) 不犯

1. 所犯境不具足

《四分律》中，建造「講堂、草庵、葉庵、小容身屋」，不犯。

《十誦律》記載:「若先成舍，無犯。」

《摩得勒伽》記載:「問:『頗有比丘自作房，不從僧乞不犯耶？』答:『有，謂蚊蝸。』」

《僧祇律》:「若比丘於佛生處、得道處、轉法輪處、五年大會處，是諸尊處，為供養作草庵、樹葉庵、帳幔旃庵暫住者，聽作。」

《根有律》:「若得先成屋及舊受用房，或修營舊室者，無犯。」

《根有律攝》:「無犯者，得先成屋及舊受用房，並大蚊幬，此皆無犯。」

《善見論》中，「若壘磚作窟，壘石，壘土，壘木，若草屋」，不犯。

2. 能犯心不具足

《四分律》:「為僧、為佛圖……為多人作屋，不犯。」

《巴利律》:「造山窟、洞穴、草屋，為他人造，不犯也。除〔己之〕住屋，〔為公眾者〕皆不犯也。」

3. 方便加行不具足

《四分律》:「不犯者，僧處分、無難處、無妨處作。」

《根有律》中，教別人如法作，而別人非法作的情況:「若彼苾芻至營作苾芻所作如是語:『汝今作房極為不善，如我所言皆相違背，有所闕少皆不供給。』其營作人如前得罪，彼苾芻無犯。」

4. 究竟成犯不具足

《善見論》:「若作屋未成，若施僧乃至一人，若打壞，若擲置，不犯。」

5. 犯戒主體不具足

《四分律》:「不犯者，最初未制戒，癡狂、心亂、痛惱所纏。」《五分律》、《根有律》與《四分律》相同。

《巴利律》:「癡狂者、最初之犯行者，不犯也。」

《善見論》:「無罪者，最初未制戒阿羅毗迦比丘無罪。」

6. 其他

《善見論》中，「若周匝壘壁，上不至屋，留取明」，不犯。此外，「若作屋，留一摶泥處，後當成，有緣事行不作。有客比丘來住，見不成為成，彼此無罪」。

五、原理

（一）煩惱與性遮

此戒為遮戒。

與上一條無主房戒相比，有主房戒中的比丘似乎要幸運得多，他不像無主房戒中的比丘處處乞討，也沒有因為不合理地索取而使居士避之唯恐不及。[1]此戒中的比丘受到了施主的尊崇而獲得了優待。諸律中記載，施主中既有國王大臣這樣的權勢者，也有「大富多財」的居士，他們都對比丘提供很大的支持，然而比丘建造房屋時缺乏考慮，濫用了施主的信施，使施主遭受了損失。

比丘的煩惱可以概括為兩種情況：一種是貪婪與驕慢，比丘故意觸惱他人，如《根有律》中，比丘在國王的支持下，可以任意選擇最佳地點，砍伐神樹得到最好的木材，甚至可以藉機打擊外道而不用擔心受到懲罰；另一種是愚癡，比丘對施主的承受力和房屋建設規劃缺乏認識，建造的房舍規模太大而超出了施主的預期，如《僧祇律》中比丘連續三次索取，最後施主因為承受不起而「生不信心」，拒絕了比丘的要求。因此，通過僧團對比丘建房行為加以控制，以避免上述情況的出現，便是此戒的目的。

（二）樹神崇拜與大眾信仰

此戒中的神樹，代表着民間信仰，如《五分律》記載：「此樹有神，國人所奉，諸祈請者多得如願。」《根有律》則說此樹是婆羅門外道開展宗教教

---

1 《巴利律》把居士對比丘的厭煩表現到了一個讓人哭笑不得的程度，《經分別》卷 2：「諸居士為此乞求而煩惱，見諸比丘則恐怖戰慄，或改道而走，或翻臉，或閉戶，見牛誤以為比丘而奔逃。」《漢譯南傳大藏經》1 冊，203 頁。

學活動的場所：「此是先生常講説處，此是我等蘊業之處。」同時神樹也是大眾共享的公共活動空間，如《四分律》中記載：「多人往反，象馬車乘止息其下。」而《僧祇律》提到，佛陀曾經止宿的地方是福佑之地，樹神來此定居守護着這塊領地：「如來、應供、正遍知一宿住止，是處左右有樹木與人等者，便為塔廟，是故神祇樂來依止。」由上可知，神樹是大眾聚集的地方，既能帶來現實生活的便利，也是信仰表達的自由空間。

（三）比丘與施主的關係

此戒中比丘與施主的關係值得特別注意。

首先，律中提到國王這個最大的施主，他給予比丘建房最大的支持是批准使用土地。《四分律》中，國王為比丘建造房屋時，表現出一種君王的慷慨：「欲為汝作屋，隨意所好，何處有好地堪起房舍，亦任意作。」《根有律》也記載到，居士欲為比丘建房，「地皆屬王，無處造寺」。比丘必須徵得國王的同意，而國王對比丘很寬容，幾乎沒什麼特別限制：「唯除王宅，餘外園田隨情造立。」分析背後的原因，一方面是緣起比丘與國王有親屬關係[1]，或者是與國王大臣有着廣泛的人際關係，彼此都很熟悉。另一方面，比丘是「釋迦子」，佛陀的教法廣布，比丘跟隨佛陀出家，施主對比丘懷有很大的崇敬心，如《根有律》：「今此世間人天諸眾，於世尊所普生敬信。」

其次，從律中來看，並不是所有人都能獲得一個固定施主的供養。《根有律》中，只有像憍陳如、馬勝、舍利子、大目連等「大苾芻」才會獲得這樣的機會，一般的比丘是沒有「好施主」的。《僧祇律》中的比丘感歎，其他人皆有施主為造房舍，自己卻「薄福德」，「譬如禿梟無有主人」。説明有些比丘沒有施主供養，將會遇到如「無主房戒」中無主自乞索、沒有土地、沒有材料、人力也不夠等許多困難。而比丘沒有房舍也會給生活帶來不便，如

1 《薩婆多論》卷 3：「長老闡那者，是佛異母弟，優填王妹兒，生大豪族，出家為道，多住此國。性倔自用，作種種過惡，多在此國。」《大正藏》23 冊，521 頁下欄。

《五分律》中的比丘由於戒臘不高，日常僧次分房，上座已據其房，他只能遊行。

最後，此戒與無主房戒不同，比丘在施主允諾建房的時候，雖然不像無主房戒要求的那麼嚴苛，但也有具體的尺寸等限制，並非無限度。《僧祇律》中的比丘就因為資金很快耗盡，幾番求索，給施主帶來了困擾。因此此戒帶有更多尊重施主供養意願的內涵，《鼻奈耶》記載，比丘在僧團指授處分建房時，既要「呼持法比丘」，同時也需要「呼檀越」，以此共同見證，「量從檀越」以保證雙方達成一致的意見。《薩婆多論》同樣記載，比丘建房「不應違施者意，若違，損他福德」，例如在施主欲蓋如祇桓精舍一樣的房舍時，因其沒有給孤獨長者那樣的財力，他的決定就顯得不理智，此時比丘「應好示語檀越，意令開解然後小作房」。

六、總結

（一）諸律差異分析

1. 緣起差異

（1）結構差異

《四分律》與其他律典都只有一個本制。

（2）情節差異

《鼻奈耶》、《十誦律》、《五分律》、《巴利律》的情節與《四分律》相似，均為緣起比丘砍伐大樹造房，遭人呵責。不同之處是《鼻奈耶》中樹神向佛匯報此事。《五分律》記載了眾人為緣起比丘造房的原因，比丘常為俗眾說法、料理官事、療病，因此受人敬重，俗眾為了便於親近緣起比丘，便發心為其造房。

《僧祇律》的情節與《四分律》差異較大。此律中，檀越主動提出為緣起比丘作房，兩次供養他「一千金錢」，後來緣起比丘又到其家求索，被對方譏嫌而不復供養。

《根有律》的情節與《四分律》差別較大。六群比丘欲自建新寺，闡陀比丘以種種善巧方便接引了「大富多財」的婆羅門夫婦，求得建寺所需的財物供養，又得到王的允許，可「隨情造寺」。另外，一婆羅門在一棵大樹下給五百童子授學，六群比丘僱人砍伐此樹。

（3）結論

綜上所述，本戒緣起無須調整，仍取《四分律》的結構與情節。

2. 戒本差異

《四分律》中的「為己作」，在《根有律》、《根有戒經》、《根有律攝》和藏文《根有戒經》中對應的意思是：為眾作，或為僧團而作。這個差異直接反映出根本說一切有部對本戒的不同理解。

諸律間對「無妨處」和「無難處」的不同表述，與前一條「無主房戒」基本一致，因此不再贅述。相比其他律典，《鼻奈耶》的表述非常獨特，推測是由翻譯造成的。比如其中的「摩訶羅比丘」，參照梵文《有部戒經》的內容“mahallakaṃ（大房）bhikṣuṇā（比丘）”，很有可能是對梵文內容的直接音譯。

此外，本戒的戒本與「無主房戒」有很多相似之處，所以以下將一些重複的調整原因略去，僅對本戒獨有或比較重要的地方加以說明。《四分律》「若比丘，欲作大房」中的「欲」字，容易讓人誤以為「欲作大房」是本戒的發起心，因此依據《十誦律》、《僧祇律》、《根有律》等將其刪除。為了避免歧義，將「餘比丘」和其後的「彼比丘」，依《十誦律》等統一改為「諸比丘」。為了本戒的前後統一和與前一條「無主房戒」統一，依《新刪定四分僧戒本》等將「不將餘比丘往看指授處所」中的「往看」一詞刪去。為了語句通順，在「指授處所」後，依《四分僧戒本》等補入「者」字。

3. 辨相差異

（1）所犯境

《四分律》和其他幾部律典中，此戒的所犯境為有施主供養建造的房子。藏傳《苾芻學處》的所犯境為「建大寺」，且由比丘「自乞，或教他乞而得」，也就是沒有施主供養，由比丘自乞或教他乞財物建造的房舍。《薩婆多論》中，用「自物」建房；《摩得勒伽》中，「自物作房」；《根有律攝》中，「若用己物」：犯偷蘭遮。《四分律》中沒有關於用自物建房的判罪。其他律典的內容可以為《四分律》提供借鑒。

（2）能犯心

《四分律》、《十誦律》、《摩得勒伽》、《僧祇律》、《五分律》、《巴利律》、《善見論》中，此戒的發起心為「為己」造房的心。《根有律》的發起心為「為如來及苾芻僧眾」建房的心。《根有律攝》中，有「為眾」造房的心，正犯。《薩婆多論》中，有「為眾僧作房」的心，正犯。藏傳《苾芻學處》中，有「欲為三寶及四人以上欲作之心」，正犯。《四分律》、《摩得勒伽》還有為他人作犯偷蘭遮的判罰。《四分律》:「為僧、為佛圖……為多人作屋，不犯。」同樣，

《巴利律》中，也有為公眾、為他人造房不犯的開緣。這裏仍參考《四分律》的判罰：為己正犯，為他偷蘭遮，為佛、僧、多人不犯。

（3）方便加行

《四分律》中，只要「僧不差指授」而建房，正犯。《薩婆多論》、《根有律》、《根有律攝》、藏傳《苾芻學處》需要同時滿足難處、妨處等多條要求，才正犯。其差異可能是《四分律》中比丘為己造房，而《薩婆多論》中則是為三寶或僧團造寺，後者相對寬鬆。《四分律》中為佛、僧亦有開緣，因此，這裏仍參考《四分律》的判法。

（4）究竟成犯

《四分律》中，「作竟」，正犯。《善見論》中，究竟成犯有三種，前兩種與《四分律》類似，第三種判罪為：「若作屋，餘磚泥留置，我後當成，偷蘭遮；若決定罷心，僧伽婆尸沙。」這部分內容和「無主房戒」類似，即房屋建成或者比丘認為房屋建造完成的時候，犯僧殘。

4. 諸律內部差異

《四分律》緣起和戒本中沒有提到教他作或為他人作，而辨相中「教人作，成者」，正犯。《僧祇律》和《巴利律》與此相同。此外，《四分律》辨相中「為他起房，竟者」，亦犯偷蘭遮。《十誦律》辨相中，若比丘教他比丘「為我作舍」也會正犯，而緣起和戒本中只記載自為己作，正犯。

《四分律》緣起中比丘因砍伐神樹而遭譏嫌，但並未提到比丘造房的位置是否有妨礙，而戒本和辨相中則記載需要僧的指授，在無難處、無妨處建造。《十誦律》與此類似。另外，《十誦律》辨相中，「過量作大舍」正犯，但並未明確指出「大舍」的「量」是多少，而緣起及戒本中則沒有「過量」作大房的記載。

（二）調整文本

通過以上諸律間觀點同異的對比與分析，文本在《四分律》的基礎上作如下調整：

1. 緣起

佛在拘睒彌國瞿師羅園中，優填王與尊者闡陀是「親友知識」，為闡陀造屋，並告訴闡陀比丘可以在任何地方造房。城中有一棵尼拘律神樹，行人往來，象馬車乘都會在樹下休息。尊者闡陀將此樹砍伐造房，引起諸居士譏嫌。諸比丘知道此事後向佛匯報，佛制戒。

2. 戒本

若比丘[1]，作大房，有主為己作，當將諸[2]比丘指授處所，諸[3]比丘應指授處所，無難處、無妨處。若比丘，於[4]難處、妨處作大房，有主為己作，不將諸[5]比丘[6]指授處所者[7]，僧伽婆尸沙。

3. 關鍵詞

（1）大房：規模大的房屋。

（2）有主：有施主資助建房，包括一位、兩位或者多位施主的情況。

（3）為己作：（比丘）打算為自己建造房舍。

---

1 「丘」後，底本有「欲」，據《十誦律》、《僧祇律》、《僧祇比丘戒本》、《根有律》、《根有戒經》、《根有律攝》刪。

2 「諸」，底本作「餘」，據《十誦律》、《十誦比丘戒本》、《僧祇律》、《僧祇比丘戒本》、《五分律》、《彌沙塞五分戒本》改。

3 「諸」，底本作「彼」，據《十誦律》、《十誦比丘戒本》、《五分律》、《彌沙塞五分戒本》、《解脫戒經》改。

4 「於」，底本作「有」，據《僧祇律》、《根有律》、《根有戒經》、《根有律攝》改。

5 「諸」，底本作「餘」，據《十誦律》、《十誦比丘戒本》、《僧祇律》、《僧祇比丘戒本》、《五分律》、《彌沙塞五分戒本》、《根有律》、《根有戒經》、《根有律攝》改。

6 「丘」後，底本有「往看」，據《新刪定四分僧戒本》、《四分律比丘戒本》、《僧祇律》、《僧祇比丘戒本》刪。

7 「者」，底本闕，據《四分僧戒本》、《新刪定四分僧戒本》、《僧祇律》、《僧祇比丘戒本》加。

4. 辨相

（1）犯緣

本戒具足六緣成犯：一、是有主房；二、為自己建房之心；三、未經僧團許可；四、知道未經僧團許可；五、建造房屋；六、屋成或者比丘認為屋已建成時，成犯。

（2）辨相結罪輕重

①是有主房

修建有施主出資供養的房子，僧伽婆尸沙；用自己的資財建房，偷蘭遮。

②為自己建房之心

以為自己建房之心，僧伽婆尸沙；為他人建房，偷蘭遮；為佛、僧或為多人建房，不犯。

③未經僧團許可

沒有得到僧團的許可而建房，僧伽婆尸沙；若在難處、妨處建房，犯兩個突吉羅；若已得到僧團的許可，於無難處、無妨處建房，不犯。

④知道未經僧團許可

僧不處分作不處分想，僧伽婆尸沙；僧不處分生疑，偷蘭遮；僧不處分作處分想，偷蘭遮；僧處分作不處分想，偷蘭遮；僧處分生疑，偷蘭遮。

若於難處、妨處建房，不論想心如何，均犯突吉羅。

⑤建造房屋

比丘自作，或教他作，僧伽婆尸沙；多人共建一房，皆犯僧伽婆尸沙。

⑥屋成或認為已經建成

房屋建成，或者比丘認為房屋建造完成時，僧伽婆尸沙；作而未成，犯偷蘭遮。

⑦犯戒主體

比丘若犯，僧伽婆尸沙；比丘尼若犯，偷蘭遮；下三眾若犯，突吉羅。

⑧不犯

建造講堂、草庵、葉庵、小容身屋，不犯。

若得到舊的房子，修葺舊房，不犯。

最初未制戒，癡狂、心亂、痛惱所纏，不犯。

七、現代行持參考

在現代社會，國內居士捐贈錢財為比丘建造個人住房的現象並不常見，而將自己的住房或者購買已建成的住房供養比丘的現象還是存在的，這種情況也應屬此戒所攝。

接受居士供養的房子，按本戒規定應先獲得自己所依止僧團的許可。這既是對比丘個人的保護，也是促進僧團內部管理如法有序的有效方式。

和無主房戒不同，本戒對房屋面積等並沒有限制，主要是為成就施主的發心。現實中較可能發生的情況是施主發心供養房子，但是還沒有實際購買，房子規格等會根據比丘的具體要求而定。此時比丘應該根據實際需要提出合理的需求，不能要求寬敞舒適，也不可追求奢華。超過居士的供養意願及供養能力的過度索取，不僅增長自己的貪欲，也會損傷施主的發心。另外，還需要選擇合適的地理位置，遠離喧鬧等有礙修道的環境。

08

無根謗戒

一、緣起

（一）緣起略述

《四分律》只有一個本制，沒有隨制。佛在羅閱祇耆闍崛山中時，慈地比丘因為對分到的房舍和臥具不滿意，外出受請時又得到較差的飲食，便認為知事人沓婆摩羅子做事不公，存有偏心，遂令其妹妹慈比丘尼誹謗沓婆摩羅子侵犯了她。在眾比丘的質問下，慈地比丘最終承認故意誹謗。世尊以此因緣制戒，此是本制。[1]

諸律緣起差異比較：

1. 制戒地點

《四分律》中制戒地點為「羅閱祇耆闍崛山」，《鼻奈耶》[2] 為「羅閱祇迦蘭陀竹園」，《十誦律》[3]、《五分律》[4] 為「王舍城」，《僧祇律》[5] 為「舍衛城」，《根有律》[6] 為「王舍城羯蘭鐸迦池竹林園」，《巴利律》[7] 為「王舍城迦蘭陀竹林園」。

2. 緣起比丘

《四分律》中緣起比丘為「慈地比丘」，《鼻奈耶》為「蜜妒路地比丘」

---

1 《四分律》卷 3，《大正藏》22 冊，587 頁上欄至 588 頁上欄；卷 4，《大正藏》22 冊，588 頁上欄至 589 頁中欄；卷 57，《大正藏》22 冊，990 頁上欄。

2 《鼻奈耶》卷 4，《大正藏》24 冊，867 頁中欄至 868 頁上欄。

3 《十誦律》卷 4，《大正藏》23 冊，22 頁上欄至 23 頁中欄；卷 52，《大正藏》23 冊，385 頁上欄至 386 頁中欄。

4 《五分律》卷 3，《大正藏》22 冊，15 頁上欄至 16 頁中欄。

5 《僧祇律》卷 3，《大正藏》22 冊，248 頁上欄；卷 6，《大正藏》22 冊，280 頁上欄至 281 頁上欄。

6 《根有律》卷 13，《大正藏》23 冊，691 頁中欄至 696 頁中欄；卷 14，《大正藏》23 冊，696 頁下欄至 699 頁中欄。

7 《經分別》卷 2，《漢譯南傳大藏經》1 冊，221 頁至 232 頁；《附隨》卷 1，《漢譯南傳大藏經》5 冊，51 頁。

和「同情比丘」，《十誦律》為「彌多羅浮摩比丘」，《僧祇律》為「慈地比丘」及「六群比丘」，《五分律》為「慈地二比丘」，《根有律》為「善友、大地」二比丘，《巴利律》為「慈比丘」、「地比丘」。

3. 犯戒對象

《四分律》、《巴利律》中犯戒對象為「沓婆摩羅子」，《鼻奈耶》為「陀驃末路子」，《十誦律》為「陀驃比丘」，《僧祇律》為「陀驃摩羅子」，《五分律》為「陀婆力士子」，《根有律》為「實力子」。各部律中人名雖然不一致，但其實是一個人，只是翻譯不同。

4. 緣起情節

諸部律典與《四分律》相同，只有一個本制，沒有隨制。

《鼻奈耶》、《十誦律》中，故事情節與《四分律》相似。《五分律》、《根有律》、《巴利律》中，緣起比丘誹謗的情節也與《四分律》相似。不同之處在於，《五分律》、《巴利律》中在誹謗前對知事比丘做知事的緣起，以及緣起比丘得粗食的緣起有較詳細的說明，《根有律》中則是對知事比丘的身世作了詳細的介紹。

《僧祇律》中，故事情節與《四分律》相似之處也是緣起比丘被分到較差的房屋和飲食，所不同的是緣起比丘親自誹謗陀驃摩羅子犯波羅夷罪。

（二）緣起比丘形象

《四分律》中，緣起比丘為慈地比丘。慈地比丘道心羸弱，貪著五欲，分別心重，很在意臥具和飲食的好壞。當他被分到不理想的臥具時，便對知事比丘怨言相加：「沓婆摩羅子有愛，隨所喜者與好房好臥具，不愛者與惡房惡臥具……眾僧云何乃差如此有愛者分僧臥具耶？」當他被差次至居士家受食，得到不理想的食物時，又對知事比丘倍復瞋恚，再次口出惡言。可以看出，慈地比丘瞋心很大，口業不淨，習氣堅固。這些性格特徵與他後來教唆其妹慈比丘尼誹謗知事比丘有直接關係。

此外，慈地比丘的名聲也很不好。羅閱城有居士「常為僧一年再作肥美飯食」，當他聽說是慈地比丘前來受食，卻一改往日做法，在門外「敷弊坐具，施設惡食」。然而，慈地比丘卻沒有反省，時常心向外緣，所以當外境稍不如己意，內心便起很大的情緒波動，非理作意：「不愛我等故，與惡房惡臥具。今日以不愛我等故，復差與惡食。」

從慈地比丘常言「不愛我等」，可以看出其內心的空虛與自卑。同時他又是一個很自私、以自我為中心的人，不為他人考慮，不能代人著想。自己沒有得到理想的飲食臥具，就對知事比丘權思報復。「我知沓婆摩羅子清淨梵行人」，他明明知道知事比丘沒有過錯，卻仍然瞋恨對方，乃至為了一己私欲，教唆他的妹妹慈比丘尼誹謗知事比丘，欲令其被逐出僧團。對於他妹妹誹謗知事比丘可能使她遭僧團滅擯的後果，慈地比丘也沒有周全的考慮。

諸律中，緣起比丘形象與《四分律》基本相同。其中，《僧祇律》、《五分律》有一些突出的特點。《五分律》描述了緣起比丘福薄的形象：「慈地兄弟並薄福德，分臥具、差會時，常得粗惡階次。」他們的妹妹因誹謗比丘而遭滅擯後，緣起比丘「猶語諸比丘言：『陀婆力士子壞我妹梵行，故致使如是。』」刻畫出緣起比丘無慚無愧的形象。《僧祇律》則對緣起比丘心不在道、貪著五欲、所求低劣的特點有更為直接的描述：「長老陀驃摩羅子，如我生怨，與我弊房，飲食粗澀。若是長老久在梵行者，當令我等常受眾苦，今當以波羅夷法謗之。」與其他律典不同，此律緣起比丘直接到知事比丘前加以誹謗，後來又在眾多人中乃至僧眾中誹謗知事比丘犯波羅夷。

值得一提的是，《巴利律》提及了緣起比丘形象中正面的一面，這是諸律所未見的。律中記載，緣起比丘在他妹妹因誹謗比丘遭僧團滅擯時，說：「諸師，勿擯滅慈比丘尼，彼尼無有何過，因我等瞋怒不喜〔沓婆〕，欲擯斥之而教唆彼尼也。」呈現出了緣起比丘敢於承認錯誤、承擔責任的一面。

（三）犯戒內因

《四分律》中，犯戒內因主要是緣起比丘對知事比丘的不滿和瞋恨，而其口業習氣和宿世怨結也是部分原因。其他律典與《四分律》相同。

（四）犯戒外緣

《四分律》中，犯戒外緣是緣起比丘被分配到粗惡的臥具、飲食。另外，緣起比丘的妹妹答應幫助他誣陷知事比丘也是一個重要的外緣。《鼻奈耶》、《十誦律》、《五分律》、《根有律》、《巴利律》與此基本相同。《僧祇律》中只有前一點，沒有提到緣起比丘的妹妹提供幫助。

（五）犯戒後的影響

1. 對緣起比丘的影響

《巴利律》中，緣起比丘在妹妹因誹謗比丘遭僧團滅擯時說：「諸師，勿擯滅慈比丘尼，彼尼無有何過，因我等瞋怒不喜（沓婆），欲擯斥之而教唆彼尼也。」可見緣起比丘有憂悔之心。

《五分律》中，緣起比丘在妹妹因誹謗清淨比丘遭僧團滅擯後，仍對其他比丘惡說陀婆力士子「壞我妹梵行，故致使如是」。與《巴利律》相比，緣起比丘無慚無愧，毫無悔過之心。

2. 對所謗對象的影響

《四分律》記載，被謗比丘受到無端誹謗，世尊問他是否有此事時，他回答說「聞，唯世尊當知之」，體現出了緣起比丘面對誹謗，不為所動和淡然處之的態度。當世尊告訴他不能這樣回答時，他才正答問題：「我從生已來未曾憶夢中行不淨，況於覺悟而行不淨。」《鼻奈耶》、《十誦律》、《五分律》、《根有律》、《巴利律》與《四分律》相似。

3. 對緣起比丘妹妹的影響

據《鼻奈耶》、《十誦律》、《五分律》、《根有律》、《巴利律》記載，緣起比丘的妹妹由於幫助緣起比丘誹謗清淨比丘，而被僧團滅擯。

4. 對僧團的影響

《四分律》記載，由於緣起比丘以無根波羅夷法誹謗清淨比丘，「諸比丘從佛受教，尋至慈地比丘所檢問本末」，給僧團增加了事務，影響了大眾的修行。《鼻奈耶》、《十誦律》、《五分律》、《根有律》、《巴利律》與《四分律》相似。《僧祇律》中，佛陀沒有派遣其他比丘去核實，而是親自召喚緣起比丘進行審問。

（六）佛陀考量

《四分律》中，比丘尼以無根波羅夷誹謗知事比丘，佛陀問被謗者是否屬實時，被謗比丘說佛陀知道真相。佛陀說：「今不應作如是報我，若實當言實，若不實當言不實。」即告訴被謗比丘，佛陀不應直接裁斷此事。如果被謗比丘自己都沒有先表態，便讓佛陀做主裁斷，就可能讓人懷疑，不容易令人信服。所以佛陀先讓被謗比丘自己說明沒有犯戒及理由。被謗比丘說：「我從生已來未曾憶夢中行不淨，況於覺悟而行不淨。」這就充分地說明了被謗比丘沒有犯戒，然後世尊說：「善哉，善哉，沓婆摩羅子，汝應作是說。」之後，佛陀宣布被謗比丘沒有犯戒，以自己的威德向諸比丘說明事實，讓眾僧能夠相信被謗比丘是無罪的，不要有懷疑。除《四分律》外，《十誦律》、《五分律》、《根有律》中也有類似的記載。

幾部律典佛都交代了比丘們如何處理此事，並囑咐他們詳細核實情況。如《四分律》：「世尊告諸比丘：『汝等應檢問此慈地比丘，莫以無根非梵行謗。』」《鼻奈耶》、《根有律》、《巴利律》中，佛說完後便轉身離開，走進了自己的靜室，讓比丘們自己去調查核實此事。佛陀其實非常了解事情的真相，之所以讓比丘們去核實，一方面可能是為了更好地發揮僧團的作用，另一方面可能是讓比丘們自己去核實事情的真相，這樣比佛陀自己說更有說服力。

《四分律》中，佛陀讓諸比丘去審問緣起比丘時說道：「此沓婆摩羅子比丘清淨人，若以無根非梵行謗者獲大重罪。」這裏佛陀特別強調了無根誹謗過失的嚴重性，其目的就是為了讓緣起比丘認識到自己的嚴重過失，生起畏懼之心，從而能夠說出事情的真相，還被謗比丘清淨。

《四分律》中，佛陀知道事情的真相後呵責緣起比丘，並告訴諸比丘：「有二種人一向入地獄。何謂二？若非梵行自稱梵行，若真梵行以無根非梵行謗之，是謂二，一向入地獄。」佛陀說此話的目的，是想讓比丘們認識到以無根波羅夷法誹謗清淨比丘的嚴重果報，比丘們對此有確切認識之後，才能避免以後犯同樣的錯誤。《十誦律》、《五分律》、《根有律》與《四分律》大致相同，只是比《四分律》多出了一種說行淫欲不犯罪的人。

（七）文體分析

《四分律》只有一個因緣，沒有其他文體。有較多的語言描寫。

《鼻奈耶》、《僧祇律》、《五分律》、《巴利律》與《四分律》類似，只有一個因緣，沒有其他文體。

《十誦律》有一個因緣、一個伽陀。除了語言描寫外，還有少量的心理描寫。另外，佛陀用伽陀來指出妄語的惡報：「妄語墮地獄，作之言不作；是二俱相似，後皆受罪報。」

《根有律》有一個因緣、十個伽陀、一個祇夜。因緣較為複雜曲折，對知事比丘實力子的出生、成長、出家、作知事的經過都作了詳細的記述。這些內容與制戒關係不大，但能讓人對知事比丘的善根、福德有更深刻的認識，間接反襯出緣起比丘的愚昧。十個伽陀中有六個是相同的，是實力子在拜訪完六位外道，知道他們的邪見後而說：「惡慧說惡法，實愚稱大師；此法將為是，何者名非法？」其他四個中，有一個是佛陀開示妄語的惡果：「若人故妄語，違越於實法，不懼於後世，無有惡不造。寧吞熱鐵丸，猛焰燒身遍，不以破戒口，啖彼信心食。」

諸部律中，就行文結構而言，《根有律》與其他律典差別較大，使用了大量的篇幅講述知事比丘的身世，而其他律典只是簡單介紹了知事比丘發心做知事的因緣。

二、戒本

《四分律》中，本戒的戒本為：「若比丘，瞋恚所覆故，非波羅夷比丘以無根波羅夷法謗，欲壞彼清淨行。若於異時，若問，若不問，知此事無根，說：『我瞋恚故作是語。』若比丘作是語者，僧伽婆尸沙。」

（一）若比丘，瞋恚所覆故

《四分律》、《新刪定四分僧戒本》[1]、《四分律比丘戒本》[2] 作「若比丘，瞋恚所覆故」，意思是：如果比丘，內心被瞋恚（的情緒）所蒙蔽。

與《四分律》相似：

《四分僧戒本》[3] 作「若比丘，以瞋恚所覆故」。

以下律典相比《四分律》，均缺少與「所覆」相對應的內容。

《解脫戒經》[4] 作「若比丘，瞋恚故」。

《十誦比丘戒本》[5] 作「若比丘，瞋、瞋故」。

藏文《根有戒經》[6] 作“ཡང་དག་སློང་གང་ཁྲོས་ཤིང་ཞེ་སྡང་བར་གྱུར་ནས།”，意思是：任何比丘，生氣、瞋恚。

《僧祇律》、《僧祇比丘戒本》[7] 作「若比丘，瞋恨不喜故」。

梵文《說出世部戒經》[8] 作“Yo puna bhikṣu bhikṣusya duṣṭo, doṣāt kupito,

1 《新刪定四分僧戒本》，《卍續藏》39 冊，263 頁下欄至 264 頁上欄。

2 《四分律比丘戒本》，《大正藏》22 冊，1016 頁上欄。

3 《四分僧戒本》，《大正藏》22 冊，1024 頁上欄。

4 《解脫戒經》，《大正藏》24 冊，660 頁中欄。

5 《十誦比丘戒本》，《大正藏》23 冊，471 頁中欄至下欄。

6 麗江版《甘珠爾》（འདུལ་བ་བཀའ་འགྱུར།）第 5 函《別解脫經》（སོ་སོར་ཐར་པའི་མདོ།）4b-5a。

7 《僧祇比丘戒本》，《大正藏》22 冊，550 頁上欄。

8 Nathmal Tatia, *Prātimokṣasūtram of the Lokottaravādimahāsāṅghika School,* Tibetan Sanskrit Works Series, no. 16, p. 9.

anāttamano”，意思是：任何比丘，（由於）比丘的瞋恨、憎惡、憤怒、不高興。

梵文《有部戒經》[1] 作“Yaḥ punar bhikṣur duṣṭo doṣād apratītaḥ”，梵文《根有戒經》[2] 作“Yaḥ punar bhikṣur dviṣṭoddeśād apratītaḥ”，意思都是：任何比丘，瞋恨、憎惡、不高興。

巴利《戒經》[3] 作“Yo pana bhikkhu bhikkhuṃ duṭṭho doso appatīto”，意思是：任何比丘，瞋恨、憎惡、不高興。

以上《僧祇律》及之後的律典，比《四分律》多出了「不喜」或相似的內容。

與《四分律》有部分差異：

《鼻奈耶》作「若比丘，憎、嫉妒」。《四分律》及其他律典中都沒有「嫉妒」的意思。

《十誦律》作「若比丘，住惡瞋故」，《根有律》、《根有戒經》[4]、《根有律攝》[5] 作「若復苾芻，懷瞋不捨故」。「住」或「不捨」的意思，《四分律》及其他律典中均沒有提及。

與《四分律》差異較大：

《五分律》、《彌沙塞五分戒本》[6] 作「若比丘，自不如法，惡瞋故」。與《四分律》及其他律典相比，這裏多出了「自不如法」。

---

1 Georg von Simson, *Prātimokṣasūtra der Sarvāstivādins Teil II,* Sanskrittexte aus den Turfanfunden, XI, p. 169.

2 Anukul Chandra Banerjee, *Two Buddhist Vinaya Texts in Sanskrit,* p. 17.

3 Bhikkhu Ñāṇatusita, *Analysis of the Bhikkhu Pātimokkha,* p. 61.

4 《根有戒經》，《大正藏》24 冊，501 頁下欄。

5 《根有律攝》卷 4，《大正藏》24 冊，545 頁下欄。

6 《彌沙塞五分戒本》，《大正藏》22 冊，195 頁中欄。

（二）非波羅夷比丘以無根波羅夷法謗

《四分律》、《四分僧戒本》、《新刪定四分僧戒本》、《四分律比丘戒本》作「非波羅夷比丘以無根波羅夷法謗」，意思是：對沒有犯波羅夷罪的（清淨）比丘，以沒有根據的波羅夷罪進行誹謗。

與《四分律》相似：

《十誦律》作「以無根波羅夷法謗無波羅夷比丘」，《五分律》、《彌沙塞五分戒本》作「以無根波羅夷謗無波羅夷比丘」。

《僧祇律》、《僧祇比丘戒本》作「於清淨無罪比丘以無根波羅夷法謗」，《解脫戒經》作「於清淨無犯比丘以無根波羅夷法謗」，《根有律》、《根有戒經》、《根有律攝》作「於清淨苾芻以無根波羅市迦法謗」。

梵文《說出世部戒經》作"Śuddhaṃ bhikṣum anāpattikam amūlakena pārājikena dharmeṇa anudhvaṃseya"，梵文《有部戒經》作"Śuddhaṃ bhikṣum an(āpa)nna(m) amūlakena pārājikena dharmeṇānudhvaṃsayed"，意思都是：對清淨、無罪的比丘，以沒有根據的波羅夷法誹謗。

梵文《根有戒經》作"Śuddhaṃ bhikṣuṃ (amūlakena pārājikena dharmeṇānudhvaṃsa)yed"，意思是：對清淨的比丘，以沒有根據的波羅夷法誹謗。

藏文《根有戒經》作"[ཅི་ནས་ཀུང་འདི་ཚངས་པར་སྤྱོད་པ་དང་དབྲལ་ལོ་སྙམ་ནས།]དགེ་སློང་དག་པ་ལྷུང་བ་མེད་པ་ལ། གཞི་མེད་པར་ཕམ་པར་འགྱུར་བའི་ཆོས་ཀྱིས་སྐུར་པ་ལས"，意思是：對清淨、無罪的比丘，以沒有根據的他勝法誹謗。

以上《僧祇律》及之後的律典，以「清淨無罪比丘」或類似的表述，對應《四分律》中的「非波羅夷比丘」。

與《四分律》有部分差異：

《鼻奈耶》作「謗彼清淨比丘，不犯無根棄捐法誹謗」，這一表述可能是受到梵語語序的影響。

《十誦比丘戒本》作「不喜清淨無罪比丘，以無根波羅夷法謗」。這裏「不喜」的內容，《四分律》及其他律典中均沒有提及。

巴利《戒經》作“Amūlakena pārājikena dhammena anuddhaṃseyya”，意思是：以沒有根據的波羅夷法誹謗（其他比丘）。與《四分律》相比，少了與「非波羅夷比丘」相對應的內容。

（三）欲壞彼清淨行

《四分律》、《新刪定四分僧戒本》、《四分律比丘戒本》作「欲壞彼清淨行」，意思是：想要破壞他的清淨梵行。

與《四分律》相似：

《四分僧戒本》作「欲壞彼比丘淨行」。

《十誦比丘戒本》、《僧祇比丘戒本》、《解脫戒經》作「欲破彼比丘淨行」，《僧祇律》作「欲令破彼比丘淨行」，《根有律》、《根有戒經》、《根有律攝》作「欲壞彼淨行」，《十誦律》、《五分律》、《彌沙塞五分戒本》作「欲破彼梵行」。

與《四分律》有部分差異：

梵文《說出世部戒經》作“Apy evaṃ nāma imaṃ bhikṣuṃ brahmacaryāto cyāveyaṃ ti，”，意思是：「想：『這樣就可以破壞這個比丘的清淨行持。』」

梵文《有部戒經》作“Apy evainaṃ brahmacaryāc cyāvayeyam iti”，梵文《根有戒經》作“Apy evainaṃ brahmacaryāc cyāvayeyam iti”，意思都是：「想：『這樣可以破壞他的清淨行持。』」

巴利《戒經》作“Appeva nāma naṃ imamhā brahmacariyā cāveyyanti”，意思是：「想：『這樣就可以破壞他的清淨行持。』」

藏文《根有戒經》作“ཅི་ནས་ཀྱང་འདི་ཚངས་པར་སྤྱོད་པ་དང་དབྱལ་བོ་སྙམ་ནས། [དགེ་སློང་དག་པ་ལྟུང་བ་མེད་པ་ལ། གཞི་མེད་པར་ཕམ་པར་འགྱུར་བའི་ཆོས་ཀྱིས་སྐུར་པ་ལས་]”，意思是：「想：『這樣可以破壞（他的）清淨（梵）行。』」

以上五部梵巴藏戒本中都以比丘直接的心理描寫來對應《四分律》中「壞彼比丘淨行」。

與《四分律》差異較大：

《鼻奈耶》作「我當墮此失梵行」。

（四）若於異時，若問，若不問

《四分律》作「若於異時，若問，若不問」，意思是：（這個比丘）在這之後，或被詢問，或沒有被詢問。

與《四分律》相似：

《四分僧戒本》、《新刪定四分僧戒本》、《四分律比丘戒本》作「彼於異時，若問，若不問」。

《十誦律》作「是比丘後時，或問，或不問」，《五分律》、《彌沙塞五分戒本》作「是比丘後時，若問，若不問」，《根有律》、《根有戒經》、《根有律攝》作「後於異時，若問，若不問」。

《十誦比丘戒本》作「是比丘後時，若撿校，若不撿校」，《僧祇律》作「彼於後時，若撿挍，若不撿挍」，《僧祇比丘戒本》作「此於後時，若檢校，若不檢校」。這三部律典以「撿校」或「檢挍」對應《四分律》的「問」字。

梵文《說出世部戒經》作"So tad apareṇa samayena samanugrāhiyamāṇo vā asamanugrāhiyamāṇo vā"，意思是：在這之後，被（人）詢問或是沒有被詢問。

梵文《根有戒經》作"Tasya ca apareṇa samayena (sama)nuyujyamāno (vā asamanuyujyamāno vā)"，意思是：並且在這之後，被（人）詢問或是沒有被詢問。

巴利《戒經》作"Tato aparena samayena samanuggāhiyamāno vā asamanuggāhiyamāno vā"，意思是：在這之後，被（人）詢問或是沒有被詢問。

藏文《根有戒經》作"དེ་དུས་གཞན་ཞིག་ན་དྲིས་ཀྱང་རུང་། མ་དྲིས་ཀྱང་རུང"，意思是：並且在這之後，無論問或不問（而說）。

與《四分律》有部分差異：

《鼻奈耶》作「若於後時被責數」。此處的「責數」，有責備數落的意思，和《四分律》的「問」相似。但這裏沒有提及與《四分律》「不問」相對應的內容。

《解脱戒經》作「彼於異時，若撿問，若呵責，或不撿問」。相比《四分律》及其他律典，這裏多出了「若呵責」。

梵文《有部戒經》作“Tasya sādhu ca suṣṭhu ca samanuyujyamānasya samanugāhyamānasya”，意思是：他被好好地詢問、核實時。除了沒有與《四分律》「不問」相對應的內容外，還多了「好好地」這一修飾。

（五）知此事無根，說：「我瞋恚故作是語。」若比丘作是語者，僧伽婆尸沙

《四分律》、《四分僧戒本》、《四分律比丘戒本》作「知此事無根，說：『我瞋恚故作是語。』若比丘作是語者，僧伽婆尸沙」，意思是：「知道這件事是毫無根據，說：『我是由於瞋怒而這麼說的』，如果比丘說這樣的話，犯僧殘罪。」

與《四分律》相似：

《新刪定四分僧戒本》作「知此事無根，說：『我瞋恚故。』作是語者，僧伽婆尸沙」。

《十誦比丘戒本》作「知是事無根，無根故，是比丘住瞋法，語諸比丘言：『我瞋故如是語。』僧伽婆尸沙」。

梵文《說出世部戒經》作“Amūlakam eva tam adhikaraṇaṃ bhavati| amūlakasya ca adhikaraṇasya ca adharmo upādinno bhavati, bhikṣu ca doṣe pratiṣṭhihati doṣād avacāmīti saṃghātiśeṣo”，意思是：「（比丘）知道這一指控是沒有根據的，堅持的非法事是沒有根據和引發紛爭的，而且（告發的）比丘因為一直憎恨，說：『我是由於憎恨（才這麼）說的』，僧殘餘。」

梵文《根有戒經》作：“Amūlakam eva svādhikaraṇaṃ (bhaved bhikṣuś ca dveṣe pratiṣṭhed dveṣeṇāvoca)m iti saṃghāvaśeṣaḥ”，意思是：「（比丘）知道指控（的事）完全是沒有根據的，而且告發的比丘因為一直憎恨，說：『我是由於憎恨（才這麼）說的』，僧殘餘。」

與《四分律》有部分差異：

《十誦律》作「知是無根事，比丘住惡瞋故作是語者，僧伽婆尸沙」，《根有律》作「知此事是無根謗，彼苾芻由瞋恚故作是語者，僧伽伐尸沙」，《根有戒經》、《根有律攝》作「知此是無根謗，彼苾芻由瞋恚故作是語者，僧伽伐尸沙」。

巴利《戒經》作："Amūlakañ-c'eva taṃ adhikaraṇaṃ hoti, bhikkhu ca dosaṃ patiṭṭhāti, saṅghādiseso"，意思是：如果那個指控是真的沒有根據的，比丘是因為一直瞋恨（而毀謗他人），僧始終。

藏文《根有戒經》作"རྩོད་པ་དེ་ཡང་གཞི་མེད་པ་ཡིན་ལ། དགེ་སློང་ཡང་ཞེ་སྡང་ལ་གནས་པས་ཞེ་སྡང་གིས་སྨྲས་སོ་ཞེ་ན་དགེ་འདུན་ལྷག་མའོ། །"，意思是：指控是無根據的，如果比丘是由於瞋恚而這樣說，僧殘餘。

《十誦律》及之後的律典與《四分律》相比，沒有犯戒比丘直接陳述「我瞋恚故作是語」的相關內容。

梵文《有部戒經》作"Amūlaṃ caiva tad adhikaraṇaṃ bhaved bhikṣuś cānudhvaṃsayitā doṣe pratitiṣṭhed doṣeṇ(āvocam iti) saṃghāvaśeṣ(aḥ)"，意思是：「並且這一（指控）是完全沒有根據的，而且告發的比丘因為一直憎恨，說：『我是由於憎恨（才這麼）說的』，僧殘餘。」

梵文《有部戒經》以及上述的巴利《戒經》、藏文《根有戒經》中都沒有與《四分律》中「知」字直接對應的內容。

《僧祇律》作「便作是言：『是事無根，我住瞋恨故。』作是語者，僧伽婆尸沙」，《僧祇比丘戒本》作「便言：『是事無根，我住瞋恨故說。』僧伽婆尸沙」，《五分律》、《彌沙塞五分戒本》作「言：『我是事無根，住瞋故謗。』僧伽婆尸沙」，《解脱戒經》作「便言：『此事無根說，我瞋恚故作是語。』僧伽婆尸沙」。這五部律典中，比丘自己言說的內容與《四分律》有所不同。

與《四分律》差異較大：

《鼻奈耶》作「言：『無根棄捐謗。』比丘不改者，僧伽婆施沙」。

三、關鍵詞

（一）無根

梵文戒經中作“amūlaka”，該詞由否定前綴“a”和“mūlaka（根、根據）”組成，意思是：沒有根據的（英譯：groundless）。巴利《戒經》作“amūlaka”，意思與梵文相同。藏文《根有戒經》作“གཞི་མེད་པར”，意思是：無基礎、無根本、沒有根據（英譯：groundless）。

《四分律》中「根」有三種，即見根、聞根、疑根。其中，「見根」，是指甲比丘真實地見到乙比丘犯非梵行（大淫戒），偷五錢或過五錢（大盜戒），斷人命（大殺戒）；或者是丙人親眼見到乙比丘犯戒，甲比丘從丙人那裏聽說，也算是見根。「聞根」是指甲比丘親耳聽到乙比丘犯非梵行，偷五錢若過五錢，或斷人命，或自歎譽得上人法；或者丙人跟甲比丘說親耳聽到乙比丘犯以上罪行，也算是聞根。「疑根」分為從見生疑和從聞生疑兩種：1. 從見生疑者，如果見比丘與婦女入林，出林，無衣裸形，男根不淨污身手，捉刀血污，與惡知識為伴等，因而懷疑彼比丘犯戒，這些是從見生疑；2. 從聞生疑，如果在暗地，聞牀聲，聞草蓐轉側聲，聞身動聲，聞共語聲，聞交會語聲，聞我犯非梵行聲，聞言偷五錢過五錢聲，聞言我殺人，聞言我得上人法，因而懷疑彼比丘犯戒，這些是從聞生疑。除了這三根以外，其他的誹謗方法即屬於無根。

《五分律》中，「無根」的意思為：不見、不聞、不疑。《十誦律》、《僧祇律》、《根有律》、《根有律攝》、《巴利律》與《五分律》的記載大體相同，都是沒有見、聞、疑三根，並且都沒有詳細地解釋。

《薩婆多論》[1]與《四分律》有部分差異，除了多出不能以「天眼」、「天耳」

1 《薩婆多論》卷 3，《大正藏》23 冊，522 頁上欄至 523 頁下欄。

見、聞的要求以外，對「疑根」的解釋也差別較大。《薩婆多論》記載：「無根者，有三種根本：一見、二聞、三疑。依此三種，名為有根；不見、不聞、不疑，是名無根，云疑不成根。」並且進一步解釋：「眼根者，必使清淨無病，見事審諦可依可信，唯聽肉眼，不聽天眼。」耳根與眼根類似。對於疑根，《薩婆多論》認為：「疑不可依，若說罪過為說定相，疑者非是決定，或謂犯罪，或謂不犯，或不可依，故不得為根。」

《善見論》[1] 中，「根」也分三種，即「見、聞、疑」，而「無根」即指「不見、不聞、不疑」。如此律記載：「不見者，不自以肉眼見，亦不自以天眼見；不聞者，不從人聞；不疑者，不以心疑。有見疑者，有比丘於村外入草中便曲，有女人亦入草中，比丘先從草出，女人復從此草出，比丘女人各不相知，有傍比丘見已，即便生疑心，自念言：『此兩人豈無非法意耶？』是名見疑。聞疑者，聞比丘與女人暗中語聲，因此生疑，是名聞疑。疑疑者，有男子女人將飲食入寺，觀看遊戲，去已，餘殘飲食處所狼藉不淨，未得掃除，明日朝旦有客比丘來入寺中，見此處所即生疑心，復至舊比丘身有香氣，更復疑言：『當是昨夜，此比丘與女人飲食，共作非法淫欲也。』是名疑疑。」

由上可見，詞源分析中，諸部戒經內涵一致，都是指「沒有根據的」。漢譯律典中都是先定義、解釋何為「根」，再用排除法，通過「根」的對立面來詮釋「無根」。「根」包括「見、聞、疑」三根，這一點諸律典是一致的。《善見論》中，「見根」除了以肉眼見算見根外，天眼所見也算見根，與《薩婆多論》相反。對於「疑根」，《善見論》除了見疑和聞疑外，還比《四分律》、《薩婆多論》多出了「疑疑」的情況。

（二）欲壞彼清淨行

梵文《有部戒經》中對應的句子是"apy（表示強調：希望）evainaṃ（他）brahmacaryāc（梵行）cyāvayeyam（破壞）iti（引用結束標誌）"，直譯為：（想着）

1 《善見論》卷 13，《大正藏》24 冊，765 頁中欄至 768 頁上欄。

我能夠破壞他的梵行（英譯：thinking: “If only I could make him fall away from the pure life.”）。巴利《戒經》中作“appeva（表示強調：希望）nāma（表示強調）naṃ（他）imamhā（這個）brahmacariyā（梵行）cāveyyan（破壞）-ti（引用結束標誌）”。三部梵文戒經以及巴利《戒經》，雖然表述的文詞上略有差別，但意思基本相同。藏文《根有戒經》中對應的句子是“ཅི་ནས་ཀྱང་（無論如何、務必）འདི་（其）ཚངས་པར་（清潔、梵淨）སྤྱོད་པ་（習行）དང་（和）དབྱལ་（分開）ལོ་（完結助詞）སྙམ（想、認為）”，字面意思是：定要令其與清淨行分開，或理解為這樣就可以破壞（他的）清淨行（英譯：I may thus remove him anyhow from the course of purity）。

《四分律》中對此沒有解釋。

《十誦律》中解釋為：「破梵行者，破彼比丘法欲令退墮。」其內涵是想破壞彼比丘的戒法，令其退墮比丘身分，不能再當比丘。

《僧祇律》為：「欲破彼淨行者，欲令彼非比丘、非沙門、非釋種子，欲令作沙彌，作俗人，作園民，作外道。」《五分律》為：「欲破彼梵行者，欲使還俗，若作外道。」《根有律》為：「欲壞彼行者，欲損彼人清淨學處。」《巴利律》為：「可能令彼由此梵行退墮者，令從比丘法退墮，令從沙門法退墮，令從戒法退墮，令從修德法退墮也。」《善見論》為：「欲使彼比丘於清淨法退墮。」以上五部律典的意思與《十誦律》相同。

綜上所述，詞源分析的內涵一致，都是「希望能夠破壞他的梵行」之意。漢譯諸律典解釋基本一致，都是要令其退失比丘法，不能再做比丘。此外，《僧祇律》還記載了令比丘退墮為沙彌、俗人、園民、外道，《五分律》僅作「欲使還俗，若作外道」，相比《僧祇律》少了退墮做沙彌的記載。

四、辨相

（一）犯緣

具足以下五個方面的犯緣便正犯本戒：

1. 所犯境

《四分律》中，本戒的所犯境為其他比丘。這一點，諸律記載相同。

藏傳《苾芻學處》[1]對所犯境還另有要求：「或所謗者，或餘隨一，須具五種名言，身平等住，非自己。」

此外，《四分律》中比丘尼也是此戒的所犯境。《摩得勒伽》和藏傳《苾芻學處》與《四分律》相同。《根有律攝》[2]中，謗比丘尼不正犯；而此律典還記載了另一種判法，謗比丘尼也正犯。

其他律典中只提到比丘，未提到比丘尼。

《明了論》沒有關於此戒的記載，下不贅述。

2. 能犯心

（1）發起心

《四分律》中，發起心是以瞋恨心「欲壞彼清淨行」。《十誦律》、《僧祇律》、《五分律》、《根有律》、《根有律攝》、《巴利律》與《四分律》相同。

《鼻奈耶》中，發起心為「憎嫉妒」，其中「憎」有瞋恨的意思，與《四分律》相同，而「嫉妒」則與瞋恨有些區別。可見，在此律中，發起心除了瞋恨心之外，還有嫉妒心。

1 《苾芻學處》，《宗喀巴大師集》卷 5，67 頁至 68 頁。

2 《根有律攝》卷 4，《大正藏》24 冊，545 頁下欄至 546 頁上欄。

《善見論》[1]中，發起心是「欲使彼比丘於清淨法退墮」。

《毗尼母經》中，此戒是「從瞋恚所起犯」，其發起心是瞋恚之心。

藏傳《苾芻學處》中，發起心是「為欲壞彼而加毀之心未斷」，即比丘想破壞對方的清淨梵行，並且此種心還須相續不斷。可見，此律的發起心只提到了欲壞彼（清淨行），並未提到瞋恨心，與《四分律》等有部分差異。另外，此律還要求「心未斷」，《四分律》及其他律典中對此並沒有要求。

上述律典中，只有《僧祇律》、《毗尼母經》[2]和藏傳《苾芻學處》在辨相之中記載了發起心；《四分律》、《鼻奈耶》、《十誦律》、《五分律》、《根有律》、《根有律攝》、《巴利律》則是在戒條、關鍵詞中記載了發起心；《薩婆多論》[3]、《摩得勒伽》[4]則未記載發起心的相關內容。

（2）想心

《四分律》沒有明確記載本戒的想心。

藏傳《苾芻學處》中，「於有犯及無犯他勝罪者作無犯想」，正犯。

其他律典沒有明確記載本戒的想心。

3. 方便加行

此戒的方便加行有誹謗方式、誹謗內容和對說境三個要素，這三個要素同時滿足時才會正犯。

（1）誹謗方式

《四分律》中，如果比丘用言說的方式無根誹謗，正犯。諸律在這一點上與《四分律》相同。藏傳《苾芻學處》中還多出了一個要求，要以「具五相語」來進行誹謗。

此外，《四分律》中還記載，若以指印、作書、遣使、作知相四種方式誹

---

1 《善見論》卷 13，《大正藏》24 冊，765 頁中欄至 768 頁上欄。

2 《毗尼母經》卷 8，《大正藏》24 冊，848 頁中欄。

3 《薩婆多論》卷 3，《大正藏》23 冊，522 頁上欄至 523 頁下欄。

4 《摩得勒伽》卷 2，《大正藏》23 冊，572 頁上欄；卷 8，《大正藏》23 冊，616 頁下欄至 617 頁中欄。

謗，也正犯。《巴利律》、《善見論》中，使人謗，正犯，其他情況則未提及。其他律典未記載用這幾種方式誹謗而正犯的情況。

（2）誹謗內容

關於誹謗內容，《四分律》中，若以無根之波羅夷法謗，正犯。除《薩婆多論》、《善見論》外，諸律相同。此外，藏傳《苾芻學處》還對誹謗內容有一些規定：「須說被謗人之名，將作者與所作事相合而為毀謗。」

《四分律》中還記載，若以無根之十三難法[1]謗，亦正犯。《十誦律》和《善見論》與《四分律》部分相同。《十誦律》中，以殺父、殺母、殺阿羅漢謗，正犯。《善見論》中，以殺父、殺母、殺阿羅漢、出佛身血、破僧五逆罪謗，以及以黃門、二根、畜生謗，正犯。

此外，《善見論》中，若謗比丘，「汝沙彌，汝優婆塞，汝外道，汝尼揵陀」，亦正犯。這幾種情況在《四分律》及其他律典中並未提及。

《薩婆多論》未記載相關情況。

（3）對說境

有關無根謗的對說境方面，《四分律》沒有詳細記載，而《僧祇律》和藏傳《苾芻學處》中有相關記載。

《僧祇律》中，對說境為「若屏處，若眾多人中，若眾僧中」，也就是說面對下至一名比丘作為對說境進行誹謗，就會正犯。

藏傳《苾芻學處》中，對說境的要求為：「或所謗者，或餘隨一，須具五種名言，身平等住，非自己。」此律中，對說境可以是被無根誹謗的比丘，或是其他任何一個人。

其他律典與《四分律》相同，均沒有對說境的明確記載。

4. 究竟成犯

《四分律》中，「說而了了」，即對方明白比丘所表達的意思，成犯。

---

1 十三難法：犯邊罪、犯比丘尼、賊心受戒、破內外道、黃門、殺父、殺母、殺阿羅漢、破僧、惡心出佛身血、非人、畜生、二根。

《五分律》中，「解者」成犯。藏傳《苾芻學處》：「對說之境了義時，成犯。」這兩部律典都是對方聽明白時成犯，與《四分律》相同。

《根有律》中，「作是說時」，正犯；《根有律攝》的記載與其相同，「語語說時」，正犯。

其他律典中沒有明確說明成犯的時間。

5. 犯戒主體

《四分律》中，犯戒主體是比丘，比丘尼同犯。《十誦律》、《薩婆多論》、《摩得勒伽》、《五分律》、《根有律攝》和藏傳《苾芻學處》與《四分律》相同。《鼻奈耶》、《僧祇律》、《根有律》、《巴利律》、《善見論》、《毗尼母經》中，犯戒主體只記載了比丘。

（二）輕重

1. 所犯境

（1）謗比丘

《四分律》中，謗比丘，犯僧伽婆尸沙。其他律典與此相同。

（2）謗比丘尼

《四分律》中，以無根波羅夷謗比丘尼，犯僧伽婆尸沙。《摩得勒伽》與《四分律》相同。而《十誦律》、《五分律》、《善見論》中結突吉羅，與《四分律》不同。

《僧祇律》中，「若謗比丘尼八波羅夷、十九僧伽婆尸沙，若一一謗，波夜提；三十尼薩耆、百四十一波夜提，若一一謗，犯越比尼罪。」

《根有律攝》中，「若謗苾芻尼……咸窣吐羅。」此律還記載了另外一種判法：「復有說言：『謗苾芻尼亦獲本罪。』」

（3）謗式叉摩那、沙彌、沙彌尼

《四分律》記載：「除比丘、比丘尼，以無根罪謗餘人者，突吉羅。」根據前後文義，此處的「餘人」應指式叉摩那、沙彌、沙彌尼三眾。

《十誦律》、《五分律》與《四分律》相同。

《摩得勒伽》和《根有律攝》則分別記載了兩種不同的結罪。《摩得勒伽》卷 2 記載，比丘「謗式叉摩那、沙彌、沙彌尼，突吉羅」。而卷 8 則記載，比丘謗式叉摩那、沙彌、沙彌尼犯波羅夷，結偷羅遮罪；若謗式叉摩那、沙彌、沙彌尼犯逆罪，結突吉羅罪。《根有律攝》記載:「謗式叉等，咸犯惡作。」同時此律還記載了另外一種判法:「復有說言：……謗式叉等得窣吐羅。」

《僧祇律》中，謗式叉摩那，則犯偷蘭遮，與上幾部律有所差異；謗沙彌、沙彌尼，犯突吉羅，與上幾部律相同。如《僧祇律》:「學戒尼十八事，若一一謗言『當更與學戒』，犯偷蘭罪；沙彌、沙彌尼十戒，若一一謗言『當更與出家』，犯越比尼罪。」

（4）謗破戒及神智失常之人等

《十誦律》中記載不犯僧殘，但沒有具體說結什麼罪。如律文:「問:『頗比丘以無根波羅夷謗比丘，不得僧伽婆尸沙耶？』答:『有，……若謗先破戒，若賊住，若先來白衣、諸擯人不共住、種種不共住人、狂人、散亂心人、病壞心人是。』」

《摩得勒伽》中也有類似記載:「問:『頗有比丘無根謗不犯耶？』答:『有，謂狂、散亂、重病、聾、盲、喑啞、眠、入定，謗，皆偷羅遮。何以故？心不住自性故。』」

而有關本犯戒人和學悔沙彌的判罪，《摩得勒伽》記載了兩種判法。此律卷 2 記載:「謗本犯戒人，偷羅遮；謗學戒人，偷羅遮。」而卷 8 則記載，誹謗「本犯戒、本不和合、賊住，突吉羅」，誹謗「學戒人」，犯僧殘。

（5）謗白衣

《僧祇律》中記載:「下至俗人五戒，若一一謗，犯越比尼心悔。」

2. 能犯心

（1）發起心

諸律發起心的情況如上犯緣所述。

(2) 想心

《四分律》沒有想心的明確記載。

藏傳《苾芻學處》中，「於有犯及無犯他勝罪者作無犯想」，犯僧殘。

其他律典與《四分律》相同，想心方面均沒有明確判罪。

3. 方便加行

(1) 誹謗方式

《四分律》中，用言說的方式誹謗，犯僧伽婆尸沙。諸律有關言說的結罪如犯緣所述，沒有犯輕的情況。

①使人謗

《四分律》、《善見論》中，使人謗，犯僧伽婆尸沙。《摩得勒伽》、《五分律》、《根有律攝》中，犯偷蘭遮，與《四分律》等有所差異。《巴利律》的關鍵詞中也記載，「誹謗者，自非難或令人非難」，均犯僧伽婆尸沙。

②書信謗

《四分律》中，書信謗，犯僧伽婆尸沙。《摩得勒伽》、《五分律》、《根有律攝》中，犯偷蘭遮，與《四分律》有所差異。如《五分律》：「若書……謗，……解者，偷羅遮。」《根有律攝》：「若以書，若以字印……若自書字，作如是言：『此字說汝有其犯事。』……咸窣吐羅。」《摩得勒伽》記載：「問：『若比丘自書言：「某甲比丘犯波羅夷」，得何罪？』答：『偷羅遮。』」如果作書以五逆罪誹謗，也犯偷蘭遮。如《摩得勒伽》：「自作書，某甲比丘殺母、父、阿羅漢、破僧、惡心出佛身血，偷羅遮。」

《善見論》中，「若遣書，如此使書，無罪」，即使人寫信謗，不犯，與以上幾部律典差異較大。

③手勢或威儀謗

《四分律》中，「指印」、「作知相」謗，犯僧伽婆尸沙。《五分律》中，「相」謗、「手語謗」；《摩得勒伽》、《根有律攝》中，「手印謗」：均犯偷蘭遮，與《四分律》有所差異。

對於以上使人等三種方式的毀謗，《十誦律》中不犯僧伽婆尸沙，但沒有説結什麼罪：「問：『頗比丘以無根波羅夷謗比丘，不得僧伽婆尸沙耶？』答：『有。若作書，若遣使，若作相示。』」

④不說名謗

《十誦律》中，「若以無根謗言：『汝盡破戒。』得偷蘭遮。」《摩得勒伽》、《根有律攝》中，誹謗時不說具體人的名字，結偷蘭遮。如《摩得勒伽》：「若比丘，僧中作不定語：『比丘作淫，偷五錢，殺人，說過人法。』而不說其名，偷羅遮。」《根有律攝》：「若於大眾作如是言：『此中有人犯波羅市迦。』不斥名謗，咸窣吐羅。」

藏傳《苾芻學處》中也提到正犯需要稱名，而且還要求人和所做事一致：「如云：『某甲苾芻作不淨行他勝處法』等，須說被謗人之名，將作者與所作事相合而為毀謗。」

⑤其他方式

《五分律》中，說相似語毀謗，犯偷蘭遮。《摩得勒伽》：「若比丘從坐起而作是言：『我無所因而說。』於一切眾僧邊得突吉羅。」《善見論》：「若以瞋故不現前謗，波夜提。若以威儀法不現前謗，突吉羅。」

（2）誹謗內容

①說無根波羅夷法謗

A. 無見聞疑

《四分律》中，不見、不聞、不疑比丘犯波羅夷，而說見、聞、疑該比丘犯波羅夷，犯僧伽婆尸沙。《鼻奈耶》、《摩得勒伽》和《毗尼母經》只記載了比丘的方便加行為「無根」波羅夷法謗，沒有強調三根。其他律典與《四分律》相同，都強調無三根而誹謗，犯僧伽婆尸沙。如《十誦律》中，「是事不見、不聞、不疑」而說見聞疑，犯僧伽婆尸沙。《僧祇律》中，「本曾見妄、聞妄、疑妄，見不爾、聞不爾、疑不爾」，犯僧伽婆尸沙。《摩得勒伽》還記載了一種特殊結罪：「從他聞謗，皆偷羅遮。」

B. 見聞疑而有疑

《四分律》：「不見彼犯波羅夷，是中有疑，便言：『是中無疑，我聞疑彼犯波羅夷。』」這種情況犯僧伽婆尸沙。《五分律》中，若比丘有見聞疑，但對自己的見聞疑有懷疑之心，以此誹謗對方犯波羅夷，犯僧伽婆尸沙。如律文：「見疑、聞疑、疑疑……而以無根法謗，僧伽婆尸沙。」《巴利律》中，「於見有疑，不確信所見……於聞有疑……於疑有疑……而誹謗彼」，犯僧伽婆尸沙。

C. 見聞疑而後忘

《四分律》、《五分律》、《根有律》、《根有律攝》、《巴利律》中，若比丘有見聞疑，但之後忘記自己有見聞疑，而誹謗說彼犯波羅夷，犯僧伽婆尸沙。如《四分律》：「不見犯波羅夷，不聞犯波羅夷，不疑犯波羅夷，生見聞疑想，後忘此想，便作是言：『我見聞疑彼犯波羅夷。』以無根法謗，僧伽婆尸沙。」《五分律》：「見忘，聞忘，疑忘，而以無根法謗，僧伽婆尸沙。」《根有律》：「或聞而忘，或疑而忘，作如是解，作如是想，云：『我聞、疑不忘。』作是說時，得僧伽伐尸沙。」《根有律攝》中，「或聞而忘，或疑而忘，言我聞、疑」，犯僧伽婆尸沙。《巴利律》：「見彼犯波羅夷法，於見有疑……忘失所疑而誹謗彼：『汝被疑之，被見之。』……乃至……忘失所疑而誹謗彼：『汝被疑之、被聞之。』……乃至……忘失所疑而誹謗彼：『汝犯波羅夷法……被疑之，被見之，被聞之……』語語僧殘。」

D. 見聞疑錯亂

《十誦律》、《根有律》、《根有律攝》、《巴利律》中，若比丘三根錯亂謗，如聞言疑，疑言見，疑言聞等，犯僧伽婆尸沙。如《根有律》：「或聞而信，或聞不信，而言我見；或聞而疑，或聞不疑，或但自疑，而云我見：作是說時得僧伽伐尸沙。」

②說其他法誹謗

除上文以無根波羅夷法謗之外，以下律典還記載用其他法誹謗的結罪情況。

《四分律》中記載了誹謗比丘尼的情況：「除此八波羅夷，更以餘無根非比丘尼法謗，了了，僧伽婆尸沙。」此處的「非比丘尼法」，根據上文犯緣中所列「非比丘法」的情況來判斷，可能是指比丘尼的十三難，其與波羅夷罪相同，能令被誹謗者失去比丘尼身分。

《十誦律》中，以無根逆罪誹謗，有兩種結罪方式：「若謗言：『汝殺母、殺父、殺阿羅漢。』得僧伽婆尸沙；若謗言：『汝惡心出佛身血，若壞僧。』得偷蘭遮。」此外，如果無根誹謗他人破戒，犯偷蘭遮；誹謗他人犯波羅夷，犯僧殘。如律文：「若以無根謗言：『汝盡破戒。』得偷蘭遮。若說：『汝破四重戒。』得僧伽婆尸沙。」

《摩得勒伽》中，如果誹謗比丘非比丘、非沙門、非釋子、不精進，惡沙門，乃至少因緣，皆犯偷蘭遮。如果以逆罪誹謗比丘，隨誹謗的內容不同，結罪也有差異：「以殺母、父、阿羅漢謗，僧伽婆尸沙。破僧、出佛身血謗，突吉羅。」

《僧祇律》中，「以波夜提罪一一謗，得越比尼罪。波羅提提舍尼、眾學法及威儀法謗者，犯越比尼心悔。若謗比丘尼……三十尼薩耆、百四十一波夜提，若一一謗，犯越比尼罪。八波羅提提舍尼、眾學及威儀，一一謗，犯越比尼心悔。學戒尼十八事，若一一謗言當更與學戒，犯偷蘭罪。沙彌、沙彌尼十戒，若一一謗言當更與出家，犯越比尼罪。下至俗人五戒，若一一謗，犯越比尼心悔。」

《根有律》中，「若以半擇迦男女而謗他者」，犯偷蘭遮。

《善見論》中，如果以「僧伽婆尸沙法謗，波夜提;以威儀法謗，突吉羅」。

（3）對說境

《四分律》中沒有相關的判罪記載。

《僧祇律》中，面對下至一名比丘進行誹謗，就犯僧殘。

藏傳《苾芻學處》中，對著「或所謗者，或餘隨一，須具五種名言，身平等住，非自己」誹謗，犯僧殘。

其他律典與《四分律》相同，均沒有對說境的判罪說明。

4. 究竟成犯

（1）成犯的時間

《四分律》中，說而了了，僧伽婆尸沙；說不了了，偷蘭遮。

《五分律》中，用言語來誹謗的結罪為：「解者，僧伽婆尸沙；不解者，偷羅遮。」遣使、書信等通過非言語的方式來誹謗的結罪為：「解者，偷羅遮；不解者，突吉羅。」

《根有律》和《根有律攝》中，說誹謗的話語時，犯僧殘。如《根有律》：「作是說時得僧伽伐尸沙。」《根有律攝》的記載則為：「語語說時咸得本罪。」

藏傳《苾芻學處》中，「對說之境了義時」，犯僧殘，與《四分律》相同。

除此之外，其他律典中沒有明確記載究竟成犯的時間。

（2）犯戒數量

《四分律》中沒有關於犯戒數量的記載。

《僧祇律》中，「語語僧伽婆尸沙」。《善見論》為「語語悉僧伽婆尸沙」。《巴利律》：「語語僧殘。」《根有律攝》：「語語說時咸得本罪。」以上幾部律典中，比丘每說一句話即犯一條僧殘罪。

《巴利律》中，比丘正犯的同時，還有其他的結罪：「不被容許而以擯斥意言之者，一僧殘、一突吉羅；被容許而以叱責意言之者，非難語〔波逸提〕罪。」

除此之外，其他律典與《四分律》相同，均未記載犯戒的數量。

5. 犯戒主體

（1）比丘

《四分律》中，比丘犯此戒，結僧伽婆尸沙。其他律典與此相同。

（2）比丘尼

①謗比丘尼

比丘尼以無根波羅夷謗比丘尼，《四分律》、《十誦律》、《薩婆多論》、《摩得勒伽》、《五分律》中，結僧伽婆尸沙。

②謗比丘

比丘尼以無根波羅夷謗比丘，《四分律》中未記載判罪情況。《十誦律》、《善見論》中結突吉羅，《五分律》中結波逸提，兩者判罪不同。《摩得勒伽》中，「比丘尼謗比丘」，犯僧殘。

③謗下三眾

比丘尼謗式叉摩那、沙彌、沙彌尼，《四分律》中未記載判罪情況，《十誦律》、《五分律》中結突吉羅。《摩得勒伽》卷 8 記載：「比丘尼謗式叉摩那、沙彌、沙彌尼，偷羅遮。」

④其他

《根有律攝》中，比丘尼的結罪與比丘相同：「尼謗他時，准苾芻說。」藏傳《苾芻學處》中，比丘尼同犯僧殘。

（3）下三眾

《四分律》中，下三眾犯此戒，結突吉羅。《薩婆多論》和《根有律攝》與此相同。如《薩婆多論》「下三眾犯，得突吉羅」，《根有律攝》「其式叉等，得惡作罪」。

《十誦律》、《五分律》中，下三眾謗五眾（比丘、比丘尼，及下三眾），結突吉羅。

《摩得勒伽》中，「式叉摩那謗比丘、比丘尼，突吉羅」。

（三）不犯

1. 所犯境不具足

《四分律》中，「獨說、靜處說」，不犯。這兩種情況，因為比丘沒有對說境，並且所說的誹謗之語別人也聽不見，所以不犯此戒。

2. 能犯心不具足

《四分律》中，戲笑說、疾疾說、夢中說、欲說此錯說彼，都不犯；「為真實語故不欲毀謗，無犯」。

《巴利律》中，「於清淨人持不清淨之見，於不清淨持不清淨之見」，被容許而以擯斥意言之者，不犯。即比丘對於沒有犯波羅夷的比丘，或者犯波羅夷的比丘，內心認為他們犯了波羅夷，在被允許的情況下以擯斥的意樂而說他們犯波羅夷，不犯。但對於「容許」二字，律中沒有具體說明是僧容許，還是被說比丘容許，所以意思不明確。

《根有律》中，依想而說不犯，即不見、不聞、不疑作見、聞、疑想，不犯：「云何五事無犯？謂彼不見、不聞、不疑，有見等解，有見等想，作如是語『我見、聞、疑』者，無犯。或聞而忘，或疑而忘，有聞、疑想而言聞等，亦無有犯。」《根有律攝》也有類似的開緣：「五事無犯者，謂不見、不聞、不疑，有見等想而云見等，是謂三事；或聞而忘，或疑而忘，有聞疑想而言聞等，是為二事：此皆無犯。」

3. 犯戒主體不具足

《四分律》中，「最初未制戒，癡狂、心亂、痛惱所纏」，不犯。《五分律》、《善見論》與此相同。

《巴利律》中，「癡狂者、最初之犯行者，不犯」，比《四分律》少了「心亂、痛惱所纏」兩種情況。

4. 開緣

《四分律》中，見根、聞根、疑根說實，不犯。《十誦律》與此相同。

五、原理

此原理涵蓋無根謗戒和假根謗戒。

(一) 煩惱與性遮分析

這兩條戒均屬於性戒，主要約束瞋恚煩惱。

「無根謗戒」中記載，緣起比丘依僧次分得惡房惡臥具時，非理作意，對執事比丘產生不滿情緒，這種負面情緒未能及時對治，持續累積，即口出惡言：「眾僧云何乃差如此有愛者分僧臥具耶？」他明知道執事比丘清淨無過，但受瞋恚習氣和貪著五欲的影響，仍然對執事比丘怨恨不捨。因此，緣起比丘便讓其妹無根誹謗執事比丘。「假根謗戒」中記載，在無根誹謗不成功後，緣起比丘將完全無關的兩件事情拼接起來，以其他比丘微小的過失，或者並非犯戒的行為作為誹謗他人的依據。

此戒中引發比丘犯戒的因緣有三種：一、當自己的利益受到損害時；二、當親友的利益受到損害時；三、當冤家獲得利益時。比丘執著怨恨不捨，就會生成九種損惱事，即《十誦律》中記載的「九惱」[1]。

(二) 誹謗他人的過患

首先，以瞋恨心教唆他人無根誹謗的行為，無益於個人修行辦道。這種行為不僅助長瞋恚的煩惱習氣，妨廢道業，而且會因所造口業感得墮落的苦果。如《四分律》等諸多律典中，佛陀向諸比丘宣說無根誹謗清淨比丘犯重

1 《十誦律》卷 50：「有九惱：是人已侵損我、當侵損我、今侵損我，於彼生惱；是人已利益我怨家、當復利益、今復利益，於彼生惱；是人已侵損我知識、當復侵損、今復侵損，於彼生惱，是名九惱。」《大正藏》23 冊，368 頁上欄。

罪將感召地獄果報。

其次，這種行為還會給他人造成直接傷害。律典中被誹謗比丘是位聖者，被誹謗後只是名譽受到損害，對個人影響不大。但現實生活中，如果被誹謗者是位凡夫比丘，很有可能因此身心不安，乃至退失發心等等。

再次，誹謗行為會嚴重擾亂僧團管理。為了辨別誹謗者所說真假，僧團需要安排專人去調查了解，費時費力，同時很容易引發爭鬥，影響僧團和合，妨礙大眾熏修，更容易引發外在的譏嫌。

（三）誹謗罪的虛構與欺騙

誹謗也稱毀謗、詆毀、惡語中傷、名譽損毀等。世俗社會中，誹謗者虛構事實，捏造謊言，對個人、企業、團體、政府等皆會造成負面影響。在大多數大陸法系國家（包括中國），誹謗被認為是犯罪而不是一種侵權行為。伴隨誹謗的常常是欺騙（妄語），而如果大眾誤聽誤信，那麼無辜的被誹謗者將很有可能落難。比丘應奉行自律，以嚴格的戒律遮止妄語以及誹謗，避免在團體中造成對自他的傷害。

（四）僧團的物資分配原則

比丘僧團物資分配的原則有兩點，首先是平等分配，其次是次第分配。其中，次第分配比較容易理解，就是按戒臘高低分配。而平等分配往往容易引發誤解，所謂平等分配，並不代表絕對的平均，而是指在分配過程中，分配者以及接受者以一顆平等心參與其中。在物資充足的情況下可以做到上座、下座所得到的物資相同，但是在物資不充足時，上座、下座各自得到的物資便實行次第分配。另外，從居士這一層面來看，他們大多喜歡供養有德長老比丘，而不願意供養惡名比丘，如《四分律》：「彼檀越聞慈地比丘次來受食，便於門外敷弊坐具，施設惡食。」因此，下座比丘得到的物品可能會不如上座比丘。

基於上述的分配原則，僧團在分配物資時難免會產生或多或少的不均，這種情況雖然很難避免，但是並不能成為比丘誹謗他人的理由。

（五）清眾、知事、兄妹親里

1. 清眾的個人需求與知事的整體考量

《四分律》中，慈地比丘因為是「眾中下座」，得到了不好的住處及臥具，就認為給他分房的知事比丘有分別心。這反映出清眾與僧知事之間有時候會發生誤解和矛盾。清眾一般是從自身的角度及個人的感受出發來考慮問題，而知事比丘往往從整體角度考慮問題，很多時候不能照顧到每一位比丘的具體需求，從而導致矛盾的產生。因此，一方面僧團應盡量完善工作機制以兼顧各方利益，另一方面比丘之間相互理解體諒也是必要的。

2. 親里關係對誹謗的助緣

《四分律》中，緣起比丘的妹妹參與誹謗事件，充當了負面的角色：在僧團中公開誹謗沓婆摩羅子與她作不淨行，以受害者的姿態，置清淨比丘於尷尬的境地。兄妹共同出家本是善事，但這一案例也提醒比丘，如果親里關係不能以善法維繫，親人之間的彼此幫扶反而易演變成惡法的助緣。

六、總結

（一）諸律差異分析

1. 緣起差異

（1）結構差異

《四分律》與其他律典都只有一個本制。

（2）情節差異

諸律的故事情節與《四分律》相似，都為知事比丘被「無根波羅夷」謗。不同之處，《四分律》、《鼻奈耶》、《十誦律》、《五分律》、《根有律》、《巴利律》中緣起比丘裹脅其妹對知事比丘無根波羅夷謗，《僧祇律》中緣起比丘自己對知事比丘無根波羅夷謗。《五分律》中多了一段對知事比丘承擔知事原因的表述：僧團沒有「專知差次請者」，導致有比丘「常往好處」受請，因此有比丘發心承擔知事。《五分律》、《巴利律》中多了緣起比丘妹妹在無根波羅夷謗之後被滅擯的情節。

（3）結論

綜上所述，本戒緣起無須調整，仍取《四分律》的結構與情節。

2. 戒本差異

除《鼻奈耶》外，諸部律典的內容與《四分律》差異不大。《鼻奈耶》中，雖然戒條內涵與《四分律》大致相同，但在語詞順序、語言表述上與其他律典都有一定的差異。

戒本調整方面，為了言詞簡潔以及與下一條「假根謗戒」的內容統一，將《四分律》「瞋恚所覆故」，依《解脫戒經》改為「瞋恚故」。「非波羅夷比丘以無根波羅夷法謗」一句，在翻譯時受梵語語序過多的影響，因此借鑒《十誦律》、《五分律》等的表述，將其改為「以無根波羅夷謗無波羅夷比丘」。其後的「若於」，為了指代明確，據《十誦律》、《五分律》等改為「是比丘」。

對於「異時」一詞，為了便於理解和避免誤解，依照《十誦律》、《僧祇律》、《五分律》等修改為「後時」。「知此事無根，說：『我瞋恚故作是語。』」一句，為了避免「知」字引發的歧義以及和後一條「假根謗戒」的表述統一，借鑒《僧祇律》、《五分律》、《解脱戒經》等將其改為：「言：『此事無根，我瞋恚故謗。』」《四分律》最後的「若比丘作是語者」，為了避免誤以為比丘說「我瞋恚故作是語」這句話就會觸犯本戒，因此依據《五分律》等將這一內容刪去。

3. 辨相差異

(1) 所犯境

《四分律》中比丘謗比丘尼也犯僧殘，而《根有律攝》判偷蘭遮，《僧祇律》判波逸提，《十誦律》、《五分律》、《善見論》判突吉羅。

《四分律》、《十誦律》、《摩得勒伽》、《五分律》、《根有律攝》中，比丘謗式叉摩那，犯突吉羅；而《僧祇律》中比丘謗式叉摩那，則犯偷蘭遮，與《四分律》有較大差異。《僧祇律》的考慮可能是因為式叉摩那處於正式成為比丘尼前的關鍵考驗期，如果比丘以犯「非比丘尼法」等重罪對其誹謗，而事情的真相又沒有及時澄清，對其心理會造成很大的負面影響，嚴重影響其受比丘尼戒或學戒持戒。

(2) 能犯心

《四分律》中，發起心是以瞋恨心「欲壞彼清淨行」。《十誦律》、《僧祇律》、《五分律》、《根有律》、《根有律攝》、《巴利律》與《四分律》相同。《鼻奈耶》中，除了瞋恨心外，還多了「嫉妒心」。藏傳《苾芻學處》中，發起心為「為欲壞彼而加毀之心未斷」。除此之外，其他律典未記載相關內容。

綜上所述，不論什麼煩惱，只要有想毀謗對方的心、瞋恨心或嫉妒心，就算能犯心具足。

(3) 方便加行

《四分律》中，若比丘以無根逆罪「殺父、殺母、殺阿羅漢、破僧、惡心出佛身血」謗比丘，犯僧殘。而《十誦律》中，「出佛身血、破僧」犯偷蘭遮，其他情況正犯。差異的原因，可能《十誦律》認為前三種情況犯波羅夷，故以此謗僧更嚴重。

《四分律》、《巴利律》、《善見論》中，使人謗，犯僧伽婆尸沙，而《摩得勒伽》、《五分律》、《根有律攝》中，使人謗，犯偷蘭遮。書信謗、手勢及威儀謗，《四分律》判僧伽婆尸沙，而《摩得勒伽》、《五分律》、《根有律攝》判偷蘭遮。《善見論》中，「若遣書，如此使書，無罪」，即使人謗，不犯。這幾部律典的判罪不一樣，可能還是因為對不同方便加行影響的判斷有所不同，也可能寬嚴標準不同。

《摩得勒伽》、《根有律攝》中還提到，若對眾多比丘前，不說比丘的具體名字，而誹謗說有人犯波羅夷，結偷蘭遮罪。其他律典中均沒有此內容。這種情況下，因為比丘沒有明確說明被謗比丘的名字，具體的所犯境不具足，不能判正犯，判偷蘭遮較為合適。這種情況有可能發生，也影響僧團內部和合，可以採納。

4. 諸律內部差異

《四分律》緣起中，以無根非梵行謗比丘；戒條中，以無根波羅夷法謗，即正犯。而辨相中，以無根波羅夷法或以無根之十三難法謗，皆為正犯。此外，《四分律》辨相中，通過遣使、作書、指印、作知相等方式謗，皆正犯；而《五分律》類似的方式則判偷蘭遮，二者的緣起和戒條中無相關記載。

（二）調整文本

通過以上諸律間觀點同異的對比與分析，文本在《四分律》的基礎上作如下調整：

1. 緣起

佛在羅閱祇耆闍崛山中，尊者沓婆摩羅子證得阿羅漢後，發心承擔僧知事。慈地比丘因為被分到較差的房舍、臥具、飲食，便認為沓婆摩羅子做事不公，存有偏心，而令其妹慈比丘尼在僧中誹謗沓婆摩羅子與其作不淨行。在眾比丘的質問下，慈地比丘最後承認是故意誹謗。諸比丘將此事向佛匯報，佛因此制戒。

2. 戒本

若比丘，瞋恚故[1]，[2]以無根波羅夷[3]謗無波羅夷比丘[4]，欲壞彼清淨行，是比丘[5]後[6]時，若問，若不問，言[7]:「此事無根[8]，我瞋恚故謗[9]。」僧伽婆尸沙。

3. 關鍵詞

（1）無根：沒有任何根據，如沒有見到或聽到的直接證據或間接證據。

（2）欲壞彼清淨行：想要破壞他人的比丘身分，令其退道還俗。

4. 辨相

（1）犯緣

本戒具足六緣成犯：一、所誹謗的是比丘或比丘尼；二、知道是比丘或比丘尼；三、以欲毀謗對方之心；四、無見、聞、疑三根；五、對着眾僧或任何一個比丘，以波羅夷法或十三難法謗；六、所對比丘聽懂，成犯。

---

1 「瞋恚故」，底本作「瞋恚所覆故」，據《解脫戒經》改。

2 「故」後，底本有「非波羅夷比丘」，據《十誦律》、《五分律》、《彌沙塞五分戒本》刪。

3 「夷」後，底本有「法」，據《五分律》、《彌沙塞五分戒本》刪。

4 「無波羅夷比丘」，底本闕，據《十誦律》、《五分律》、《彌沙塞五分戒本》加。

5 「是比丘」，底本作「若於」，據《十誦律》、《十誦比丘戒本》、《五分律》、《彌沙塞五分戒本》改。

6 「後」，底本作「異」，據《鼻奈耶》、《十誦律》、《十誦比丘戒本》、《僧祇律》、《僧祇比丘戒本》、《五分律》、《彌沙塞五分戒本》改。

7 「言」，底本作「知」，據《僧祇律》、《僧祇比丘戒本》、《五分律》、《彌沙塞五分戒本》、《解脫戒經》改。

8 「根」後，底本有「說」，據《僧祇律》、《僧祇比丘戒本》、《五分律》、《彌沙塞五分戒本》刪。

9 「謗」，底本作「作是語。若比丘作是語者」，據《五分律》、《彌沙塞五分戒本》改。

（2）辨相結罪輕重

①所誹謗的是比丘或比丘尼

誹謗比丘或比丘尼，僧伽婆尸沙。

誹謗式叉摩那、沙彌、沙彌尼，突吉羅。

②知道是比丘或比丘尼

③以欲毀謗對方之心

④無見、聞、疑三根

沒有見、聞、疑三根而謗，僧伽婆尸沙；三根錯亂謗，如聞言疑、疑言見、疑言聞等，僧伽婆尸沙；若按見根、聞根、疑根如實而說，不犯。

⑤對着眾僧或任何一個比丘，以波羅夷法或十三難法謗

對眾僧或者一個比丘，以波羅夷法或十三難法誹謗，僧伽婆尸沙。

通過遣使、作書、指印、作知相等方式謗他比丘，僧伽婆尸沙。

不說具體名字進行毀謗，如直接說「比丘作淫，偷五錢，殺人，說過人法」，偷蘭遮。

⑥所對比丘聽懂

所對比丘聽懂，僧伽婆尸沙；比丘每說一句誹謗的話，即犯一條僧伽婆尸沙；所對比丘未聽懂，偷蘭遮。

⑦犯戒主體

比丘、比丘尼若犯，僧伽婆尸沙；式叉摩那、沙彌、沙彌尼若犯，突吉羅。

⑧不犯

若戲笑說，疾疾說，夢中說，獨說，靜處說，欲說此而錯說彼，不犯。

最初未制戒，癡狂、心亂、痛惱所纏，不犯。

七、現代行持參考

本章節涵蓋無根謗戒和假根謗戒的現代行持參考內容。

現今網絡時代的資訊傳播早已不受時空的限制，在短時間內就能傳遍世界各地。這種傳播力會把事件的嚴重性無限擴大，因此其負面影響是不容忽視的。不少已經澄清過的「誹謗」事件，在其後很長時間內，其負面影響仍舊會繼續持續。

對於比丘而言，首先是自己不主動造謠、誹謗他人，更不能把他人的小小過失説成是大過，比如看到他人與女眾在一起説話，就誹謗他犯大淫戒。其次，無論是在生活中，還是在網絡上，對於來歷不明的信息，要用理智去分辨、判斷，切忌隨性跟風、附和。再者，對於他人的一面之詞，應從多方面、多角度去核實，判斷真偽後再下結論，避免冤枉他人。最後，從制戒緣起可以得知，緣起比丘犯戒主要源於對執事比丘的嫉恨，所以加強與僧團其他比丘的溝通與理解尤為重要，特別是應體諒承擔相關事務比丘的難處。比丘應善觀緣起，待人着想，避免因誤解而損傷其他比丘的發心和承擔，也要避免將私人恩怨帶入到僧團中。

09

假根謗戒

一、緣起

（一）緣起略述

《四分律》只有一個本制。佛在羅閱祇耆闍崛山中時，慈地比丘看見大羝羊和母羊行淫，內心作意：「此羝羊即是沓婆摩羅子，母羊即是慈比丘尼。」便假借此事來誹謗沓婆摩羅子，到僧中說自己親眼見到沓婆摩羅子與慈比丘尼行淫。後來經過諸比丘的責問，慈地比丘最終承認自己誹謗沓婆摩羅子比丘。佛知道此事後便制戒。[1]

諸律緣起差異比較：

1. 制戒地點

《四分律》中，制戒地點為「羅閱祇耆闍崛山」，《鼻奈耶》[2]為「羅閱城耆闍崛山」，《十誦律》[3]、《五分律》[4]為「王舍城」，《僧祇律》[5]為「舍衛城」，《根有律》[6]為「王舍城羯蘭鐸迦池竹林」，《巴利律》[7]為「王舍城迦蘭陀竹林園」。

2. 緣起比丘

《四分律》、《五分律》中，緣起比丘為「慈地比丘」，《鼻奈耶》為「蜜妒路地比丘」的同伴比丘，《十誦律》為「彌多羅浮摩比丘」，《僧祇律》為「六

---

1 《四分律》卷 4，《大正藏》22 冊，589 頁中欄至 590 頁中欄；卷 57，《大正藏》22 冊，990 頁上欄。

2 《鼻奈耶》卷 4，《大正藏》24 冊，868 頁上欄。

3 《十誦律》卷 4，《大正藏》23 冊，23 頁中欄至 24 頁中欄；卷 52，《大正藏》23 冊，385 頁上欄至 386 頁中欄。

4 《五分律》卷 3，《大正藏》22 冊，16 頁中欄至下欄。

5 《僧祇律》卷 7，《大正藏》22 冊，281 頁上欄至下欄。

6 《根有律》卷 14，《大正藏》23 冊，699 頁中欄至 700 頁上欄。

7 《經分別》卷 2，《漢譯南傳大藏經》1 冊，233 頁至 238 頁；《附隨》卷 1，《漢譯南傳大藏經》5 冊，51 頁。

群比丘」，《根有律》為「友、地二苾芻」，《巴利律》為「慈比丘、地比丘」。

3. 犯戒對象

《四分律》、《巴利律》中，犯戒對象為「沓婆摩羅子」，《五分律》為「陀婆比丘」，《鼻奈耶》為「陀驃比丘」，《十誦律》為「力士子陀驃比丘」，《僧祇律》為「陀驃摩羅子」，《根有律》為「實力子」。諸律中，上述名稱只是音譯不同，實則為同一人。

4. 緣起情節

其他律典與《四分律》相同，都只有一個本制，但故事情節與《四分律》不盡相同。《鼻奈耶》、《十誦律》、《僧祇律》、《五分律》、《根有律》與《四分律》差異較大。

《鼻奈耶》中，陀驃比丘依僧次教誡比丘尼時，蜜妒路地的同伴比丘看到諸比丘尼出入陀驃比丘的石室，便誹謗説陀驃比丘肯定與諸比丘尼牽捉、私語。

《十誦律》中，緣起比丘看見陀驃比丘單獨與二比丘尼共同站立，便誹謗説他們行淫。

《僧祇律》中，比丘尼禮拜陀驃摩羅子時，衣角被風吹落在陀驃摩羅子的膝上，陀驃摩羅子用手將衣角拿開，緣起比丘便因此而誹謗陀驃摩羅子與比丘尼行淫。

《五分律》中，緣起比丘先是看到陀婆比丘與偷羅難陀比丘尼共坐並教授對方佛法，之後又見到兩個獼猴行淫，便以此而誹謗二人行淫。

《根有律》中，緣起比丘看到蓮華色比丘尼因聽法坐在實力子比丘旁邊，之後又見兩隻鹿行淫，便誹謗實力子比丘與蓮華色比丘尼行淫。

《巴利律》故事情節與《四分律》相似。

（二）犯戒比丘形象

同「無根謗戒」。

（三）犯戒內因

同「無根謗戒」。

（四）犯戒外緣

諸部律中，犯戒外緣都是緣起比丘見到相似的情景，具體內容見上文「緣起略述」。

（五）犯戒後的影響

《四分律》中，緣起比丘主要受到頭陀比丘的呵責：「汝等云何以異分無根波羅夷謗沓婆摩羅子清淨人？」

其他律典中，除了《僧祇律》沒有具體提到犯戒後的影響外，緣起比丘都引起了頭陀比丘或其他比丘的不滿，或被對方譏嫌。如《鼻奈耶》：「頭陀比丘聞是語已各懷不樂。」《十誦律》：「有比丘少欲知足行頭陀，聞是事心不喜，呵責言：『云何名比丘，持小片事以波羅夷法謗清淨比丘？』」

（六）佛陀考量

同「無根謗戒」。

（七）文體分析

除《鼻奈耶》有兩個因緣外，其他六部律都只有一個因緣。此外，諸律中都沒有其他文體形式。《根有律》中說：「時友、地二苾芻與實力子前世怨結。」但這則故事在這條戒裏沒有廣說，而是在上一條「無根謗戒」裏面有詳細說明，這是和其他律典稍有不同的地方。

在文字風格上，《四分律》、《十誦律》、《僧祇律》、《五分律》、《根有律》、《巴利律》中都有較多的人物語言描寫，有的律還有少量的心理描寫，如《十誦律》：「見已作是念：『我先以無根波羅夷法誹謗不成，今有小事，當以波羅夷法謗之。』」《五分律》：「便作念言：『我今當與彼二獮猴作假名字，雄者名陀婆，雌者名偷羅難陀。』」《鼻奈耶》以客觀敘述為主，另外也有一些心理描寫，如：「便生是念：『是諸比丘尼乍出乍入，此陀驃比丘必當牽捉，與共私語。』」

從行文結構上看，諸部律基本遵循這樣一種模式，「此比丘見到某事（如畜生行淫等）——以此事誹謗彼比丘——諸比丘以此告知佛陀——佛陀詢問呵責制戒」。這樣的敘述方式，使整個制戒緣起邏輯清晰，讓人容易理解，具有較強的可讀性。

二、戒本

《四分律》中，本戒的戒本為：「若比丘，以瞋恚故，於異分事中取片，非波羅夷比丘以無根波羅夷法謗，欲壞彼清淨行，彼於異時，若問，若不問，知是異分事中取片，是比丘自言：『我瞋恚故作是語。』作是語者，僧伽婆尸沙。」

（一）若比丘，以瞋恚故

《四分律》、《新刪定四分僧戒本》[1]、《四分律比丘戒本》[2]作「若比丘，以瞋恚故」，意思是：如果比丘，因為瞋怒的原因。

與《四分律》相似：

《四分僧戒本》[3]作「若比丘，以瞋恚所覆故」，《十誦律》作「若比丘，惡瞋故」，《解脫戒經》[4]作「若比丘，瞋恚故」。

藏文《根有戒經》[5]作"ཡང་དགེ་སློང་གང་ཁྲོས་ཤིང་ཞེ་སྡང་བར་གྱུར་ནས།"，意思是：任何比丘，由生氣、瞋恚。

《十誦比丘戒本》[6]作「若比丘，瞋、瞋故不喜」，《僧祇律》、《僧祇比丘戒本》[7]作「若比丘，瞋恨不喜故」。

梵文《說出世部戒經》[8]作"Yo puna bhikṣu bhikṣusya duṣṭo, doṣāt kupito,

1 《新刪定四分僧戒本》，《卍續藏》39 冊，264 頁上欄。

2 《四分律比丘戒本》，《大正藏》22 冊，1016 頁中欄。

3 《四分僧戒本》，《大正藏》22 冊，1024 頁上欄。

4 《解脫戒經》，《大正藏》24 冊，660 頁中欄。

5 麗江版《甘珠爾》（འཇང་བཀའ་འགྱུར།）第 5 函《別解脫經》（སོ་སོར་ཐར་པའི་མདོ།）5a。

6 《十誦比丘戒本》，《大正藏》23 冊，471 頁下欄。

7 《僧祇比丘戒本》，《大正藏》22 冊，550 頁上欄至中欄。

8 Nathmal Tatia, *Prātimokṣasūtram of the Lokottaravādimahāsāṅghika School,* Tibetan Sanskrit Works Series, no. 16, p. 9.

anāttamano”，意思是：任何比丘，（由於）比丘的瞋恨、憎惡、憤怒、不高興。

梵文《有部戒經》[1]作“Yaḥ punar bhikṣur duṣṭo doṣād apratītaḥ”，意思是：任何比丘，瞋恨、憎惡、不高興。

梵文《根有戒經》[2]作“Yaḥ punar bhikṣur dviṣṭoddeśād apratītaḥ”，意思是：任何比丘，瞋恨、憎惡、不高興。

巴利《戒經》[3]作“Yo pana bhikkhu bhikkhuṃ duṭṭho doso appatīto”，意思是：任何比丘，瞋恨、憎惡、不高興。

《十誦比丘戒本》及之後的律典與《四分律》相比，均多出了「不喜」或類似的表述。

與《四分律》有部分差異：

《鼻奈耶》作「若比丘，憎、嫉妒」。《四分律》及其他律典中都沒有「嫉妒」的意思。

《根有律》、《根有戒經》[4]、《根有律攝》[5]作「若復苾芻，懷瞋不捨故」，《四分律》及其他律典中沒有「不捨」的意思。

與《四分律》差異較大：

《五分律》、《彌沙塞五分戒本》[6]作「若比丘，自不如法，惡瞋故」。與《四分律》及其他律典相比，這裏多出了「自不如法」。

（二）於異分事中取片，非波羅夷比丘以無根波羅夷法謗

《四分律》、《四分僧戒本》、《新刪定四分僧戒本》、《四分律比丘戒本》

1 Georg von Simson, *Prātimokṣasūtra der Sarvāstivādins Teil II,* Sanskrittexte aus den Turfanfunden, XI, p. 170.

2 Anukul Chandra Banerjee, *Two Buddhist Vinaya Texts in Sanskrit,* p. 18.

3 Bhikkhu Ñāṇatusita, *Analysis of the Bhikkhu Pātimokkha,* p. 68.

4 《根有戒經》，《大正藏》24 冊，501 頁下欄。

5 《根有律攝》卷 4，《大正藏》24 冊，546 頁上欄。

6 《彌沙塞五分戒本》，《大正藏》22 冊，195 頁中欄。

作「於異分事中取片，非波羅夷比丘以無根波羅夷法謗」，意思是：從其他類似的事件中取一部分，對沒有犯波羅夷罪的（清淨）比丘，以沒有根據的波羅夷的罪行進行誹謗。

與《四分律》相似：

《十誦律》作「異分中取片，若似片事，以波羅夷法謗無波羅夷比丘」，《十誦比丘戒本》作「異分、異分事中取片，若似片法，非波羅夷比丘以波羅夷法謗」。

《僧祇律》作「以異分中小小事，非波羅夷比丘以波羅夷法謗」，《僧祇比丘戒本》作「於異分中小小事，非波羅夷以波羅夷法謗」。

《五分律》、《彌沙塞五分戒本》作「於異分中取片，若似片，作波羅夷謗無波羅夷比丘」。

梵文《說出世部戒經》作"Anyabhāgīyasyādhikaraṇasya kiñcid eva leśamātrakaṃ dharmam upādāya aparājikaṃ bhikṣuṃ pārājikena dharmeṇa anudhvaṃseya"，意思是：取其他事件相關的事物中的一小部分，對沒有波羅夷罪的比丘，以波羅夷法誹謗。

梵文《有部戒經》作"Anyathābhāgīyasyādhikaraṇasya kaṃcid eva leśamātraṃ dharmam upādāya apārājikaṃ bhikṣuṃ pārājikena dharmeṇānudhvaṃsayed"，意思是：取其他相關類別的事物中的一小部分，對沒有波羅夷罪的比丘，以波羅夷法誹謗。

梵文《根有戒經》作"Śuddhaṃ bhikṣuṃ (anyasya vā anyathābhāgīyasya adhikaraṇasya kañcid eva leśamātraṃ dharmam upādāya) pārājikena dharmeṇa anudhvaṃsayed"，意思是：對清淨比丘，取不同或其他相關類別事件的一小部分，以波羅夷法誹謗。這裏以「清淨的比丘」對應《四分律》中的「非波羅夷比丘」。

與《四分律》有部分差異：

《解脫戒經》作「於清淨無犯比丘，以相似法無根波羅夷法謗」。

《根有律》、《根有戒經》、《根有律攝》作「於清淨苾芻，以異非分波羅市迦法謗」。

藏文《根有戒經》作“[ཀྱང་འདི་ཚངས་པར་སྤྱོད་པ་དང་དབྲལ་ལོ་སྙམ་ནས།]དགེ་སློང་དག་པ་ལྟུང་བ་མེད་པ་ལ་གཞན་གྱི་ཆ་མ་ཡིན་པ་དང་འཐུན་པ་ཕམ་པར་འགྱུར་བའི་ཆོས་ཀྱིས་སྐུར་པ་ལས།”，意思是：對清淨無罪的比丘，從其他事情中非事實的又符合（此事）片段的部分，以他勝法誹謗。

《解脫戒經》及之後的律典與《四分律》相比，表述的語序有些變化。

巴利《戒經》作“Aññabhāgiyassa adhikaraṇassa kiñ-ci desaṃ lesamattaṃ upādāya pārājikena dhammena anuddhaṃseyya”，意思是：僅僅取與另外事件相關的一部分，以波羅夷法來誹謗。相比《四分律》，缺少與「非波羅夷比丘」相對應的內容。

與《四分律》差異較大：

《鼻奈耶》作「彼清淨比丘，謗墮不淨行，伺小小過不犯棄捐，言犯棄捐」。

（三）欲壞彼清淨行

《四分律》、《新刪定四分僧戒本》、《四分律比丘戒本》作「欲壞彼清淨行」，意思是：想要破壞他的清淨梵行。

與《四分律》相似：

《四分僧戒本》作「欲壞彼比丘淨行」。

《根有律》、《根有戒經》、《根有律攝》作「欲壞彼淨行」。

《十誦律》、《僧祇律》、《五分律》、《彌沙塞五分戒本》作「欲破彼梵行」，《十誦比丘戒本》作「欲破彼比丘淨行」，《僧祇比丘戒本》作「欲壞彼比丘梵行」，《解脫戒經》作「為破彼梵行」。

與《四分律》有部分差異：

梵文《說出世部戒經》作“Apy eva nāma imaṃ bhikṣuṃ brahmacaryāto cyāveyaṃ ti”，意思是：「想：『這樣就可以破壞他的清淨行持』。」

梵文《有部戒經》作“Apy evainaṃ brahmacaryāc cyāvayeyam iti”，意思是：「想：『這樣可以破壞他的清淨行持』。」

梵文《根有戒經》作“Apy evainaṃ brahmacaryāc cyāvayeyam iti”，意

思是：「想：『這樣可以破壞他的清淨行持』。」

巴利《戒經》作“Appeva nāma naṃ imamhā brahmacariyā cāveyyanti”，意思是：「想：『這樣就可以破壞他的清淨行持』。」

藏文《根有戒經》作“ཅི་ནས་ཀྱང་འདི་ཚངས་པར་སྤྱོད་པ་དང་དབྲལ་ལོ་སྙམ་ནས། [དགེ་སློང་དག་པ་ལྷུང་བ་མེད་པ་ལ་གཞན་གྱི་ཆ་མ་ཡིན་པ་དང་འཛུན་པ་ཕམ་པར་འགྱུར་བའི་ཆོས་ཀྱིས་སྐུར་པ་ལས།]”，意思是：「想：『這樣就可以破壞（他的）清淨（梵）行』。」

以上五部梵巴藏戒本都以比丘直接的心理描寫來對應《四分律》中「壞彼比丘淨行」。

與《四分律》差異較大：

《鼻奈耶》無對應內容。

（四）彼於異時，若問，若不問

《四分律》、《四分僧戒本》、《新刪定四分僧戒本》、《四分律比丘戒本》作「彼於異時，若問，若不問」，意思是：這個比丘在這之後，或被詢問，或沒有被詢問。

與《四分律》相似：

《十誦律》作「是比丘後時，或問，或不問」，《五分律》、《彌沙塞五分戒本》作「是比丘後時，若問，若不問」，《解脫戒經》作「彼於異時，若撿問，若不撿問」，《根有律》、《根有戒經》、《根有律攝》作「後於異時，若問，若不問」。

《十誦比丘戒本》作「是比丘後時，若撿校，若不撿校」，《僧祇律》作「彼於後時，若撿挍，若不撿挍」，《僧祇比丘戒本》作「此於後時，若檢校，若不檢校」。這三部律典，以「撿校」等對應《四分律》的「問」字。

梵文《說出世部戒經》作“So tad apareṇa samayena samanugrāhiyamāṇo vā asamanugrāhiyamāṇo vā”，意思是：在這之後，被（人）詢問或是沒有被詢問。

梵文《根有戒經》作“Tasya ca apareṇa samayena (samanuyu)jyamānasya vā samanuyujyamānasya vā”，意思是：並且在這之後，被（人）詢問或是沒

有被詢問。

巴利《戒經》作“Tato aparena samayena samanuggāhiyamāno vā asamanuggāhiyamāno vā”，意思是:在這之後，被（人）詢問或是沒有被詢問。

藏文《根有戒經》作“དེ་དུས་གཞན་ཞིག་ན། དྲིས་ཀྱང་རུང་། མ་དྲིས་ཀྱང་རུང་། ”，意思是：並且在這之後，無論問或不問（而說）。

與《四分律》有部分差異：

《鼻奈耶》作「若於後時，被責數」。此處的「責數」，有責備、數落的意思，和《四分律》的「問」相似。但此處並沒有提到與《四分律》「不問」相對應的情況。

梵文《有部戒經》作“Tasya sādhu ca suṣṭhu ca samanuyujyamānasya samanugāhyamānasya”，意思是：他被好好地詢問、核實時。除了沒有與《四分律》「不問」相對應的內容外，還多了「好好地」這一修飾。

（五）知是異分事中取片，是比丘自言：「我瞋恚故作是語。」作是語者，僧伽婆尸沙

《四分律》作「知是異分事中取片，是比丘自言：『我瞋恚故作是語。』作是語者，僧伽婆尸沙」，意思是：「（比丘）知道（這件事）是從其他類似相關的事件中取一部分（進行誹謗），這個比丘自己說：『我是由於瞋怒而這麼說的』，（比丘）說這樣的話，犯僧殘罪。」

與《四分律》相似：

《四分律比丘戒本》作「知是異分事中取片，是比丘自言：『我瞋恚故作是語。』作是語者，僧伽婆尸沙」。

《四分僧戒本》作「知是異分事中取片，是比丘自言『我瞋恚故作是語』者，僧伽婆尸沙」，《新刪定四分僧戒本》作「知是異分事中取片，便言『我瞋恚故作是語』者，僧伽婆尸沙」。

《根有律》、《根有戒經》、《根有律攝》作「知此是異非分事，以少相似法而為毀謗。彼苾芻由瞋恚故作是語者，僧伽伐尸沙」。

《解脫戒經》作「知是異分相似，比丘自說：『我瞋故妄語說。』僧伽婆尸沙」。

《十誦比丘戒本》作「知是異分、異分事中取片，若似片法，是比丘住瞋法，語諸比丘言：『我瞋故如是語。』僧伽婆尸沙」。

梵文《說出世部戒經》作“Anyabhāgīyam eva tam adhikaraṇaṃ bhavati, anyabhāgīyasya cādhikaraṇasya kocid e(va) leśamātrako dharmo upādinno bhavati, bhikṣu ca doṣe pratiṣṭhihati doṣād avacāmīti saṃghātiśeṣo”，意思是：「（比丘）知道這一（指控）是屬於其他諍事的，是從其他有關諍事的事物中取的一小部分，而且（告發的）比丘是出於憎恨，說：『我是由於憎恨（才這麼）說的』，僧殘餘。」

與《四分律》有部分差異：

梵文《有部戒經》作“Anyathābhāgi tad adhikaraṇaṃ bhaved anyathābhāgīnaś cādhikaraṇāt kaścid eva leśamātro dharma upādatto bhaved bhikṣuś cānudhvaṃsayitā doṣe pratitiṣṭhed doṣeṇāvocam iti saṃghavaśeṣa(ḥ)”，意思是：「這一（指控）是屬於其他諍事的，是從其他諍事有關的事物中取的一小部分，並且告發的比丘因為（一直）憎恨，說：『我是由於憎恨（才這麼）說的』，僧殘餘。」

梵文《根有戒經》作“Anyabhāgīyaṃ tad adhikaraṇaṃ bhavati kaścid eva leśoddeśamātro dharma upātto bhavati bhikṣuś ca (dveṣe pratiṣṭhed) dveṣād avocam iti saṃghāvaśeṣaḥ”，意思是：「這一（指控）是屬於其他諍事的，是從其中取的一小部分，並且（告發的）比丘（因為）一直憎恨，說：『我是由於憎恨（才這麼）說的』，僧殘餘。」

巴利《戒經》作“Aññabhāgiyañ-c’eva taṃ adhikaraṇaṃ hoti, koci deso lesamatto upādinno, bhikkhu ca dosaṃ patiṭṭhāti, saṅghādiseso”，意思是：那個指控是屬於其他（類型）的諍事，比丘取了（類似）的一小部分，而且（告發的）比丘是出於瞋恨（而毀謗他人），僧始終。

藏文《根有戒經》作“རྩོད་པ་དེ་ཡང་གཞན་གྱི་ཆ་མ་ཡིན་པ་དང་འཐུན་པ་ཡིན་ལ། རྩོད་པ་དེ་གཞན་གྱི་ཆ་མ་ཡིན་པ་དང་འཐུན་པས་བག་ཙམ་ལས་བསམས་པ་ཙམ་གྱིས་ཆོས་འགའ་ཞིག་བླངས་པར་གྱུར་ལ། དགེ་སློང་ཡང་ཞེ་སྡང་ལ་གནས་པས་ཞེ་སྡང་གིས་སྨྲས་སོ་ཞེ་ན་

དགེ་འདུན་ལྷག་མ་འོ།།”，意思是：指控是諍事中非事實又符合（此事）片段的部分，卻以諍事中非事實又符合（此事）片段的部分，未詳加思索從中取了少許，如果比丘是由於瞋恚而這樣說，僧殘餘。

梵文《有部戒經》及之後的戒本中都沒有與《四分律》「知」字直接對應的內容。

《十誦律》作「知是片、似片事，比丘住惡瞋故作是語者，僧伽婆尸沙」，《僧祇律》作「以異分中小小事，是比丘住瞋恨故說，僧伽婆尸沙」。這兩部律典以及上面的巴利《戒經》、藏文《根有戒經》中都沒有《四分律》中比丘自己言說「我瞋恚故作是語」的相關內容。

《五分律》作「言：『我是事異分中取片，若似片法，住瞋故謗。』僧伽婆尸沙」，《彌沙塞五分戒本》作「言：『我是事異分中取片，若似片，住瞋故謗。』僧伽婆尸沙」，《僧祇比丘戒本》作「便言：『我以異分中小小事，住瞋恨故說。』僧伽婆尸沙」。這三部律典中，比丘自己言說的內容與《四分律》有所不同。

與《四分律》差異較大：

《鼻奈耶》作「還悔者可。若不悔者，故伺小小過為作大過者，僧伽婆施沙」。

三、關鍵詞

異分事中取片

梵文《有部戒經》中的表述是“anyathā（其他）bhāgīyasy（有關類別的）ādhikaraṇasya（事物的、諍事的）kaṃcid（一些）eva（或是）leśamātraṃ（部分）dharmam（法）upādāya（取）”，意思是：取其他相關類別事物中的一小部分（英譯：taking up some or other part from another connected legal question）。梵文《說出世部戒經》在語詞上略有差別，但文意相同。

巴利《戒經》中對應的內容是“añña（其他）bhāgiyassa（有關的）adhikaraṇassa（事物的，諍事的）kiñ-ci（一些）desaṃ（點）lesamattaṃ（託辭）upādāya（取）”，意思是：僅僅取與另外事件相關的一部分作為託辭（英譯：taken up some point as a mere pretext of a legal issue connected to another class）。相比梵文戒經，這裏多出了“desa（點）”一詞。此外“lesa”在巴利文中則主要表示「詭計、藉口」的意思，和梵文的“leśa（少、少量）”有所區別。

藏文《根有戒經》中對應為“གཞན་གྱི་ཆ་མ་ཡིན་པ་དང་འདྲན་པ”，即“གཞན་གྱི་ཆ་（其他的事情）མ་ཡིན་པ་（非事實的）དང་（而）འདྲན་པ（相似）”，意思是：其他事情中非事實的又與（此事）相似的部分（英譯：the charge is unreal and that it was brought on account of its having accorded with a part of another dispute）。

《四分律》關鍵詞中沒有關於「異分事」的解釋。

《十誦律》中分為「異分」和「片」兩個部分解釋。如律文：「異分者，四波羅夷是。何以故？是四波羅夷中若犯一一事，非沙門、非釋子、失比丘法，故名異分。不異分者，十三事、二不定法、三十捨墮法、九十墮法、四波羅提提舍尼法、眾多學法、七止諍法，是名不異分。何以故？若犯是事，故名比丘，故名釋子，不失比丘法，是名不異分。」把「異分」解釋為四波羅夷，意為比丘犯了四波羅夷法，就會失去比丘身分，所以名異分；若是犯其他輕罪，名不異分。又說：「片、須臾片者，諸威儀中事」。結合此律戒條中「異分中取片，若似片事，以波羅夷法謗無波羅夷比丘」來理解此律對這個概念的定義，應該是指把比丘輕微的諸威儀事說成「異分事」（重罪）進行誹謗。

《僧祇律》對「異分」的解釋與《十誦律》有所不同，是指四波羅夷、十三僧伽婆尸沙以下的輕罪名為異分：「異分者，除四波羅夷、十三僧伽婆尸沙，是為異分。」小小事則解釋為：「眾學法及威儀也。」

《根有律》、《根有律攝》中記作「異非分」，沒有「片」的記載。《根有律》將「異」解釋為「涅槃」，如：「異非分事者，異謂涅槃，乖生死故，謂四波羅市迦法非是其分。」《根有律攝》與《根有律》相同，並進一步解釋了原因：「四他勝法非是彼因，名為非分，非分事謗即是其諍。」

《巴利律》作「〔唯取〕異事中之某種類似點」。其中對於「異事」，此律分為兩種情況：一種是「罪異事」，如言事是教誡事、犯罪事、行事之異事；另一種是「事異事」，比如不淨法波羅夷罪是不與取波羅夷罪的異事。對於「〔唯取〕類似點」，此律分為十種，即種似、名似、種姓似、根似、罪似、鉢似、衣似、和尚似、阿闍梨似、房舍似。

綜上所述，詞源分析中諸部戒經的內涵基本一致，都是指從任何諍事有關的法中取部分。漢譯律典中，《四分律》的關鍵詞中沒有「異分事中取片」的明確解釋。《十誦律》中是指將諸威儀事說成重罪。《僧祇律》中指將眾學法及威儀事的「小小事」說成重罪。《巴利律》指從不同的事情中取某些相似點而說成重罪。但有「異分」記載的幾部律典中，其定義略有不同。《十誦律》中，異分是指四波羅夷，是從四波羅夷法謗的角度說明。《僧祇律》中異分為四波羅夷、十三僧伽婆尸沙以下的輕罪，指看到輕罪（異分）而謗重罪。《巴利律》將「異事」分為「罪異事」和「事異事」兩類，指從與誹謗事不同的另一件事情中取某些相似點而謗成重罪的角度來說明。

四、辨相

（一）犯緣

具足以下五個方面的犯緣便正犯本戒：

1. 所犯境

《四分律》中，本戒的所犯境為「其他比丘」。這一點，諸律記載相同。

藏傳《苾芻學處》[1] 對所犯境還另有要求：「或所謗者，或餘隨一，須具五種名言，身平等住，非自己。」

此外，《四分律》中對比丘尼進行誹謗也正犯（以異分八波羅夷法謗）。藏傳《苾芻學處》與之相同。

其他律典中只提到比丘，未提到比丘尼。

《薩婆多論》和《明了論》沒有關於此戒的記載，下不贅述。

2. 能犯心

（1）發起心

《四分律》中，本戒的發起心是瞋恨心。除《鼻奈耶》、《摩得勒伽》[2]、《善見論》[3]、《毗尼母經》[4]、藏傳《苾芻學處》外，其他律典發起心與《四分律》相同。其中，只有《僧祇律》的辨相有發起心的記載，《四分律》、《十誦律》、《五分律》、《根有律》、《根有律攝》、《巴利律》的發起心均是從戒條內提取出來的。

《鼻奈耶》戒條中，本戒的發起心為「憎、嫉妒」，其中「憎」有瞋恨的

1 《苾芻學處》，《宗喀巴大師集》卷 5，68 頁、71 頁。

2 《摩得勒伽》卷 2，《大正藏》23 冊，572 頁上欄。

3 《善見論》卷 13，《大正藏》24 冊，768 頁上欄至中欄。

4 《毗尼母經》卷 2，《大正藏》24 冊，812 頁中欄。

意思，與《四分律》相同，而「嫉妒」則與瞋恨有些區別。

藏傳《苾芻學處》中，本戒的發起心是「為欲壞彼而加毀之心未斷」，即比丘內心想破壞對方的清淨梵行，與《四分律》等律有所區別。並且此律還要求這種心要持續不斷，這點在《四分律》及其他律典中並沒有要求。

《摩得勒伽》、《善見論》、《毗尼母經》中沒有關於發起心的記載。

（2）想心

《四分律》中沒有提到想心的情況。

《十誦律》中，若比丘見其他比丘犯僧殘，內心作犯僧殘想，而以波羅夷法謗，正犯；如果見犯僧殘，作見犯波逸提乃至突吉羅想，而以波羅夷法謗，也正犯；其他見犯波逸提乃至突吉羅等與此相同。《巴利律》的記載與此律相同。

《五分律》中，若比丘見、聞、疑他比丘犯僧殘，內心生見、聞、疑犯僧殘想而以波羅夷法誹謗，正犯。其他見、聞、疑犯偷蘭遮乃至突吉羅等，與此相同。可見，此律比《十誦律》多出了聞想和疑想的情況。此外，《十誦律》中，比丘見犯僧殘，作見犯僧殘想，或者作見犯波逸提想等，而以波羅夷法謗，皆正犯，而《五分律》中只提到見犯僧殘作見犯僧殘想，正犯。

《根有律》、《根有律攝》[1]中，若見比丘犯波羅夷而作無犯想，或作僧殘想，乃至突吉羅想，而以波羅夷法謗，皆正犯。其他見犯僧殘、波逸提等與此相同。相比《十誦律》和《五分律》，這兩部律多出了見犯波羅夷和無犯想的情況，其餘則與《十誦律》相同。

藏傳《苾芻學處》中，「於有犯及無犯他勝罪者作無犯想」，正犯，與《根有律》的情況相似。

其他律典沒有記載與想心相關的內容。

3. 方便加行

此戒的方便加行由誹謗方式、誹謗內容和對說境三個要素組成，當三個

---

1 《根有律攝》卷 4，《大正藏》24 冊，546 頁上欄至中欄。

要素同時具足時才會正犯。

（1）誹謗方式

《四分律》中，如果比丘用言說的方式無根誹謗，正犯。諸律在這一點上與《四分律》相同。藏傳《苾芻學處》中還多出了一個要求，要以「具五相語」來進行誹謗。

此外，《四分律》中還記載，若以指印、作書、遣使、作知相四種方式誹謗，也正犯。其他律典未記載用這幾種方式誹謗而正犯的情況。

（2）誹謗內容

《四分律》中，若比丘以異分無根波羅夷法謗，正犯。諸律與此相同。此外，藏傳《苾芻學處》對誹謗內容還有一些規定：「須說被謗人之名，將作者與所作事相合而為毀謗。」

《四分律》中還記載，若以異分十三難法謗，也正犯，諸律對此沒有正犯的記載。

（3）對說境

有關誹謗的對說境方面，《四分律》沒有相關犯緣記載。《僧祇律》記載：「一切如上無根中說。」從「無根謗戒」分析可知，此戒的對說境為「若屏處，若眾多人中，若眾僧中」，也就是對着下至一名比丘誹謗，就會正犯。

藏傳《苾芻學處》記載：「對說境，或所謗者，或餘隨一，須具五種名言，身平等住，非自己。」

其他律典與《四分律》相同，均沒有相關記載。

4. 究竟成犯

《四分律》中，只要「說而了了」，即對方理解比丘的意思時，便犯本罪。《五分律》、《根有律攝》中，若對方「解」時成犯；藏傳《苾芻學處》中「了義時」成犯。這三部律與《四分律》相同。

除此之外，其他律典未明確記載本戒的成犯時間。

5. 犯戒主體

《四分律》中，犯戒主體為比丘，比丘尼同犯。《十誦律》、《五分律》、藏傳《苾芻學處》與《四分律》相同。其他律典只提到比丘正犯，未提到比丘尼正犯的情況。

（二）輕重

1. 所犯境

《四分律》中，誹謗比丘、比丘尼犯波羅夷罪，皆犯僧殘；謗式叉摩那、沙彌、沙彌尼，犯突吉羅。

《十誦律》和《五分律》中，謗比丘，僧殘；謗比丘尼、式叉摩那、沙彌、沙彌尼犯突吉羅罪。

《僧祇律》中，按照誹謗的對境和誹謗內容作了不同的判罪，謗比丘：「於四波羅夷中一一謗，犯僧伽婆尸沙。以十三僧伽婆尸沙中一一謗，犯波夜提。以波夜提罪一一謗，得越比尼罪。波羅提提舍尼、眾學法及威儀法謗者，犯越比尼心悔。」誹謗其他人：「若謗比丘尼八波羅夷、十九僧伽婆尸沙，若一一謗，波夜提。三十尼薩耆、百四十一波夜提，若一一謗，犯越比尼罪。八波羅提提舍尼、眾學及威儀，一一謗，犯越比尼心悔。學戒尼十八事，若一一謗言『當更與學戒』，犯偷蘭罪。沙彌、沙彌尼十戒，若一一謗言：『當更與出家。』犯越比尼罪。下至俗人五戒，若一一謗，犯越比尼心悔。」

《摩得勒伽》中沒有記載正犯的所犯境，但根據此戒的辨相內容可以推出：假根謗其他比丘犯波羅夷戒，應該是結僧殘罪。另外，「謗本犯戒人，偷羅遮；謗學戒人，偷羅遮；謗沙彌，突吉羅」；如果「比丘以是事謗比丘尼」或「比丘尼以是事謗比丘」，均犯偷蘭遮；誹謗式叉摩那、沙彌尼，犯突吉羅。

藏傳《苾芻學處》中，誹謗比丘尼，犯僧殘；「或謗比丘尼，謂與不男人作不淨行」，犯偷蘭遮。

除此之外，其他律典中只說到謗比丘犯僧殘，對於謗比丘尼等則沒有記載。

2. 能犯心

關於本戒發起心和想心成犯的情況如上犯緣所述。

3. 方便加行

方便加行由三個要素組成，分別為誹謗方式、誹謗內容和對說境，只有這三個要素同時具足時，才會正犯僧殘。

（1）誹謗方式

①言說

《四分律》中，若比丘用言說的方式以異分無根波羅夷等法誹謗他比丘，犯僧殘。其他律典與《四分律》相同。

②其他方式

另外，《四分律》中，若比丘以指印、作書、遣使、作知相四種方式誹謗，也犯僧殘。

《五分律》中，若比丘通過「書、使、相、相似語、手語」的方式誹謗，只犯偷蘭遮。其中，前三種與《四分律》「作書」、「遣使」、「作知相」的判罪不同，後兩種在《四分律》中未提到。

《十誦律》中，「若作書，若遣使，若作相示」，以這些方式誹謗，不犯僧殘，但是具體的結罪情況，此律沒有說明。

《摩得勒伽》記載：「手印謗比丘，偷羅遮。遣使亦如是。」

其他律典中未記載相關情況。

（2）誹謗內容

①異分無根波羅夷法謗

《四分律》中，若比丘以異分無根波羅夷法謗，犯僧殘。其中又分為五種情況。

A. 異罪

即將對方所犯的下篇罪假說成犯重罪，如見比丘犯僧殘乃至突吉羅，而誹謗說犯波羅夷等。

B. 異人

即將另一人所犯之罪用來謗此比丘，如律中所說：「不清淨、不清淨人相似，名同、姓同、相同，以此人事謗彼，以異分無根波羅夷法謗，僧伽婆尸沙。」其他如不清淨人與清淨人相似、清淨人與不清淨人相似、清淨人與清淨人相似的情況與此相同。

C. 異趣

即將非人趣的眾生（如天人、畜生）做的事，假說是比丘做的，如見公羊和母羊行淫，便以公羊比作比丘而誹謗其犯波羅夷。這是從緣起故事中提取出來的內容。

D. 異時

即用此比丘出家前的嚴重過失來謗此比丘，如此律中說：「若見本在家時犯淫，盜五錢若過五錢，若殺人，便語人言：『我見比丘犯淫，盜五錢若過五錢，若殺人。』以異分無根波羅夷法謗，僧伽婆尸沙。」

E. 假響

即自己發出聲響，說對方破戒等，又以聽見自己的聲音為根據來謗彼比丘，如此律中說：「若比丘自語：『聞響聲「我犯淫」，聞「盜五錢若過五錢」，聞「斷人命」，聞「自稱得上人法」。』以異分無根波羅夷法謗，僧伽婆尸沙。」

其他律典中，除《巴利律》外，都沒有像《四分律》分得這麼細，大都說得比較概括。《巴利律》則把異分取片的情況分為十種，具體參考「關鍵詞解釋」。

②其他

此外，《四分律》中，除了以無根波羅夷法謗他比丘犯僧殘外，若以邊罪、賊心受戒、殺父、殺母等其他「非比丘法」來誹謗，也犯僧殘。如此律中說：「汝犯邊罪，乃至二形，如上說；說而了了者，僧伽婆尸沙。」「除上事，更以餘異分無根法謗比丘」，以何法誹謗，便結何罪。

藏傳《苾芻學處》記載：「或以惡心出佛身血，或以破僧無間罪謗，或云『我想如是方便謗』等，皆惡作罪。」

《十誦律》記載：「若以無根謗言：『汝盡破戒。』得偷蘭遮。若說：『汝破四重戒。』得僧伽婆尸沙。」此外，如果誹謗他人「惡心出佛身血」，或是「壞僧」，犯偷蘭遮。

《摩得勒伽》記載：「若比丘僧中作不定語：『比丘作淫，偷五錢，殺人，說過人法。』而不說其名，偷羅遮。手印、相亦如是。若比丘從坐起而作是言：『我無所因而說。』於一切眾僧邊得突吉羅。」此外，誹謗其他比丘「非比丘、非沙門、非釋子、不精進惡沙門，乃至少因緣，皆犯偷羅遮」。

藏傳《苾芻學處》記載：「或不說所謗人名而行毀謗，皆粗罪。」

除此之外，其他律典中未記載相關內容。

（3）對說境

《四分律》沒有相關判罪。

《僧祇律》中，「若屏處，若眾多人中，若眾僧中」，也就是對着下至一名比丘誹謗，就會犯僧殘罪。

藏傳《苾芻學處》中，「或所謗者，或餘隨一，須具五種名言，身平等住，非自己」，對着這樣的人誹謗，犯僧殘罪。

其他律典與《四分律》相同。

4. 究竟成犯

（1）成犯的時間

《四分律》中，「說而了了者，僧伽婆尸沙」；說不了了，偷蘭遮。

《五分律》中，「解者，僧伽婆尸沙；不解者，偷羅遮」。此律在表述上雖與《四分律》不同，但意思相同，都是指對方理解時成犯。

《根有律攝》中，「前人領解」時，犯僧殘。

藏傳《苾芻學處》中，「對說之境了義時」，犯僧殘，與《四分律》相同。

除此之外，其他律典中沒有明確記載究竟成犯的時間。

（2）犯戒數量

《四分律》中沒有關於犯戒數量的記載。

《十誦律》記載：「一一語中，僧伽婆尸沙。」《僧祇律》中，「對面四目謗，語語僧伽婆尸沙」，即在被謗比丘前誹謗，語語皆犯僧殘。《巴利律》：「語語僧殘。」《善見論》:「語語僧伽婆尸沙。」由此可見，以上幾部律典中，若比丘誹謗其他比丘，每說一句話即犯一條僧殘罪。

除此之外，其他律典與《四分律》相同，均未提到相關情況。

5. 犯戒主體

《四分律》中，比丘、比丘尼犯此戒，結僧殘罪；式叉摩那、沙彌、沙彌尼犯此戒，結突吉羅。

《十誦律》和《五分律》中，比丘犯僧殘，而下三眾均犯突吉羅。這兩部律典中，比丘尼謗比丘尼，均犯僧殘；比丘尼謗下三眾，均犯突吉羅；而比丘尼謗比丘的情況，《五分律》判波逸提，《十誦律》判突吉羅。

藏傳《苾芻學處》中，比丘、比丘尼均犯僧殘。

其他律典只記載了比丘犯此戒結僧殘，對於比丘尼及下三眾則未記載。

（三）不犯

1. 所犯境不具足

《四分律》中，「見根、聞根、疑根，說實」，不犯。

《根有律》中，若「如實說」，不犯。《根有律攝》與《根有律》相同：「無犯者，謂實見彼作他勝等事。」《巴利律》中，若「有其罪而自謗之或令謗者」，不犯。《善見論》中，若「實見犯」，不犯。以上幾部律典所記載的都是屬於如實說不犯的情況，與《四分律》相同。

2. 能犯心不具足

《四分律》中，若比丘戲笑說，夢中說，欲說此錯說彼，不犯。其中，前兩種情況比丘沒有瞋恨心及故意誹謗之心，所以不犯；後一種情況屬於語言上的差誤，並非比丘原本想說的內容，所以不犯。

3. 方便加行不具足

《四分律》中，若比丘「疾疾說」、「獨說」，不犯。其中，前一種比丘說得太快，言詞不清楚；後一種因獨說，他人聽不見，所以不犯。

4. 犯戒主體不具足

《四分律》中，「最初未制戒，癡狂、心亂、痛惱所纏」，不犯。《五分律》、《根有律》、《善見論》與此相同。

《巴利律》中，「癡狂者、最初之犯行者」，不犯，比《四分律》少了「心亂、痛惱所纏」兩種情況。

五、總結

（一）諸律差異分析

1. 緣起差異

（1）結構差異

《四分律》有一個本制。其他律典與《四分律》相同。

（2）情節差異

《四分律》中，慈地比丘見公羊與母羊行淫，便向其他比丘說看到沓婆摩羅子與慈比丘尼行淫。在諸比丘的詰問下，慈地比丘說出了實情。頭陀比丘知道後嫌責慈地比丘，並將此事報告了世尊，世尊因此制戒。《巴利律》與《四分律》相同，也是緣起比丘看到公羊與母羊行淫而誹謗。

《鼻奈耶》、《十誦律》、《僧祇律》與《四分律》不同，均為緣起比丘看到比丘與比丘尼在交往過程中，或同處一室，或站在一起，或碰觸到比丘尼的衣服，而誹謗對方犯波羅夷。

《五分律》、《根有律》的緣起故事中同時包含兩個情境：一個是比丘和比丘尼站在一起，另一個是看到畜生行淫。緣起比丘將兩個情節糅合在一起，進行誹謗。《五分律》中，緣起比丘先是看到陀婆比丘與偷羅難陀比丘尼共坐，及教授偷羅難陀比丘尼佛法，之後又見到兩個獼猴行淫，便以此而誹謗二人行淫。《根有律》中，緣起比丘看到蓮華色比丘尼因聽法坐在實力子比丘旁邊，之後又見兩隻鹿行淫，便誹謗實力子比丘與蓮華色比丘尼行淫。這兩個情節使「假根謗」的產生過程更加清晰：緣起比丘先看到比丘與比丘尼在一起，然後又看到畜生行淫，於是將兩個情節合在一起，取其片段，誹謗對方犯了波羅夷。這種誹謗的最初誘因是緣起比丘看到比丘和比丘尼在一起，後來可能是有些律典在整理過程中，把最初誘因省略了，就只剩下畜生行淫。有些律典或許認為畜生行淫不是太重要而刪除，就剩下只有比丘和比丘尼在一起的記載。所以，可以將《五分律》中緣起比丘看到比丘和比丘尼在一起的情節補充到《四分律》的緣起故事中。

（3）結論

綜上所述，本戒仍以《四分律》的本制為準，另外補充《五分律》中緣起比丘看到比丘和比丘尼在一起的情節。

2. 戒本差異

在戒本部分，除了《鼻奈耶》外，諸律的意思與《四分律》差異不大。《鼻奈耶》中，不僅沒有與《四分律》「欲壞彼清淨行」相對應的內容；而且與《四分律》「知是異分事中取片，是比丘自言：『我瞋恚故作是語。』」相對應的表述（「還悔者可。若不悔者，故伺小小過為作大過者」）也非常特殊。

戒本調整方面，多數調整的地方與前一條「無根謗戒」相同，因此以下僅就本戒中單獨調整或比較重要的調整進行說明。為了簡潔和統一，借鑒《解脫戒經》的表述，將《四分律》的「以瞋恚故」改為「瞋恚故」。其後的「彼於」，為了指代明確，據《十誦律》等改為「是比丘」。「知是異分事中取片，是比丘自言：『我瞋恚故作是語。』」一句，為了避免「知」字引發的歧義以及和前一條「無根謗戒」的表述統一，借鑒《僧祇比丘戒本》、《五分律》等將其改為「言：『是異分事中取片，我瞋恚故謗。』」《四分律》最後的「作是語者」，為了避免誤以為比丘說「我瞋恚故作是語」這句話就會觸犯本戒，依《五分律》等將其刪去。

3. 辨相差異

（1）所犯境

①所謗法

《四分律》中，若比丘以異分無根波羅夷法謗，犯僧殘。其中，又分為五種情況：異罪、異人、異趣、異時、假譬。其它律典中，除《巴利律》外，都沒有像《四分律》分得那麼細，大都說得比較概括，而《巴利律》中則把異分取片的情況分為十種，具體參考「關鍵詞解釋」。

②其他

《四分律》中，除了以無根波羅夷法謗他比丘犯僧殘外。若以邊罪、賊心受戒、殺父、殺母等其他「非比丘法」來誹謗，也犯僧殘。《十誦律》中，如果誹謗他人「惡心出佛身血」，或是「壞僧」，犯偷蘭遮。藏傳《苾芻學處》中，「或以惡心出佛身血，或以破僧無間罪謗，或云『我想如是方便謗』等，皆惡作罪。」

（2）能犯心

《四分律》中，發起心是瞋恨心「欲壞彼清淨行」。《十誦律》、《僧祇律》、《五分律》、《根有律》、《根有律攝》、《巴利律》與《四分律》相同。《鼻奈耶》中發起心為「憎、嫉妒」，除了瞋恨心外，還多了嫉妒心。藏傳《苾芻學處》是「為欲壞彼而加毀之心未斷」。

綜合諸律，只要有想誹謗對方的心、瞋恨心或嫉妒心，就算能犯心具足。

（3）方便加行

《四分律》中，若比丘用言說的方式，以及指印、作書、遣使、作知相四種方式以及其他方式誹謗，都正犯。《五分律》中，若比丘通過「書、使、相、相似語、手語」的方式誹謗，犯偷蘭遮。《摩得勒伽》中，手印、遣使謗，判偷蘭遮。

（4）究竟成犯

《四分律》中，「說而了了」，即對方理解比丘的意思時，便犯本罪。《五分律》、《根有律攝》中，若對方「解」時成犯。藏傳《苾芻學處》中「了義時」成犯。這三部律與《四分律》相同。

結罪次數方面，《十誦律》、《僧祇律》、《巴利律》、《善見論》中，每說一句話，即犯一條僧殘罪。《四分律》中沒有關於犯戒數量的記載。本戒採納《十誦律》、《僧祇律》等律典的觀點。

（5）犯戒主體

《四分律》中，犯戒主體為比丘，比丘尼同犯。《十誦律》、《五分律》、藏傳《苾芻學處》與《四分律》相同。其他律典只提到比丘正犯，未提到比丘尼。

以上方便加行、究竟成犯、犯戒主體，均遵循《四分律》的判罰。

4. 諸律內部差異

《四分律》緣起和戒條中，以異分無根波羅夷法謗，即正犯。在辨相中，除了異分無根波羅夷法，還提及以異分十三難法謗，也正犯。此外，《四分律》辨相中，通過遣使、作書、指印、作知相等方式謗，皆正犯，《五分律》對於類似的方式則判偷蘭遮，二者的緣起和戒條中無相關記載。

《鼻奈耶》緣起中，犯戒比丘以「必當牽捉，與共私語」而謗比丘，並未明確提到以犯根本罪謗。戒條中則是以「犯棄捐」即波羅夷罪誹謗比丘。

（二）調整文本

通過以上諸律間觀點同異的對比與分析，文本在《四分律》的基礎上作如下調整：

1. 緣起

佛在羅閱祇耆闍崛山中時，慈地比丘看到沓婆摩羅子比丘與偷羅難陀比丘尼共坐，教授偷羅難陀比丘尼佛法，慈地比丘便想誹謗他；其後，慈地比丘又在耆闍崛山下看見大羝羊共母羊行淫，便以此來誹謗沓婆摩羅子，到僧中說：自己親眼見到沓婆摩羅子與比丘尼行淫。後來經過諸比丘的責問，慈地比丘只好承認自己是誹謗沓婆摩羅子比丘。頭陀比丘聽到後嫌責慈地比丘，並將此事報告了佛陀，佛陀因此制戒。

2. 戒本

若比丘[1]，瞋恚故，於異分事中取片[2]，以無根波羅夷[3]謗無波羅夷比丘[4]，

---

1 「丘」後，底本有「以」，據《十誦律》、《十誦比丘戒本》、《僧祇律》、《僧祇比丘戒本》、《解脱戒經》刪。

2 「片」後，底本有「非波羅夷比丘」，據《十誦律》、《五分律》、《彌沙塞五分戒本》刪。

3 「夷」後，底本有「法」，據《五分律》、《彌沙塞五分戒本》刪。

4 「無波羅夷比丘」，底本闕，據《十誦律》、《五分律》、《彌沙塞五分戒本》加。

欲壞彼清淨行，是比丘[1]後[2]時，若問，若不問，言[3]:「是異分事中取片，[4]我瞋恚故謗[5]。」僧伽婆尸沙。

3. 關鍵詞

異分事中取片：將非犯戒行為、所犯輕罪說成重罪，或將其他比丘所犯之罪說成此比丘犯罪等，即假借一些事由進行誹謗。

4. 辨相

（1）犯緣

本戒具足六緣成犯：一、所誹謗的是比丘或比丘尼；二、知道是比丘或比丘尼；三、以欲誹謗對方之心；四、假根而謗；五、對着眾僧或任何一個比丘以波羅夷法或十三難法謗；六、所對比丘聽懂，成犯。

（2）辨相結罪輕重

①所誹謗的是比丘或比丘尼

誹謗比丘或比丘尼，僧伽婆尸沙。

誹謗式叉摩那、沙彌、沙彌尼，突吉羅。

②知道是比丘或比丘尼

③以欲誹謗對方之心

④假根而謗

以某些小過失，或非威儀的行為，或非犯戒的行為，或某些容易引起誤解的行為等，假根而謗，僧伽婆尸沙；若按見根、聞根、疑根如實而說，不犯。

---

1 「是比丘」，底本作「彼於」，據《十誦律》、《十誦比丘戒本》、《五分律》、《彌沙塞五分戒本》改。

2 「後」，底本作「異」，據《鼻奈耶》、《十誦律》、《十誦比丘戒本》、《僧祇律》、《僧祇比丘戒本》、《五分律》、《彌沙塞五分戒本》改。

3 「言」，底本作「知」，據《僧祇比丘戒本》、《五分律》、《彌沙塞五分戒本》改。

4 「片」後，底本有「是比丘自言」，據《僧祇比丘戒本》、《五分律》、《彌沙塞五分戒本》刪。

5 「謗」，底本作「作是語。作是語者」，據《五分律》、《彌沙塞五分戒本》改。

⑤對着眾僧或任何一個比丘，以波羅夷法或十三難法謗

對眾僧或者至少一個比丘，以波羅夷法或十三難法謗，犯僧伽婆尸沙。

通過遣使、作書、指印、作知相等方式謗他比丘，僧伽婆尸沙。

不說具體名字進行毀謗，如直接說「比丘作淫、偷五錢、殺人、說過人法」，偷蘭遮。

⑥所對比丘聽懂

所對比丘聽懂，僧伽婆尸沙，比丘每說一句誹謗的話，即犯一條僧殘罪；所對比丘未聽懂，偷蘭遮。

⑦犯戒主體

比丘、比丘尼若犯，僧伽婆尸沙；式叉摩那、沙彌、沙彌尼若犯，突吉羅。

⑧不犯

若戲笑說、疾疾說、夢中說、獨說、欲說此而錯說彼，不犯。

最初未制戒，癡狂、心亂、痛惱所纏，不犯。

六、現代行持參考

見「無根謗戒」中的現代行持參考內容。

10

破僧戒

一、緣起

（一）緣起略述

《四分律》只有一個緣起，即本制。律文中，八位釋迦族的貴族弟子追隨佛陀出家，其中包括提婆達多。釋迦族弟子成為比丘後，證增上地。提婆達多證得神足通，以神通力攝受阿闍世太子，太子每日以五百釜供養提婆達多。瓶沙王得知後，每日七百釜供養佛陀，提婆達多生嫉妒心而失去神通。之後，提婆達多在大眾中向佛陀哀求，要求佛將僧團付囑給他。被世尊呵斥，由此產生殺害佛陀的念頭，並付諸實踐。同時，提婆達多教唆阿闍世太子殺父奪取王位，惡名流布，利養斷絕，便與其伴黨家家乞食，有了別眾食的行為。佛陀得知情況後，呵斥提婆達多並制戒不允許別眾食。因為這些失敗，提婆達多下定決心要破僧，便向僧團宣說「五法」，破和合僧。佛陀讓僧團對提婆達多作呵諫白四羯磨，並以此因緣制戒。[1]

諸律緣起差異比較：

1. 制戒地點

《四分律》中，制戒地點為「羅閱祇耆闍崛山」，《鼻奈耶》[2]為「羅閱祇迦蘭陀竹園」，《十誦律》[3]、《僧祇律》[4]為「王舍城」，《五分律》[5]為「王舍城住耆闍

1 《四分律》卷 4，《大正藏》22 冊，590 頁中欄至 594 頁中欄；卷 5，《大正藏》22 冊，594 頁下欄至 595 頁下欄；卷 58，《大正藏》22 冊，999 頁下欄；卷 60，《大正藏》22 冊，1012 頁下欄。

2 《鼻奈耶》卷 5，《大正藏》24 冊，869 頁上欄至 870 頁下欄。

3 《十誦律》卷 4，《大正藏》23 冊，24 頁中欄至 25 頁下欄；卷 36，《大正藏》23 冊，259 頁上欄至下欄；卷 37，《大正藏》23 冊，266 頁中欄至 267 頁上欄；卷 51，《大正藏》23 冊，372 頁上欄。

4 《僧祇律》卷 7，《大正藏》22 冊，281 頁下欄至 283 頁中欄；卷 26，《大正藏》22 冊，440 頁中欄至 441 頁上欄；卷 27，《大正藏》22 冊，444 頁下欄；卷 32，《大正藏》22 冊，489 頁下欄。

5 《五分律》卷 3，《大正藏》22 冊，16 頁下欄至 21 頁上欄；卷 25，《大正藏》22 冊，166 頁上欄至中欄。

崛山」，《根有律》[1]為「王舍城羯蘭鐸迦池竹林」，《巴利律》[2]為「王舍城迦蘭陀竹林園」。

2. 緣起比丘

《四分律》中，緣起比丘為「提婆達」，《鼻奈耶》、《五分律》為「調達」，《十誦律》、《僧祇律》、《根有律》、《巴利律》為「提婆達多」。上述人名諸律只是音譯不同，實則為同一人。

3. 緣起情節

諸律和《四分律》相同，都是一個本制，情節結構相似，只是細節方面略有不同：

《鼻奈耶》中，舍利弗和目犍連在彼大眾中示現神通變化，五百比丘產生後悔心，跟隨舍利弗和目犍連兩位尊者回到佛陀身邊，佛應機說法，五百比丘證阿羅漢果。此律中沒有八王子出家情節，也沒有提到害佛的情節。

《十誦律》中，佛陀親自告誡提婆達多。

《僧祇律》中，提婆達多做多種破僧事，包括篡改佛講的種種法：「從戒序乃至九部法，異句、異字、異味、異義，各各異文辭說，自誦習亦教他。」此外，此律還講述了提婆達多過去世作為野干的本事故事。

《五分律》中，跟隨佛出家的是釋迦族七子，與《四分律》相比，多了提婆達多為過去世作野狐的本事故事，以及提婆達多通過醉象來害佛一事，但沒有關於佛陀制別眾食的描寫。

《根有律》沒有提婆達多害佛的情節，文中，諸比丘對提婆達多和四伴黨進行別諫，以及作白四羯磨後，佛陀才制戒。

《巴利律》中提婆達多和四伴黨謀劃：向佛請求執行非法五事，若佛不允

---

1 《根有律》卷 14，《大正藏》23 冊，700 頁上欄至 702 頁上欄；卷 15，《大正藏》23 冊，702 頁上欄至 704 頁中欄。

2 《經分別》卷 2，《漢譯南傳大藏經》1 冊，238 頁至 243 頁；《犍度》卷 1，《漢譯南傳大藏經》3 冊，111 頁；《附隨》卷 1，《漢譯南傳大藏經》5 冊，52 頁。

許，就以此非法五事告知大眾，因為大眾的根器與頭陀苦行比較相應，所以應該能達到破僧目的。

（二）緣起比丘形象

《四分律》中，提婆達多證得神通攝受太子後，獲得太子優厚的供養，進而產生蓄收徒眾的心。體現出修行稍有所獲就自高自大、不甘人下的形象。其他律典都有與《四分律》類似的記載。

《鼻奈耶》中特別提到調達對世尊的嫉妒心背後，隱藏着他對世尊種種威儀莊嚴的羨慕。集聚起自己的徒眾後，就下意識地處處模仿世尊。

（三）犯戒內因

《四分律》中，對名利和權力的貪著是提婆達多犯各種惡行的直接原因。他攝受太子後，獲得優厚供養，又對世尊得到更優厚的供養產生嫉妒心，接下來欲取得僧團領導權而不得，進而對佛產生瞋心，這推動他去造下害佛和破僧的種種惡行。《五分律》中，最初提婆達多求學神通，就是以獲得利養為目的。《四分律》、《五分律》、《根有律》中，提婆達多最後用五法破僧和合，也是為了博取名聲。如《四分律》：「我身滅後可得名稱言：『沙門瞿曇有大神力，智慧無礙，而提婆達能破彼僧輪。』」因此，對名利的貪著不捨是提婆達多犯下破僧惡行的內因之一。

《僧祇律》中，提婆達多受到比丘們的屏諫、多人諫、僧中三諫，還是不捨棄破僧的行為。佛陀藉此因緣，提到提婆達多過去生作為野干的時候，就不受別人的勸誡：「比丘當知，於過去時已曾不受知識軟語，自喪身命。今復不受諸比丘諫，當墮惡道長夜受苦。」這種不受諫的等流也是犯戒的重要因素。《鼻奈耶》、《巴利律》對此沒有明確的記載。

（四）犯戒外緣

《四分律》中，提婆達多有四個伴黨，三聞達多、騫荼達婆、拘婆離、迦留羅提舍。提婆達多破僧的行為得到他們的響應和支持。《鼻奈耶》中，提婆達多五法破僧，有無智五百比丘跟隨。這些伴黨和跟隨的比丘構成了破僧的人數條件，因而是犯戒的外緣。

《四分律》、《鼻奈耶》、《五分律》、《根有律》中，最初阿闍世每日五百車的優厚供養，對提婆達多產生自不量力的狂妄心態，並自蓄徒眾，進而要求獲得僧團的領導權，乃至最後破僧，起了很大的催化作用。如世尊告誡諸比丘說：「汝等各自攝心，莫生貪著提婆達利養也。何以故？正使阿闍世日日從五百乘車，朝暮問訊並供五百釜飲食，正可增益提婆達惡心。」

《四分律》、《十誦律》、《巴利律》都提到提婆達多用五法破僧，《五分律》也間接提到。提婆達多看到摩揭陀國的人對苦行普遍讚賞，因此用五法來誘導僧眾。因此，大眾的認知包括對頭陀行的偏執，也是提婆達多犯戒的因素。

《僧祇律》中沒有明確記載犯戒外緣。

（五）犯戒後的影響

1. 對自己的影響

《四分律》「破僧犍度」記載：「優波離復問：『破和合僧為得何等？』佛言：『破和合僧者，泥犁中受罪一劫不療。』」《巴利律》「破僧犍度」也有此說：「優波離，有破僧者，往惡趣地獄住一劫不得救者也。」《十誦律》「雜誦」之調達事記載：「若是比丘非法說法，以是非法教眾，折伏眾，破和合僧。破和合僧已，得大罪，得大罪已，一劫壽墮阿鼻地獄中。」

《五分律》也有記載，舍利弗、目犍連將五百比丘帶回後：「調達驚起，罵言：『是惡欲比丘始有善意，如何忽生惡心，以方便將我比丘去？』便大怖懼，熱血從鼻孔出，即以生身墮大地獄。」

2. 對僧團的影響

《四分律》「破僧犍度」中，提婆達多以五事在僧團中行籌。五百新學無智比丘捉籌，贊同實行五事，而以阿難為首的六十長老比丘表示不同意。隨後提婆達多便帶領五百比丘離開僧團，自作羯磨說戒，造成了分裂僧團之事實。後來舍利弗、目犍連去提婆達多眾中顯現神通化導，五百比丘才醒悟悔過回到了佛陀的僧團。[1] 其他律典都有類似的描寫。可見，提婆達多確實造成了僧團的短暫分裂。

3. 對俗眾的影響

《四分律》中，提婆達多做出種種害佛、破僧惡行後，舍利弗受佛陀和僧團派遣，向大眾宣說：「當知提婆達所作者非佛法僧，是提婆達所作。」也就是提醒大眾，提婆達多的惡行都和僧團無關。作了這番宣布後：「時大眾中忍可提婆達者即言：『沙門釋子以供養故生嫉妒心，不喜提婆達得供養故，便於大眾中說言：「提婆達所作非佛法僧，是提婆達所作耳。」』中有信樂佛者便作此言：『提婆達或能已作，或方當作。』」可見大眾已經受到了很大的影響，也相應的分裂成了兩派。

另一方面，阿闍世受提婆達多唆使後去刺殺父親而被抓，大臣中有人認為沙門釋子參與了此事應該被殺，幸而佛陀已經派遣舍利弗在眾中宣布，提婆達多的行為與僧團無關，瓶沙王不予追究。若非世尊的預見性，僧團可能面臨極大的危險。

（六）佛陀考量

《四分律》中，提婆達多的五邪法，是對頭陀苦行的片面執取，不符合佛陀中道原則，如果實施，會影響比丘修道，所以佛陀給予呵斥和否決。如律文：「提婆達今日欲斷四聖種。何等四？我常以無數方便說衣服趣得知足，我

1 《四分律》卷 46，《大正藏》22 冊，909 頁中欄至 910 頁上欄。

亦歎說衣服趣得知足，我亦以無數方便說飲食、牀、卧具、病瘦醫藥趣得知足，亦歎說飲食、牀、卧具、病瘦醫藥趣得知足。比丘當知，提婆達今日欲斷四聖種。」

《五分律》中，佛陀制戒說：「僧和合故，歡喜無諍，一心一學，如水乳合，共弘師教，安樂行。」僧團和合，知見統一，是比丘於僧團中安住修道進而弘揚佛法的前提。世尊在此戒中要維護的不是自己對僧團的領導權，而是僧團的和合。其他律典均為類似的提法。

《四分律》、《根有律》、《巴利律》中的勸諫程序包括別諫和白四羯磨。《僧祇律》、《五分律》在屏諫之後，白四羯磨之前，還有多人諫的環節。這些勸諫程序很細緻，佛陀的意趣可能在於用僧團共業的力量對比丘加以勸諫和幫助，也可以看出佛陀對犯錯比丘的包容和慈悲。

（七）文體分析

《四分律》有一個因緣，其他律典與《四分律》相同。另外，《五分律》還有三段祇夜和四段伽陀，《僧祇律》有一個本事、一則伽陀，《根有律》一個祇夜、一個譬喻。

《四分律》制破僧戒的因緣故事中，還有佛因為提婆達多和同伴比丘別眾食而單獨制別眾食戒的因緣。《鼻奈耶》制戒因緣故事中，講述了世尊為從提婆達多處回來的五百比丘講說十二因緣法，五百比丘因此證得阿羅漢果。

《五分律》中比較突出的特點是用了共七個祇夜和伽陀。這七個偈頌是佛陀在不同的場合所說，或用來講法，或對自己講的本生故事進行歸納。有的偈頌本身就是譬喻。如世尊為了告誡諸比丘不要羨慕調達收到的利養，在偈頌中用芭蕉、竹蘆等的譬喻來說明調達奪得供養後會煩惱增勝，帶來禍患：「芭蕉以實死，竹蘆實亦然；駏驉坐妊死，士以貪自喪。」這些偈頌的運用，使得故事的敘述更加流暢生動，增強了可讀性。

從故事結構看，《四分律》、《鼻奈耶》、《五分律》的故事情節最為完整，《根有律》次之，《十誦律》、《僧祇律》、《巴利律》較簡潔。

二、戒本

《四分律》中，本戒的戒本為：「若比丘，欲壞和合僧，方便受壞和合僧法，堅持不捨。彼比丘應諫是比丘：『大德！莫壞和合僧，莫方便壞和合僧，莫受壞僧法堅持不捨。大德！應與僧和合，與僧和合歡喜不諍，同一師學，如水乳合，於佛法中有增益安樂住。』是比丘如是諫時，堅持不捨，彼比丘應三諫，捨此事故。乃至三諫時，捨者善；不捨者，僧伽婆尸沙。」

(一) 若比丘，欲壞和合僧，方便受壞和合僧法，堅持不捨

《四分律》、《四分僧戒本》[1]、《新刪定四分僧戒本》[2]、《四分律比丘戒本》[3] 作「若比丘，欲壞和合僧，方便受壞和合僧法，堅持不捨」，意思是：如果比丘想要破壞和合的僧團，計劃行使破壞和合僧團的事情，並且堅持不捨棄（這一行為）。

與《四分律》相似：

《解脫戒經》[4] 作「若比丘，欲破和合僧，受破僧方便法，堅執不捨」。

《根有律》、《根有戒經》[5]、《根有律攝》[6] 作「若復苾芻，興方便，欲破和合僧，於破僧事堅執不捨」。

梵文《說出世部戒經》[7] 作 "Yo puna bhikṣuḥ samagrasya saṃghasya

---

1 《四分僧戒本》，《大正藏》22 冊，1024 頁上欄。

2 《新刪定四分僧戒本》，《卍續藏》39 冊，264 頁上欄。

3 《四分律比丘戒本》，《大正藏》22 冊，1016 頁中欄。

4 《解脫戒經》，《大正藏》24 冊，660 頁中欄。

5 《根有戒經》，《大正藏》24 冊，501 頁下欄。

6 《根有律攝》卷 4，《大正藏》24 冊，546 頁中欄。

7 Nathmal Tatia, *Prātimokṣasūtram of the Lokottaravādimahāsāṅghika School,* Tibetan Sanskrit Works Series, no. 16, p. 10.

bhedāya parākrameya bhedanasaṃvartanīyaṃ vādhikaraṇaṃ samādāya pragṛhya tiṣṭheya"，意思是：任何比丘，致力於破壞和合的僧團，或是堅持接受、支持導致破壞（僧團）的諍事。

梵文《有部戒經》[1] 作"Yaḥ punar bhikṣuḥ samagrasya saṃghasya bhedāya parākramed bhedasaṃvartanīyaṃ vādhikaraṇaṃ samādāya vigṛhya tiṣṭhet"，意思是：任何比丘，致力於破壞和合的僧團，或是堅持接受、爭鬥導致破壞（僧團）的諍事。

梵文《根有戒經》[2] 作"Yaḥ punar bhikṣuḥ samagrasya saṃghasya bhedāya parākramed bhedakaraṇasaṃvartanīyaṃ cādhikaraṇaṃ samādhāya pragṛhya tiṣṭhet"，意思是：任何比丘，致力於破壞和合的僧團，而且堅持接受、支持導致破壞（僧團）的諍事。

巴利《戒經》[3] 作"Yo pana bhikkhu samaggassa saṅghassa bhedāya parakkameyya, bhedanasaṃvattanikaṃ vā adhikaraṇaṃ samādāya paggayha tiṭṭheyya"，意思是：任何比丘，致力於破壞和合的僧團，或是堅持接受、支持導致破壞（僧團）的諍事。

藏文《根有戒經》[4] 作"ཡང་དགེ་སློང་གང་དགེ་འདུན་འཐུན་པ་དབྱེ་བའི་ཕྱིར་རྩོལ་བར་བྱེད་ཅིང་། དབྱེན་བྱེད་པར་སྒྱུར་བའི་རྩོད་པ་ཡང་དག་པར་བླངས་ནས་རབ་ཏུ་བཟུང་སྟེ་འདུག་ན།"，意思是：任何比丘，為了分裂和合僧團而竭力行事，而且明確主張令僧團變得分裂這種諍事（破僧），甚至十分堅持而執著於此事。

與《四分律》有部分差異：

《十誦律》作「若比丘，欲破和合僧，勤求方便，受持破僧事」，《五分律》、《彌沙塞五分戒本》[5] 作「若比丘，為破和合僧，勤方便」。這三部律典較

---

1 Georg von Simson, *Prātimokṣasūtra der Sarvāstivādins Teil II,* Sanskrittexte aus den Turfanfunden, XI, p. 170.

2 Anukul Chandra Banerjee, *Two Buddhist Vinaya Texts in Sanskrit,* p. 18.

3 Bhikkhu Ñāṇatusita, *Analysis of the Bhikkhu Pātimokkha,* p. 69.

4 麗江版《甘珠爾》（འཇང་བཀའ་འགྱུར།）第 5 函《別解脫經》（སོ་སོར་ཐར་པའི་མདོ།）5a-5b。

5 《彌沙塞五分戒本》，《大正藏》22 冊，195 頁中欄。

《四分律》少了「堅持不捨」。

《十誦比丘戒本》[1]作「若比丘，為破和合僧故，勤方便；若受破緣事故，共諍」，《僧祇律》作「若比丘，欲破和合僧故，勤方便；執持破僧事故，共諍」，《僧祇比丘戒本》[2]作「若比丘，為破和合僧故，勤方便；執破僧事故，共諍」。這三部律典除了缺少「堅持不捨」外，還多出了「受破緣事故，共諍」或類似的意思。

與《四分律》差異較大：

《鼻奈耶》作「若比丘，有壞亂和合僧」。

（二）彼比丘應諫是比丘：「大德！莫壞和合僧，莫方便壞和合僧，莫受壞僧法堅持不捨。大德！應與僧和合，與僧和合歡喜不諍，同一師學，如水乳合，於佛法中有增益安樂住。」

《四分律》作：「彼比丘應諫是比丘：『大德！莫壞和合僧，莫方便壞和合僧，莫受壞僧法堅持不捨。大德！應與僧和合，與僧和合歡喜不諍，同一師學，如水乳合，於佛法中有增益安樂住。』」意思是：「其他比丘應該勸諫這個（破僧的）比丘（說）：『大德！不要破壞和合的僧團，也不要計劃去破壞和合的僧團，更不要做破壞和合僧團的事情而堅持不予捨棄。大德，你應該與僧團和合共處，與僧團和合，沒有紛爭，（大家）共同（追隨）佛陀學習教法，猶如水乳相互融合，在佛法中增上、獲益、安樂居住。』」

與《四分律》相似：

《四分僧戒本》作：「彼比丘應諫是比丘言：『大德！莫壞和合僧，莫方便壞和合僧，莫受破僧法，堅持不捨。大德！應與僧和合，歡喜不諍，同一師學，如水乳合，於佛法中有增益安樂住。』」《新刪定四分僧戒本》、《四分律

1 《十誦比丘戒本》，《大正藏》23 冊，471 頁下欄。

2 《僧祇比丘戒本》，《大正藏》22 冊，550 頁中欄。

比丘戒本》作：「彼比丘應諫是比丘言：『大德！莫壞和合僧，莫方便壞和合僧，莫受壞僧法，堅持不捨。大德！應與僧和合，歡喜不諍，同一師學，如水乳合，於佛法中有增益安樂住。』」

《僧祇比丘戒本》作：「諸比丘應諫言：『長老！莫為破和合僧故，勤方便；執破僧事故，共諍。當與僧同事。何以故？僧和合歡喜不諍，共一學如水乳合，如法說法，照明安樂住。』」

《五分律》、《彌沙塞五分戒本》作：「諸比丘語彼比丘：『汝莫為破和合僧勤方便，當與僧和合。僧和合故，歡喜無諍，一心一學，如水乳合，共弘師教，安樂行。』」

梵文《說出世部戒經》作"So bhikṣu bhikṣūhi evam asya vacanīyo mā āyuṣman samagrasya saṃghasya bhedāya parākramehi, bhedanasaṃvartanīyaṃ vā adhikaraṇaṃ samādāya pragṛhya tiṣṭhāhi| sametu āyuṣmān sārdhaṃ saṃghena, samagro hi saṃgho sahito sammodamāno avivadamāno ekuddeśo kṣīrodakībhūto śāstuḥ śāsanaṃ dīpayamāno sukhaṃ ca phāsuṃ ca viharati"，意思是：「比丘們應該對這個比丘這樣說：『哦，大德！不要致力於破壞和合的僧團，或是堅持接受、支持導致破壞（僧團）的諍事。大德應該一同融入僧團，和合的僧團是歡喜的、沒有紛爭的、是同一說（戒）的、如同水乳（交融），令佛陀教法增益安樂住。』」

巴利《戒經》作"So bhikkhu bhikkhūhi evam-assa vacanīyo: Mā āyasmā samaggassa saṅghassa bhedāya parakkami bhedanasaṃvattanikaṃ vā adhikaraṇaṃ samādāya paggayha aṭṭhāsi. Samet'āyasmā saṅghena, samaggo hi saṅgho sammodamāno avivadamāno ekuddeso phāsu viharatī ti"，意思是：「比丘們應該對這個比丘這樣說：『大德，不要致力於破壞和合的僧團，或是堅持接受、支持會導致破壞（僧團）的諍事。大德，應該一同融入僧團，因為和合的僧團是歡喜無諍，同一說（戒），安樂居住的。』」

與《四分律》有部分差異：

《十誦律》作：「諸比丘應如是呵言：『汝莫破和合僧，莫求方便受持破僧事，當與僧和合。僧和合者歡喜無諍，一心一學如水乳合，得安樂住，汝當捨是求破僧事。』」

《十誦比丘戒本》作：「諸比丘應諫是比丘：『大德！莫為破和合僧故，勤方便；亦莫受破緣事故，共諍。大德！當與僧同事。何以故？僧和合歡喜不諍，一心一學如水乳合，安樂行。大德！捨是破僧因緣事。』」

《僧祇律》作：「諸比丘語是比丘言：『長老！莫破和合僧故，勤方便；執持破僧事故，共諍。當與僧同事。何以故？和合僧歡喜不諍，共一學如水乳合，如法說法，照明安樂住。長老！捨此破僧因緣事。』」

《解脫戒經》作：「諸比丘應諫此比丘言：『大德！莫破和合僧，莫受破僧法堅執不捨。大德，共僧和合，僧和合歡喜不諍，同一師學，如水乳合，增益安樂住。大德！捨此破僧法。』」

《根有律》作：「諸苾芻應語彼苾芻言：『具壽！莫欲破和合僧堅執而住。具壽！應與眾僧和合共住，歡喜無諍，同一心說，如水乳合，大師教法令得光顯，安樂久住。具壽！汝可捨破僧事。』」

《根有戒經》、《根有律攝》作：「諸苾芻應語彼苾芻言：『具壽！莫欲破和合僧堅執而住。具壽！應與眾僧和合共住，歡喜無諍，一心一說，如水乳合，大師教法令得光顯，安樂久住。具壽！汝可捨破僧事。』」

梵文《有部戒經》作"Sa bhikṣur bhikṣubhir evaṃ syād vacanīyo mā tvam āyuṣmaṃ samagrasya saṃghasya bhedāya parākrama mā bhedasaṃvartanīyam adhikaraṇaṃ samādāya vigṛhya sth(ā)ḥ sametv āyuṣmaṃ sārdhaṃ saṃghena samagro hi saṃghaḥ sahitaḥ saṃmodamāna avivadamāna ekāgra ekoddeśa ekakṣīrodakībhūtaḥ sukhaṃ phāṣaṃ viharati niḥsṛja tvam āyuṣmaṃ saṃghabhedakaraṃ vastu"，意思是：「比丘們應該對這個比丘這樣勸諫：『大德！你不要致力於破壞和合的僧團，不要堅持接受、爭辯導致破壞（僧團）的諍事。大德！應該一同融入僧團，和合的僧團歡喜、沒有紛爭、同一目標、同一說（戒）、如同水乳（交融），安住在快樂和舒適中。大德，你應該捨棄破壞僧團的事。』」

梵文《根有戒經》作"Sa bhikṣur bhikṣubhir idaṃ syād vacanīyaḥ -- mā tvam āyuṣman samagrasya saṃghasya bhedāya parākramed bhedakaraṇasaṃvartanīyaṃ cādhikaraṇaṃ samādhāya pragṛhya tiṣṭha| sametv āyuṣman sārdhaṃ saṃghena (samagro) saṃghasahitaḥ saṃmodamāno ‘vivadamānaḥ ekāgradharmoddeśaḥ ekakṣīrodakībhūtaḥ śāstu darśayamānaḥ sukhaṃ sparśaṃ vihāraṃ tu niśṛja tvam āyuṣman idam evaṃrūpaṃ saṃghabhedakaraṇaṃ vastu”，意思是：「比丘們應該這樣勸諫這個比丘：『大德！你不要致力於破壞僧團，而且堅持接受、支持導致破壞（僧團）的諍事。大德，應該一同融入僧團，和合的僧團歡喜、沒有紛爭、同一目標和言說、如同水乳（交融），領受佛陀教法，安住在快樂和愉悅中。大德，你應該捨棄這樣破壞僧團的事。』」

藏文《根有戒經》作“དགེ་སློང་དེ་ལ་དགེ་སློང་རྣམས་ཀྱིས་འདི་སྐད་ཅེས། ཚེ་དང་ལྡན་པ་ཁྱོད་དགེ་འདུན་འཐུན་པ་དབྱེ་བའི་ཕྱིར་རྩོལ་བར་མ་བྱེད་ཅིག །དབྱེན་བྱེད་པར་འགྱུར་བའི་རྩོད་པ་ཡང་དག་པར་བླངས་ནས་རབ་ཏུ་བཟུང་སྟེ་མ་འདུག་ཅིག །ཚེ་དང་ལྡན་པ་དགེ་འདུན་དང་འཐུན་པར་གྱིས་ཤིག །དགེ་འདུན་འཐུན་མི་ཕྱེད། ཀུན་ཏུ་དགའ་མི་རྩོད། མཆོག་གཅིག་འདོན་པ་གཅིག་ཅིང་ཆུ་དང་འོ་མ་འདྲེས་པ་ལྟ་བུར་གྱུར་ལ། སྟོན་པའི་བསྟན་པ་ཡང་གསལ་བར་བྱེད་ན་བདེ་བ་ལ་རེག་པར་འགྱུར་གྱིས། ཚེ་དང་ལྡན་པ་ཁྱོད་དགེ་འདུན་འབྱེད་པར་བྱེད་པའི་གཞི་འདི་ལྟ་བུ་འདི་ཐོང་ཞིག་ཅེས་བསྒོ་བར་བྱའོ།”，意思是：「比丘們應該這樣勸諫這個比丘：『大德！你不要為了分裂和合僧團而竭力行事，而且明確主張令僧團變得分裂這種諍事，甚至十分地堅持而執著於此事。大德！應該做到與僧團和合共住。這樣的僧團整體穩定，比丘處於其中，歡喜，無諍，同心同見，如水乳合。也應令本師的教法光顯，並且應該變得安樂。大德！你分裂僧團這樣的事，應當捨棄。』」

與《四分律》差異較大：

《鼻奈耶》無此部分內容。

（三）是比丘如是諫時，堅持不捨，彼比丘應三諫，捨此事故

《四分律》、《新刪定四分僧戒本》、《四分律比丘戒本》作「是比丘如是諫時，堅持不捨，彼比丘應三諫，捨此事故」，意思是：（破僧的）比丘被（其他比丘）這樣勸諫時，（仍然）堅持不捨棄（破僧的行為），其他比丘應第二、第三次勸諫，為了讓對方放棄。

與《四分律》相似：

《四分僧戒本》作「是比丘如是諫時，堅持不捨，彼比丘應三諫，捨是事故」。

《十誦律》作「諸比丘如是教時，不捨是事者，當再三教令捨是事」，《十誦比丘戒本》作「諸比丘如是諫時，若堅持是事不捨，諸比丘應第二、第三諫」。

《僧祇律》作「是比丘，諸比丘如是諫時，堅持是事不捨者，諸比丘應第二、第三諫，為捨是事故」。

《五分律》、《彌沙塞五分戒本》作「如是諫，堅持不捨，應第二、第三諫」。

梵文《有部戒經》作"Evaṃ cet sa bhikṣur bhikṣubhir ucyamānas tad eva vastu samādāya vigṛhya tiṣṭhen na pratiniḥsṛjet sa bhikṣur bhikṣubhir yāvat trir api samanuśāsitavyas tasya vastunaḥ pratiniḥsargāya"，意思是：如果比丘們勸說這個比丘時，他仍然不捨棄（原先）堅持從事的諍事，比丘們應該三次勸諫這個比丘捨棄他（堅持）的事。

巴利《戒經》作"Evañ-ca so bhikkhu bhikkhūhi vuccamāno tath'eva paggaṇheyya, so bhikkhu bhikkhūhi yāvatatiyaṃ samanubhāsitabbo tassa paṭinissaggāya"，意思是：其他比丘們用這樣的方式告訴該比丘，他仍然堅持，比丘們應該對那位比丘進行多至三次的勸諫，使他放棄。

與《四分律》有部分差異：

《僧祇比丘戒本》作「如是諫時，捨者善；若不捨，應第二、第三諫」。

《解脫戒經》作「諸比丘如是諫時，捨者善；若不捨者，諸比丘應三諫，捨是事故」。

《根有律》、《根有戒經》、《根有律攝》作「諸苾芻如是諫時，捨者善；若不捨者，應可再三殷勤正諫，隨教應詰，令捨是事」。

梵文《說出世部戒經》作"Evaṃ ca so bhikṣu bhikṣūhi vucyamāno taṃ vastuṃ pratinissareya ity etaṃ kuśalaṃ| no ca pratinissareya so bhikṣu bhikṣūhi yāvantṛtīyakaṃ samanugrāhitavyo samanubhāṣitavyo tasya vastusya pratinissargāya"，意思是：又比丘們勸誡這名比丘時，他捨棄了這一事，這

樣便好；（如果）又沒有捨棄，比丘們應該勸諫這個比丘三次，勸諫他捨棄（這樣的）事。

梵文《根有戒經》作“Evaṃ cet sa bhikṣur bhikṣubhir ucyamānas tathaiva vastu samādāya (pragṛhya tiṣṭhet) śuddhas tu prati(niḥsṛje)d ity evaṃ kuśalaṃ na ca pratiniḥsṛjed dvir api trir api samanuyoktavyaḥ samanuśāsitavyaḥ (tasya vastunaḥ) pratiniḥsargāya”，意思是：如果比丘們勸諫這個比丘時，（這個比丘）正確捨棄了（原先）希望堅持接受、從事的事情，這樣便好；（如果）還沒有捨棄，兩次、三次再詢問、勸諫他的事（是否）捨棄。

藏文《根有戒經》作“དགེ་སློང་དེ་ལ་དགེ་སློང་རྣམས་ཀྱིས་དེ་སྐད་བསྒོ་བ་ན། གལ་ཏེ་གཞི་དེ་གཏོང་ན་དེ་ལྟ་ན་ལེགས། གལ་ཏེ་མི་གཏོང་ན་གཞི་དེ་གཏོང་བར་བྱ་བའི་ཕྱིར་ལན་གཉིས་ལན་གསུམ་དུ་ཡང་དག་པར་བསྒོ་བར་བྱའོ། །ཡང་དག་པར་བསྟན་པར་བྱའོ། །”，意思是：比丘們教誡完這些話後，如果捨棄這一事情的話是善的；如果沒有捨棄的話，為了捨棄此事，應正式地勸諫、教誡二、三次。

上述律典相比《四分律》多出了「捨者善」或類似的表述。

與《四分律》差異較大：

《鼻奈耶》無對應內容。

（四）乃至三諫時，捨者善；不捨者，僧伽婆尸沙

《四分律》作「乃至三諫時，捨者善；不捨者，僧伽婆尸沙」，意思是：直到第三次勸諫時，（破僧的比丘）放棄破僧的行為，那就好；如果不放棄，犯僧殘罪。

與《四分律》相似：

《四分僧戒本》作「乃至三諫，捨者善；若不捨者，僧伽婆尸沙」，《新刪定四分僧戒本》、《四分律比丘戒本》作「乃至三諫，捨者善；不捨者，僧伽婆尸沙」。

《解脫戒經》作「乃至三諫，捨者善；若不捨，僧伽婆尸沙」，《十誦律》作「再三教已，捨者善；不捨者，僧伽婆尸沙」。

《僧祇律》作「第二、第三諫時，捨是事好；若不捨者，僧伽婆尸沙」，《五

分律》作「第二、第三諫，捨是事善；不捨者，僧伽婆尸沙」，《彌沙塞五分戒本》作「第二、第三諫捨是事善；若不捨者，僧伽婆尸沙」。

梵文《說出世部戒經》作 "Yāvantṛtīyakaṃ samanugrāhiyamāṇo vā samanubhāṣiyamāṇo vā taṃ vastuṃ pratinissareya ity etaṃ kuśalaṃ| no ca pratinissareya tam eva vastuṃ samādāya pragṛhya tiṣṭheya saṃghātiśeṣo"，意思是：直到三次詢問或勸諫，他捨棄了這一事，這樣便好；還是沒有捨棄他堅持接受、支持的事，僧殘餘。

梵文《有部戒經》作 "Sa yāvat trir api samanuśiṣyamāṇas tad vastu pratiniḥsṛjed ity evaṃ kuśalaṃ no cet pratiniḥsṛjet saṃghāvaśeṣaḥ"，意思是：（如果）直到三次勸諫，他捨棄了這一事，這樣便好;如果沒有捨棄，僧殘餘。

梵文《根有戒經》作 "Dvir api trir api samanuyujyamānaḥ samanuśiṣyamānas tad vastu (pratiniḥsṛjed ity evaṃ kuśalaṃ no cet pratiniḥsṛjet saṃghā)vaśeṣaḥ"，意思是：兩次、三次再詢問、勸諫後，他捨棄了這一事情，這樣便好；如果沒有捨棄，僧殘餘。

巴利《戒經》作 "Yāvatatiyañ-ce samanubhāsiyamāno taṃ paṭinissajeyya, iccetaṃ kusalaṃ, no ce paṭinissajeyya, saṅghādiseso"，意思是：如果直到第三次勸諫的時候他才放棄，那這樣也很好；如果沒有捨棄，僧始終。

藏文《根有戒經》作 "ལན་གཉིས་ལན་གསུམ་དུ་ཡང་དག་པར་བསྒོ། ཡང་དག་པར་བསྟན་པ་ན་གཞི་དེ་གཏོང་ན་དེ་ལྟ་ན་ལེགས། གལ་ཏེ་མི་གཏོང་ན་དགེ་འདུན་ལྷག་མ་འོ།།"，意思是：正式地勸諫、教誡二、三次後，捨棄這一事情的話是善的；不捨棄的話，僧殘餘。

與《四分律》有部分差異：

以下律典中沒有與「乃至三諫」相對應的內容。

《十誦比丘戒本》作「捨是事好；若不捨者，僧伽婆尸沙」。

《僧祇比丘戒本》作「捨是事善；若不捨，僧伽婆尸沙」。

《根有律》、《根有戒經》、《根有律攝》作「捨者善；若不捨者，僧伽伐尸沙」。

與《四分律》差異較大：

《鼻奈耶》作「僧伽婆尸沙」。

三、辨相

(一) 犯緣

具足以下五個方面的犯緣便正犯本戒：

1. 所犯境

《四分律》中，本戒的所犯境是僧如法呵諫羯磨。

《十誦律》、《僧祇律》、《五分律》、《根有律》、《根有律攝》[1]、《巴利律》、《善見論》[2]、藏傳《苾芻學處》[3]均與《四分律》相同。

《鼻奈耶》中，此戒的所犯境為「和合僧」。此外，此律的所有辨相內容均是從戒條內抽取出來的，以下不再提及。

《明了論》沒有與本戒相關的內容記載。

其他律典沒有所犯境的明確記載。

2. 能犯心

(1) 發起心

《四分律》中，本戒的發起心是欲破和合僧之心。藏傳《苾芻學處》中的發起心是「欲作破僧事，僧眾雖遮，相續不捨」。《鼻奈耶》、《薩婆多論》[4]、《摩得勒伽》、《毗尼母經》[5]沒有發起心的明確記載。

其他律典與《四分律》相同。

---

1 《根有律攝》卷 4，《大正藏》24 冊，546 頁中欄至下欄。

2 《善見論》卷 13，《大正藏》24 冊，768 頁中欄至 769 頁中欄。

3 《苾芻學處》，《宗喀巴大師集》卷 5，69 頁至 71 頁。

4 《薩婆多論》卷 3，《大正藏》23 冊，523 頁下欄至 524 頁中欄。

5 《毗尼母經》卷 4，《大正藏》24 冊，823 頁上欄；卷 5，《大正藏》24 冊，830 頁中欄至下欄。

（2）想心

《四分律》中沒有想心的記載。《巴利律》中，如法羯磨起如法羯磨想、疑、非法羯磨想，均正犯。藏傳《苾芻學處》中，此戒的想心是「想不錯亂」。

其他律典與《四分律》相同，沒有想心方面的記載。

3. 方便加行

《四分律》中，本戒的方便加行是做破僧事，被僧諫時堅持不捨。藏傳《苾芻學處》中的方便加行是「雖經屏諫及羯磨諫，堅執不捨」，與《四分律》含義相同。《鼻奈耶》的方便加行為「壞和合僧」。《薩婆多論》、《摩得勒伽》[1]、《毗尼母經》沒有方便加行的明確記載。其他律典均與《四分律》相同，其中《根有律攝》的方便加行是從戒條中提取出來的。

4. 究竟成犯

《四分律》中，本戒的究竟成犯是第三羯磨結束時。《鼻奈耶》、《薩婆多論》、《摩得勒伽》、《毗尼母經》沒有究竟成犯的明確記載。

其他律典與《四分律》相同。

5. 犯戒主體

《四分律》中的犯戒主體是比丘，比丘尼同犯。《五分律》與《四分律》相同。

藏傳《苾芻學處》中，此戒的犯戒主體為比丘，此外，對比丘還有要求：「能破者須是堪為滿足之清淨苾芻。」

《善見論》中，此戒沒有最初犯戒的開緣，如：「問曰：『餘戒最初不犯，調達亦應不犯？』答曰：『以其僧三諫不捨故，所以犯罪。』」

其他律典中，犯戒主體都是比丘，未提到其他情況。

---

1 《摩得勒伽》卷 1，《大正藏》23 冊，567 頁上欄至中欄；卷 7，《大正藏》23 冊，606 頁中欄、610 頁上欄。

（二）輕重

1. 所犯境

《四分律》中，僧如法呵諫羯磨時，比丘若堅持不捨，結僧殘罪。若是屏諫，比丘堅持不捨，結突吉羅罪。

其他律典除上述正犯情況外，還涉及到屏處諫的情況，如《五分律》記載：「彼比丘欲破僧，餘僧見聞知，差一與親厚比丘往諫。若捨者，應一突吉羅悔過；若不捨，應遣眾多比丘往諫，若捨者，應二突吉羅悔過；若復不捨，應僧往諫，若捨者，應三突吉羅悔過。」

《僧祇律》記載：「是比丘於屏處諫時，一諫不止，犯越比尼罪，第二、第三亦如是諫。多人中諫時，一諫不止，犯越比尼罪，第二、第三諫時亦如是。」

《善見論》記載：「外軟語三諫，將至僧中軟語三諫，不捨，悉犯突吉羅罪。」

《巴利律》中，經屏處及僧中諫後，若不捨，結突吉羅罪：「由有所見聞之其他比丘，彼等應如是言：『尊者，勿企圖破和合僧，或取導致破僧之事件揭示〔於公眾〕而住立。尊者，應與僧伽和合，僧伽實為歡喜、和合、無諍，同一說戒，安穩而住。』二次言之……乃至……三次言之……乃至……若捨則善，若不捨則突吉羅。聞〔企圖破僧〕而不言者，突吉羅。彼比丘當被引至僧中諫告：『尊者，勿企圖破和合僧，或取導致破僧之事件揭示於公眾而住立。尊者，應與僧伽和合，僧伽實為……安穩而住。』二次言之……乃至……三次言之……乃至……若捨則善，若不捨則突吉羅。」

《根有律》記載：「若別諫時，事不捨者，皆得粗罪。」

2. 能犯心

（1）發起心

諸律除以上所述的犯緣外，無其他結罪情況。

（2）想心

《四分律》中沒有想心方面的記載。

《巴利律》中，如法羯磨起如法羯磨想、疑、非法羯磨想，均結僧殘；於非法羯磨有如法羯磨想、疑、非法羯磨想者，均結突吉羅。藏傳《苾芻學處》中僅提到「想不錯亂」結僧殘罪。

其他律典沒有想心方面的記載。

3. 方便加行

諸律典結僧殘罪的方便加行如上犯緣所述。

藏傳《苾芻學處》記載：「或方便引誘他人徒眾；或他治罰弟子時而為攝受；或僧眾集合時說非法為法、法為非法；了知或疑界內有於羯磨自在之苾芻，欲為別眾而作羯磨；或以為能得清淨解脫之意樂而作禁語及持外道相（外道相謂裸體、著髮織衣、著鵂鶹毛所製衣等）；或自知羯磨不成而作破僧及驅擯；或於眾所知識廣大福田、受持三藏具足多聞、有大眷屬者而作治罰羯磨；或為成就明咒等故而食生肉等：皆是破僧所攝之粗罪。」

4. 究竟成犯

《四分律》記載：「三羯磨竟，僧伽婆尸沙；作白二羯磨竟，捨者，三偷蘭遮；作白一羯磨竟，捨者，二偷蘭遮；作白竟，捨者，一偷蘭遮；若初白未竟，捨者，突吉羅；若一切未白，方便欲破和合僧，受破和合僧法堅持不捨，一切突吉羅。」

《十誦律》記載：「若軟語約敕不捨者，未犯。初說，說未竟、說竟；第二說，說未竟、說竟；第三說，說未竟，……若約敕不捨者，未犯；若如法、如律、如佛教，三約敕竟不捨者，犯僧伽婆尸沙。」「隨所約敕不捨者，隨得爾所僧伽婆尸沙。」

《僧祇律》記載：「三諫者，屏處三諫，多人中三諫，眾僧中三諫。」「是比丘於屏處諫時，一諫不止，犯越比尼罪；第二、第三亦如是諫。多人中諫時，一諫不止，犯越比尼罪；第二、第三諫時亦如是。至僧中初諫時，說未竟，越比尼罪；說竟，偷蘭罪。第二諫說未竟，越比尼罪；說竟，偷蘭罪。第三諫說未竟，偷蘭罪；說竟，得僧伽婆尸沙。僧伽婆尸沙罪起已，屏處諫、多人中諫及僧中諫諸越比尼罪、諸偷蘭罪，一切盡合成一僧伽婆尸沙。若中間止者，隨所止處治罪。」

《五分律》中，應先「差一與親厚比丘往諫，若捨者，應一突吉羅悔過。若不捨，應遣眾多比丘往諫；若捨者，應二突吉羅悔過。若復不捨，應僧往諫；若捨者，應三突吉羅悔過。若不捨，復應白四羯磨諫」。在羯磨作白後，「彼若捨，應三突吉羅、一偷羅遮悔過」；一羯磨後，「彼若捨，應三突吉羅、二偷羅遮悔過」；二羯磨後，「若捨，應三突吉羅、三偷羅遮悔過」；二羯磨後，「若不捨，復應如上第三羯磨。第三羯磨未竟，捨者，三突吉羅、三偷羅遮悔過；第三羯磨竟，捨、不捨，皆僧伽婆尸沙」。

《根有律》記載：「若苾芻興方便欲破僧，皆得惡作罪。若別諫時事不捨者，皆得粗罪。若作白四羯磨，如法如律如佛所教諫誨之時，捨者善。若不捨者，白了之時得粗罪；作初番了時亦得粗罪；若第二番了時亦得粗罪；若第三番羯磨結了之時而不捨者，得僧伽伐尸沙。」

《巴利律》中，屏處三諫結束不捨，各結一突吉羅；到僧中後，未白四羯磨前三諫不捨，也各結一突吉羅；作白四羯磨時，「由白，突吉羅；二羯磨語，偷蘭遮；羯磨語竟者，僧殘。」《善見論》記載：「外軟語三諫，將至僧中軟語三諫，不捨，悉犯突吉羅罪。若捨者善，不捨者，應作白四羯磨諫。若初白羯磨不捨，犯突吉羅罪；若作第一羯磨不捨，犯偷蘭遮罪；第二羯磨亦偷蘭遮罪；第三羯磨不捨，僧伽婆尸沙。」此處的「第三羯磨」指羯磨結束的意思，如該律典記載：「問曰：『第三羯磨，為初得僧伽婆尸沙，為中得，為後得？』答曰：『最後得。』」這兩部律中，若作白後不捨，結突吉羅罪，與《四分律》中作白後不捨結偷蘭遮罪不同；而對於作白後羯磨的結罪，與《四分律》相同。

藏傳《苾芻學處》記載：「經屏諫作白、初番羯磨、二番羯磨之後，及第三番羯磨未成之前，各得一粗罪。」第三羯磨結束，便結僧殘。另外，「欲略發起破僧等事……皆惡作罪」。

5. 犯戒主體

《四分律》中，犯戒主體是比丘、比丘尼時，結僧伽婆尸沙；式叉摩那、沙彌、沙彌尼結突吉羅。

《五分律》與《四分律》相同。

藏傳《苾芻學處》中，此戒的犯戒主體為比丘。另外，對其他比丘而言，應當通過屏諫及白四羯磨來遮止破僧之人，否則結突吉羅罪。

其他律典中的犯戒主體都是比丘，未提其他情況。

（三）不犯

1. 所犯境不具足

《四分律》記載：「初諫便捨，若非法別眾作呵諫、非法和合眾作呵諫，法別眾、法相似別眾、法相似和合眾、非法非律非佛所教，若一切未作呵諫……是謂不犯。」

《五分律》記載：「若白不成，三羯磨皆不成，若作餘羯磨、遮羯磨、非法羯磨，不諫自捨，皆不犯。」

《十誦律》記載，若作勸諫羯磨時，「非法別眾、非法和合眾、似法別眾、似法和合眾、如法別眾、異法、異律、異佛教」，比丘不捨，不犯。

《根有律》記載：「若作非法而眾和合，若作如法而眾不和合，若作似法而眾和合，若作似法而眾不和合，若不如法、如律、如佛所教而秉法，並皆無犯。」

2. 能犯心不具足

《四分律》記載：「若破惡友、惡知識；若破方便欲破僧者，遮令不破；若破方便助破僧者；二三人羯磨；若欲作非法非毗尼羯磨；若為僧、為塔、為和上、同和上、為阿闍梨、同阿闍梨、為知識作損減，作無住處，破者：是謂不犯。」

3. 究竟成犯不具足

《十誦律》記載，「若軟語約敕不捨者，未犯。初說，說未竟、說竟；第二說，說未竟、說竟；第三說說未竟」，不犯。

4. 犯戒主體不具足

《四分律》記載，「最初未制戒，癡狂、心亂、痛惱所纏」，不犯。《五分律》、《根有律》與《四分律》相同。

《巴利律》記載：「不被諫告者、捨者，癡狂者、心亂者、痛惱者，最初之犯行者，不犯也。」

四、原理

（一）破僧行為背後的煩惱及其過患

本戒是性戒，主要用來防止和合僧團被分裂。有多種煩惱可能會導致比丘作出破僧行為，例如，對名利的貪著、驕慢心與瞋心。

僧團被破壞，會引發四方面的過患：

1. 破僧後，佛教內部分裂，彼此對立，都認為自己代表真正的佛法，排斥另一方，造成很大的負面影響。[1]

2. 僧團的分裂，會影響到居士對佛法的信心。

3. 惡心破僧的比丘，會因為惡業而墮入地獄。[2]

4. 僧團內的其他比丘可能會被破僧者引上歧路，因修行邪法而導致修行無果。

此戒的制定，意在遮止比丘的破僧行為，維護僧團的和合，使正法得以久住；並且保護比丘們免受破僧者邪見的影響，同時也防止俗眾譏嫌；最後，此戒對以惡心企圖破僧的比丘具有一定的威懾性，避免其因破僧而造惡業。

---

1 《長阿含經》卷 8：「舍利弗告諸比丘：『今此波婆城有尼乾子命終未久，其後弟子分為二部，常共諍訟相求長短，迭相罵詈，各相是非：「我知此法，汝不知此；汝在邪見，我在正法。言語錯亂，無有前後。」自稱己言，以為真正：「我所言勝，汝所言負，我今能為談論之主，汝有所問，可來問我。」』」《大正藏》1 冊，49 頁下欄。

2 《四分律》卷 46：「佛語：『優波離！一切破僧人，不必盡墮地獄受苦一劫。優波離！若比丘非法言法，堅持此法破和合僧，彼自知非法想破，便作非法想說如是言：「此是法、此是毗尼、是佛所教。」異見畏忍行破僧舍羅。優波離！如此破僧者，一劫泥犁中受苦不療。』」《大正藏》22 冊，913 頁中欄。《善見論》卷 13：「佛聞調達乞五法欲破和合僧，佛念言：『此人為利養故，必墮地獄。』」《大正藏》24 冊，768 頁下欄。《摩得勒伽》卷 7：「『云何破僧，得無間、墮阿鼻地獄？』『非法非法想破僧。』」《大正藏》23 冊，606 頁中欄。

(二)印度苦行文化對僧團的影響

提婆達多為了達到破僧的目的，提出了比佛陀的「八正道」更嚴格的「五法」:「盡形壽受著納衣，盡形壽受乞食法，盡形壽受一食法，盡形壽受露地坐法，盡形壽受斷肉法。若比丘受是五法，疾得涅槃。」

古代印度非常崇尚苦行。如《五分律》記載:「此摩竭、鴦伽二國，人皆信樂苦行。」[1]《摩奴法論》也記載:「眾天神說苦行具有如此的偉大造福功效，因為他們看到這萬物之所以有福產生是由於苦行。」[2]「白天，他應該在地上打滾，或者用腳尖站立；他應該坐着或站着消磨時間，每至塞婆那時沐浴。他應該在夏季守五火，在雨季以天空蔽身，在冬季穿濕衣服，逐步增加道行。」[3]佛陀出家後也曾受到苦行文化的影響，在尼連禪河邊苦行六年，日食一麻一麥。當佛陀認識到苦行不能解脱而放棄時，跟隨他的五位苦行者據此認定佛陀已經退心，捨棄佛陀而去。另外，「頭陀第一」的大迦葉尊者也曾經拒絕過佛陀讓其放棄頭陀行的建議。[4]

正是在這樣的苦行文化的影響下，看似比佛陀教法更嚴格的「五法」得到了部分比丘的響應，在行籌的時候有「五百新學無智比丘」放棄佛陀的教法轉而跟隨提婆達多修行，直接導致了僧團的分裂。

然而，「五法」雖然給人造成了一種比佛陀還殊勝的假象，但實際上相當於給僧團樹立了一個非常高的門檻，並不能適應所有根性的眾生，從長遠來看必將損害佛法。

---

1 《五分律》卷 25:「此摩竭、鴦伽二國，人皆信樂苦行，我等行此五法，從者必多，足以破之。」《大正藏》22 冊，164 頁中欄。

2 《摩奴法論》，239 頁。

3 《摩奴法論》，111 頁。

4 《增一阿含經》卷 5:「世尊告曰:『迦葉！汝今年高長大，志衰朽弊。汝今可捨乞食，乃至諸頭陀行，亦可受諸長者請，並受衣裳。』迦葉對曰:『我今不從如來教。所以然者，若當如來不成無上正真道者，我則成辟支佛。然彼辟支佛盡行阿練若，到時乞食，不擇貧富，一處一坐，終不移易，樹下，露坐，或空閑處，著五納衣，或持三衣，或在冢間，或時一食，或正中食，或行頭陀。如今不敢捨本所習，更學餘行。』」《大正藏》2 冊，570 頁中欄。

相比一味的苦行來說，佛陀更強調不落兩邊的中道行。他雖然讚歎大迦葉尊者頭陀行的殊勝，但並不會要求所有比丘都如此行持。佛陀呵斥提婆達多的「五法」會破壞「四聖種」。[1]「四聖種」強調對衣、食、藥、臥具知量知足，既不過分貪求，同時也不過分排斥。

（三）正確處理與王權的關係

提婆達多在獲得神通之後首先想到要度化摩羯陀國的王子阿闍世，並成功得到他的支持。阿闍世每日「將從五百乘車，朝暮問訊並供五百釜飲食」給提婆達多。正是在王權的支持下，提婆達多才有恃無恐地向佛索要僧團的領導權，遭到拒絕後又利用王權的支持做出種種陷害佛陀的舉動。由此可見，王權有可能被不法比丘利用，從而變成其謀取個人權利與地位的工具。

與此同時，王權也有可能給整個僧團帶來災難性的後果。例如，提婆達多勸說阿闍世陷害其父親的行動失敗之後，摩羯陀國有一位大臣就建議說：「沙門釋子一切皆惡，盡應殺之。」幸虧頻婆娑羅王對佛陀有很強的信心，因而沒有採納這一建議。

如果能夠處理好僧團和王權的關係，能給僧團帶來很好的外護條件以及弘法的便利。例如，佛世時的頻婆娑羅王、波斯匿王，佛陀滅度後的阿育王、迦膩色迦王，都是佛法的堅定支持者，為佛法的弘傳與住世做出很大的貢獻。因而東晉道安大師有「不依國主則法事難立」[2]之說。

佛陀對於如何處理與王權的關係作了很好的示範，即在尊重王權的基礎上，以佛法的智慧與國王大臣等交往，同時避免捲入世俗的是非與紛爭。例

1 《四分律》卷 4：「佛告諸比丘：『提婆達今日欲斷四聖種。何等四？我常以無數方便說衣服趣得知足，我亦歎說衣服趣得知足，我亦以無數方便說飲食、牀、臥具、病瘦醫藥趣得知足，亦歎說飲食、牀、臥具、病瘦醫藥趣得知足。比丘當知，提婆達今日欲斷四聖種。』」《大正藏》22 冊，594 頁中欄。

2 《高僧傳》卷 5，《大正藏》50 冊，352 頁上欄。

如《雜阿含經》中記載，當比丘們議論波斯匿王與頻婆娑羅王哪位更強大、更富有時，佛陀告誡比丘：「此非義饒益，非法饒益，非梵行饒益，非智、非正覺，不向涅槃。」[1] 比丘議論國王既與道業相違，又會招惹是非。

---

1 《雜阿含經》卷 16：「佛告比丘：『汝等用說諸王大力、大富為？汝等比丘莫作是論。所以者何？此非義饒益，非法饒益，非梵行饒益，非智、非正覺，不向涅槃。』」《大正藏》2 冊，110 頁上欄。

五、專題

專題：弔詭的破僧戒

破僧戒中所破的「僧」，傳統觀點認為是「法輪僧」。而破「法輪僧」，就是不承認佛的權威，另立教團。據此又可以推斷，只有提婆達多能犯此戒，在佛涅槃後，後世比丘永遠不會正犯。這種解讀使得破僧戒和助破僧戒成為兩條永遠無法正犯的戒條，這多少有些奇怪，不免使人產生疑問——這是否符合戒律的本意？佛陀為什麼會制定兩條後世比丘永遠不會違犯的戒條？以下根據律典和論典的記載對此進行探討。

（一）律典中關於破「僧」之記載

1. 戒條中關於「僧」之記載

所破之「僧」，在《四分律》中記載為「欲壞和合僧」。《四分僧戒本》、《新刪定四分僧戒本》、《四分律比丘戒本》、《鼻奈耶》、《十誦律》、《十誦比丘戒本》、《僧祇律》、《僧祇比丘戒本》、《五分律》、《彌沙塞五分戒本》、《根有律》、《根有戒經》、《根有律攝》、《解脫戒經》中的記載與《四分律》相同，都是「和合僧」。

梵巴藏語系的戒本和上述記載幾乎相同。梵文《說出世部戒經》作“samagrasya（和合）saṃghasya（僧）”；梵文《根有戒經》作“saṃghasya（僧）bhedāya（破）”；梵文《有部戒經》作“samagrasya（和合）saṃghasya（僧）”；《巴利律》作“samaggassa（和合）saṅghassa（僧）”；藏文《根有戒經》作“དགེ་འདུན（僧團，和合僧）”。

由此可知，關於所破之「僧」，漢、梵、巴、藏四種語系的律藏戒本中均為「和合僧」，並沒有提到法輪僧的概念。

2. 辨相中關於「僧」之詮釋

戒條中的「和合僧」是否包含「法輪僧」的內涵？這一點諸律辨相中有

具體記載。

《四分律》中解釋：「和合者，同一羯磨，同一說戒。僧者，四比丘，若五，若十，乃至無數。」《僧祇律》記載：「和合僧者，不別眾，諸比丘雖復鬥諍更相導說，但一界、一眾、一處住、一布薩自恣故，名為和合僧。」《五分律》記載：「和合者，同布薩、自恣、羯磨，常所行事。僧者，從四人已上。」《根有律》記載：「言和合者，謂是一味。僧伽者，謂是如來聲聞之眾。」《巴利律》記載：「和合者，僧伽是同住者，立於同一界者。」[1] 其他律典沒有具體解釋。

從上述律典解釋中可以看出，「和合僧」之內涵基本相似，其核心內容可以概括為兩點：一是同一羯磨，共同自恣、布薩等；二是同一說戒，秉承共同的戒律。這其中並沒有提到「法輪僧」的概念。

3. 律典中關於「破」之內涵

《四分律》記載：「破者，破有十八事：法、非法、律、非律、犯、不犯、若輕、若重、有殘、無殘、粗惡、非粗惡、常所行、非常所行、制、非制、說、非說，是為十八。」另外，《四分律》中還記載了破僧的兩種形式，即抓籌和作羯磨。如：「復有二事破僧：作羯磨、取舍羅。……若此眾四人，若過，彼眾四人，若過，行破僧舍羅，作羯磨。優波離，齊是名為破僧，是為破和合僧。」[2]《巴利律》中也提到「十八破〔僧〕事」。[3]

《十誦律》記載：「有十四種犯：非法說法，法說非法……教說非教。」《僧祇律》記載：「若比丘於十二事：戒序、四波羅夷……不制者制，制者便開，是名破和合僧事。」這兩部律典表述的內涵與《四分律》相似。《五分律》記載：「有四事名破僧：說五法，自行籌，捉籌，於界內別行僧事。」《根有律》中，「欲破者，謂欲為二分」，是從破之結果來詮釋破僧。其他律典沒有相關記載。

---

1 《經分別》卷 2，《漢譯南傳大藏經》1 冊，241 頁。

2 《四分律》卷 46，《大正藏》22 冊，913 頁中欄。

3 《經分別》卷 2，《漢譯南傳大藏經》1 冊，241 頁。

諸律中關於破僧內涵的詮釋，可總結為兩個方面：一是破僧內容，二是破僧方式。破僧內容基本相同，都是法、非法、律、非律等。破僧方式主要有兩類：作羯磨和取舍羅。同樣，諸律對於「破僧」內涵的詮釋中也沒有「法輪僧」之説。

(二) 論典中關於破「僧」之記載

關於破「僧」，論典中出現了兩種不同的記載。

一種與諸律典相同，皆為「破和合僧」，如《根有律攝》、《善見論》[1]、《明了論》[2]。現代一些南傳佛教的戒律著作中，亦提到十八事、不同説戒等破僧戒所須具備的五個條件，在三羯磨後不捨便會正犯僧殘，而其前提則是一個和合的僧團。

另一種則從不同的方面闡述破僧戒的內涵。如《毗尼母經》記載：「破有二種：一、破法輪；二、破僧。」其中破法輪即是「八正道不行，邪法流布，以智為邪，用愚為正，智障邪顯」。後者主要是指非法羯磨，如律文：「一僧伽藍中，一人布薩乃至五人布薩，或一人為二人羯磨乃至為大眾羯磨，大眾為大眾羯磨，是名破僧。」又有「朋黨破」與「見破」，並且指出提婆達多破僧就是「見破」。[3]《摩得勒伽》中記載了「僧壞非輪壞」以及「輪壞非僧壞」，前者為「行十四壞僧事」，後者認為輪即是指八聖道，若「捨八聖道説餘道，是名輪壞非僧壞」。[4]《薩婆多論》中則分為破僧輪和破羯磨僧，並且二者均為偷蘭遮罪，但是「破僧輪，犯逆罪偷蘭遮，不可懺；破羯磨僧，犯非逆罪可懺偷蘭遮」。可見，這裏的破僧輪要比破羯磨僧更加嚴重。另外，又提到二者一個較大的區別在於，是否有「自稱作佛」，如：「破僧輪，一人自稱作佛；破羯磨僧，不自稱作佛。」[5]

---

1 《善見論》卷 13，《大正藏》24 冊，768 頁中欄。
2 《明了論》，《大正藏》24 冊，667 頁中欄。
3 《毗尼母經》卷 5，《大正藏》24 冊，830 頁中欄。
4 《摩得勒伽》卷 6，《大正藏》23 冊，601 頁上欄。
5 《薩婆多論》卷 3，《大正藏》23 冊，524 頁上欄。

（三）「法輪」和「羯磨」之辨析

可見，諸律典是從內容和方式兩個角度詮釋「破僧」的內涵，但都只有一個「僧」，即「和合僧」。而《毗尼母經》等三部論典將破僧進一步明確為兩種內涵。一種如「破法輪」、「輪壞」以及「破僧輪」，這裏的「輪」即是指「八正道」，如《薩婆多論》:「非法説法者，五法非法，説是法；法説非法者，八聖道是法，説言非法。」[1] 另外一種如「僧壞」、「破僧」以及「破羯磨僧」，其內涵則是指別眾作非法羯磨而導致僧團分裂。《薩婆多論》中，兩種方式同屬破僧戒的方便，都判為偷蘭遮。若以「同一羯磨，同一説戒」和合僧的標準來看，論典中的「破法輪」和「破僧」若不能滅諍，都會正犯破僧戒。

（四）破法輪僧

《薩婆多論》中提到，破僧輪與破羯磨僧的區別在於前者有「自稱作佛」。《阿毗達磨大毗婆沙論》認為，佛涅槃後不可能壞法輪，如「非於大師涅槃後時」，因而，即使「自稱作佛」也不能破法輪。《雜阿毗曇心論》記載：「有六時僧不壞：謂不結界，結界因緣前已説；亦非前亦非後，以此二分中僧一味故；亦非大師般涅槃後……。」[2]《阿毗達磨大毗婆沙論》記載：「若破羯磨僧，通在三洲；若破法輪僧，唯贍部洲。」[3] 另外，《戒本疏》引用《雜阿毗曇心論》認為，「羯磨通於二世，法輪唯佛世故」。[4]《阿毗達磨俱舍論》記載：「唯贍部洲人，少至九，或復過此，能破法輪……唯破羯磨通在三洲。」[5]《阿毗達磨順正理論》[6] 和《阿毗達磨藏顯宗論》[7] 也有類似記載。由這些論典的記載可知，破法輪從破「八正道」、「法説非法」等內涵，轉變為需要自稱作佛，且只有

---

1 《薩婆多論》卷 3，《大正藏》23 冊，524 頁上欄。

2 《雜阿毗曇心論》卷 3，《大正藏》28 冊，899 頁中欄。

3 《阿毗達磨大毗婆沙論》卷 116，《大正藏》27 冊，602 頁中欄。

4 《四分律含注戒本疏行宗記校釋》，843 頁。

5 《阿毗達磨俱舍論》卷 18，《大正藏》29 冊，93 頁下欄。

6 《阿毗達磨順正理論》卷 43，《大正藏》29 冊，588 頁上欄。

7 《阿毗達磨藏顯宗論》卷 23，《大正藏》29 冊，886 頁下欄。

佛在世時才能破法輪，而後世則無法輪可破，也就不可能破法輪僧。那麼，破羯磨僧是否正犯破僧戒呢？

《毗尼母經》中提到：「復有一說，無有破僧，法輪不行即是破僧。」[1]這暗示了只有破法輪僧才是破僧。但這在《毗尼母經》中只是作為補充觀點而出現，並非被明確認可。《薩婆多論》中亦有破羯磨僧非逆罪之說，但也沒有明確說破僧是破法輪僧。然而，《行事鈔》中則明確提出，此戒「局佛在世有，滅後所無」，並在犯緣中要求「立邪三寶」[2]，即認為破僧是破法輪僧，而佛世之後無法輪可破，所以後世比丘也就不可能正犯破僧戒了。

（五）小結

律典中的破僧指破和合僧，無有異議。而部分論典中提出「法輪僧」和「羯磨僧」的概念之後，對破僧的認識也分為兩個方面。由此進一步演變，產生一種傳統觀點，即法輪只存於佛世，因而後世無法破法輪僧，進而無法正犯破僧戒。回歸到律典，破僧戒中的「僧」均是指「和合僧」，而「和合僧」的特質為同一羯磨、同一說戒的和合僧團。後世比丘，若以非法、非律等事分裂僧團即犯破僧戒，並非傳統上所認為的無僧可破。這也更加符合佛陀制戒的原意，令後世比丘能夠和合共處。

佛法流傳千載，佛教也演變為南傳、藏傳和漢傳三大語系。在當前的時空因緣下，雖然不同語系的佛教之間有着各自的特點和風格，然而，正如佛陀所說的八萬四千法門一般，都傳承着佛陀教法的內涵。有着不同傳承的僧團，不能輕易否定其他傳承的僧團，甚至否定對方的比丘身分，否則就有違此戒的精神。在全球化的時代，佛教僧團應繼續遵循佛陀「和合一味」的教誡，「同一師學，如水乳和」，不斷增益，光大佛教。

---

1 《毗尼母經》卷 5，《大正藏》24 冊，830 頁中欄。

2 《四分律刪繁補闕行事鈔校釋》，779 頁至 780 頁。

六、總結

(一) 諸律差異分析

1. 緣起差異

(1) 結構差異

《四分律》和其他律典都只有一個本制。

(2) 情節差異

《鼻奈耶》、《十誦律》、《僧祇律》、《巴利律》故事情節簡單，與《四分律》差異較大，這四部律都只介紹了緣起比丘種種破僧的方便。其中，《鼻奈耶》記載，緣起比丘用資財等誘惑比丘僧，後舍利弗、目犍連兩位尊者去往緣起比丘團體那裏，勸僧和合。《十誦律》中，緣起比丘四個同黨用「五法」誘導年少比丘來破壞僧團，諸比丘往勸不成，佛親自將緣起比丘叫來告誡，才暫時停止破僧的行為。《僧祇律》中，緣起比丘篡改佛講的種種法和戒律，諸比丘三諫，屏處三諫，再多人中三諫，僧眾三諫，緣起比丘不接受。《巴利律》中，緣起比丘和四伴黨謀劃破僧、破法輪，請佛執行「五事」，佛不允許，他們便以此事向公眾宣傳誘導，説世尊不允許他們修持「五事」。

《五分律》、《根有律》故事情節與《四分律》相似。不同點是《五分律》中沒有關於佛陀制別眾食的情節；《根有律》中沒有緣起比丘害佛的情節，增加了對緣起比丘四伴黨進行別諫和白四羯磨的情節。

(3) 結論

綜上所述，本戒緣起無須調整，仍取《四分律》的結構與情節。

2. 戒本差異

諸律戒本中，比較特殊的是《鼻奈耶》：「若比丘，有壞亂和合僧，僧伽婆尸沙。」其中省略了所有關於比丘雙方來回勸諫的內容。除此之外，諸律在表述上雖然與《四分律》有些差異，但文意基本相同。

由於本條戒的內容較長，涉及兩方比丘之間的對話，《四分律》的表述中，「彼比丘」與「是比丘」的指代關係比較模糊，很容易分不清指代的到底是哪方，造成誤解。所以借鑒《十誦律》、《僧祇律》等，將本戒中勸諫的比丘們統一改為「諸比丘」，被勸諫的破僧比丘改為「是比丘」。文末的「是比丘如是諫時，堅持不捨，彼比丘應三諫」，以現代漢語的語法很容易誤解為「破僧的比丘在勸諫其他的比丘們」，因此參照《十誦律》、《僧祇律》的表述，將其改為「如是諫時，堅持不捨者，諸比丘應三諫」。此外，為了使文意更為清晰，「與僧和合歡喜不諍」中的「與僧和合」，據《十誦律》改為「僧和合者」。「捨此事故」，據幾部非漢文戒本可知，原是補充前文「彼比丘應三諫」的內容，但這樣表述後，造成與下一句「乃至三諫」粘連不清。因此，依據《十誦律》、《根有律》，將其改為「令捨此事」。

3. 辨相差異

本戒辨相方面的差異主要集中在所犯境，其他方面諸律大都相似。

（1）所犯境

《四分律》中，所犯境是僧如法呵諫羯磨時，破僧比丘若堅持不捨，則正犯僧殘。《鼻奈耶》的所犯境為「和合僧」，其他律典與《四分律》相同。

關於屏諫，諸律結罪略有不同。《四分律》只是概括記載，屏諫時，比丘堅持不捨，結突吉羅罪；《五分律》中雖然也判突吉羅，但分三次勸諫，分別是親厚比丘、眾多比丘和僧團次第勸諫，每次不捨，結一個突吉羅；《僧祇律》、《善見論》和《五分律》類似，都提到三次勸諫，次次結突吉羅；《巴利律》也提到三次勸諫，但沒有明確說次次結突吉羅；《根有律》與上述諸律不同，此律判罰較重，「若別諫時，事不捨者，皆得粗罪」。多數律典對於屏諫均判為突吉羅罪，《五分律》等按照勸諫次數結罪值得參考。

對於屏諫，《四分律》中還提到，可以請「比丘尼、優婆塞、優婆夷，若王、大臣、種種異道沙門、婆羅門」來幫助勸諫，若破僧比丘堅持不捨，則一一犯突吉羅罪。這一點其他律典中都沒有提到。從實踐來看，破僧行為負面影響巨大，為了制止事態的發展，藉助外力勸諫也很有必要。

藏傳《苾芻學處》對一些可能導致破僧的行為，作了一些破僧方便罪的約束，這在事態發展的初期可能會有更好的效果，也很有參考的價值。比如「或方便引誘他人徒眾，或他治罰弟子時而為攝受……或以為能得清淨解脫之意樂而作禁語及持外道相（外道相謂裸體、著髮織衣、著鵂鶹毛所製衣等）」，均犯偷蘭遮。

（2）究竟成犯

關於究竟成犯，《四分律》記載，「三羯磨竟」，僧伽婆尸沙。這一點諸律相同。而對方便罪判法，諸律則有所不同，主要體現在「作白」的過程如何結罪。

《四分律》、《根有律》以及藏傳《苾芻學處》中，初白、第一、第二羯磨後均得偷蘭。又《四分律》中，「初白未竟，捨者，突吉羅」。《五分律》在作白後比《四分律》多三個突吉羅，因而在第二羯磨後得三個突吉羅，以及三個偷蘭遮。《巴利律》和《善見論》中，在作白結束均結突吉羅，判法輕於《四分律》，第一和第二羯磨結束的判法則與《四分律》相同，均為偷蘭。《僧祇律》中則沒有作白結罪，在第一、二羯磨未結束結突吉羅，結束得偷蘭。

4. 諸律內部差異

《四分律》緣起中只是提到提婆達多「五事」破僧（盡形壽乞食，盡形壽著糞掃衣，盡形壽露坐，盡形壽不食酥鹽，盡形壽不食魚及肉），戒條中沒有相關內容，但是在辨相中記載有「十八事」破僧，如法非法、律非律、犯不犯等。《巴利律》記載與此相似。

（二）調整文本

通過以上諸律間觀點同異的對比與分析，文本在《四分律》的基礎上作如下調整：

1. 緣起

佛在彌尼搜國阿奴夷界，包括提婆達多在內的八位釋迦族弟子追隨佛陀出家。後來世尊帶着弟子到瞻波國，八位釋子受到佛和諸上座的教授，各自思維證增上地，提婆達多證得神足通。

佛到羅閱祇耆闍崛山，提婆達多因嫉妒佛陀的供養比自己豐厚，失去了神通。後來提婆達多在佛集僧的時候請求佛陀將僧團的統領權交給他，被佛陀呵斥，於是產生了殺害佛的念頭。

提婆達多找阿闍世王，獲利幫助後，派遣幾批隊伍去刺殺佛陀。但是刺客都被佛陀的神德威力感化而皈依佛陀。提婆達多瞋恚之下，親自用石頭襲擊佛陀，佛陀的腳趾被石頭的碎片傷到而出血。於是，僧團按照佛陀指示，派舍利弗向白衣宣說提婆達多的惡行。阿闍世欲害父卻被抓，後被父赦免。提婆達多因為害佛和教唆阿闍世殺父的事情，惡名流布，利養斷絕，和其徒眾開始別眾食，被佛陀呵斥並制戒不允許別眾食。

後來提婆達多向年少比丘們宣說五法，非法說法，離間僧團。佛陀呵責提婆達多，並說：「破和合僧在泥犁中一劫受罪不可救。」隨後令僧團對提婆達多作呵諫白四羯磨。白四羯磨之後，佛以破僧因緣制戒。

2. 戒本

若比丘，欲壞和合僧，方便受壞和合僧法，堅持不捨。諸[1]比丘應諫是比丘：「大德！莫壞和合僧，莫方便壞和合僧，莫受壞僧法堅持不捨。大德！應與僧和合。僧和合者[2]，歡喜不諍，同一師學，如水乳合，於佛法中有增益

---

1 「諸」，底本作「彼」，據《十誦律》、《十誦比丘戒本》、《僧祇律》、《僧祇比丘戒本》、《五分律》、《彌沙塞五分戒本》、《解脫戒經》、《根有律》、《根有戒經》、《根有律攝》改。

2 「僧和合者」，底本作「與僧和合」，據《十誦律》改。

安樂住[1]。」如是諫時，堅持不捨者[2]，諸[3]比丘應三諫，令[4]捨此事[5]。乃至三諫[6]，捨者善；不捨者，僧伽婆尸沙。

3. 關鍵詞

和合僧：指同一羯磨，共同説戒、自恣、布薩的僧團，即和合構成一個團體的僧眾。

4. 辨相

（1）犯緣

本戒具足五緣成犯：一、是和合僧；二、欲破和合僧之心；三、作破僧事，堅持不捨；四、僧作如法羯磨呵諫；五、第三羯磨結束，成犯。

（2）辨相結罪輕重

①是和合僧

②欲破和合僧之心

③作破僧事，堅持不捨

以「法非法，律非律」等十八事破和合僧，僧伽婆尸沙。若初諫便捨，不犯。

④僧作如法羯磨呵諫

僧作如法羯磨呵諫，不捨，僧伽婆尸沙；若作非法別眾羯磨、非法和合眾羯磨，法別眾羯磨、法相似別眾羯磨、法相似和合眾羯磨呵諫，不犯。若以非法、非律、非佛所教作呵諫，不犯。

如法羯磨作如法羯磨想、疑，僧伽婆尸沙；如法羯磨作非法羯磨想，僧

---

1 「住」後，底本有「是比丘」，據《僧祇比丘戒本》、《五分律》、《彌沙塞五分戒本》刪。

2 「者」，底本闕，據《十誦律》、《僧祇律》、《解脱戒經》、《根有律》、《根有戒經》、《根有律攝》加。

3 「諸」，底本作「彼」，據《十誦比丘戒本》、《僧祇律》、《解脱戒經》改。

4 「令」，底本闕，據《十誦律》、《根有律》、《根有戒經》、《根有律攝》加。

5 「事」後，底本有「故」，據《十誦律》、《根有律》、《根有戒經》、《根有律攝》刪。

6 「諫」後，底本有「時」，據《四分僧戒本》、《新刪定四分僧戒本》、《四分律比丘戒本》、《解脱戒經》刪。

伽婆尸沙；非法羯磨作如法羯磨想、疑，偷蘭遮；非法羯磨作非法羯磨想，不犯。

⑤第三羯磨結束

第三羯磨結束，僧伽婆尸沙；第二羯磨竟，捨者，三個偷蘭遮；第一羯磨竟，捨者，二個偷蘭遮；作白結束，捨者，一個偷蘭遮；作白未結束，捨者，突吉羅。

於屏處諫時，每諫一次，若不捨，就結一個突吉羅。

⑥犯戒主體

比丘、比丘尼若犯，結僧伽婆尸沙；式叉摩那、沙彌、沙彌尼若犯，結突吉羅。

⑦不犯

若一切未作呵諫前，不犯。

若破惡友、惡知識，不犯。

若破方便欲破僧者，遮令不破，不犯。

若破方便助破僧者，不犯。

若破二三人羯磨，不犯。

若破欲作非法、非毗尼羯磨者，不犯。

若破欲為僧、為塔、為和上、同和上、為阿闍梨、同阿闍梨、知識等作損減、作無住處者，不犯。

最初未制戒，癡狂、心亂、痛惱所纏，不犯。

(3)「專題」判罪總結

「和合僧」的特質為同一羯磨，同一說戒，並非只有佛世的比丘破「法輪僧」才會正犯本戒。後世的比丘若分裂僧團，破和合僧，即正犯本戒。

七、現代行持參考

佛陀已經涅槃，因而現在的比丘不可能像提婆達多那樣做出「破法輪僧」的事情。對於當代的比丘來説，破僧戒落實到日常的行持中，就在於努力避免出於自身的煩惱和情緒而做出不利於僧團和合的事情。在當代的時空因緣下，比丘可以從如下三個方面去努力：

（一）從個人修行的角度看

首先，努力降低自己對名利的欲望。提婆達多做出破僧惡行的原因，主要是自己的名利心不受控制。名利心非常微細，常潛伏於心，驅動身口造業而不自知，故需要不斷地審視和檢查自己。

其次，有意識培養自己接受別人勸誡的等流，開闊心胸，虛懷若谷。當自己有意無意犯下錯誤的時候，若能虛心接受來自師長和同行道友的勸誡，就有機會改過從善。否則的話，就很有可能像提婆達多那樣一路錯到底，造成嚴重的後果。

再次，學會理性地表達自己的觀點和訴求，培養自己通過既定程序去參與僧團內部的討論以及尊重集體決策的意識和習慣。這樣能夠避免不斷累積個人煩惱及爆發情緒，乃至催動身口去做出傷害團體的行為；同時，也能更好地參與僧團事務，實現個人的價值。

（二）從維護道場和合的角度看

在內心深處需要真正理解和認同，一個清淨和合的道場、團體對於個人修行以及弘揚佛法的意義，進而策發自己維護道場清淨的意識和發心。道場的和合，有賴於六和敬的貫徹和實現。其中，見和同解非常重要。對於解脱煩惱，究竟離苦得樂的法門，必須要有共同的認識。不同叢林各有自己特色的辦道思想和引導方式，也就是所謂的宗風。對於具體的個人來說，在修行知見和行持法門上可以有自己的取捨，但外在的言行不應該與道場的宗風相違，否則必然會引發大眾的爭議，也給自己帶來修行的違緣。因此，作為僧團中的一員，在共同尊重常住宗風的前提下，對於自他見行的個別差異可以採取「和而不同，各美其美」的態度，如此才能更好地營造一個清淨和合的僧團。

（三）從對待不同的佛教傳承看

佛教發展兩千多年來，在與不同地域文化的相互激蕩中逐漸形成各具特色的漢傳、藏傳、南傳三大語系佛教。雖然在服飾、習慣、見解以及戒律的開遮持犯上存在着一些差異，但同屬於一味的佛法。

在現今全球化的時代下，過去的地域界限早已被打破，整個地球成為了一個地球村。漢傳、藏傳、南傳的僧侶就在這個地球村裏形成了一個大的僧團。因此不同的傳承之間應該在佛陀和合精神的指導下彼此尊重，相互接納，求同存異，互相學習，不應互相否定甚至排斥，這樣才有利於實現正法久住。

11

助破僧戒

一、緣起

(一) 緣起略述

《四分律》有一個本制。佛在羅閱祇耆闍崛山的時候，提婆達多用「五法」教導諸比丘，即盡形壽乞食，著糞掃衣，露坐，不食酥鹽，不食魚及肉。比丘們勸諫提婆達多不要以「五法」來分裂僧團。提婆達多的幾個伴黨出來阻止比丘們的呵責和告誡，聲稱提婆達多所說如法如律，他們相信和認可提婆達多所說。比丘們譏責，並匯報世尊。世尊呵責，制助破僧戒。[1]

諸律緣起差異比較：

1. 制戒地點

《四分律》中，制戒地點為「羅閱祇耆闍崛山」，《鼻奈耶》[2]為「王舍城耆闍崛山」，《十誦律》[3]、《五分律》[4]為「王舍城」，《僧祇律》[5]為「舍衛城」，《根有律》[6]為「王舍城羯蘭鐸迦池竹林」，《巴利律》[7]為「王舍城迦蘭陀竹林園」。

---

1 《四分律》卷 5，《大正藏》22 冊，595 頁下欄至 596 頁下欄；卷 46，《大正藏》藏 22 冊，913 頁中欄至下欄；卷 58，《大正藏》22 冊，999 頁下欄至 1000 頁上欄。

2 《鼻奈耶》卷 5，《大正藏》24 冊，871 頁下欄至 873 頁下欄。

3 《十誦律》卷 4，《大正藏》23 冊，25 頁下欄至 26 頁中欄；卷 24，《大正藏》23 冊，177 頁上欄至下欄；卷 37，《大正藏》23 冊，267 頁上欄；卷 51，《大正藏》23 冊，376 頁下欄、377 頁下欄；卷 55，《大正藏》23 冊，407 頁下欄。

4 《五分律》卷 3，《大正藏》22 冊，21 頁上欄至中欄；卷 25，《大正藏》22 冊，164 頁上欄至 166 頁中欄。

5 《僧祇律》卷 7，《大正藏》22 冊，283 頁中欄至 284 頁下欄。

6 《根有律》卷 15，《大正藏》23 冊，704 頁中欄至 705 頁上欄。

7 《經分別》卷 2，《漢譯南傳大藏經》1 冊，244 頁至 247 頁；《附隨》卷 1，《漢譯南傳大藏經》5 冊，52 頁；《附隨》卷 4，《漢譯南傳大藏經》5 冊，161 頁；《附隨》卷 9，《漢譯南傳大藏經》5 冊，245 頁。

2. 緣起比丘

《四分律》中提婆達多伴黨的名字在「助破僧戒」部分沒有明列。參照「破僧戒」，應為三聞達多、騫荼達婆、拘婆離、迦留羅提舍。

《五分律》的「助破僧戒」沒有明列伴黨名字，用「助調達比丘」來指代，「破僧戒」部分也沒有明列伴黨名字。《十誦律》用「助破僧比丘」，沒有明列名字，參照「破僧戒」，應為俱伽梨、騫陀陀驃、迦留陀提舍、三文達多。《僧祇律》的助破僧比丘為六群比丘，「破僧戒」的制戒緣起中沒有提到助破僧比丘。《鼻奈耶》的緣起比丘為騫陀陀婆、迦留羅提施、三門陀羅系頭。《根有律》中，緣起比丘為「孤迦里迦等四人」，參考「破僧戒」，即孤迦里迦、褰荼達驃、羯吒謨洛迦底灑、三沒達羅達多。

《巴利律》中，緣起比丘為拘迦利迦、迦吒無迦利、騫陀毗耶子、娑勿陀達，漢譯應該參考了《四分律》的譯法。

3. 緣起情節

諸律與《四分律》相似。

（二）緣起比丘形象

《四分律》「助破僧戒」沒有緣起比丘的具體形象描寫。「破僧戒」中談到，提婆達多向伴黨提出破僧，「時提婆達伴，名三聞達多，智慧高才，即報言：『沙門瞿曇有大神力，及其弟子徒眾亦復如是，我等何能得破彼僧輪？』」提婆達多解釋用五法來破僧的可能性，「時三聞達多語提婆達言：『若作如是，足得破彼僧輪。』」從中，大概能看出緣起比丘對提婆達言聽計從的形象。《十誦律》、《巴利律》情況和《四分律》類似。

《僧祇律》中，六群比丘聽到提婆達多說他們幾個坐視不管，「即起作是言」，維護提婆達多，可以看出六群比丘容易被人挑唆。

其他律典沒有明確記載。

（三）犯戒內因

《四分律》中，緣起比丘犯戒的內因有兩點：一是缺乏正見，不能辨別正法惡法，盲目跟隨邪師邪友；二是性格頑固，屢次接受僧團的勸誡都不能變轉心意。其他律典與《四分律》相同。

另外，《僧祇律》中，佛陀提到六群比丘和提婆達多宿世的業緣：提婆達多是獼猴王，六群比丘是眾獼猴，獼猴王唆使眾獼猴井中撈月，導致一起墮入井中。「爾時已曾更相隨順受諸苦惱」，宿世業力的驅動也是此世犯戒的原因之一。

（四）犯戒外緣

《四分律》中，緣起比丘的犯戒外緣是惡友提婆達多的唆使和誘導。其他律典與《四分律》相同。

（五）犯戒後的影響

緣起比丘行為最直接的影響是促成了破僧一事。如《根有律》中佛說：「提婆達多共伴四人，順邪違正。從今已去，破我弟子和合僧伽，並破法輪。」其他律典記載同「破僧戒」。

（六）佛陀考量

同「破僧戒」。

（七）文體分析

諸律都是一個因緣。《僧祇律》中還有一個本事、一個伽陀。因為緣起故事都在「破僧戒」中交代完畢，諸律的「助破僧戒」部分都非常簡略。

二、戒本

《四分律》中，本戒的戒本為：「若比丘，有餘伴黨，若一，若二，若三，乃至無數，彼比丘語是比丘：『大德！莫諫此比丘。此比丘是法語比丘、律語比丘；此比丘所說，我等喜樂；此比丘所說，我等忍可。』彼比丘言：『大德！莫作是說，言：「此比丘法語比丘、律語比丘；此比丘所說，我等喜樂；此比丘所說，我等忍可」。然此比丘非法語比丘、非律語比丘。大德！莫欲破壞和合僧，汝等當樂欲和合僧。大德！與僧和合，歡喜不諍，同一師學，如水乳合，於佛法中有增益安樂住。』是比丘如是諫時，堅持不捨，彼比丘應三諫，捨是事故。乃至三諫，捨者善；不捨者，僧伽婆尸沙。」

梵文《根有戒經》[1]中，本條戒的內容基本來自藏文戒經的重構，因此以下都不再參與比較。

（一）若比丘，有餘伴黨，若一，若二，若三，乃至無數

《四分律》、《四分律比丘戒本》[2]作「若比丘，有餘伴黨，若一，若二，若三，乃至無數」，意思是：（想要破壞僧團的）比丘有其他同黨，一位、兩位、三位，乃至眾多。

與《四分律》相似：

《四分僧戒本》[3]作「若比丘，有餘群黨，若一，若二，若三，乃至無數」，《新刪定四分僧戒本》[4]作「若比丘，有餘伴黨，若一、二、三，乃至無數」。

---

1 Anukul Chandra Banerjee, *Two Buddhist Vinaya Texts in Sanskrit*, p. 19.

2 《四分律比丘戒本》，《大正藏》22 冊，1016 頁中欄。

3 《四分僧戒本》，《大正藏》22 冊，1024 頁中欄。

4 《新刪定四分僧戒本》，《卍續藏》39 冊，264 頁上欄。

巴利《戒經》[1]作“Tass’eva kho pana bhikkhussa bhikkhū honti anuvattakā vaggavādakā, eko vā dve vā tayo vā”，意思是：現在，有一些與（那位比丘）一伙的追隨者，一位、兩位或者三位。

《解脱戒經》[2]作「若比丘，有餘同伴群黨比丘説隨順語，若二，若三，乃至眾多」。相比《四分律》，這裏多出「説隨順語」。

與《四分律》有部分差異：

《十誦律》作「若比丘，求破和合僧，有餘同意相助比丘，若一，若二，若眾多」。

《十誦比丘戒本》[3]作「是為破和合僧故，勤方便，是比丘有餘比丘，親厚同意別異語，若一，若二，若眾多」。

《僧祇律》、《僧祇比丘戒本》作「若比丘，同意相助，若一，若二，若眾多，同語同見，欲破和合僧」。

《五分律》作「若比丘，助破和合僧，若一，若二，若眾多」，《彌沙塞五分戒本》[4]作「若比丘，助破和合僧，若二，若三，若眾多」。

梵文《有部戒經》[5]作“Tasya ced bhikṣor bhikṣavaḥ syur anuvartino vyagravādina eko vā dvau vā saṃbahulā vā”，意思是：如果比丘們追隨一位宣揚分裂（僧團）的比丘，或一，或二，或是許多。

梵文《説出世部戒經》[6]作“Tasya kho puna bhikṣusya bhikṣū sahāyakā bhonti eko vā, dvau vā trayo vā saṃbahulā vā, vargavādakā anuvartakāḥ samanujñāḥ saṃghabhedāya”，意思是：又如果比丘們與一位宣揚分裂、順從贊成破壞僧團的比丘成為助伴，或一，或二，或三，或是許多。

---

1 Bhikkhu Ñāṇatusita, *Analysis of the Bhikkhu Pātimokkha*, p. 77.

2 《解脱戒經》，《大正藏》24 冊，660 頁中欄至下欄。

3 《十誦比丘戒本》，《大正藏》23 冊，471 頁下欄。

4 《彌沙塞五分戒本》，《大正藏》22 冊，195 頁中欄至下欄。

5 Georg von Simson, *Prātimokṣasūtra der Sarvāstivādins Teil II,* Sanskrittexte aus den Turfanfunden, XI, p. 171.

6 Nathmal Tatia, *Prātimokṣasūtram of the Lokottaravādimahāsāṅghika School,* Tibetan Sanskrit Works Series, no. 16, p. 10.

藏文《根有戒經》[1] 作 "དགེ་སློང་དེའི་གྲོགས་བྱེད་པའི་དགེ་སློང་མི་མཐུན་པར་སྨྲ་བ་ཉིད་ཀྱི་རྗེས་སུ་ཕྱོགས་པ་གཅིག་གམ་གཉིས་སམ་མང་པོ་དག་ཡོད་ཅིང་།"，意思是：或一，或二，或有眾多比丘，作為（某）比丘的同伴，隨順這一比丘表達出的不和合的言論。

以上《十誦律》及之後的幾部律典，相比《四分律》增加了「助破和合僧」或類似的內容。此外，上述三部非漢文戒本中均缺少與「若比丘」直接對應的內容。

《根有律》、《根有戒經》[2]、《根有律攝》[3] 作「若復苾芻，若一，若二，若多，與彼苾芻共為伴黨，同邪違正，隨順而住」。《四分律》中沒有與「同邪違正，隨順而住」相對應的內容。

與《四分律》差異較大：

《鼻奈耶》作「若比丘，有壞亂僧者，於中相佐助」。

（二）彼比丘語是比丘：「大德！莫諫此比丘。此比丘是法語比丘、律語比丘；此比丘所說，我等喜樂；此比丘所說，我等忍可。」

《四分律》作：「彼比丘語是比丘：『大德！莫諫此比丘。此比丘是法語比丘、律語比丘；此比丘所說，我等喜樂；此比丘所說，我等忍可。』」意思是：「這些同黨比丘們對（其他勸諫的）比丘們說：『大德！不要勸諫這個（宣揚破壞僧團的）比丘了。這個比丘是如法、如律的比丘；這個比丘所說的，我們很歡喜；這個比丘所說的，我們也很認可。』」

與《四分律》相似：

《四分僧戒本》作：「是比丘語彼比丘言：『大德！莫諫此比丘。此比丘是法語比丘、律語比丘；此比丘所說，我等心喜樂；此比丘所說，我等心忍

1 麗江版《甘珠爾》(འཇང་བཀའ་འགྱུར།) 第 5 函《別解脫經》(སོ་སོར་ཐར་པའི་མདོ།) 5b-6a。
2 《根有戒經》，《大正藏》24 冊，501 頁下欄至 502 頁上欄。
3 《根有律攝》卷 4，《大正藏》24 冊，546 頁下欄至 547 頁上欄。

可。』」

《新刪定四分僧戒本》作：「是比丘語彼比丘言：『大德！莫諫此比丘。此比丘是法語、律語比丘；此比丘所説，我等喜樂，我等忍可。』」

《四分律比丘戒本》作：「是比丘語彼比丘言：『大德！莫諫此比丘。此比丘是法語比丘、律語比丘；此比丘所説，我等喜樂；此比丘所説，我等忍可。』」

巴利《戒經》作“Te evaṃ vadeyyuṃ：Mā āyasmanto etaṃ bhikkhuṃ kiñ-ci avacuttha, dhammavādī c'eso bhikkhu, vinayavādī c'eso bhikkhu, amhākañ-c'eso bhikkhu, chandañ-ca ruciñ-ca ādāya voharati, jānāti no bhāsati, amhākam-p'etaṃ khamatī ti”，意思是：「這些比丘這樣説：『大德不應向這位比丘説任何事情，這個比丘是依法宣説的，這個比丘是依律宣説的，並且我們與他的言論相應，他所説的我們認同。』」

與《四分律》有部分差異：

《十誦律》作：「語諸比丘言：『汝是事中莫説是比丘。何以故？是比丘説法，説律；不説非法，不説非律。是比丘所説，皆是我等所欲，是知説，非不知説。是比丘所説，皆是我等所樂忍。』」

《十誦比丘戒本》作：「是同意比丘語諸比丘：『大德！是事中莫諫是比丘。何以故？是法語比丘、善語比丘。是比丘説法，不説非法；説善，不説不善。是比丘知説，非不知説。是比丘所説，皆是我等心所欲。是比丘欲忍可事，我等亦欲忍可。』」

《僧祇律》作：「是比丘，諸比丘諫時，是同意比丘言：『長老！莫説是比丘好惡事。何以故？是法語比丘、律語比丘。是比丘所説，皆是我等欲忍可事。是比丘所見欲忍可事，我等亦欲忍可。是比丘知説，非不知説。』」

《僧祇比丘戒本》作：「諸比丘諫時，是同意比丘言：『長老！莫説是比丘好惡事。何以故？是法語比丘、律語比丘。是比丘所説，所見，欲忍可事，我等亦欲忍可。是比丘知説，非不知説。』」

《五分律》、《彌沙塞五分戒本》作：「語諸比丘言：『是比丘所説，是知説，非不知説；説法，不説非法；説律，不説非律：皆是我等心所忍樂。』」

《解脫戒經》作：「語諸比丘言：『長老！莫諫此比丘，此比丘非惡心。何以故？此比丘所說如法、如律。此比丘知說，非不知說。此比丘所說，我等心所欲喜樂忍可。此比丘所欲喜樂忍可，我亦如是喜樂忍可。』」

《根有律》、《根有戒經》、《根有律攝》作：「時此苾芻語諸苾芻言：『大德！莫共彼苾芻有所論說若好，若惡。何以故？彼苾芻是順法律，依法律語，言無虛妄。彼愛樂者，我亦愛樂。』」

梵文《說出世部戒經》作"Te bhikṣū tān bhikṣūn evaṃ vadeṃsu mā āyuṣmanto etaṃ bhikṣuṃ kiñcid vadatha kalyāṇaṃ vā pāpakaṃ vā| dharmavādī caiṣo bhikṣur vina(ya)vādī caiṣo bhikṣu, asmākaṃ caiṣo bhikṣu cchandaṃ ca ruciṃ ca samādāya pragṛhya vyavaharati| yaṃ caitasya bhikṣusya kṣamate ca rocate ca asmākam api taṃ kṣamate ca rocate ca| jānan caiṣo bhikṣu bhāṣate no ajānan"，意思是：「這些比丘們對（其他）比丘們這樣說：『哦，大德！不要說任何關於（這個）比丘是好或是壞（的事情）。這個比丘是如法說，這個比丘是如律說。我們也歡喜接受和安住這個比丘（所說的）。這個比丘接受的和喜愛的，我們也接受和喜愛，並且這個比丘是正知（而說），不是無知（而說）。』」

梵文《有部戒經》作"Te tāṃ bhikṣūn evaṃ vadeyur mā yūyam āyuṣmaṃta itthaṃnāmānaṃ bhikṣum atra vastuniḥ kiṃcid vadantu tat kasmād dhetor dharmavādī caiṣa bhikṣur vinayavādī ca asmākaṃ caiṣa cchandaṃ ca ruciṃ cādāyānuvyāharati | jānaṃ caiṣa bhikṣur bhāṣate nājānaṃ yac cāsya bhikṣo rocate ca kṣamate ca asmākam api tad rocate ca kṣamate ca"，意思是：「這些比丘們這樣說：『大德！你不要說這裏的某甲比丘的任何事情。為什麼？這個比丘是如法說，這個比丘也是如律說。我們也歡喜、好樂接受和安住（這個比丘所說的）。而且這個比丘是正知而說，不是無知（而說）。這個比丘喜愛的和接受的，我們也喜愛和接受。』」

藏文《根有戒經》作"གལ་ཏེ་དེ་དག་དགེ་སློང་རྣམས་ལ་འདི་སྐད་ཅེས། ཚེ་དང་ལྡན་པ་དག་ཁྱེད་ཅག་དགེ་ཡང་རུང་། སྡིག་ཀྱང་རུང་། དགེ་སློང་འདི་ལ་ཅི་ཡང་མ་སྨྲ་ཤིག །དེ་ཅིའི་ཕྱིར་ཞེ་ན། ཚེ་དང་ལྡན་པ་དག་དགེ་སློང་འདི་ནི་ཆོས་སྨྲ་བ། འདུལ་བ་སྨྲ་བ། དགེ་སློང་འདི་ནི་ཆོས་དང་འདུལ་བ་ཡང་དག་པར་བླངས་ནས་རབ་ཏུ་བཟུང་སྟེ་རྗེས་སུ་ཐ་སྙད་འདོགས་པར་བྱེད་པ། དགེ་སློང་འདི་ནི་ཤེས་བཞིན་དུ་སྨྲའི་མི་ཤེས་པར་

མ་ཡིན་པའི་ཕྱིར་ཏེ། དགེ་སློང་འདི་གང་ལ་འདོད་ཅིང་བཟོད་པ་དེ་ལ་བདག་ཅག་ཀྱང་འདོད་ཅིང་བཟོད་དོ་ཞེས་ཟེར་ན། ”，意思是：「如果這些比丘對其他比丘們說：『大德，你們一切相關或好或惡的都不要對那位比丘說。為什麼？大德們，這位比丘如法說，如律說。這位比丘所說，源於正確無妄而受的法與律。他理解充分，並且能隨（其概念）宣說。這位比丘正知而說，不是無知而說。他在這樣的情況中喜樂而接受，我等也在這樣的情況中喜樂而接受。』」

（三）彼比丘言：「大德！莫作是說，言：『此比丘法語比丘、律語比丘；此比丘所說，我等喜樂；此比丘所說，我等忍可。』然此比丘非法語比丘、非律語比丘。大德！莫欲破壞和合僧，汝等當樂欲和合僧。大德！與僧和合，歡喜不諍，同一師學，如水乳合，於佛法中有增益安樂住。」

《四分律》作：「彼比丘言：『大德！莫作是說，言：「此比丘法語比丘、律語比丘；此比丘所說，我等喜樂；此比丘所說，我等忍可。」然此比丘非法語比丘、非律語比丘。大德！莫欲破壞和合僧，汝等當樂欲和合僧。大德！與僧和合，歡喜不諍，同一師學，如水乳合，於佛法中有增益安樂住。』」意思是：「其他（勸諫的）比丘們說：『大德！不要這樣講，說：「這個比丘是如法、如律的比丘；這個比丘所說的，我們很歡喜；這個比丘所說的，我們也很認可。」但是這個比丘不是如法、如律的比丘。大德！不要破壞和合的僧團，你們應該樂於與僧團和合共處。大德！與僧團和合，沒有紛爭，（大家）共同追隨佛陀學習教法，猶如水乳相互融合，在佛法中增上、獲益、安樂居住。』」

與《四分律》相似：

《四分僧戒本》作：「彼比丘應諫是比丘言：『大德！莫作是說，言：「此比丘是法語比丘、律語比丘；此比丘所說，我等心喜樂；此比丘所說，我等心忍可。」何以故？此比丘非法語比丘、非律語比丘。大德！莫欲壞和合僧，汝等當樂欲和合僧。大德！與僧和合，歡喜不諍，同一師學，如水乳合，於佛法中者，增益安樂住。』」

《新刪定四分僧戒本》作：「彼比丘應諫是比丘言：『大德！莫作是說，言：「此比丘是法語、律語比丘；此比丘所說，我等喜樂，我等忍可。」然此比丘非法語、律語比丘。大德！莫欲壞和合僧，汝等當樂欲和合僧。大德！與僧和合，歡喜不諍，同一師學，如水乳合，於佛法中有增益安樂住。』」

《四分律比丘戒本》作：「彼比丘言：『大德！莫作是語，言：「此比丘是法語比丘、律語比丘；此比丘所說，我等喜樂；此比丘所說，我等忍可。」然此比丘非法語比丘、非律語比丘。大德！莫欲破壞和合僧，汝等當樂欲和合僧。大德！應與僧和合，歡喜不諍，同一師學，如水乳合，於佛法中有增益安樂住。』」

與《四分律》有部分差異：

《十誦律》作：「諸比丘應如是教是相助比丘：『汝莫作是語：「是比丘說法，說律，不說非法，不說非律。是比丘所說，皆是我等所欲。是知說，非不知說。是比丘所說，皆是我等所樂忍。」汝莫相助求破僧事，當樂助和合僧。僧和合者，歡喜無諍，一心一學，如水乳合，得安樂住。』」

《十誦比丘戒本》作：「諸比丘應如是諫是同意比丘：『大德！莫作是語：「是法語比丘、善語比丘。是比丘說法，不說非法；說善，不說不善。是比丘知說，非不知說。是比丘所說，皆是我等心所欲。是比丘欲忍可事，我等亦欲忍可。」大德！莫樂助破僧事，當樂助和合僧。何以故？僧和合，歡喜不諍，一心一學，如水乳合，安樂行。諸大德！當捨破僧同意別異語。』」

《僧祇律》作：「諸比丘諫是同意比丘：『長老！莫作是語：「是法語比丘、律語比丘。」何以故？是非法語比丘、非律語比丘。諸長老！莫助破僧事，當樂助和合僧。何以故？僧和合，歡喜不諍，共一學，如水乳合，如法說法，照明安樂住。諸長老！當捨此破僧事。』」

《僧祇比丘戒本》作：「諸比丘應諫言：『長老！莫作是語：「是法語比丘、律語比丘」。何以故？此非法語比丘、律語比丘。諸長老！莫助破僧事，當樂助和合僧。何以故？僧和合，歡喜不諍，共一學，如水乳合，如法說法，照明安樂住。』」

《五分律》作：「諸比丘語彼諸比丘：『汝莫作是語：「是比丘所說，是知說，非不知說；說法，不說非法；說律，不說非律：皆是我等心所忍樂。」何以故？是比丘非知說，不說法，不說律。汝莫樂助破和合僧，當樂助和合僧。僧和合故，歡喜無諍，一心一學，如水乳合，共弘師教，安樂行。』」

《彌沙塞五分戒本》作：「諸比丘語彼比丘：『汝莫作是語：「是比丘所說，是知說，非不知說；說法，不說非法；說律，不說非律：皆是我等心所忍樂」。何以故？是比丘非知說，不說法，不說律。汝莫樂助破和合僧，當樂助和合僧。僧和合故，歡喜無諍，一心一學，如水乳合，共弘師教，安樂行。』」

《解脫戒經》作：「諸比丘言：『大德！莫作是語，言：「此比丘所說如法、如律，此比丘知說，非不知說。此比丘喜樂忍可，我亦如是喜樂忍可。」何以故？此比丘所說非法、非律，此比丘非知說。大德！汝莫欲破和合僧。大德！當樂和合共僧和合。僧今和合，歡喜不諍，同一住，同一師學，如水乳合，於佛法中增益安樂住。大德！捨是破僧諍事。』」

梵文《說出世部戒經》作"Te bhikṣu bhikṣūhi evam asya vacanīyā mā āyuṣmanto evaṃ vadatha, na eṣo bhikṣur dharmavādī, na eṣo bhikṣur vinayavādī, adharmavādī caiṣo bhikṣu, avinayavādī caiṣo bhikṣu, ajānan caiṣo bhikṣu bhāṣate no jānan| mā āyuṣmanto saṃghabhedaṃ rocentu, saṃghasāmagrīm evāyuṣmanto rocentu| samentu āyuṣmanto sārdhaṃ saṃghena| samagro hi sahito sammodamāno avivadamāno ekuddeśo kṣīrodakībhūto śāstuḥ śāsanaṃ dīpayamāno sukhaṃ ca phāsuṃ ca viharati"，意思是：「比丘們應該對這個比丘這樣勸說：『哦，大德！不要這樣說。這個比丘沒有依法宣說，這個比丘沒有依律宣說。這個比丘所說不如法，又這個比丘所說不如律，又這個比丘不知道的不說知道。大德，不要好樂破壞僧團，大德應該好樂和合僧團，大德應該一同融入僧團，和合的僧團歡喜、沒有紛爭、同一說（戒）、如同水乳（交融），令佛陀教法增益安樂住。』」

梵文《有部戒經》作"Te bhikṣavo bhikṣubhir evaṃ syur vacanīyāḥ

naiṣa bhikṣur dharmavādī na vinayavādī adharmaṃ caiṣo ‘vinayaṃ cādāya vigṛhyānuvyāharati (niḥ)sṛja(ṃ)tv āyuṣmantaḥ saṃghabhedānuvartitāṃ vyagravāditāṃ samagro hi saṃghaḥ sahitaḥ saṃmodamāna avivadamāna ekāgra ekoddeśa ekakṣīrodakībhūtaḥ sukhaṃ phāṣaṃ viharati”，意思是：「比丘們應該對這個比丘這樣勸說：『（這個）比丘不是依法言說、不是依律言說，而且是不如法，也不如律。大德應該遠離堅持爭辯、詛咒、順從破壞僧團的虛假言說。和合的僧團歡喜、沒有紛爭、同一目標、同一說（戒）、如同水乳（交融），安住在快樂和舒適中。』」

巴利《戒經》作“Te bhikkhū bhikkhūhi evam-assu vacanīyā: Mā āyasmanto evaṃ avacuttha. Na c’eso bhikkhu dhammavādī, na c’eso bhikkhu vinayavādī. Mā āyasmantānam-pi saṅghabhedo ruccittha. Samet’āyasmantānaṃ saṅghena, samaggo hi saṅgho sammodamāno avivadamāno ekuddeso phāsu viharatī ti”，意思是：「比丘們應該這樣勸告這些（助破僧的）比丘們：『大德們，你們不應該這樣講，這個比丘沒有依法宣說，這個比丘沒有依律宣說，大德們不要喜歡分裂僧團，大德們應使自己與僧團和合，和合的僧團是歡喜無諍，同一說（戒），安樂居住的。』」

《根有律》作：「諸苾芻應語此苾芻言：『具壽！莫作是說：「彼苾芻是順法律，依法律語，言無虛妄，彼愛樂者我亦愛樂。」何以故？彼苾芻非順法律，不依法律語，言皆虛妄。汝莫樂破僧，當樂和合僧。應與僧和合，歡喜無諍，同一心說，如水乳合，大師教法令得光顯安樂久住。具壽！可捨破僧惡見，順邪違正，勸作諍事，堅執而住。』」

《根有戒經》、《根有律攝》作：「諸苾芻應語此苾芻言：『具壽！莫作是說：「彼苾芻是順法律，依法律語，言無虛妄，彼愛樂者我亦愛樂。」何以故？彼苾芻非順法律，不依法律語，言皆虛妄。汝莫樂破僧，當樂和合僧。應與僧和合，歡喜無諍，一心一說，如水乳合，大師教法令得光顯，安樂久住。具壽！可捨破僧惡見，順邪違正，勸作諍事，堅執而住。』」

藏文《根有戒經》作“དགེ་སློང་དེ་དག་ལ་དགེ་སློང་རྣམས་ཀྱིས་འདི་སྐད་ཅེས། ཚེ་དང་ལྡན་པ་དག་ཁྱེད་ཅག་དེ་སྐད་ཅེས། ཚེ་དང་ལྡན་པ་དག་ཁྱེད་ཅག་དགེ་ཡང་རུང་། སྡིག་ཀྱང་རུང་། དགེ་སློང་འདི་ལ་ཅི་ཡང་མ་སྨྲ་ཤིག །དེ་ཅིའི་ཕྱིར་ཞེ་ན། ཚེ་དང་ལྡན་པ་དག་དགེ་

སློང་འདི་ནི་ཆོས་སྨྲ་བ་འདུལ་བ་སྨྲ་བ། དགེ་སློང་འདི་ནི་ཆོས་དང་འདུལ་བ་ཡང་དག་པར་བླངས་ནས་རབ་ཏུ་བཟུང་སྟེ་རྗེས་སུ་ཐ་སྙད་འདོགས་པར་བྱེད་ལ། དགེ་སློང་འདི་ནི་ཤེས་བཞིན་དུ་སྨྲའི་མི་ཤེས་པར་མ་ཡིན་པའི་ཕྱིར་ཏེ། དགེ་སློང་འདི་གང་ལ་འདོད་ཅིང་བཟོད་པ་དེ་ལ་བདག་ཅག་ཀྱང་འདོད་ཅིང་བཟོད་དོ་ཞེས་མ་ཟེར་ཅིག །དེ་ཅིའི་ཕྱིར་ཞེ་ན། ཚེ་དང་ལྡན་པ་དག་དགེ་སློང་འདི་ནི་ཆོས་སྨྲ་བ་མ་ཡིན། འདུལ་བ་སྨྲ་བ་མ་ཡིན་གྱི། ཚེ་དང་ལྡན་པ་དགེ་སློང་འདི་ནི་ཆོས་མ་ཡིན་པ་སྨྲ་བ། འདུལ་བ་མ་ཡིན་པ་སྨྲ་བ། དགེ་སློང་འདི་ནི་ཆོས་མ་ཡིན་པ་དང་འདུལ་བ་མ་ཡིན་པ་ཡང་དག་པར་བླངས་ནས་རབ་ཏུ་བཟུང་སྟེ་རྗེས་སུ་ཐ་སྙད་འདོགས་པར་བྱེད་པ། དགེ་སློང་འདི་ནི་མི་ཤེས་བཞིན་དུ་སྨྲའི་ཤེས་པར་སྨྲ་བ་མ་ཡིན་པའི་ཕྱིར་ཏེ། དགེ་སློང་འདི་ནི་གང་ལ་འདོད་ཅིང་བཟོད་པ་དེ་ལ་ཚེ་དང་ལྡན་པ་དག་འདོད་ཅིང་བཟོད་པར་མ་བྱེད་ཅིག །ཚེ་དང་ལྡན་པ་དག་ཁྱེད་དགེ་འདུན་འབྱེད་འདོད་པར་མ་བྱེད་པར་ཚེ་དང་ལྡན་པ་དག་དགེ་འདུན་འཐུན་པ་ཉིད་དུ་འདོད་པར་གྱིས་ཤིག །ཚེ་དང་ལྡན་པ་དག་དགེ་འདུན་འཐུན་པར་གྱིས་ཤིག །དགེ་འདུན་འཐུན་མི་ཕྱེད། ཀུན་ཏུ་དགའ་མི་རྩོད། མཆོག་གཅིག་འདོན་པ་གཅིག་ཅིང་ཆུ་དང་འོ་མ་གཅིག་ཏུ་འདྲེས་པ་ལྟ་བུར་གྱུར་ལ། སྟོན་པའི་བསྟན་པ་གསལ་བར་བྱེད་ན་བདེ་བ་ལ་རེག་པར་གནས་པར་འགྱུར་གྱིས། ཚེ་དང་ལྡན་པ་དགེ་འདུན་འབྱེད་པའི་རྗེས་སུ་ཕྱོགས་ཤིང་མི་མཐུན་པར་སྨྲ་བ་འདི་ལྟ་བུ་འདི་ཐོང་ཤིག་ཅེས་བསྒོ་བར་བྱའོ། །”，意思是：「其他比丘們應對這些比丘說這樣的話：『大德，你們剛才所說的話：「大德，你們一切相關或好或惡的都不要對那位比丘說。為什麼？大德們，這位比丘如法說，如律說。這位比丘所說，源於正確無妄而受的法與律。他理解充分，並且能隨（其概念）宣說。這位比丘正知而說，不是無知而說。他在這樣的情況中喜樂而接受，我等也在這樣的情況中喜樂而接受。」不應該這麼說。為什麼？大德們，這位比丘不是如法說，不是如律說。這位比丘所說，不是源於正確無妄而受的法與律。他不是理解充分，並且能隨（其概念）宣說。這位比丘不是正知而說，而是無知而說。比丘在這樣的情況中喜樂而接受，大德們不要在這樣的情況中喜樂而接受。大德們，不應樂欲分裂僧團。大德們，應努力達到僧團和合共住的狀態。大德！應該做到與僧團和合共住。這樣的僧團整體穩定，比丘處於其中，歡喜，無諍，同心同見，如水乳合；也應令本師的教法光顯，並且應該變得安樂。大德，隨順破僧而住，表達出不和合，這些應當捨棄。』」

與《四分律》差異較大：

《鼻奈耶》無對應內容。

(四) 是比丘如是諫時，堅持不捨，彼比丘應三諫，捨是事故

《四分律》、《四分僧戒本》作「是比丘如是諫時，堅持不捨，彼比丘應三諫，捨是事故」，意思是：(破僧的) 比丘被 (其他比丘) 勸諫時，(仍然) 堅持不捨棄 (破僧的行為)，其他比丘應第二、第三次勸諫，為了讓對方放棄。

與《四分律》相似：

《新刪定四分僧戒本》、《四分律比丘戒本》作「是比丘如是諫時，堅持不捨，彼比丘應三諫，捨此事故」。

《十誦律》作「諸比丘如是教時，堅持是事不捨者，諸比丘當再三教令捨是事」，《十誦比丘戒本》作「是同意比丘，諸比丘如是諫時，若堅持是事不捨，諸比丘應第二、第三諫」。

《僧祇律》作「是同意比丘，諸比丘如是諫時，堅持不捨者，諸比丘應第二、第三諫，捨此事故」。

《五分律》、《彌沙塞五分戒本》作「如是諫，堅持不捨，應第二、第三諫」。

梵文《有部戒經》作"Evaṃ cet te bhikṣavo bhikṣubhir uc(y)amānās tad eva vastu samādāya vigṛhya tiṣṭheyur na pratiniḥsṛjeyus te bhikṣavo bhikṣubhir yāvat t(ri)r api samanuśāsitavyās tasya vastunaḥ pratiniḥsargāya"，意思是：如果比丘們勸說這些比丘時，他們仍然不捨棄 (原先) 堅持從事的諍事，比丘們應該三次勸諫這些比丘捨棄他們 (堅持) 的事。

巴利《戒經》作"Evañ-ca te bhikkhū bhikkhūhi vuccamānā tath'eva paggaṇheyyuṃ, te bhikkhū bhikkhūhi yāvatatiyaṃ samanubhāsitabbā tassa paṭinissaggāya"，意思是：其他比丘們用這樣的方式告訴這些比丘，他們仍然堅持。(其他) 比丘們應該對這些比丘進行多至三次的勸諫，使他們放棄。

與《四分律》有部分差異：

《僧祇比丘戒本》作「如是諫時，捨者善；若不捨，應第二、第三諫」。

《解脫戒經》作「諸比丘如是諫時，捨者善；若不捨者，諸比丘應三諫，捨是事故」。

《根有律》、《根有戒經》、《根有律攝》作「諸苾芻如是諫時，捨者善；若不捨者，應可再三殷勤正諫，隨教應詰，令捨是事」。

梵文《說出世部戒經》作“Evaṃ ca te bhikṣū bhikṣūhi vucyamānās taṃ vastuṃ pratinissareṃsu ity etaṃ kuśalaṃ, no ca pratinissareṃsu te bhikṣū bhikṣūhi yāvantṛtīyakaṃ samanugrāhitavyāḥ samanubhāṣitavyāḥ tasya vastusya pratinissargāya”，意思是：又比丘們勸誡這些比丘，他們捨棄了這一事，這樣便好；（如果）又沒有捨棄，比丘們應該勸諫這些比丘三次，勸諫他們捨棄這一事。

藏文《根有戒經》作“དགེ་སློང་དེ་དག་ལ་དགེ་སློང་རྣམས་ཀྱིས་དེ་སྐད་ཅེས་བསྒོ་བ་ན། གལ་ཏེ་གཞི་དེ་གཏོང་ན་དེ་ལྟ་ན་ལེགས། གལ་ཏེ་མི་གཏོང་ན་གཞི་དེ་གཏོང་བར་བྱ་བའི་ཕྱིར་ལན་གཉིས་ལན་གསུམ་དུ་ཡང་དག་པར་བསྒོ་བར་བྱ། ཡང་དག་པར་བསྟན་པར་བྱའོ། །”，意思是：比丘們教誡完這些話後，（對方）如果捨棄此事的話是善的；如果沒有捨棄的話，為了捨棄此事，（比丘們）應正式地勸諫、教誡二三次。

上述律典相比《四分律》，多出了「捨者善」或類似的表述。

與《四分律》差異較大：

《鼻奈耶》無對應內容。

（五）乃至三諫，捨者善；不捨者，僧伽婆尸沙

《四分律》、《新刪定四分僧戒本》、《四分律比丘戒本》作「乃至三諫，捨者善；不捨者，僧伽婆尸沙」，意思是：至第三次勸諫時，（如果破僧比丘）放棄破僧的行為，那就好；（如果）不放棄，犯僧殘罪。

與《四分律》相似：

《四分僧戒本》作「乃至三諫，捨者善；若不捨者，僧伽婆尸沙」。

《解脫戒經》作「乃至三諫，捨者善；若不捨，僧伽婆尸沙」，《十誦律》作「再三教已，捨者善；不捨者，僧伽婆尸沙」。

《僧祇律》作「第二、第三諫時，捨是事好；若不捨者，僧伽婆尸沙」，《五

分律》、《彌沙塞五分戒本》作「第二、第三諫，捨是事善；不捨者，僧伽婆尸沙」。

梵文《說出世部戒經》作“Yāvantṛtīyakaṃ samanugrāhiyamāṇā vā samanubhāṣiyamāṇā vā taṃ vastuṃ pratinissareṃsu i(ty e)taṃ kuśalaṃ, no ca pratinissareṃsu tam eva ca vastuṃ samādāya pragṛhya tiṣṭheṃsu saṃghātiśeṣo”，意思是：直到三次詢問或勸諫，他們捨棄了這一事，這樣便好；還是沒有捨棄他們堅持接受、支持的事，僧殘餘。

梵文《有部戒經》作“Te yā(vat tr)ir api samanuśiṣyamāṇās tad vastu pratiniḥsṛjeyur ity evaṃ kuśalaṃ (no cet pra)t(i)niḥsṛjeyuḥ saṃghāvaśeṣaḥ”，意思是：（如果）直到三次勸諫，他們捨棄了這一事，這樣便好；如果沒有捨棄，僧殘餘。

巴利《戒經》作“Yāvatatiyañ-ce samanubhāsiyamānā taṃ paṭinissajeyyuṃ iccetaṃ kusalaṃ, no ce paṭinissajeyyuṃ, saṅghādiseso”，意思是：如果在直到第三次的時候他們放棄了（這一事），這樣便好；如果（助破僧的比丘們）不放棄的話，僧始終。

藏文《根有戒經》作“ལན་གཉིས་ལན་གསུམ་དུ་ཡང་དག་པར་བསྒོ། ཡང་དག་པར་བསྟན་པ་ན་གཞི་དེ་གཏོང་ན་དེ་ལྟ་ན་ལེགས། གལ་ཏེ་མི་གཏོང་ན་དགེ་འདུན་ལྷག་མའོ། །”，意思是：正式地勸諫、教誡二、三次後，捨棄這一事情的話是善的；不捨棄的話，僧殘餘。

與《四分律》有部分差異：

以下戒本中沒有與「乃至三諫」相對應的內容。

《十誦比丘戒本》作「捨是事好；若不捨，僧伽婆尸沙」。

《僧祇比丘戒本》作「捨是事善；若不捨，僧伽婆尸沙」。

《根有律》、《根有戒經》、《根有律攝》作「捨者善；若不捨者，僧伽伐尸沙」。

與《四分律》差異較大：

《鼻奈耶》作「僧伽婆尸沙」。

三、辨相

（一）犯緣

具足以下五個方面的犯緣便正犯本戒：

1. 所犯境

《四分律》中，本戒的所犯境是僧如法呵諫羯磨。

《十誦律》、《僧祇律》、《五分律》、《根有律》、《根有律攝》[1]、《巴利律》、《善見論》[2]、藏傳《苾芻學處》[3]均與《四分律》相同。

《鼻奈耶》沒有明確說明此戒的所犯境。

《薩婆多論》[4]只記載了此戒的方便加行和究竟成犯，其餘辨相內容沒有記載。

《摩得勒伽》[5]、《毗尼母經》[6]、《明了論》[7]沒有關於此戒辨相的詳細記載，以下不再提及。

2. 能犯心

（1）發起心

《四分律》中，本戒的發起心是助破和合僧之心。

藏傳《苾芻學處》中，本戒的發起心是「欲作破僧助伴，相續不捨」。《鼻

1 《根有律攝》卷 4，《大正藏》24 冊，546 頁下欄至 547 頁中欄。
2 《善見論》卷 13，《大正藏》24 冊，769 頁中欄至下欄。
3 《苾芻學處》，《宗喀巴大師集》卷 5，69 頁至 70 頁。
4 《薩婆多論》卷 6，《大正藏》23 冊，540 頁上欄。
5 《摩得勒伽》卷 1，《大正藏》23 冊，567 頁中欄；卷 3，《大正藏》23 冊，581 頁中欄；卷 7，《大正藏》23 冊，606 頁中欄。
6 《毗尼母經》卷 5，《大正藏》24 冊，830 頁中欄至下欄。
7 《明了論》，《大正藏》24 冊，667 頁中欄。

奈耶》沒有明確說明此戒的發起心。

其他律典與《四分律》相同。

（2）想心

《四分律》中沒有想心的記載。

《巴利律》中，如法羯磨作如法羯磨想、疑、非法羯磨想，均正犯。

藏傳《苾芻學處》中，想心為「想不錯亂」。

其他律典沒有想心方面的記載。

3. 方便加行

《四分律》中，本戒的方便加行是做助破僧事，被勸諫時堅持不捨。

《鼻奈耶》的方便加行為「有壞亂僧者，於中相佐助」。

藏傳《苾芻學處》中，本戒的方便加行是「作能生僧殘之破僧助伴，雖經屏諫等遮止而不捨加行」。

《薩婆多論》中，本戒的方便加行為「破僧相助」。與《四分律》相比，沒提到勸諫不捨的情況。

其他律典均與《四分律》相同。

4. 究竟成犯

《四分律》中，本戒的究竟成犯是呵諫羯磨三羯磨竟。《十誦律》、《僧祇律》、《根有律攝》、《巴利律》與《四分律》相同。《十誦律》中，「三約敕不捨者」，正犯此戒。《僧祇律》中，究竟成犯為經過「屏處三諫」和「多人中三諫」結束之後。《根有律攝》中，「第三竟時，如法、如律、如大師教正為開諫，違而不捨者，得眾教罪」。《巴利律》中，究竟成犯為「被諫告至三次而不捨」。

《薩婆多論》中，「未滿者，偷蘭」。由此可以推出，「滿者」正犯。「滿」是指呵責羯磨的第三羯磨完成。

《鼻奈耶》沒有明確說明此戒的究竟成犯。其他律典的究竟成犯都和「破僧違諫戒」相同。

5. 犯戒主體

《四分律》中，犯戒主體是比丘，比丘尼同犯。《五分律》與《四分律》相同。

藏傳《苾芻學處》中，此戒的犯戒主體為比丘。此外，對比丘還有要求：「能隨順者須近圓戒清淨，與破僧者見相同，具足三種名言，身平等住。」

其他律典中的犯戒主體都是比丘，沒有提到其他情況。

（二）輕重

1. 所犯境

《四分律》中，僧如法呵諫羯磨時，結僧殘罪。如果是正式作白前的屏諫，比丘堅持不捨，結突吉羅罪。

《根有律攝》記載：「眾多人諫不肯捨者，得窣吐羅罪。」《鼻奈耶》沒有與所犯境有關的判罪。

其他律典對所犯境的判罪和「破僧違諫戒」相同。

2. 能犯心

（1）發起心

諸律除以上所述的犯緣外，無其他結罪情況。

（2）想心

《四分律》中無想心方面的記載。

《巴利律》中，如法羯磨起如法羯磨想、疑、非法羯磨想，均犯僧伽婆尸沙；於非法羯磨起如法羯磨想、疑、非法羯磨想，均結突吉羅。

《根有律攝》中，「若生疑者，獲窣吐羅」。這裏的「生疑」，應該指對於自己支持破僧比丘的行為是否如法這一問題生疑。

藏傳《苾芻學處》中，「想不錯亂」，犯僧殘。

其他律典與《四分律》相同，沒有關於想心的判罪。

3. 方便加行

諸律方便加行的正犯情況如上犯緣所述。

另外，《十誦律》記載：「若助破僧比丘語諸比丘言『汝是事中，莫説是比丘』，得突吉羅；若言『是比丘説法者』，得偷蘭遮；『是説律者』，偷蘭遮；若言『是比丘所説皆是我等所欲』，突吉羅；若言『知説，非不知説』，偷蘭遮；若言『是比丘所説皆是我等所樂忍』，偷蘭遮。先應軟語約敕已，捨者，令作四偷蘭遮、二突吉羅悔過出罪；若不捨者，應作白四羯磨約敕。」

《根有律》記載：「作惡方便共彼為伴，順邪違正，皆得惡作。」

《根有律攝》有五段記載：(1)「始從隨順欲作破僧，皆得惡作罪」；(2)「若犯罪已即應説露，若不爾者，與他同秉一切羯磨，咸得惡作」；(3)「若戲笑行籌及秉羯磨作破眾事，合眾咸得窣吐羅罪」；(4)「諸有被責室羅末尼羅等，若餘苾芻輒供衣食而攝養者，破他門徒，得窣吐羅罪」；(5)「若他諫時心同惡黨，設令不語亦犯眾教。有言不同而心樂破，犯窣吐羅」。

《巴利律》中還特別記載，因「惡見」而堅持助破僧，僅犯波逸提。

4. 究竟成犯

《四分律》中，若三羯磨竟，結僧殘；若作白二羯磨竟，捨者，三偷蘭遮。作白一羯磨竟，捨者，二偷蘭遮。作白竟，捨者，一偷蘭遮。此外，「作白未竟捨者，突吉羅；若未白，一切隨破僧伴黨，盡突吉羅」。

《十誦律》記載：「若軟語約敕不捨者，不犯。若初説，説未竟、説竟；第二説，説未竟、説竟；第三説，説未竟，……不捨者不犯。若如法、如比尼、如佛教，三約敕不捨者，犯僧伽婆尸沙。」此外，結罪次數方面：「若後復約敕不捨者，復得僧伽婆尸沙；隨所約敕不捨者，隨得爾所僧伽婆尸沙。」

《薩婆多論》中，「未滿者，偷蘭」，由此可推出「滿者」，犯僧殘。

《僧祇律》記載：「僧伽婆尸沙罪起已，屏處三諫越比尼罪、多人中三諫越比尼罪，及僧中偷蘭罪，一切盡共成一僧伽婆尸沙。中間止者，隨止處治罪。」

《五分律》中，應先「差一與親厚比丘往諫，若捨者，應一突吉羅悔過。

若不捨，應遣眾多比丘往諫；若捨者，應二突吉羅悔過。若復不捨，應僧往諫；若捨者，應三突吉羅悔過。若不捨，復應白四羯磨諫」。在羯磨作白後，「彼若捨，應三突吉羅、一偷羅遮悔過」；一羯磨後，「彼若捨，應三突吉羅、二偷羅遮悔過」；二羯磨後，「若捨，應三突吉羅、三偷羅遮悔過」；二羯磨後，「若不捨，復應如上第三羯磨。第三羯磨未竟，捨者，三突吉羅、三偷羅遮悔過；第三羯磨竟，捨、不捨，皆僧伽婆尸沙」。

《根有律》記載，若比丘作方便，與欲破僧者為伴，皆得惡作罪。「若別諫時事不捨者，皆得粗罪。若作白四羯磨，如法如律如佛所教諫誨之時，捨者善。若不捨者，白了之時得粗罪；作初番了時亦得粗罪；若第二番了時亦得粗罪；若第三番羯磨結了之時而不捨者，得僧伽伐尸沙。」

《根有律攝》記載：「始從隨順欲作破僧，皆得惡作罪。眾多人諫不肯捨者，得窣吐羅罪。若秉初白乃至羯磨第二竟時，一一咸得窣吐羅罪。第三竟時，如法如律如大師教正為開諫，違而不捨者，得眾教罪。」

《巴利律》中，屏處三諫結束不捨，各結一突吉羅；到僧中後，未白四羯磨前三諫不捨，也各結一突吉羅；作白四羯磨時，「依白而突吉羅，依二羯磨語而偷蘭遮，羯磨語竟而僧殘。」

藏傳《苾芻學處》記載：「經屏諫作白、初番羯磨、二番羯磨之後，及第三番羯磨未成之前，各得一粗罪。」第三羯磨結束，便結僧殘。另外，「欲略發起破僧等事……皆惡作罪」。

《鼻奈耶》沒有與究竟成犯有關的判罪。

5. 犯戒主體

《四分律》中，犯戒主體是比丘、比丘尼時，結僧殘罪；式叉摩那、沙彌、沙彌尼，結突吉羅罪。《五分律》與《四分律》相同。

藏傳《苾芻學處》中，比丘違犯此戒，結僧殘罪。另外，對其他比丘而言，應當通過屏諫及白四羯磨來遮止助破僧之人，否則結突吉羅罪。

其他律典中僅記載：比丘，犯僧殘。

（三）不犯

1. 所犯境不具足

《四分律》記載：「不犯者，初語時捨，非法別眾、非法和合眾、法別眾、法相似別眾、法相似和合眾，非法、非律、非佛所教，若一切未作呵諫，不犯。」

《五分律》記載：「若白不成，三羯磨皆不成，若作餘羯磨、遮羯磨、非法羯磨，不諫自捨，皆不犯。」

《十誦律》記載：「若軟語約敕不捨者，不犯；若初說說未竟、說竟，第二說說未竟、說竟，第三說說未竟，非法別眾、非法和合眾、似法別眾、似法和合眾、如法別眾，異法、異律、異佛教，不捨者，不犯。」

《根有律》記載：「若作非法而眾和合，若作如法而眾不和合，若作似法而眾和合，若作似法而眾不和合，若不如法、如律、如佛所教而秉法，並皆無犯。」

《根有律攝》記載：「若作非法而眾和合，或作如法眾不和合，或作非法眾不和合，或作似法眾不和等，由作諫事不稱法故，無犯。」

2. 發起心不具足

《根有律攝》記載：「若雖言同作不破心，或無破心不同其事者，無犯。」

3. 犯戒主體不具足

《四分律》中，「最初未制戒，癡狂、心亂、痛惱所纏」，不犯。《五分律》、《根有律》與《四分律》相同。

《巴利律》記載：「不被諫告者、捨者、癡狂者、心亂者、痛惱者、最初之犯行者，不犯也。」

4. 其他

《根有律攝》如上文所述，比丘故意「破他門徒」，犯偷蘭遮。但是「若作好心欲令調伏，權時攝誘者」，不犯。

四、原理

（一）助破僧的煩惱及過患

此戒是一條性戒，主要用來防止破僧事件的發生。

助破僧主要由兩種煩惱引發：

1. 確實知道破僧者的主張是邪法，但是因為貪求利養、恭敬等原因，而協助破僧。

2. 不能正確分辨邪法與正法，因為愚癡而盲從破僧者的主張，協助破僧。

比丘個人無法達成破僧的目的，需要有其他比丘從旁協助，如《僧祇律》中就記載，當僧團為破僧比丘作舉羯磨時，因為六群比丘故意在旁阻止，導致僧團羯磨不成，客觀上助長了破僧的惡行。由於破僧的行為，不管是帶頭領導還是從旁協助，都會造成佛教受損，甚至僧團分裂的不良後果，因而屬於極重的惡業。此戒的制定，可以防止比丘協助破僧者，從而避免僧團分裂，同時也保護比丘免遭惡業的果報。另外，此戒也可以防止比丘跟隨邪師而破僧，以及由此引起的脫離佛法正道，誤入歧途，乃至喪失解脫機會等情況的發生。

（二）其他比丘的態度對破僧者的影響

推動破僧的比丘，通常都會受到來自僧團的勸諫和阻止。此時，破僧者對於是否接受僧團的勸諫而停止破僧，其內心可能是猶豫不決的。在這種狀態下，僧團中其他成員支持與否，有可能左右整個事件的發展。一旦得到他人的支持，破僧者就會堅定自己行為的合理性，從而更加堅持自己的破僧主張，面對僧團的勸諫，不願悔過。與此相反，如果其他比丘明確表態，拒絕支持破僧，這就會使得破僧者陷入孤立無援的境地中，達到阻止破僧的效果。

因此，此戒的制定，就是要阻止其他比丘從旁協助破僧者，一方面，使得破僧比丘因得不到他人的支持，而主動放棄破僧的主張，早日接受僧團的勸諫；另一方面，破僧者也可能會因為缺少足夠的外緣而難以達成破僧的目的。

五、總結

（一）諸律差異分析

1. 緣起差異

（1）結構差異

《四分律》只有一個本制，《鼻奈耶》、《十誦律》、《僧祇律》、《五分律》、《根有律》、《巴利律》與之相同。

（2）情節差異

《鼻奈耶》、《十誦律》、《五分律》、《根有律》、《巴利律》的情節與《四分律》相似。《僧祇律》與《四分律》有一些差異，講述的是僧眾給提婆達多作羯磨時，六群比丘被提婆達多挑唆，提出反對意見令羯磨不成；佛陀呵責六群比丘，並講述了過去世作獼猴王的提婆達多指揮作獼猴眾的六群比丘撈月的故事，然後制戒。

（3）結論

綜上所述，本戒緣起無須調整，仍取《四分律》的結構與情節。

2. 戒本差異

諸律戒本中，除了《鼻奈耶》作「若比丘，有壞亂僧者，於中相佐助，僧伽婆尸沙」以外，其他律典雖然表述上略有差異，但內涵和《四分律》的差異不大。

本條戒內容較長，涉及比丘相互之間的對話，對話內容還有嵌套和重複，而且在《四分律》的表述中，「彼比丘」、「是比丘」以及「此比丘」的指代關係比較模糊，非常容易引起誤解。這裏借鑒《十誦律》、《僧祇律》等的表述，將維護僧團和合的勸諫比丘們統一為「彼比丘」，被勸諫的破僧比丘的同黨們為「是比丘」，而破僧比丘為「此比丘」。為了明確本戒的所犯境，借鑒《五分律》等的表述，將《四分律》文首的「若比丘，有餘伴黨，若一，若二，若三，乃至無數」改為「若比丘，助破和合僧，若一，若二，若眾多」。相應後文的「大德！莫欲破壞和合僧」中「破壞和合僧」，為了和「助破和合僧」的表述統一，依《十誦律》等將其改為「破和合僧」，刪去「壞」字。「彼比丘言」部分，為了明確雙方的關係，借鑒《四分僧戒本》等，將其修改為「諸比丘應諫是比丘言」。此外，為了表述簡練與讀誦流暢，對文中多次出現的「此比丘所說」、「此比丘是法語比丘」等內容，依據《新刪定四分僧戒本》作不同程度的刪減。

最後，本戒的文末部分與前一條「破僧戒」基本一致，因此相同的調整原因這裏不再重複。

3. 辨相差異

與「破僧戒」相同。

4. 諸律內部差異

各律典中，此戒的緣起、戒本以及辨相三部分相符。

（二）調整文本

通過以上諸律間觀點同異的對比與分析，文本在《四分律》的基礎上作如下調整：

1. 緣起

佛在羅閱祇耆闍崛山，提婆達多用五邪法教導比丘，有比丘勸其不要破僧，而提婆達多的伴黨聲稱提婆達多所說如法如律，助其破僧。佛陀知道後制戒。

2. 戒本

若比丘，助破和合僧[1]，若一，若二，若眾多[2]，是[3]比丘語諸[4]比丘言[5]:「大德！莫諫此比丘。此比丘是法語[6]、律語比丘;此比丘所説，我等喜樂[7]，我等忍可。」諸[8]比丘應諫是比丘[9]言:「大德！莫作是説，言:『此比丘是法語[10]、律語比丘;此比丘所説，我等喜樂[11]，我等忍可。』然此比丘非法語[12]、非律語比丘。大德！莫欲破[13]和合僧，汝等當樂欲和合僧。大德！僧和合者[14]，歡喜不諍，同一師學，如水乳合，於佛法中有增益安樂住[15]。」如是諫時，堅持不捨者[16]，諸[17]比丘應三諫，令[18]捨此[19]事[20]。乃至三諫，捨者善;不捨者，僧伽婆尸沙。

---

1 「助破和合僧」，底本作「有餘伴黨」，據《五分律》、《彌沙塞五分戒本》改。

2 「眾多」，底本作「三，乃至無數」，據《十誦律》、《十誦比丘戒本》、《僧祇律》、《僧祇比丘戒本》、《五分律》、《彌沙塞五分戒本》、《解脱戒經》改。

3 「是」，底本作「彼」，據《四分律比丘戒本》、《四分僧戒本》、《新刪定四分僧戒本》改。

4 「諸」，底本作「是」，據《十誦律》、《十誦比丘戒本》、《五分律》、《彌沙塞五分戒本》、《解脱戒經》、《根有律》、《根有戒經》、《根有律攝》改。

5 「言」，底本闕，據《四分僧戒本》、《新刪定四分僧戒本》、《四分律比丘戒本》、《十誦律》、《五分律》、《彌沙塞五分戒本》、《解脱戒經》、《根有律》、《根有戒經》、《根有律攝》加。

6 「語」後，底本有「比丘」，據《新刪定四分僧戒本》刪。

7 「樂」後，底本有「此比丘所説」，據《新刪定四分僧戒本》刪。

8 「諸」，底本作「彼」，據《十誦律》、《十誦比丘戒本》、《僧祇律》、《僧祇比丘戒本》、《五分律》、《彌沙塞五分戒本》、《解脱戒經》、《根有律》、《根有戒經》、《根有律攝》改。

9 「應諫是比丘」，底本闕，據《四分僧戒本》、《新刪定四分僧戒本》加。

10 「語」後，底本有「比丘」，據《新刪定四分僧戒本》刪。

11 「樂」後，底本有「此比丘所説」，據《新刪定四分僧戒本》刪。

12 「語」後，底本有「比丘」，據《新刪定四分僧戒本》刪。

13 「破」後，底本有「壞」，據《十誦律》、《十誦比丘戒本》、《僧祇律》、《僧祇比丘戒本》、《五分律》、《彌沙塞五分戒本》、《解脱戒經》、《根有律》、《根有戒經》、《根有律攝》刪。

14 「僧和合者」，底本作「與僧和合」，據《十誦律》改。

15 「住」後，底本有「是比丘」，據《僧祇比丘戒本》、《五分律》、《彌沙塞五分戒本》刪。

16 「者」，底本闕，據《十誦律》、《僧祇律》加。

17 「諸」，底本作「彼」，據《十誦律》、《十誦比丘戒本》、《僧祇律》、《解脱戒經》改。

18 「令」，底本闕，據《十誦律》、《根有律》、《根有戒經》、《根有律攝》加。

19 「此」，底本作「是」，據《新刪定四分僧戒本》、《四分律比丘戒本》、《僧祇律》改。

20 「事」後，底本有「故」，據《十誦律》、《根有律》、《根有戒經》、《根有律攝》刪。

3. 辨相

（1）犯緣

本戒具足五緣成犯：一、是和合僧；二、欲助破和合僧之心；三、作助破僧事，堅持不捨；四、僧作如法羯磨呵諫；五、第三羯磨結束，成犯。

（2）辨相結罪輕重

①是和合僧

②欲助破和合僧之心

③作助破僧事，堅持不捨

以「法非法，律非律」等十八事助破和合僧，僧伽婆尸沙；若初諫便捨，不犯。

④僧作如法羯磨呵諫

僧作如法羯磨呵諫，不捨，僧伽婆尸沙；若作非法別眾羯磨、非法和合眾羯磨，法別眾羯磨、法相似別眾羯磨、法相似和合眾羯磨呵諫，不犯；若以非法、非律、非佛所教作呵諫，不犯。

如法羯磨作如法羯磨想、疑，僧伽婆尸沙；如法羯磨作非法羯磨想，僧伽婆尸沙；非法羯磨作如法羯磨想、疑，偷蘭遮；非法羯磨作非法羯磨想，不犯。

⑤第三羯磨結束

第三羯磨結束，僧伽婆尸沙；第二羯磨竟，捨者，三個偷蘭遮；第一羯磨竟，捨者，二個偷蘭遮。作白結束，捨者，一個偷蘭遮；作白未結束，捨者，突吉羅。

於屏處諫時，每諫一次，若不捨，就結一個突吉羅。

⑥犯戒主體

比丘、比丘尼若犯，僧伽婆尸沙；式叉摩那、沙彌、沙彌尼若犯，突吉羅。

⑦不犯

若一切未作呵諫前，不犯。

最初未制戒，癡狂、心亂、痛惱所纏，不犯。

六、現代行持參考

見「破僧戒」中的現代行持參考內容。

12

污家擯謗戒

一、緣起

（一）緣起略述

《四分律》中有一個緣起，即本制。佛在舍衛國祇樹給孤獨園，阿濕婆、富那婆娑在羈連行惡行、污他家。導致眾多比丘在羈連乞食困難，便至舍衛城向世尊匯報此事。世尊遙呵責阿濕婆、富那婆娑二比丘，並派舍利弗、目連二人往羈連作驅出羯磨。在作羯磨時，二人不僅不接受羯磨，反而詆毀眾比丘「有愛，有恚，有怖，有癡」。佛又令比丘為之作呵諫羯磨，隨後制戒。[1]

諸律緣起差異比較：

1. 制戒地點

《四分律》中，制戒地點為「舍衛國祇樹給孤獨園」，《鼻奈耶》[2] 與此相同。《十誦律》[3] 為「舍衛國」，《僧祇律》[4]、《五分律》[5] 為「舍衛城」，《根有律》[6] 為「室羅伐城逝多林給孤獨園」，《巴利律》[7] 為「舍衛城祇樹給孤獨園」。諸律典中記載的制戒地點相同，只是翻譯以及記載的詳略略有差異。

---

1 《四分律》卷 5，《大正藏》22 冊，596 頁下欄至 599 頁上欄；卷 44，《大正藏》22 冊，891 頁上欄至 893 頁下欄。

2 《鼻奈耶》卷 5，《大正藏》24 冊，873 頁下欄至 874 頁上欄。

3 《十誦律》卷 4，《大正藏》23 冊，26 頁中欄至 27 頁下欄；卷 31，《大正藏》23 冊，223 頁上欄至 224 頁上欄；卷 51，《大正藏》23 冊，377 頁下欄、378 頁中欄。

4 《僧祇律》卷 7，《大正藏》22 冊，286 頁下欄至 289 頁下欄。

5 《五分律》卷 3，《大正藏》22 冊，21 頁下欄至 22 頁下欄；卷 24，《大正藏》22 冊，162 頁上欄至中欄。

6 《根有律》卷 15，《大正藏》23 冊，705 頁上欄至 707 頁上欄。

7 《經分別》卷 2，《漢譯南傳大藏經》1 冊，251 頁至 259 頁；《犍度》卷 9，《漢譯南傳大藏經》3 冊，427 頁、430 頁；《附隨》卷 1，《漢譯南傳大藏經》5 冊，52 頁。

2. 緣起比丘

《四分律》中，緣起比丘為「阿濕婆」和「富那婆娑」，《巴利律》與此相同，《鼻奈耶》為「馬師」和「弗那跋」，《十誦律》為「馬宿」和「滿宿」，《僧祇律》為「六群比丘」，《五分律》為「頞髀」和「分那婆」，《根有律》為「阿濕薄迦」、「補捺伐素」和「半豆盧呬得迦」。

3. 緣起情節

《四分律》有一個本制，其他律典與此相同。在緣起情節方面，其他律典相比《四分律》有如下差異：

《鼻奈耶》中沒有記載佛陀讓其他比丘為緣起比丘作驅出羯磨和呵諫羯磨。所以，最後制戒也不是違諫戒，只是制不能「作上惡事」。

《十誦律》、《巴利律》與《四分律》相比丘，佛陀沒有派人為緣起比丘作呵諫羯磨。

《僧祇律》中，居士向佛報告緣起比丘的非法行為，祈求世尊加以管束。

《五分律》中，先是五百比丘來到緣起比丘污家之地托鉢乞食，空鉢而返。之後緣起比丘聽說舍利弗、目連尊者要來此地托鉢，便提前鼓動居士，不要為舍利弗、目連尊者做任何供養。

《根有律》中，阿難尊者到枳吒山時，無人供養，有一居士向其匯報緣起比丘污家行惡行的情況，之後阿難向佛匯報。《四分律》中是眾多比丘乞食，且沒有居士匯報等情節。

（二）緣起比丘形象

《四分律》中，緣起比丘在聚落中做種種非法的行為：「自種華樹，教人種花樹，自溉灌，教人溉灌……若彼村落中有婦女，若童女，共同一牀坐起……或自作弄身，或受僱戲笑。」體現出緣起比丘違背戒律，樂於俗事的形象。

其他律典中，緣起比丘的形象與《四分律》相似。如《鼻奈耶》：「馬師、弗那跋，數至白衣家止宿，作諸惡事……共婦女歌舞彈琴，敲節琵琶……或共角走，或乘象馬出入園觀。」《十誦律》記載：「頭上著華；自著耳環，亦使人著；自將他婦女去，若使人將去……擲物空中還自接取，與女人共大船上載令作伎樂，或騎象馬，乘車輦輿，與多人眾吹貝、導道入園林中：作如是等種種惡不淨事。」《僧祇律》、《五分律》、《根有律》、《巴利律》中亦有類似記載。

此外，《僧祇律》還特別記述了緣起比丘有着強烈的瞋恨心，並對居士進行報復。當諸賢者居士看到六群比丘種種非法惡行時，勸諫道：「阿闍梨！沙門之法所為善行，當令不信者信，信者增信。而今所為悉皆非法，更令不信增長，信者心壞。」這些話引起了六群比丘強烈的瞋恨，並採取了種種破壞的行為來報復這些信眾，如律中記載：「瞋恚增盛……入其家中牽曳小兒，打拍推撲，破損器物，折犢子腳，刺壞羊眼……田中生苗，其須水者開水令去，不須水者決令滿中，刈殺生苗，焚燒熟穀……屏處藏身恐怖其人，牽挽無辜。」

（三）犯戒內因

《四分律》中，緣起比丘違諫並誹謗僧團的原因是擔心失去名聞利養。除《鼻奈耶》外，其他律典與《四分律》相似。如《五分律》記載：「此二人來，必為我等作惡名聲，斷我供養。」此外，《僧祇律》中，佛陀還特別宣講了緣起比丘過去世的本事故事，說明其「非理謗僧」亦與過去世等流習氣有關。

（四）犯戒外緣

《四分律》中，緣起比丘違諫的外緣是其污家行惡，眾僧為之作擯出羯磨。除《鼻奈耶》外，其他律典與《四分律》相同。其中，《僧祇律》還提到六群比丘中有二人懺悔，二人逃走，眾僧沒有對他們作擯出羯磨，剩下的二人認為僧團不公平，這是其謗僧的直接外緣。

（五）犯戒後的影響

關於緣起比丘違諫後的影響，諸部律中都沒有說明，但他們污家、行惡及謗僧的影響多有記載。

1. 對俗眾的影響

《四分律》中，緣起比丘的惡行，導致俗眾產生邪知邪見，是非不明。當如法比丘，法服齊整，行步庠序，不左右顧視，以次乞食時，眾居士自相謂言：「此是何人？低目而行，不左右顧視，亦不言笑，亦不周接，亦不善言問訊，我等不應與其飲食。」

《五分律》、《巴利律》中對俗眾的影響與《四分律》相似。如《五分律》：「五百比丘威儀具足，從迦夷國來到此邑，至時持鉢入村乞食。諸居士見，咸作是言：『此諸比丘從何處來？低頭默然，狀如孝子，不知與人交接言語。我此自有二賢比丘，多才多藝，善悅人心。何用此輩久留邑里？』」《巴利律》中，當一位持戒比丘前來托鉢時，眾居士卻譏笑諷刺此比丘：「此是何者？似懦弱而愚直，常無笑容。彼至時，誰肯與食？」

《僧祇律》中，緣起比丘的惡行遭到了聚落中正信居士們的憎恨。一些居士到舍衛城向佛告狀：「六群比丘在彼間住，於彼聚落作諸非法。廣說如上。唯願世尊當約敕之，令不在彼住者善。」從中可見緣起比丘的惡行給當地信眾帶來的惡劣影響。

《根有律》中，緣起比丘的惡行招致居士的不滿，如律文記載：「時枳吒山有婆羅門、居士及諸人眾，見為惡行，生不信心，起諸謗議，於此所有舊住苾芻不能以食共相拯給，況復餘人。」

《鼻奈耶》、《十誦律》中沒有相關記載。

2. 對其他比丘的影響

《四分律》中，對其他比丘的影響，主要是其他比丘到緣起比丘所在的地方時，乞食困難。其他律典都有類似記載。

（六）佛陀考量

《僧祇律》中，黑山聚落諸優婆塞向佛匯報，「六群比丘在彼間住，於彼聚落作諸非法」，佛陀及時作出回應，「隨順說法，示教利喜」。居士對於緣起比丘的非法行為很失望，對佛法的信心也應該有所損減，所以佛陀為居士說法，讓居士生歡喜心。佛陀既照顧到居士當時的心情，又讓他們增長了信心，這是佛陀慈悲心的流露。

此外，當阿難尊者不敢前往黑山聚落為六群比丘作驅出羯磨時：「佛告阿難：『汝與三十人眾俱去，足能伏彼。』」這體現出佛陀善護他意。在阿難從黑山聚落返回後，佛陀主動問阿難作羯磨的情況：「『阿難，汝等已於黑山聚落作驅出羯磨耶？』」體現出佛陀對此事的關心。這幾處細節描寫，將一個鮮活生動的佛陀形象展現在讀者面前。

（七）文體分析

諸部律中，都是一個因緣制戒。《十誦律》、《僧祇律》中有較多的細節描寫。如《十誦律》:「是比丘共女人一牀坐，共一盤食，共器飲酒，中後食，共食宿，啖宿食，不受而食，不受殘食，彈鼓簧，捻唇作音樂聲，齒作伎樂，彈銅盂，彈多羅樹葉，作餘種種伎樂歌舞。」

《僧祇律》中還有兩則本事故事，第一則講述了六群比丘因眾僧未對闡陀、迦留陀夷作驅出羯磨，而非理謗僧的過去世因緣。這一本事中有一伽陀，是過去世作為狗的六群比丘，因生在王宮中同為狗的闡陀、迦留陀夷沒有被王驅出，對王憤憤不平而說的言辭：「若以狗為患，一切應驅出；而今不盡驅，如是王無道。家自養二狗，不遣獨驅我；當知是惡王，隨愛瞋怖癡。」第二則本事故事講述的是阿難反對闡陀作知事的過去世因緣。當時，雪山根底曲山壅中，有眾鳥類居住，大家商議推舉一位鳥王來約束眾鳥，勿作非法事，大家先後推薦了鴟鵂、鵝、孔雀，均不得通過。在推舉禿梟時，眾鳥都同意，但有一隻比較有智慧的鸚鵡鳥反對，並說出理由。眾鳥認為說得有理，推舉鸚鵡鳥為王。當時的禿梟就是闡陀比丘，鸚鵡鳥就是阿難尊者。這一本事中有兩個伽陀，是鸚鵡鳥與眾鳥的對話。

在行文結構上，《四分律》可分為六部分：緣起比丘污家行惡，外來比丘沒有乞到食物，比丘告知佛陀，佛陀派人作驅擯羯磨，佛陀派人作呵諫羯磨，佛陀制戒。《五分律》、《根有律》與《四分律》大致相同。《鼻奈耶》缺乏第四和第五部分。《十誦律》、《巴利律》中沒有第五部分。《僧祇律》中對應的第三部分是居士告知佛陀，並且多了本事故事的記載。

二、戒本

《四分律》中，本戒的戒本為：「若比丘，依聚落，若城邑住，污他家，行惡行，污他家亦見亦聞，行惡行亦見亦聞。諸比丘當語是比丘言：『大德污他家，行惡行，污他家亦見亦聞，行惡行亦見亦聞。大德！汝污他家，行惡行，今可遠此聚落去，不須住此。』是比丘語彼比丘作是語：『大德！諸比丘有愛，有恚，有怖，有癡，有如是同罪比丘，有驅者，有不驅者。』諸比丘報言：『大德！莫作是語：「有愛，有恚，有怖，有癡，有如是同罪比丘，有驅者，有不驅者。」而諸比丘不愛，不恚，不怖，不癡。大德污他家，行惡行，污他家亦見亦聞，行惡行亦見亦聞。』是比丘如是諫時，堅持不捨者，彼比丘應再三諫，捨此事故。乃至三諫，捨者善；不捨者，僧伽婆尸沙。」

梵文《根有戒經》[1]中本條戒完全來自藏文戒經、梵文《有部戒經》殘片內容的重構。因此在下文中，梵文《根有戒經》不再參與比對。

(一) 若比丘，依聚落，若城邑住，污他家，行惡行，污他家亦見亦聞，行惡行亦見亦聞

《四分律》、《四分律比丘戒本》[2]作「若比丘，依聚落，若城邑住，污他家，行惡行，污他家亦見亦聞，行惡行亦見亦聞」，意思是：如果比丘在村落、城鎮中居住，敗壞別人家庭，造作惡劣的行徑，（而且）敗壞別人家庭，造作惡劣的行徑都有被人看見和聽到。

與《四分律》相似：

《僧祇律》作「有諸比丘，依止城，若聚落住，污他家，行惡行，污他家

1 Anukul Chandra Banerjee, *Two Buddhist Vinaya Texts in Sanskrit*, p. 20.

2 《四分律比丘戒本》，《大正藏》22 冊，1016 頁中欄至下欄。

亦見亦聞，行惡行亦見亦聞」，《僧祇比丘戒本》[1]作「若比丘，依城邑、聚落中住，污他家，行惡行，污他家亦見亦聞，行惡行亦見亦聞」。

《根有律》、《根有戒經》[2]、《根有律攝》[3]作「若復眾多苾芻，於村落、城邑住，污他家，行惡行，污他家亦眾見聞知，行惡行亦眾見聞知」。

巴利《戒經》[4]作“Bhikkhu pan’eva aññataraṃ gāmaṃ vā nigamaṃ vā upanissāya viharati kuladūsako pāpasamācāro. Tassa kho pāpakā samācārā dissanti c’eva suyyanti ca, kulāni ca tena duṭṭhāni dissanti c’eva suyyanti ca”，意思是：又有比丘依止某個村落或者城鎮居住，破壞別人家庭，行為惡劣，他的罪行同時被聽到和看到，被他的惡行破壞的家庭也被看的和聽到。

藏文《根有戒經》作“དག་གྲོང་ངམ་གྲོང་རྡལ་ཞིག་ན་ཉེ་བར་རྟེན་ཅིང་གནས་པར་གྱུར་ལ། དེ་དག་ཀུང་ཁྱིམ་སུན་འབྱིན་པ་སྡིག་པའི་ཆོས་ཀུན་ཏུ་སྤྱོད་པར་གྱུར་ཅིང་། དེ་དག་གིས་ཁྱིམ་དག་སུན་ཕྱུང་བར་མཐོང་ངམ། ཐོས་སམ། རབ་ཏུ་ཤེས་དེ་དག་སྡིག་པ་ཀུན་ཏུ་སྤྱོད་པར་མཐོང་ངམ། ཐོས་སམ། རབ་ཏུ་ཤེས་ན་”，意思是：眾多比丘，依某個村落或城鎮的附近而住，他們破壞俗人的家庭，造作十足的惡法。他們所作的這些破壞家庭的行為，被（眾人）看到，聽到，充分地知曉；這些造作的十足惡行，也被（眾人）看到，聽到，充分地知曉。

《新刪定四分僧戒本》[5]作「若比丘，依聚落，若城邑住，污他家，行惡行，俱有見聞」，相比《四分律》，此處的表述更為簡練。

《四分僧戒本》[6]作「若比丘，依聚落，若城邑住，行惡行，污他家，行惡行亦見亦聞，污他家亦見亦聞」。

《十誦律》作「若比丘，隨所依止聚落，作惡行，污他家，皆見，皆聞，皆知」，《十誦比丘戒本》[7]作「若比丘，依止城，若聚落住，是諸比丘行惡行，

---

1 《僧祇比丘戒本》，《大正藏》22 冊，550 頁下欄。

2 《根有戒經》，《大正藏》24 冊，502 頁上欄。

3 《根有律攝》卷 4，《大正藏》24 冊，548 頁上欄至中欄。

4 Bhikkhu Ñāṇatusita, *Analysis of the Bhikkhu Pātimokkha*, p. 77.

5 《新刪定四分僧戒本》，《卍續藏》39 冊，264 頁中欄。

6 《四分僧戒本》，《大正藏》22 冊，1024 頁中欄。

7 《十誦比丘戒本》，《大正藏》23 冊，472 頁上欄。

污他家，皆見聞知」。

《五分律》、《彌沙塞五分戒本》[1] 作「若比丘，依聚落住，行惡行，污他家，行惡行皆見聞知，污他家亦見聞知」。

《四分僧戒本》及之後的律典，「行惡行，污他家」的順序與《四分律》相反，但不影響文意。

與《四分律》有部分差異：

《解脫戒經》[2] 作「若諸比丘，依聚落、城邑住，污種姓，行惡行，污種姓亦見亦聞亦知，行惡行亦見亦聞亦知」。此律中「污種姓」對應《四分律》中「污他家」。

梵文《說出世部戒經》[3] 作 "Saṃbahulā bhikṣū kho punar anyataraṃ grāmam vā nagaraṃ vā nigamaṃ vā upaniśrāya viharanti kuladūṣakāḥ pāpasamācārāḥ| teṣāṃ te pāpakāḥ samācārā dṛśyante ca śrūyante ca| kulāny api duṣṭāni dṛśyante ca śrūyante ca| kuladūṣakāś ca punar bhavanti pāpasamācārāḥ"，意思是：又眾多的比丘依止某一村莊、城市，或城鎮居住，敗壞普通家庭，造作惡事。他們的這些造作惡事的行徑有被看到和聽到，被敗壞的家庭也被看到和聽到，而且敗壞家庭（的行為）又是在造作惡事。

梵文《有部戒經》[4] 作 "Bhikṣuḥ punar anyatamaṃ grāmaṃ vā nigamaṃ vopaniḥś(ri)tya viharet sa ca syāt kuladūṣakaḥ pā(pa)samācāraḥ tasya kulāni duṣṭāni dṛśyeran vā śrūyeran vā prajñāyeran vā pāpakāś ca tasya samācārā dṛśyera(n) vā śrūyera(n) vā prajñāyeran vā kuladūṣakaś ca syāt pāpasamācā(raḥ)"，意思是：又比丘依止某一村莊，或城鎮居住，他敗壞普通家庭，造作惡事。他的敗壞家庭（的行為）有被看到，聽到或了解，他的造

1 《彌沙塞五分戒本》，《大正藏》22 冊，195 頁下欄。

2 《解脫戒經》，《大正藏》24 冊，660 頁下欄。

3 Nathmal Tatia, *Prātimokṣasūtram of the Lokottaravādimahāsāṅghika School,* Tibetan Sanskrit Works Series, no. 16, p. 11.

4 Georg von Simson, *Prātimokṣasūtra der Sarvāstivādins Teil II,* Sanskrittexte aus den Turfanfunden, XI, p. 175.

作惡事（的行為）也被看到，聽到或了解，而且敗壞家庭（的行為）就是在造作惡事。

兩部梵文戒本的最後，相比其他律典，多出了一句類似「污他家是行惡行」的內容。

與《四分律》差異較大：

《鼻奈耶》作「若比丘，住白衣家，作上惡事」。

（二）諸比丘當語是比丘言：「大德污他家，行惡行，污他家亦見亦聞，行惡行亦見亦聞。大德，汝污他家，行惡行，今可遠此聚落去，不須住此。」

《四分律》、《四分律比丘戒本》：「諸比丘當語是比丘言：『大德污他家，行惡行，污他家亦見亦聞，行惡行亦見亦聞。大德！汝污他家，行惡行，今可遠此聚落去，不須住此。』」意思是：「其他比丘應該對這些（敗壞家庭）的比丘說：『大德敗壞了別人家庭，造作了惡劣的行徑，而且敗壞家庭和造作惡劣的行徑都有被看到和聽到。大德！你們因為敗壞家庭，造作惡行，現在可以離開這個村落，不應該住在這裏。』」

與《四分律》相似：

《四分僧戒本》作：「諸比丘語是比丘言：『大德，汝行惡行，污他家，行惡行亦見亦聞，污他家亦見亦聞。大德！汝行惡行，污他家，今可遠此村落去，不須住此。』」

《新刪定四分僧戒本》作：「諸比丘當語是比丘言：『大德，污他家，行惡行，俱有見聞，今可遠此聚落去，不須住此。』」相比《四分律》，語言有所精簡，但文意不受影響。

《十誦律》作：「諸比丘應如是言：『汝等作惡行，污他家，皆見，皆聞，皆知。汝等出去，不應住此。』」《十誦比丘戒本》作：「諸比丘應如是諫是諸比丘：『大德！汝等行惡行，污他家，皆見聞知。諸大德！汝等出去，不應是中住。』」

《僧祇律》作：「諸比丘應語是比丘言：『長老，汝等污他家，行惡行，污他家亦見亦聞，行惡行亦見亦聞。長老！汝等出去，不應是中住。』」《僧祇比丘戒本》作：「諸比丘應諫言：『長老，汝等污他家，行惡行，污他家亦見亦聞，行惡行亦見亦聞。汝等出去，不應此中住。』」

《五分律》、《彌沙塞五分戒本》作：「諸比丘語彼比丘：『汝行惡行，污他家，行惡行皆見聞知，污他家亦見聞知。汝出去，不應此中住。』」

《根有律》、《根有戒經》、《根有律攝》作：「諸苾芻應語彼苾芻言：『具壽！汝等污他家，行惡行，污他家亦眾見聞知，行惡行亦眾見聞知。汝等可去，不應住此。』」

巴利《戒經》作“So bhikkhu bhikkhūhi evam-assa vacanīyo: Āyasmā kho kuladūsako pāpasamācāro. Āyasmato kho pāpakā samācārā dissanti c'eva suyyanti ca, kulāni cāyasmatā duṭṭhāni dissanti c'eva suyyanti ca. Pakkamat'āyasmā imamhā āvāsā. Alaṃ te idha vāsenā ti”，意思是：「比丘們應該這樣勸諫那位比丘：『大德，您是損壞別人家庭的人，是行為惡劣的人。被人看到了，也被人聽到了。您做了不好的事情，並且被您邪惡損壞的家庭也被人看到了和聽到了。大德，您實在應該從這裏居住的處所離開，您在這裏住的夠久了。』」

藏文《根有戒經》作“དགེ་སློང་དེ་དག་ལ་དགེ་སློང་རྣམས་ཀྱིས་འདི་སྐད་ཅེས། ཚེ་དང་ལྡན་པ་དག་ཁྱིམ་སུན་འབྱིན་པ་སྡིག་པའི་ཆོས་ཀུན་དུ་སྤྱོད་པ་དག་ཡིན་ཏེ། ཁྱེད་ཀྱིས་ཁྱིམ་དག་སུན་ཕྱུང་བར་ཡང་མཐོང་ཞིང་ཐོས་ལ་རབ་ཏུ་ཤེས། ཁྱོད་སྡིག་པ་ཀུན་ཏུ་སྤྱོད་པར་ཡང་མཐོང་ཞིང་ཐོས་ལ་རབ་ཏུ་ཤེས་ཀྱིས། ཚེ་དང་ལྡན་པ་དག་ཁྱེད་འདི་ན་གནས་པས་ཆོག་གིས་གནས་འདི་ནས་དེང་ཤིག་ཅེས་བསྒོ་བར་བྱའོ།།”，意思是：「比丘們應向這些比丘說這樣的話：『大德們，（你們）是些破壞家庭和造作惡法的人，你們所作的這些破壞那些家庭的行為，被（眾人）看到，聽到，充分地知曉；你們造作的十足惡行，也被（眾人）看到，聽到，充分地知曉。因此，大德！你們對居於此地而言應該知足，現在應該離開這裏。』」

與《四分律》有部分差異：

《解脫戒經》作：「諸比丘語此比丘言：『長老！汝污種姓，行惡行，汝污種姓亦見亦聞亦知，行惡行亦見亦聞亦知。長老！汝污種姓，行惡行。汝等出去，不應此中住。』」此律中「污種姓」對應《四分律》中「污他家」。

梵文《說出世部戒經》作“Te bhikṣū bhikṣūhi evam asya vacanīyāḥ āyuṣmantānāṃ khalu pāpakāḥ samācārāḥ dṛśyante ca śrūyante ca| kulāny api duṣṭāni dṛśyante ca śrūyante ca| kuladūṣakāś ca punar āyuṣmantaḥ pāpasamācārāḥ| prakramathāyuṣmanto imasmād āvāsād alaṃ vo iha vustena”，意思是：「比丘們應該對這個比丘這樣勸說：『哦，大德造作惡事的行為確實被看到和聽到，敗壞家庭（的行為）也被看到和聽到，而且大德敗壞家庭（的行為）又是在造作惡事。大德，離開這個地方，你住在這裏夠久了。』」

梵文《有部戒經》作“Sa bhikṣur bhikṣubhir evaṃ syād vacanīyaḥ āyuṣmāṃ kuladūṣakaḥ pā(pasamā)cāras tasya te kulāni duṣṭāni dṛśyante ‘pi śrūyante ‘pi prajñāyante ‘pi pāpak(ā)ś ca te sam(ācārā d)ṛ(ś)y(a)nte ‘pi śrūyante ‘pi prajñāyante ‘pi kuladūṣakaś cāyuṣmāṃ pāpasamācāraḥ prakramatv ā(yu)ṣmā(ṃ) asmād āvāsād alaṃ tavehoṣitena”，意思是：「比丘們應該對這個比丘這樣勸說：『大德！你有敗壞家庭、造作惡事（的行為）。這些敗壞家庭（的行為）被看到，聽到，了解到，這些造作惡事（的行為）也被看到，聽到，了解到。而且大德敗壞家庭（的行為）是在造作惡事。大德！離開這個住處，你住在這裏夠久了。』」

兩部梵文戒本的最後，相比其他律典，多出了一句類似「污他家是行惡行」的內容。

與《四分律》差異較大：

《鼻奈耶》無對應內容。

（三）是比丘語彼比丘作是語：「大德！諸比丘有愛，有恚，有怖，有癡，有如是同罪比丘，有驅者，有不驅者。」

《四分律》、《四分律比丘戒本》作：「是比丘語彼比丘作是語：『大德！諸比丘有愛，有恚，有怖，有癡，有如是同罪比丘，有驅者，有不驅者。』」

意思是：這些（犯了惡行的）比丘對其他比丘們這樣說：「大德！（僧團的）比丘們在對待這件事情上有偏愛，憎恨，怖畏和愚癡。犯了同樣罪行的比丘，（僧團）有驅逐的，也有不驅逐的。」

與《四分律》相似：

《四分僧戒本》作：「是比丘語彼比丘言：『大德！諸比丘有愛，有恚，有怖，有癡，有如是同罪比丘，有驅者，有不驅者。』」

《新刪定四分僧戒本》作：「是比丘語彼比丘言：『大德！今僧有愛，有恚，有怖，有癡，有如是同罪比丘，有驅者，有不驅者。』」

《僧祇律》作：「是比丘語諸比丘言：『大德！僧隨愛，隨瞋，隨怖，隨癡。何以故？有如是同罪比丘，有驅者，有不驅者。』」《僧祇比丘戒本》作：「是比丘言：『僧隨愛，隨瞋，隨怖，隨癡。何以故？有如是同罪比丘，有驅者，有不驅者。』」

《新刪定四分僧戒本》及之後的律典將《四分律》中的「諸比丘」表述為「僧」。

《十誦律》作：「是比丘語諸比丘言：『諸比丘隨欲行、瞋行、怖行、癡行。何以故？有如是同罪比丘，有驅者，有不驅者。』」《十誦比丘戒本》作：「是比丘語諸比丘言：『諸大德！諸比丘隨愛、瞋、怖、癡。何以故？有如是同罪比丘，有驅者，有不驅者。』」

《五分律》、《彌沙塞五分戒本》作：「彼比丘言：『諸大德隨愛、恚、癡、畏。何以故？有如是等同罪比丘，有驅者，有不驅者。』」

《根有律》、《根有戒經》、《根有律攝》作：「彼苾芻語諸苾芻言：『大德有愛、恚、怖、癡，有如是同罪苾芻，有驅者，有不驅者。』」

《解脫戒經》作：「彼比丘語諸比丘言：『諸比丘有愛，有恚，有癡，有怖，有餘同行比丘，有驅者，有不驅者。』」此律中「有餘同行比丘」對應《四分律》中「有如是同罪比丘」。

梵文《說出世部戒經》作 "Evaṃ ca te bhikṣū bhikṣūhi vucyamānās te bhikṣū tān bhikṣūn evaṃ vademsu cchandagāmī cāyuṣmanto doṣagāmī cāyuṣmanto saṃgho, mohagāmī cāyuṣmanto saṃgho, bhayagāmī cāyuṣmanto saṃgho, saṃgho ca tāhi tādṛśikāhi āpattīhi ekatyān bhikṣūn pravrājeti ekatyān bhikṣūn na pravrājeti”，意思是：「這些（敗壞家庭的）比丘們被（其他）比丘們勸說後，這些（敗壞家庭的）比丘對（其他）比丘說道：『哦，大德，僧團被愛樂驅使；大德，僧團被瞋恨驅使；大德，僧團被愚癡驅使；大德，僧團被恐怖驅使。而且僧團對這些犯戒的，驅逐了一類比丘，（而）不驅逐（另）一類比丘。』」

梵文《有部戒經》作“Evaṃ cet sa bhikṣur bhikṣubhir ucyamānas tān bhikṣūn evaṃ vadec chandagāmina āyuṣmanto bhikṣavo dveṣagāmino bhayagāmino mo(ha)gāmino yatra hi nāma tādṛśīm evāpattim āpannān ekatyāṃ bhikṣūṃ pravāsayanty ekatyāṃ bhikṣūn na pravāsayanti”，意思是：「這一（敗壞家庭的）比丘被（其他）比丘們勸說後，他對（其他）比丘們這樣說道：『大德！比丘們被愛樂驅使，被瞋恨驅使，被恐怖驅使，被愚癡驅使，因為對於這些所謂確實有罪的比丘，一些被驅逐了，（而另）一些沒有被驅逐。』」

巴利《戒經》作“Evañ-ca so bhikkhu bhikkhūhi vuccamāno te bhikkhū evaṃ vadeyya: Chandagāmino ca bhikkhū, dosagāmino ca bhikkhū, mohagāmino ca bhikkhū, bhayagāmino ca bhikkhū, tādisikāya āpattiyā ekaccaṃ pabbājenti, ekaccaṃ na pabbājentī ti”，意思是：「那位（敗壞家庭的）比丘被比丘們如此勸諫之後，這樣對比丘們說：『比丘們被愛樂驅使，又被瞋恚驅使，又被愚癡驅使，又被怖畏驅使。同樣是犯這樣罪過的人，有的被驅逐，另一些人則沒有被驅逐。』」

藏文《根有戒經》作“གལ་ཏེ་དེ་དག་དགེ་སློང་རྣམས་ལ་འདི་སྐད་ཅེས། ཚེ་དང་ལྡན་པ་དག་འདི་ན་དགེ་སློང་ཁ་ཅིག་འདུན་པས་འགྲོ་བ། ཞེ་སྡང་གིས་འགྲོ་བ། གཏི་མུག་གིས་འགྲོ་བ། འཇིགས་པས་འགྲོ་བ་དག་ཡིན་ཏེ། འདི་ལྟར་ལྟུང་བ་འདྲ་བ་ཁོ་ན་ལས་དགེ་སློང་ཁ་ཅིག་ནི་སྐྲོད་པར་བྱེད། ཁ་ཅིག་ནི་སྐྲོད་པར་མི་བྱེད་དོ། །ཞེས་ཟེར་ན་”，意思是：「如果他們對（勸諫的）比丘們說這樣的話：『大德們，你們這裏的某些比丘，在愛樂、瞋恨、愚癡、恐怖中流轉，因此相比於有同樣罪過的這類人，某些比丘被（你們）驅逐，某些比丘不被（你們）驅逐。』」

與《四分律》差異較大：

《鼻奈耶》無對應內容。

（四）諸比丘報言：「大德！莫作是語：『有愛，有恚，有怖，有癡，有如是同罪比丘，有驅者，有不驅者。』而諸比丘不愛，不恚，不怖，不癡。大德污他家，行惡行，污他家亦見亦聞，行惡行亦見亦聞。」

《四分律》、《四分律比丘戒本》作：「諸比丘報言：『大德！莫作是語：「有愛，有恚，有怖，有癡，有如是同罪比丘，有驅者，有不驅者。」而諸比丘不愛，不恚，不怖，不癡。大德污他家，行惡行，污他家亦見亦聞，行惡行亦見亦聞。』」意思是：「其他比丘們回答說：『大德！不要說：「（僧團的比丘們在對待這件事情上）有偏愛、憎恨、怖畏和愚癡。犯了同樣罪行的比丘，（僧團）有驅逐的，也有不驅逐的。」比丘們是沒有偏愛、憎恨、怖畏和愚癡的。大德，你敗壞了家庭，造作了惡事。而敗壞家庭、造作惡事的行徑都有被看到和聽到。』」

與《四分律》相似：

《四分僧戒本》作：「諸比丘報言：『大德！莫作是語，言：「諸比丘有愛，有恚，有怖，有癡，有如是同罪比丘，有驅者，有不驅者。」何以故？諸比丘不愛，不恚，不怖，不癡。大德，汝行惡行，污他家，行惡行亦見亦聞，污他家亦見亦聞。』」

《新刪定四分僧戒本》作：「諸比丘諫言：『大德！莫作是語，言：「僧有愛，有恚，有怖，有癡，有如是同罪比丘，有驅者，有不驅者。」而僧不愛，不恚，不怖，不癡。大德污他家、行惡行，俱有見聞。』」

藏文《根有戒經》作“དགེ་སློང་དེ་དག་ལ་དགེ་སློང་རྣམས་ཀྱིས་འདི་སྐད་ཅེས། ཚེ་དང་ལྡན་པ་དག་ཁྱེད་དེ་སྐད་ཅེས་ཚེ་དང་ལྡན་པ་དག་འདི་ན་དགེ་སློང་ཁ་ཅིག་འདུན་པས་འགྲོ་བ། ཞེ་སྡང་གིས་འགྲོ་བ། གཏི་མུག་གིས་འགྲོ་བ། འཇིགས་པས་འགྲོ་བ་དག་ཡིན་ཏེ། འདི་ལྟར་ལྟུང་བ་འདྲ་བ་ཁོ་ན་ལས་དགེ་སློང་ཁ་ཅིག་ནི་སྐྲོད་པར་བྱེད། ཁ་ཅིག་ནི་སྐྲོད་པར་མི་བྱེད་དོ་ཞེས་མ་ཟེར་ཅིག །དེ་ཅིའི་ཕྱིར་ཞེ་ན། དགེ་སློང་འདི་དག་ནི་འདུན་པས་འགྲོ་བ་མ་ཡིན། ཞེ་སྡང་གིས་འགྲོ་བ་མ་ཡིན། གཏི་མུག་གིས་འགྲོ་བ་མ་ཡིན། འཇིགས་པས་འགྲོ་བ་དག་མ་ཡིན་གྱི། འདི་ལྟར་ཚེ་དང་ལྡན་པ་དག་ཉིད་ཁྱིམ་སུན་འབྱིན་པ་སྡིག་པའི་ཆོས་ཀུན་དུ་སྤྱོད་པ་དག་ཡིན་ཏེ། ཁྱེད་ཉིད་ཀྱིས་ཁྱིམ་དག་སུན་ཕྱུང་བར་ཡང་མཐོང་ཞིང་ཐོས་ལ་རབ་ཏུ་ཤེས།

ཁྱེད་སྡིག་པ་ཀུན་ཏུ་སྤྱོད་པར་ཡང་མཐོང་ཞིང་ཐོས་ལ་རབ་ཏུ་ཤེས་པའི་ཕྱིར་ཏེ། ཚེ་དང་ལྡན་པ་དག་འདུན་པས་འགྲོ་བ་ཞེས་བྱ་བའི་ཚིག་གི་ལམ་དང་། ཞེ་སྡང་གིས་འགྲོ་བ། གཏི་མུག་གིས་འགྲོ་བ། འཇིགས་པས་འགྲོ་བ་ཞེས་བྱ་བའི་ཚིག་གི་ལམ་འདི་ལྟ་བུ་འདི་ཐོང་ཤིག་ཅེས་བསྒོ་བར་བྱའོ།”，意思是：「（勸諫的）比丘們應向這些比丘說這樣的話：『大德，你剛才所說的話：「大德們，你們這裏的某些比丘，在愛樂、瞋恨、愚癡、恐怖中流轉。因此相比於有同樣罪過的這類人，某些比丘被（你們）驅逐，某些比丘不被（你們）驅逐。」不應該這麼說，為什麼？比丘們沒有在愛樂、瞋恨、愚癡、恐怖中流轉。因此，大德們，你們是些破壞家庭和造作惡法的人，你們所作的這些破壞那些家庭的行為，被（眾人）看到，聽到，充分地知曉；你們造作的十足惡行，也被（眾人）看到，聽到，充分地知曉。因此，大德們，所謂「（比丘們）在愛樂中流轉」和「（比丘們）在瞋恨、愚癡、恐怖中流轉」這樣的言語，應當捨棄。』」

與《四分律》有部分差異：

《僧祇律》作：「諸比丘應語是比丘言：『長老！汝等莫作是語：「僧隨愛，隨瞋，隨怖，隨癡，有如是同罪比丘，有驅者，有不驅者。」何以故？僧不隨愛，不隨瞋，不隨怖，不隨癡。諸長老，汝等污他家，行惡行，污他家亦見亦聞，行惡行亦見亦聞。汝等出去，莫此中住。』」《僧祇比丘戒本》作：「諸比丘應諫言：『長老！如是莫言：「僧隨愛，隨瞋，隨怖，隨癡，有同罪比丘，有驅者，有不驅者。」何以故？僧不隨愛，不隨瞋，不隨怖，不隨癡。長老，汝等污他家，行惡行，污他家亦見亦聞，行惡行亦見亦聞。汝等出去，莫此中住。』」

梵文《說出世部戒經》作“Te bhikṣū bhikṣūhi evam asya vacanīyāḥ mā āyuṣmanto evaṃ vadatha| na saṃgho cchandagāmī, na saṃgho doṣagāmī, na saṃgho mohagāmī, na saṃgho bhayagāmī| na ca saṃgho tāhi tādṛśikāhi āpattīhi ekatyān bhikṣūn pravrājeti, ekatyān bhikṣūn na pravrājeti| āyuṣmantānām eva khalu pāpakāḥ samācārāḥ dṛśyante ca śrūyante ca| kulāny api duṣṭāni dṛśyante ca śrūyante ca| kuladūṣakāś ca punar āyuṣmantaḥ pāpasamācārāḥ| prakramathāyuṣmanto imasmād āvāsād alaṃ vo iha vustena”，意思是：「（其他）比丘們對這些（惡）比丘這樣勸說：『哦，大德！

不要這樣說。僧團沒有被愛樂驅使，僧團沒有被瞋恨驅使，僧團沒有被愚癡驅使，僧團沒有被恐怖驅使。僧團也沒有對這些犯戒的比丘，驅逐了一類，（而）不驅逐（另）一類。大德造作惡事的行為確實被看到和聽到，敗壞家庭（的行為）也被看到和聽到，而且大德敗壞家庭（的行為）又是在造作惡事。大德，離開這個地方，你住在這裏夠久了。』」

巴利《戒經》作 "So bhikkhu bhikkhūhi evam-assa vacanīyo: Mā āyasmā evaṃ avaca. na ca bhikkhū chandagāmino, na ca bhikkhū dosagāmino, na ca bhikkhū mohagāmino, na ca bhikkhū bhayagāmino. Āyasmā kho kuladūsako pāpasamācāro, āyasmato kho pāpakā samācārā dissanti c'eva suyyanti ca, kulāni cāyasmatā duṭṭhāni dissanti c'eva suyyanti ca. Pakkamat'āyasmā imamhā āvāsā. Alaṃ te idha vāsenā ti"，意思是：「比丘們應該這樣勸諫那位比丘：『大德！不要這樣說。比丘們沒有被愛樂驅使，沒有被瞋恚驅使，沒有被愚癡驅使，沒有被恐怖驅使。大德，您確實是損壞別人家庭的人，是行為惡劣的人。大德，您確實做了不好的事情，並且被別人看到和聽到。被您損壞的家庭也被人看到和聽到了。大德，您當然要從這裏居住的住所離開了，您在這裏住的夠久了。』」

《僧祇律》及之後的律典與《四分律》相比，在最後都多出了「汝等出去，莫此中住」或類似的內容。

《解脫戒經》作：「諸比丘應語此比丘言：『長老！莫作是語，言：「僧有愛，有恚，有癡，有怖，有餘同行比丘，有驅者，有不驅者。」何以故？諸比丘不愛，不恚，不癡，不怖。長老，汝污種姓，行惡行，汝污種姓亦見亦聞亦知，行惡行亦見亦聞亦知。污種姓，行惡行，汝捨此「有愛，有恚，有癡，有怖」語。』」

《根有律》、《根有戒經》、《根有律攝》作：「時諸苾芻語彼苾芻言：『具壽！莫作是語：「諸大德有愛、恚、怖、癡，有如是同罪苾芻，有驅者，有不驅者。」何以故？諸苾芻無愛、恚、怖、癡。汝等污他家，行惡行，污他家亦眾見聞知，行惡行亦眾見聞知。具壽！汝等應捨「愛恚」等言。』」

梵文《有部戒經》作 "Sa bhikṣur bhikṣubhir evaṃ syād vacanīyaḥ neme

bhikṣavaś chandagāmin(o na) d(v)eṣagāmino na bhayagāmino na mohagāmina api tv āyuṣmān eva kuladūṣakaḥ pāpasamācāraḥ tasya te kulāni duṣṭāni dṛśyante ‘pi śrūyante ‘pi prajñāya(n)t(e) ‘p(i) p(ā)pakāś ca te samācārā dṛśyante ‘pi śrūyante ‘pi prajñāyante ‘pi kuladūṣakaś cāyuṣmān pāpasamācāraḥ niḥsṛjatv āyuṣmāṃś chandagāmi vacanaṃ dveṣagāmi bhayagāmi mohagāmi vacanaṃ”，意思是：「比丘們對這位比丘這樣勸說：『比丘們沒有被愛樂驅使，沒有被瞋恨驅使，沒有被恐怖驅使，沒有被愚癡驅使。大德！你有敗壞家庭、造作惡事（的行為）。這些敗壞家庭（的行為）被看到，聽到，了解到，這些造作惡事（的行為）也被看到，聽到，了解到。而且大德敗壞家庭（的行為）是在造作惡事。大德應該遠離（比丘們）被愛樂驅使的言說，被瞋恨驅使、被恐怖驅使、被愚癡驅使的言說。』」

《解脱戒經》及之後的律典與《四分律》相比，增加了勸諫比丘捨棄「有愛，有恚，有癡，有怖語」或類似的內容。

以下律典在最後部分，比《四分律》多出了勸諫捨去先前言語，以及再次提到讓比丘離開的內容。

《十誦律》作：「諸比丘語是比丘：『汝莫作是語：「諸比丘隨欲行、瞋行、怖行、癡行。」何以故？諸比丘不隨欲、瞋、怖、癡行。汝等作惡行，污他家，皆見聞知。汝當捨是「隨欲、瞋、怖、癡」語。汝等出去，不應住此。』」《十誦比丘戒本》作：「諸比丘應語是比丘：『諸大德！莫作是語：「諸比丘隨愛、瞋、怖、癡，有如是同罪比丘，有驅者，有不驅者。」何以故？諸比丘不隨愛、瞋、怖、癡。諸大德！汝等行惡行，污他家，皆見聞知。諸大德捨是「愛、瞋、怖、癡」語。汝等出去，不應是中住。』」

《五分律》、《彌沙塞五分戒本》作：「諸比丘復語言：『汝莫作是語：「諸大德隨愛、恚、癡、畏，有如是等同罪比丘，有驅者。有不驅者。」汝行惡行，污他家，行惡行皆見聞知，污他家亦見聞知。汝捨是「隨愛、恚、癡、畏」語。汝出去，不應此中住。』」這兩部律典相比《四分律》少了一句「而諸比丘不愛，不恚，不怖，不癡」。

與《四分律》差異較大：

《鼻奈耶》無對應內容。

（五）是比丘如是諫時，堅持不捨者，彼比丘應再三諫，捨此事故。乃至三諫，捨者善；不捨者，僧伽婆尸沙

《四分律》作「是比丘如是諫時，堅持不捨者，彼比丘應再三諫，捨此事故。乃至三諫，捨者善；不捨者，僧伽婆尸沙」，意思是：（敗壞家庭的）比丘被（其他比丘）這樣勸諫時，（仍然）堅持不捨棄（自己的行為），其他比丘應第二、三次勸諫，為了讓對方放棄。直到第三次勸諫時，（敗壞家庭的比丘）放棄自己的行為，那就好；如果不放棄，犯僧殘罪。

與《四分律》相似：

《四分僧戒本》作「是比丘如是諫時，堅持不捨，彼比丘應三諫，捨是事故。乃至三諫，捨者善；若不捨者，僧伽婆尸沙」，《新刪定四分僧戒本》、《四分律比丘戒本》作「是比丘如是諫時，堅持不捨，彼比丘應三諫，捨此事故。乃至三諫，捨者善；不捨者，僧伽婆尸沙」。

《十誦律》作「如是教時，不捨是事者，當再三教，令捨是事。再三教時，捨者善；不捨者，僧伽婆尸沙」，《十誦比丘戒本》作「是同意比丘，諸比丘如是諫時，若堅持是事不捨，諸比丘應第二、第三諫。捨是事好；若不捨，僧伽婆尸沙」。

《僧祇律》作「是比丘，諸比丘如是諫時，若堅持是事不捨者，諸比丘應第二、第三諫，捨是事故。第二、第三諫時，捨者善；若不捨者，僧伽婆尸沙」。

《五分律》、《彌沙塞五分戒本》作「如是諫，堅持不捨，應第二、第三諫。第二、第三諫，捨是事善；不捨者，僧伽婆尸沙」。

梵文《有部戒經》作“Evaṃ cet sa bhikṣur bhikṣubhir ucyamānas tad eva vastu samādāya vigṛhya tiṣṭhen na pratiniḥsṛjet sa bhikṣur bhikṣubhir yāvat trir api samanuśāsitavyas tasya vastunaḥ pratiniḥsargāya sa yāvat trir api samanuśiṣyamāṇas tad vastu pratiniḥsṛjed ity evaṃ kuśalaṃ no cet pratiniḥsṛjet saṃghāvaśeṣaḥ"，意思是：比丘們這樣勸說這個比丘後，他仍然沒有捨棄堅持從事、爭辯的諍事，比丘們應該三次勸諫這個比丘捨棄他（堅持）的事。（如果）直到三次勸諫，他捨棄了這一事，這樣便好;如果沒有捨棄，僧殘餘。

巴利《戒經》作"Evañ-ca so bhikkhu bhikkhūhi vuccamāno tath'eva paggaṇheyya, so bhikkhu bhikkhūhi yāvatatiyaṃ samanubhāsitabbo tassa paṭinissaggāya, yāvatatiyañ-ce samanubhāsiyamāno taṃ paṭinissajeyya iccetaṃ kusalaṃ, no ce paṭinissajeyya, saṅghādiseso"，意思是：比丘們通過對那位比丘這樣勸告之後，他仍然執取，比丘們應該繼續勸諫他放棄，直到第三次。如果直到第三次勸諫的時候他放棄了，這樣就很好;反過來，如果沒有放棄，僧始終。

與《四分律》有部分差異：

《僧祇比丘戒本》作「如是諫時，捨者善；若不捨，應第二、第三諫。捨是事善；若不捨，僧伽婆尸沙」。

《解脫戒經》作「是比丘如是諫時，捨者善；若不捨者，諸比丘應三諫，捨是事故。乃至三諫，捨者善；若不捨，僧伽婆尸沙」。

《根有律》、《根有戒經》、《根有律攝》作「諸苾芻如是諫時，捨者善；若不捨者，應可再三殷勤正諫，隨教應詰令捨是事。捨者善；若不捨者，僧伽伐尸沙」。

梵文《說出世部戒經》作"Evaṃ ca te bhikṣū bhikṣūhi vucyamānā taṃ vastuṃ pratinissareṃsu ity etaṃ kuśalaṃ| no ca pratinissareṃsu te bhikṣū bhikṣūhi yāvantṛtīyakaṃ samanugrāhitavyā samanubhāṣitavyās tasya vastusya pratinissargāya| yāvantṛtīyakaṃ samanugrāhiyamāṇā vā samanubhāṣiyamāṇā vā taṃ vastuṃ prati[ni]ssareṃsu ity etaṃ kuśalaṃ| no ca pratinissareṃsu tam eva vastuṃ samādāya pragṛhya tiṣṭheṃsu saṃghātiśeṣo"，意思是：因此比丘們又勸諫這些比丘。他們捨棄了（原來的）事，這樣便好。（如果）又沒有捨棄，比丘們應該勸諫這些比丘三次，勸諫他們捨棄這一事。直到三次詢問或

勸諫，他們捨棄這一事，這樣便好；還是沒有捨棄他堅持接受、支持的事，僧殘餘。

藏文《根有戒經》作“དགེ་སློང་དེ་དག་ལ་དགེ་སློང་རྣམས་ཀྱིས་དེ་སྐད་ཅེས་བསྒོ་བ་ན་གལ་ཏེ་གཞི་དེ་གཏོང་ན་དེ་ལྟ་ན་ལེགས། གལ་ཏེ་མི་གཏོང་ན་གཞི་དེ་གཏོང་བར་བྱ་བའི་ཕྱིར་ལན་གཉིས་ལན་གསུམ་དུ་ཡང་དག་པར་བསྒོ་བར་བྱ། ཡང་དག་པར་བསྟན་པར་བྱ་འོ། །ལན་གཉིས་ལན་གསུམ་དུ་ཡང་དག་པར་བསྒོ། ཡང་དག་པར་བསྟན་པ་ན་གཞི་དེ་གཏོང་ན་དེ་ལྟ་ན་ལེགས། གལ་ཏེ་མི་གཏོང་ན་དགེ་འདུན་ལྷག་མའོ། །”，意思是：比丘們教誡完這些話後，如果捨棄此事的話是善的。如果沒有捨棄的話，為了捨棄此事，應正式地勸諫、教誡二三次。正式地勸諫、教誡二三次後，捨棄此事的話是善的；不捨棄此事的話，僧殘餘。

上述律典中，以「如是諫時，捨者善；若不捨，應第二、第三諫」或類似的表述，對應《四分律》中「是比丘如是諫時，堅持不捨者，彼比丘應再三諫」。

與《四分律》差異較大：

《鼻奈耶》作「僧伽婆尸沙」。

三、關鍵詞

污他家與行惡行

「污他家」，梵語戒經中為“kuladūṣaka”，該詞是由“kula（家）”和“dūṣaka（染污、敗壞）”構成，直譯成：損害、敗壞家庭（英譯：injurer or spoiler of families）。巴利《戒經》作“kuladūsaka”，與梵語相同。藏文《根有戒經》對應為“ཁྱིམ་（家宅、家庭，可引申為當地居民）སུན་འབྱིན་པ་（腐化、毀壞）”，字面意思是：腐化當地家庭（可能和信心相關）（英譯：corrupt families）。

「行惡行」，梵語為“pāpasamācāra”，該詞是由“pāpa（惡）”和“samācāra（行、行事）”組合而成，直接翻譯為：造作壞事（英譯：practitioner of evil）。巴利《戒經》作“pāpasamācāra”，含義和梵語相同。藏文《根有戒經》對應為“སྡིག་པའི་ཆོས་（罪惡的法）ཀུན་ཏུ་སྤྱོད་པ（不斷地行）”，字面意思是：行惡法（英譯：perpetrate evil deeds）。

《四分律》記載：「污他家者，有四種事：依家污家，依利養污家，依親友污家，依僧伽藍污家。」「依家污家」，就是從一家得物，給另一家；「依利養污家」，就是比丘如法得利，給一個居士，不給另一個居士；「依親友污家」，就是比丘依王、大臣，幫助一個居士，不幫助另一個居士；「依僧伽藍污家」，就是比丘取僧花果物，給一個居士，不給另一個居士。

《四分律》記載：「行惡行者，自種華樹，教人種華樹，乃至受僱戲笑。」《四分律》中，「污他家」強調不平等對待居士，暗含的後果是居士信心損減。「行惡行」是指種種不如法和非威儀的行為。

《薩婆多論》、《五分律》、《巴利律》的記載與《四分律》內涵相似。《五分律》記載：「污他家者，令他家不復信樂佛法。」「行惡行者，作身口意惡行。」《巴利律》記載：「『穢污俗家』者，以花、果、粉藥、粘土、楊枝、竹、藥作使者，以穢污俗家之〔淨信〕。」「『惡行』者，植華樹，又令植，灑水，又令灑，摘花，又令摘，結花，又令結。」《薩婆多論》[1]記載：「污他家者，作種種惡業，破亂他人信敬善心，是名污他家。」「又污他家者，若比丘凡有所請求，若為三寶，若自為請求，如是一切，若以種種信物與國王、大臣、長者、居士，一切在家人，若出家人，皆名污他家。」「作惡行者，作此不清淨業，穢污垢濁故，又得惡果故，名為惡行。」

《僧祇律》中也有關於「污他家」損減他人信心的記載，但和《四分律》有所不同，特指「若聚落中，人先有信心，供養眾僧，興立塔寺，令彼退滅，是名污他家」。並且還提到：「若比丘於聚落中作非梵行，飲酒，非時食，是不名污他家。」「行惡行者，身非威儀，口非威儀，身口非威儀，身暴害，口暴害，身口暴害，身邪命，口邪命，身口邪命。」其中「行惡行」的內涵與《四分律》相似。

《根有律》、《根有律攝》[2]中是「因」上安立「污他家」概念。如《根有律》記載：「污他家者，有二因緣而污他家。云何為二？一謂共住，二謂受用。何謂共住？謂與女人同一牀坐，同一盤食，同觴飲酒。何謂受用？謂同受用樹葉、花果及齒木等。」其內涵包括《四分律》中「污他家」和「行惡行」兩個層面。《根有律》記載：「行惡行者，謂行粗重罪惡之法。」具體何為「粗重」，律中沒有解釋。

《十誦律》中沒有關鍵詞的明確解釋，但是在緣起中描述了一系列的具體「惡行」：「作惡行，污他家，皆見皆聞皆知。是比丘共女人一牀坐，共一盤食，共器飲酒，中後食，共食宿，啖宿食，不受而食，不受殘食，彈鼓簧……作如是等種種惡不淨事。」可以認為此處「作惡行，污他家」是針對一種行為的遞進關係之描述，「作惡行」導致了「污他家」，兩者並非是並列關係。這一點與其他律典有所不同。比如「共器飲酒，中後食，共食宿」，在《十誦律》中都屬於「作惡行，污他家」，但是在《僧祇律》中明確指出這種行為不屬於污家。

---

1 《薩婆多論》卷 4，《大正藏》23 冊，524 頁中欄至 525 頁上欄。

2 《根有律攝》卷 4，《大正藏》24 冊，547 頁下欄至 548 頁中欄。

綜上所述，詞源分析中，諸部戒經中「污他家」和「行惡行」內涵一致，分別為「損害、破壞家庭」和「造作惡事」。漢譯律典中有兩種解釋：一種是《四分律》、《薩婆多論》、《僧祇律》、《五分律》、《巴利律》中所記載，「污他家」內涵為損減居士信心的行為，「行惡行」的內涵特指種種不如法和非威儀的行為；一種是《十誦律》、《根有律》、《根有律攝》中所記載，沒有明確區分「污他家」和「行惡行」內涵，統指在白衣家中做非法非威儀的行為。

四、辨相

（一）犯緣

具足以下五個方面的犯緣便正犯本戒：

1. 所犯境

《四分律》中，本戒的所犯境為，比丘因污他家及行惡行而被眾僧作的呵諫羯磨。除《鼻奈耶》，其他律典與《四分律》相同。《鼻奈耶》中，所犯境是白衣舍。

藏傳《苾芻學處》[1] 對所犯境還有一些特別的要求：「所污境，全不具足出家相及戒之俗人。以何事行污？自違尸羅，或宣他同梵行者過失。所謗境須近圓戒清淨，見同，相同，具足三種名言，身平等住，非是自己。具此苾芻六法，是如法驅擯者。對說之境須具五種名言，身平等住，非是自己。能說之人是被驅擯者。」

《薩婆多論》[2] 僅有關於此戒「不犯」的記載。而《毗尼母經》[3] 僅有關於方便加行的模糊記載。《明了論》沒有關於此戒的記載，以上情況下不贅述。

2. 能犯心

（1）發起心

《四分律》中，根據緣起推斷，發起心為欲違諫之心。除藏傳《苾芻學處》外，其他律典內涵與其相同。

藏傳《苾芻學處》為「欲毀謗驅擯自己之僧伽，雖經遮止亦堅執不捨」。

---

1 《苾芻學處》，《宗喀巴大師集》卷 5，69 頁至 70 頁。

2 《薩婆多論》卷 4，《大正藏》23 冊，524 頁中欄至 525 頁上欄。

3 《毗尼母經》卷 2，《大正藏》24 冊，812 頁中欄。

（2）想心

《四分律》中沒有提到想心。

《根有律攝》[1] 中為「實非愛憎作此想、疑」，即眾僧沒有愛憎而比丘認為有愛憎或有懷疑。

《巴利律》中，於如法羯磨有如法羯磨想、疑、非法羯磨想，均犯僧殘。

藏傳《苾芻學處》中，想心為「想不錯亂」。

其他律典中沒有相關內容。

3. 方便加行

《四分律》中，方便加行為謗僧並堅持不捨。

除《鼻奈耶》外，諸律與《四分律》相同。

《鼻奈耶》中，方便加行為「作上惡事」，即污家、行惡行，沒有提到謗僧違諫。

4. 究竟成犯

《四分律》中，呵諫羯磨第三羯磨結束成犯。《十誦律》、《摩得勒伽》[2]、《僧祇律》、《五分律》、《根有律》、《根有律攝》、《巴利律》、藏傳《苾芻學處》與《四分律》相同。

其他律典中，並未記載此戒的究竟成犯。

5. 犯戒主體

《四分律》中，犯戒主體是比丘，比丘尼同犯。《五分律》與《四分律》相同。

其他律典中，犯戒主體只有比丘。

---

1 《根有律攝》卷 4，《大正藏》24 冊，547 頁下欄至 548 頁中欄。

2 《摩得勒伽》卷 1，《大正藏》23 冊，569 頁上欄。

（二）輕重

1. 所犯境

《四分律》中，此戒的所犯境是因污他家及行惡行而被眾僧所作的呵諫羯磨，結罪為僧伽婆尸沙。除《鼻奈耶》外，其他律典與此相同。《鼻奈耶》的所犯境為「白衣家」。

2. 能犯心

（1）發起心

除犯緣中所述，諸律沒有其他輕重記載。

（2）想心

《根有律攝》中，如果眾僧確實有偏愛有憎恨，而比丘認為眾僧沒有愛憎或者懷疑，結偷蘭遮；認為有愛憎，不犯；如果眾僧沒有愛憎而比丘認為有愛憎或懷疑，犯僧殘。如：「實有愛憎非愛憎想、疑，得窣吐羅罪；若作愛憎想者，無犯。實非愛憎作此想、疑，便得眾教。」

《巴利律》中，於如法羯磨有如法羯磨想、疑、非法羯磨想，均犯僧殘；於非法羯磨有如法羯磨想、疑、非法羯磨想者，均犯突吉羅。

藏傳《苾芻學處》中，「想不錯亂」，犯僧殘。

其他律典中沒有與想心相關的結罪記載。

3. 方便加行

《四分律》中，謗僧並堅持不捨，結僧伽婆尸沙罪。《鼻奈耶》的方便加行為「作上惡事」，即污家、行惡行時，犯僧殘。

其他律典正犯的方便加行與《四分律》相同。

4. 究竟成犯

《四分律》中，白四羯磨第三羯磨結束後，結僧伽婆尸沙；第二羯磨結束後，結三個偷蘭遮；第一羯磨結束後，結二個偷蘭遮；作白結束後，結一偷蘭遮；作白未結束捨，結突吉羅；若屏諫時不捨，説「僧有愛，有恚，有怖，有癡」，犯突吉羅。

《十誦律》中，三諫後不捨，犯僧殘；而且第一次僧諫後，再多次僧諫，不捨，會犯多個僧殘。但如果在第三羯磨結束前捨棄，不犯。如：「若軟語約敕不捨者，不犯。若初説，説未竟、説竟；第二説，説未竟、説竟；第三説説未竟……不犯。」

《摩得勒伽》中，「污他家，乃至三諫不捨，得僧伽婆尸沙」。這裏的「三諫」指僧團「作驅出羯磨」勸諫比丘。

《僧祇律》記載：「是比丘屏處諫時，三諫不止，諫諫越比尼罪。多人中三諫，亦復如是。僧中初説未竟，越比尼罪；説竟，偷蘭罪。第二説未竟，越比尼罪；説竟，偷蘭罪。第三説未竟，偷蘭罪；説竟，僧伽婆尸沙。」

《五分律》中，先「差一親厚諫，若捨，一突吉羅悔」；「若不捨，應遣眾多比丘往諫；若捨者，應二突吉羅悔過。若復不捨，應僧往諫；若捨者，應三突吉羅悔過。若不捨，復應白四羯磨諫」。在羯磨作白後，「彼若捨，應三突吉羅、一偷羅遮悔過」；一羯磨後，「彼若捨，應三突吉羅、二偷羅遮悔過」；二羯磨後，「若捨，應三突吉羅、三偷羅遮悔過」；二羯磨後，「若不捨，復應如上第三羯磨。第三羯磨未竟，捨者，三突吉羅、三偷羅遮悔過；第三羯磨竟，捨、不捨，皆僧伽婆尸沙」。

《根有律》記載：「苾芻別諫之時，若捨者善。若不捨者，得窣吐羅底也。」「若作白四羯磨，如法如律如佛所教諫誨之時，捨者善。若不捨者，白了之時得粗罪；作初番了時亦得粗罪；若第二番了時亦得粗罪；若第三番羯磨結了之時而不捨者，得僧伽伐尸沙。」

《根有律攝》記載：「但言愛等，即得惡作。別人諫時，違犯粗罪。初白及二羯磨違，得三窣吐羅罪。第三竟時，便得眾教。」

《巴利律》中，屏處三諫結束不捨，各結一突吉羅；到僧中後，未白四羯磨前三諫不捨，也各結一突吉羅；作白四羯磨時，告白結束時結突吉羅；白四羯磨的第一、二個羯磨結束之後，犯偷蘭遮；第三遍羯磨詞説完後，犯僧殘。

藏傳《苾芻學處》中，「犯污他家，於未受驅擯之前而行謗僧」，犯突吉羅；「初番羯磨、二番羯磨之後及第三番羯磨未成之前，各得一粗罪」，第三番羯磨結束之時，犯僧殘。

其他律典沒有記載相關內容。

5. 犯戒主體

《四分律》中，比丘、比丘尼犯此戒，均結僧伽婆尸沙；式叉摩那、沙彌、沙彌尼若犯，均結突吉羅。《五分律》與《四分律》相同。

其他律典中，僅記載比丘犯此戒結僧殘罪，沒有記載比丘尼和下三眾的結罪情況。

此外，《四分律》中還記載了其他比丘勸被呵諫比丘堅持不捨的結罪情況。如：「若僧作呵諫時，更有餘比丘教莫捨，此比丘偷蘭遮；若未作呵諫者，突吉羅。若僧作呵諫時，有比丘尼教言『莫捨』者，尼偷蘭遮；若未作呵諫前教者，尼突吉羅。除比丘、比丘尼，餘人教『莫捨』，呵不呵盡突吉羅。」這裏的「餘人」，應該是指下三眾。

（三）不犯

1. 所犯境不具足

《四分律》記載，羯磨不如法，不犯。如：「非法別眾、非法和合眾、法別眾、法相似別眾、法相似和合眾，非法、非律、非佛所教」，均不犯。

其他律典中也有由於羯磨不如法而不犯的記載。如《十誦律》：「非法別眾、非法和合眾、似法別眾、似法和合眾、法別眾，異法、異律、異佛教：約敕不捨者，不犯。」《五分律》：「若白不成，三羯磨皆不成；若作餘羯磨、遮羯磨、非法羯磨……皆不犯。」《根有律》：「若作非法而眾和合，若作如法而眾不和合，若作似法而眾和合，若作似法而眾不和合，若不如法、如律、如佛所教而秉法，並皆無犯。」

2. 想心不具足

《根有律攝》中，如果眾僧確實有偏愛有憎恨，比丘也認為眾僧有愛憎，不犯。

3. 方便加行不具足

《巴利律》中，「捨者」，不犯。

4. 究竟成犯不具足

《四分律》記載，「不犯者，初語時捨」;「一切未作呵諫前」，不犯。

《巴利律》記載，「不被諫告者」，不犯。

5. 犯戒主體不具足

《四分律》記載:「不犯者，最初未制戒，癡狂、心亂、痛惱所纏。」《五分律》、《根有律》與《四分律》相同。

《巴利律》記載:「癡狂者、最初之犯行者，不犯也。」

6. 開緣

對於污家和行惡行中列舉的一些行為，《四分律》記載了以下幾種開緣的情況:

(1) 給予在家人物品的開緣

《四分律》:「若與父母，若與病人，與小兒，與妊娠婦女，與牢獄繫人，與寺中客作者，不犯。」

《薩婆多論》也有類似記載:「父母是福田，則聽供養。若僧祇人，以為僧祇役故，此則應與。若施主欲與眾僧作食，欲知法，則此應與。一切孤窮乞丐，憐愍心故應與。一切外道常於佛法作大怨敵，伺求長短，是應與。若為身命衣鉢隨緣乞求，而以與之，以免禍難。」另外，「若有強力欲於僧祇作破亂折減，若僧祇地中隨有何物，賣以作錢，隨緣消息」。

（2）種花樹、造花鬘的開緣

《四分律》:「若種花樹，復教人種，供養佛法僧;教人取花，供養佛法僧;自造花鬘，教人造，供養佛法僧；自以線貫花，教人貫，供養佛法僧；自持花，教人持花，供養佛法僧；自以線貫華鬘，教人貫持，供養佛法僧：皆不犯。」

（3）非威儀動作的開緣

《四分律》:「若人舉手欲打，若被賊、若象、熊羆、師子、虎、狼來恐難之處，若擔刺棘來於中走避者，不犯。若渡河溝、渠坑，跳躑者，不犯。若同伴行在後，還顧不見而嘯喚者，不犯。」

（4）為人送信的開緣

《四分律》:「若為父母病，若閉在獄，若為篤信優婆塞有病，若閉在獄看書往，若為塔、為僧、為病比丘事持書往返者，一切不犯。」

五、原理

（一）性遮與過患

此戒屬於性戒，主要約束比丘污家，行惡行而拒絕僧諫的行為。

佛制此戒，一方面是為了遮止比丘不如法聽取僧諫的行為，一方面也是為了遮止比丘與俗眾交往過程中種種不如法的行為。由律中記載可知，比丘對居士既有逢迎討好的一面，也有故意損惱傷害的地方，比丘的行為表現並不能讓居士生信，同時也影響了世俗社會對比丘整體形象的看法，因此對僧團的供養愈來愈少。《根有律攝》記載，此戒「由其受用鄙事故而行污家，因家慳煩惱制斯學處」。

（二）污家與行惡行

比丘污家行為的一個主要特點是通過財物與世俗權勢等手段與居士結交，如《四分律》中記載了四種形式的污他家：「依家污家、依利養污家、依親友污家、依僧伽藍污家。」比丘把自己的、居士的甚至僧團的財物送給其他居士，或者倚靠國王大臣的權勢來為居士謀利。比丘與居士結交背後，不管是出於私人的情感還是為了以此獲得更大的利養，都會引發種種過患。如《薩婆多論》記載：「凡出家人，無為無欲，清淨自守，以修道為心。若與俗人信使往來，廢亂正業，非出家所宜。又復若以信物贈遺白衣，則破前人平等好心。於得物者，歡喜愛敬。不得物者，縱使賢聖無愛敬心，失他前人深厚福利。又復倒亂佛法，凡在家人應飲食衣服供養出家人，而出家人反供養白衣，仰失聖心，又亂正法。」由此可見，比丘與部分居士相處過密，必然會造成人心的不平等，既破壞了居士對比丘的信敬之心，同時也給僧團及比丘的形象造成了負面影響。

比丘行惡行也屬於佛陀所禁止之列，《薩婆多論》記載：「作惡行者，作此不清淨業，穢污垢濁故，又得惡果故，名為惡行。」律中也以種種形式列舉了比丘非威儀的行為，如與女人言語戲笑，同牀起坐，同器飲食以及歌舞倡伎等，《僧祇律》中甚至記載了比丘種種故意惱害俗眾的行為，這些行為不僅增加欲染，也是放逸散亂的表現，同時也會引發居士的譏嫌。

（三）正本清源

《僧祇律》記載，比丘依聚落住，既能得到「衣被、飲食、牀臥、病瘦湯藥」等供養，同時也可以「得免諸難」。[1] 對比丘來說，聚落是教化民眾、弘揚佛法的場所，也是物質與人身安全的保障，而對居士來說，供養比丘也可以培植福報，增長智慧。

《僧祇律》、《根有律》中，聚落中的居士信眾們，對於緣起比丘的種種行為，內心認定是非法非律儀的，因而斷除了對這些比丘的供養，求助於前來托鉢的長老比丘（如阿難、目犍連等），或者尋求機會當面向佛匯報。而在其他幾部律中，聚落居民並沒有對緣起比丘的行為表示出厭棄，如《四分律》中，居士認為比丘「與人周接，善言問訊」，《五分律》中居士甚至稱讚比丘「多才多藝，善悅人心」。這種情況的出現很可能是與當時交通不暢，資訊封閉，有些偏僻地區的民眾對出家比丘的行持缺乏了解有關。然而，污家比丘的行為既與佛戒相違，就使得居士不能樹立正確的信仰觀念，影響了居士對佛法僧的皈依與敬仰，如律中記載居士斷絕了對比丘的供養。佛陀對這些非法比丘做出驅出羯磨的決定，其背後的意圖也正是為了去除這些惡劣的影響。因此，及時發現並治罰非法比丘的惡行是很有必要的，如《僧祇律》中，六群比丘暴惡難調，既污家行惡行，又非理謗僧，佛陀派遣阿難及其他三十位比丘將非法比丘驅出。

---

1 《僧祇律》卷 7：「依止城，若聚落住者，云何依止聚落住？若比丘於彼聚落中得衣被、飲食、牀臥、病瘦湯藥等，是名依止住。若復不得衣食、牀臥、病瘦湯藥等，但依止聚落，得免諸難，亦名依止住。若復比丘不依聚落免難，但依止聚落界住者，亦名依止住。」《大正藏》22 冊，289 頁上欄。

由上所述，驅出羯磨的作用一方面是震懾及治罰惡性比丘，另一方面其實是在向聚落的信眾澄清事實，消除誤解，同時也是為了正本清源，讓民眾認識到比丘如法的行持，生起正信正行。

六、總結

（一）諸律差異分析

1. 緣起差異

（1）結構差異

《四分律》有一個本制。其他律典與《四分律》相同。

（2）情節差異

《四分律》的主要情節是緣起比丘污他家，行惡行，世尊派比丘為其作驅出羯磨。在作羯磨時，緣起比丘不但不接受羯磨，反而詆毀眾比丘，佛又令比丘為之作呵諫羯磨，隨後制戒。

其他律典主要情節與《四分律》類似，但在細節上存在差異。《鼻奈耶》沒有記載佛陀讓比丘為緣起比丘作驅出羯磨和呵諫羯磨，所以，最後制戒也不是違諫戒，只是不能「作上惡事」。《十誦律》、《巴利律》中也沒有為緣起比丘作呵諫羯磨的記載。

《四分律》、《鼻奈耶》、《十誦律》、《五分律》、《巴利律》的緣起比丘都是兩位，而《僧祇律》是六群比丘，《根有律》是「阿濕薄迦」、「補捺伐素」和「半豆盧呬得迦」三位比丘。《僧祇律》中，六群比丘中二人懺悔，二人逃走，眾僧沒有對他們作擯出羯磨，所以剩下的兩位緣起比丘謗僧：「僧今隨愛，隨瞋，隨怖，隨癡，俱共同罪，有驅出者，有不驅者。」《根有律》中，也是由於半豆盧呬得迦懺悔沒被驅除，引起阿濕薄迦等對僧眾的不滿。這一細節有助於理解本戒中緣起比丘謗僧背後的原因，有必要補充到《四分律》的緣起故事中，使情節更加完整。

（3）結論

綜上所述，本戒仍以《四分律》的本制為準，對故事情節略做調整：將緣起比丘修改為六群比丘，加入眾僧沒有對懺悔和逃走的比丘作擯出羯磨的細節。

2. 戒本差異

除了《鼻奈耶》作「若比丘，住白衣家，作上惡事，僧伽婆尸沙」外，《四分律》與其他律典在語言詳略及表達上雖然有些差別，但文意基本相同。

對於《四分律》「聚落，若城邑住」一句，借鑒《根有律》中的「村落」與「城邑」區分，更加明確，將整句修改為「村落、城邑住」。污家比丘誹謗僧團時，所說的「諸比丘有愛，有恚，有怖，有癡」，為了避免與戒本中勸諫的「諸比丘」一方相混淆，借鑒《新刪定四分僧戒本》等，將其改為「僧」，也更符合本戒的制意。其後的「諸比丘報言」，為了點明雙方的角色，依《新刪定四分僧戒本》等，將「報」字改為「諫」。「莫作是語」之後的「有愛，有恚，有怖，有癡」原是引用污家比丘前面的話語，為了提示這一引用關係，據《四分僧戒本》等，在引語前增加「言」字。此外，對於《四分律》中重複、冗雜的內容，如多處的「污他家亦見亦聞，行惡行亦見亦聞」等，都依《新刪定四分僧戒本》作一定刪簡。

關於指示代詞，和前面「無根謗戒」等一樣，將污家比丘固定表述成「是比丘」，勸諫比丘為「諸比丘」。文末與「無根謗戒」等相同的調整，這裏不再重複說明。

3. 辨相差異

（1）所犯境

《四分律》的所犯境為比丘因污他家、行惡行而被眾僧作的呵諫羯磨。藏傳《苾芻學處》中，對被驅擯的比丘而言，其所污境為「全不具足出家相及戒之俗人」，所行之事為「自違尸羅，或宣他同梵行者過失」。另外，所謗境為「須近圓戒清淨，見同，相同，具足三種名言，身平等住，非是自己」。另外，《鼻奈耶》與諸律典也有所不同。其所犯境為「白衣舍」。

（2）能犯心

①發起心

藏傳《苾芻學處》中發起心為「欲毀謗驅擯自己之僧伽，雖經遮止亦堅執不捨」。《四分律》等諸律中沒有明確的記載，但從緣起故事中亦可看出，比丘在僧斷事時，毀謗僧「有愛，有恚，有怖，有癡」，由此可知，此戒的發起心為欲違諫之心。

②想心

比丘的想心主要體現在對僧是否有愛憎的認識方面。如《根有律攝》中，若眾僧「實非愛憎作此想、疑」，犯僧殘；若僧確實有愛憎而比丘不認為有愛憎或疑而毀謗，得偷蘭遮。《巴利律》為「於如法羯磨有如法羯磨想而不捨者」，正犯。其內涵和判罪與《根有律攝》相似。比丘對僧是否有愛憎的認知關係到比丘是否謗僧，因而，此想心是必要的，本戒借鑒《根有律攝》對想心的判法。

（3）究竟成犯

諸律辨相中，差異主要集中在究竟成犯層面，分為兩個方面，違僧諫與違屏諫。但這部分內容與「破僧違諫戒」相同，不再贅述。

（4）不犯

關於污家行為的開緣，廣律中只有《四分律》提到。比如僧物予以在家人的開緣情況，《四分律》記載：「若與父母，若與病人，與小兒，與妊娠婦女，與牢獄繫人，與寺中客作者，不犯。」《薩婆多論》也有類似記載：「父母是福田，則聽供養。若僧祇人，以為僧祇役故，此則應與。」

4. 諸律內部差異

各律典中，此戒的緣起、戒本以及辨相三部分相符。

（二）調整文本

通過以上諸律間觀點同異的對比與分析，文本在《四分律》的基礎上作如下調整：

1. 緣起

佛在舍衛國祇樹給孤獨園，六群比丘在羈連行惡行，污他家，導致眾多比丘在羈連乞食困難，後者便至舍衛城向世尊匯報此事。世尊便遙呵責六群比丘，並派舍利弗、目犍連二人往羈連給六群比丘作驅出羯磨。六群比丘中，三文陀達多、摩醯沙達多逃走，闡陀、迦留陀夷在半路向眾僧懺悔，剩下的阿濕婆和富那婆娑不但不接受羯磨，反而詆毀眾比丘「有愛，有恚，有怖，有癡，更有餘同罪比丘，有驅者，有不驅者，而獨驅我」。佛又令眾比丘為之作呵諫羯磨，隨後制戒。

2. 戒本

若比丘，依村[1]落[2]、城邑住，污他家，行惡行，俱有見聞[3]。諸比丘當語是比丘言：「大德污他家，行惡行，俱有見聞[4]，今可遠此聚落去，不須住此。」是比丘語諸[5]比丘言[6]：「大德！僧[7]有愛，有恚，有怖，有癡，有如是同罪比丘，有驅者，有不驅者。」諸比丘諫[8]言：「大德！莫作是語，言[9]：『僧[10]有愛，有恚，有怖，有癡，有如是同罪比丘，有驅者，有不驅者。』而僧[11]不愛，不恚，不怖，不癡。大德污他家，行惡行，俱有見聞[12]。」[13]如是諫時，堅持不捨

---

1 「村」，底本作「聚」，據《根有律》、《根有戒經》、《根有律攝》改。

2 「落」後，底本有「若」，據《解脫戒經》、《根有律》、《根有戒經》、《根有律攝》刪。

3 「俱有見聞」，底本作「污他家亦見亦聞，行惡行亦見亦聞」，據《新刪定四分僧戒本》改。

4 「俱有見聞」，底本作「污他家亦見亦聞，行惡行亦見亦聞。大德！汝污他家，行惡行」，據《新刪定四分僧戒本》改。

5 「諸」，底本作「彼」，據《十誦律》、《十誦比丘戒本》、《僧祇律》、《解脫戒經》、《根有律》、《根有戒經》、《根有律攝》改。

6 「言」，底本作「作是語」，據《四分僧戒本》、《新刪定四分僧戒本》、《十誦律》、《十誦比丘戒本》、《僧祇律》、《僧祇比丘戒本》、《五分律》、《彌沙塞五分戒本》、《解脫戒經》、《根有律》、《根有戒經》、《根有律攝》改。

7 「僧」，底本作「諸比丘」，據《新刪定四分僧戒本》、《僧祇律》、《僧祇比丘戒本》改。

8 「諫」，底本作「報」，據《新刪定四分僧戒本》、《僧祇比丘戒本》改。

9 「言」，底本闕，據《四分僧戒本》、《新刪定四分僧戒本》、《解脫戒經》加。

10 「僧」，底本闕，據《新刪定四分僧戒本》、《僧祇律》、《僧祇比丘戒本》、《解脫戒經》加。

11 「僧」，底本作「諸比丘」，據《新刪定四分僧戒本》、《僧祇律》、《僧祇比丘戒本》改。

12 「俱有見聞」，底本作「污他家亦見亦聞，行惡行亦見亦聞」，據《新刪定四分僧戒本》改。

13 「如」前，底本有「是比丘」，據《十誦律》、《僧祇比丘戒本》、《五分律》、《彌沙塞五分戒本》刪。

者，諸[1]比丘應[2]三諫，令[3]捨此事[4]。乃至三諫，捨者善;不捨者，僧伽婆尸沙。

3. 關鍵詞

污他家與行惡行:指影響居士信心的非法非威儀的行為。其中，「污他家」指比丘不平等地對待居士而令居士信心損減的行為;「行惡行」指比丘作不如法和非威儀的行為。

4. 辨相

(1) 犯緣

本戒具足六緣成犯:一、污他家，行惡行;二、僧團羯磨驅擯;三、非理謗僧之心;四、謗僧，堅持不捨;五、僧作如法羯磨呵諫;六、第三羯磨結束，成犯。

(2) 辨相結罪輕重

①污他家，行惡行

②僧團羯磨驅擯

③非理謗僧之心

④謗僧，堅持不捨

謗僧，僧作如法羯磨呵諫，堅持不捨，僧伽婆尸沙;若初諫便捨，不犯。

若未作白前，謗僧言:「僧有愛，有恚，有怖，有癡。」一切突吉羅。

⑤僧作如法羯磨呵諫

僧作如法羯磨呵諫後不捨，僧伽婆尸沙;若眾僧作非法別眾羯磨、非法和合眾羯磨，法別眾羯磨、法相似別眾羯磨、法相似和合眾羯磨呵諫，不犯;若以非法、非律、非佛所教作呵諫，不犯。

---

1 「諸」，底本作「彼」，據《十誦比丘戒本》、《僧祇律》、《解脫戒經》改。

2 「應」後，底本有「再」，據《四分僧戒本》、《新刪定四分僧戒本》、《四分律比丘戒本》、《解脫戒經》刪。

3 「令」，底本闕，據《十誦律》、《根有律》、《根有戒經》、《根有律攝》加。

4 「事」後，底本有「故」，據《十誦律》、《根有律》、《根有戒經》、《根有律攝》刪。

僧無愛憎作無愛憎想、疑，僧伽婆尸沙；僧無愛憎作有愛憎想，僧伽婆尸沙；僧有愛憎作無愛憎想、疑，偷蘭遮；僧有愛憎作有愛憎想，不犯。

⑥第三羯磨結束

第三羯磨結束，僧伽婆尸沙。

若第二羯磨結束後捨，三個偷蘭遮。

若第一羯磨結束後捨，二個偷蘭遮。

若初白羯磨結束後捨，偷蘭遮。

若初白羯磨未結束捨，突吉羅。

⑦犯戒主體

比丘、比丘尼若犯，僧伽婆尸沙；式叉摩那、沙彌、沙彌尼若犯，突吉羅。

⑧不犯

若一切未作呵諫前，不犯。

若所做是污家和行惡行開緣（包括僧物予在家人開緣、為三寶事開緣、非威儀開緣、病因緣開緣等）所許，不犯。

最初未制戒，癡狂、心亂、痛惱所纏，不犯。

七、現代行持參考

在現代社會，比丘污家的行為仍有可能發生。作為新時代的比丘，在承擔社會責任方面，應該起到化世導俗的積極作用，而非過度世俗化，做出種種不如法和非威儀的行為，損減居士的信心。

比丘應尊重自己的僧格，在與俗眾交往的過程中，注意保持一定的距離，做到僧俗有序，保護俗眾對三寶的信心。如《四分律》中提到了八種事會損減白衣的信心，比丘須特別注意：「罵謗白衣，作損減，無利益，作無住處，鬥亂白衣，在白衣前毀佛、法、僧。」[1]

比丘不應以求利養恭敬的心與居士相處，應提策清淨的發心。需要注意的是，有些行為表面上是慈悲、理解、關懷，實際上是在迎合對方的煩惱，最終可能導致信眾只對比丘有好感，而對三寶整體難以樹立信心。這種好感也是染污之情，很容易引發矛盾與過失。當其他信眾看到比丘只對一部分信眾「廣開方便之門」時，也會心存不滿，從而影響其對三寶的信心。

1 《四分律》卷 60，《大正藏》22 冊，1009 頁中欄。

13

惡性不受諫戒

一、緣起

(一) 緣起略述

《四分律》只有一個本制。佛在拘睒毗國瞿師羅園時，闡陀比丘不接受人教誨，當別的比丘勸諫時，闡陀比丘自恃出家前與佛陀的因緣，態度蠻橫，不接受勸誡，並用傲慢的語言反駁對方。諸比丘向佛陀匯報了闡陀比丘的惡劣言行。佛陀召集眾比丘，嚴厲批評闡陀比丘，並讓僧團對闡陀比丘作呵諫白四羯磨。僧團對闡陀比丘做呵諫白四羯磨，令其棄捨惡語不受諫的行為。佛陀以此因緣制戒。[1]

諸律緣起差異比較：

1. 制戒地點

《四分律》中，制戒地點為「拘睒毗國瞿師羅園」。《鼻奈耶》[2]為「舍衛國祇樹給孤獨園」，《十誦律》[3]為「拘睒彌國」，《僧祇律》[4]為「俱舍彌國」，《五分律》[5]是「拘舍彌國」，《根有律》[6]為「憍閃毗國瞿師羅園」，《巴利律》[7]為「憍賞彌國瞿師羅園」。

---

1 《四分律》卷 5，《大正藏》22 冊，599 頁上欄至 600 頁中欄。

2 《鼻奈耶》卷 5，《大正藏》24 冊，874 頁上欄。

3 《十誦律》卷 4，《大正藏》23 冊，27 頁下欄至 28 頁中欄；卷 51，《大正藏》23 冊，377 頁下欄；卷 52，《大正藏》23 冊，386 頁中欄至下欄。

4 《僧祇律》卷 7，《大正藏》22 冊，284 頁下欄至 286 頁下欄。

5 《五分律》卷 3，《大正藏》22 冊，21 頁中欄至下欄。

6 《根有律》卷 16，《大正藏》23 冊，707 頁上欄至 710 頁上欄。

7 《經分別》卷 2，《漢譯南傳大藏經》1 冊，248 頁至 251 頁；《附隨》卷 1，《漢譯南傳大藏經》5 冊，52 頁。

2. 緣起比丘

《四分律》中，緣起比丘為「闡陀」。《僧祇律》、《五分律》、《根有律》、《巴利律》與《四分律》相同，《鼻奈耶》為「闡怒」，《十誦律》為「長老闡那」，應該都是「闡陀」的異譯。

3. 緣起情節

諸律與《四分律》相同，都只有一個本制。緣起情節方面的差異，有以下幾個方面：

《五分律》與《四分律》的區別在於《四分律》未交代比丘們一開始勸誡闡陀的原因，而《五分律》提到：「闡陀比丘數數犯罪：入白衣舍，上牀、下牀皆不如法，別眾食，數數食，非時入聚落不白善比丘。」諸比丘進行勸誡時，闡陀比丘惡語反駁，乃至説諸比丘不應該教導他，他應該反過來教誡諸比丘。《十誦律》只是略提到：「爾時，長老闡那犯小悔過罪，諸比丘欲利益憐愍安隱故，教憶是罪。」

《僧祇律》特別提到，諸比丘苦口婆心，對闡陀比丘進行了三次勸諫，不得已才報告佛陀，而《四分律》僅僅是一次勸諫不成，即報告於佛。

《鼻奈耶》記載的情節很簡單，闡怒比丘個性剛強頑固不可調化，諸比丘勸諫不成便報告佛，佛因此制戒。《根有律》記載，闡陀「既犯罪已不如法説悔」，諸比丘為利益對方，勸誡闡陀應如法説悔，反而被闡陀惡語反駁。諸比丘將此事匯報給佛陀，佛陀因此制戒。《巴利律》中，闡陀做不善行，諸比丘勸阻時，闡陀反以傲慢輕侮的態度反駁，不受勸誡。比丘們將此事報告佛陀，佛陀因此制戒。

（二）緣起比丘形象

《四分律》中，闡陀比丘受到比丘勸誡時説：「汝莫語我若好若惡，我亦不語諸大德若好若惡。諸大德止，莫有所説。何用教我為？我應教諸大德。」闡陀比丘不僅拒絕其他比丘勸誡，而且還要教育別人，其理由是：「我聖主得正覺故，譬如大水初來，漂諸草木積在一處，諸大德亦復如是，種種姓、種種名、種種家出家，集在一處。亦如大風吹諸草木集在一處，諸大德亦如是，種種姓、種種名、種種家出家，集在一處。」充分體現了闡陀比丘對自己身分的優越感。

其他律典緣起比丘形象與《四分律》類似，只是其對身分的說法略有不同。如《五分律》中，闡陀說：「聖師法王是我之主，法出於我，無豫大德。」《僧祇律》中，闡陀說：「汝等皆是雜姓，我家民吏。」反映出闡陀歧視比丘們出身低下。闡陀又說：「從菩薩出家，我常隨侍，至於今日。唯佛教我，我當受持。」聲明只有佛陀才能教育他，看得出闡陀比丘慢心熾盛，對別人不屑一顧。《根有律》中，闡陀「既犯罪已，不如法說悔」，可以推斷出他持戒不嚴格且悔過心不強。《巴利律》中，闡陀說：「佛是我等所有，法是我等所有。」

綜上所述，諸律中闡陀比丘的形象比較一致，都是依仗自己與佛陀的因緣，或者依仗種姓出身而輕慢其他比丘，不受他人的勸誡反而惡語相向。

（三）犯戒內因

《四分律》中緣起比丘慢心熾盛，看不起其他比丘，這是其犯戒的主要內因。其他律典與《四分律》一致。

另外，《僧祇律》中，比丘們問佛陀，為何闡陀比丘宣稱只聽佛陀的話——「唯有佛語，我當受佛語」——以及為何闡陀比丘這麼依仗世尊欺凌他人。佛陀講了兩個自己和闡陀比丘宿世因緣的本生故事，告訴大家闡陀比丘在前世就有相應的等流習氣。《根有律》的本生故事類似，闡陀在前世時就曾憑恃世尊家族的聲望欺誑於人。這兩部律典中，緣起比丘的宿世等流亦是其犯戒的內因之一。

（四）犯戒外緣

諸律中，犯戒外緣都是比丘們對闡陀比丘進行勸誡。

至於比丘們為何勸誡闡陀比丘，諸律有的有交代，有的沒有交代，如上「緣起情節」部分所述。總體而言，諸律犯戒外緣都是闡陀比丘戒行上有過失，比丘們以慈心教誡。

（五）犯戒後的影響

諸律中，闡陀比丘不聽勸誡，惡語相向，比丘們向佛陀匯報，佛陀呵斥闡陀比丘。部分律典中，佛陀指示比丘們對闡陀比丘作進一步的勸誡。如《四分律》中，闡陀比丘受到了僧團的屏諫和白四羯磨呵諫。《五分律》中，闡陀比丘受到了屏諫、多人三諫，乃至僧三諫。《僧祇律》中，闡陀受到屏處三諫、多人中三諫，乃至僧中白四羯磨勸諫。《根有律》中，闡陀比丘受到屏諫和白四羯磨呵諫。

《鼻奈耶》、《十誦律》、《巴利律》沒有提到闡陀比丘受到白四羯磨呵諫。

（六）佛陀考量

《四分律》中，佛陀制定了勸諫詞：「大德！莫自身不受諫語。大德自身當受諫語。大德如法諫諸比丘，諸比丘亦如法諫大德。如是佛弟子眾得增益，展轉相諫，展轉相教，展轉懺悔。」可以看出，佛陀期望僧團中的比丘們能夠互相勸諫，互做諍友，和合增上。

《僧祇律》、《五分律》、《根有律》、《巴利律》中有與《四分律》類似的勸諫詞。

從勸諫詞可以看出：一方面，佛陀希望比丘們在僧團中能夠虛心接受別人的建議、勸誡，利用僧團大眾的力量來修改個人習氣，增進道業；另一方面，從整個團體來看，如果每個人都能如法如律地接受別人的勸誡，並懷着慈悲心去如法如律地勸誡、幫助別人，團體便會清淨和合。

《僧祇律》中，佛陀告誡闡陀：「闡陀，此是惡事。汝常不聞我種種因緣呵責自用，讚歎不自用。汝今云何自用反戾？此非法，非律，非是佛教，不可以是長養善法。」從中可知佛陀經常呵責自以為是的言行。

《鼻奈耶》中，佛陀最後告訴諸比丘：「置闡怒（當車匿）比丘，吾涅槃後自當受化。」這表明佛陀對闡陀比丘包容、不放棄的態度，同時也是在安慰和疏導眾僧，讓他們對闡陀比丘抱有更多的耐心。

《根有律》中，佛陀講完本生故事後，對比丘們說：「往時恃我族望欺誑於人，今者還恃我宗欺諸同梵行者。是故汝諸苾芻不應憑恃勢力欺蔑於人，當自攝心，謙下而住。」這是佛陀告誡比丘們當自謙下，不得仗勢欺人。

（七）文體分析

《四分律》有一個因緣，其他律典與《四分律》相同。另外，《僧祇律》有兩個本事和一則伽陀，《根有律》有一個本生和三個伽陀。

《四分律》的本制故事結構很簡單，情節單一，以對話描寫為主。《僧祇律》、《根有律》中，本生故事的描寫細緻得多，不僅人物對話和心理描寫比較詳細，而且有時還用偈頌來叙事，增加了故事的可讀性，彰顯了經典的勸化功能。

除《鼻奈耶》外，諸律都有一個類似的譬喻（《巴利律》中為兩個並列的類似譬喻）。闡陀比丘在反駁其他比丘的時候，用這個譬喻來貶低其他比丘，間接彰顯自己身分的特殊，從而理直氣壯地拒絕別人的勸誡。如《四分律》：「大水初來，漂諸草木積在一處，諸大德亦復如是，種種姓、種種名、種種家出家，集在一處。亦如大風吹諸草木集在一處，諸大德亦如是，種種姓、種種名、種種家出家，集在一處。」

二、戒本

《四分律》中，本戒的戒本為：「若比丘，惡性不受人語，於戒法中，諸比丘如法諫已，自身不受諫語，言：『諸大德！莫向我說若好若惡，我亦不向諸大德說若好若惡。諸大德且止，莫諫我。』彼比丘諫是比丘言：『大德，莫自身不受諫語，大德自身當受諫語。大德如法諫諸比丘，諸比丘亦如法諫大德。如是佛弟子眾得增益，展轉相諫，展轉相教，展轉懺悔。』是比丘如是諫時，堅持不捨，彼比丘應三諫，捨是事故。乃至三諫，捨者善；不捨者，僧伽婆尸沙。」

梵文《根有戒經》[1] 中本條戒的內容，全部來自藏文戒經以及梵文《有部戒經》殘片的重構。因此在下文中，梵文《根有戒經》不再參與對比。

（一）若比丘，惡性不受人語，於戒法中，諸比丘如法諫已，自身不受諫語

《四分律》、《四分律比丘戒本》[2] 作「若比丘，惡性不受人語，於戒法中，諸比丘如法諫已，自身不受諫語」，意思是：如果有比丘性情暴惡，不願接受別人的勸諫，（其他）比丘們在戒律的範疇內如法地勸諫以後，這位比丘不接受勸諫。

與《四分律》相似：

《四分僧戒本》[3] 作「若比丘，惡性不受人諫語，於戒法中，諸比丘如法諫已，自身不受諫語」，《新刪定四分僧戒本》[4] 作「若比丘，惡性不受人語，於戒法中，諸比丘如法諫已，不受諫語」。這兩部律典相比《四分律》，前者多了

1 Anukul Chandra Banerjee, *Two Buddhist Vinaya Texts in Sanskrit*, p.21.

2 《四分律比丘戒本》，《大正藏》22 冊，1016 頁下欄。

3 《四分僧戒本》，《大正藏》22 冊，1024 頁中欄至下欄。

4 《新刪定四分僧戒本》，《卍續藏》39 冊，264 頁中欄。

「諫」字，後者少了「自身」二字。

與《四分律》有部分差異：

《僧祇律》作「若比丘，自用戾語，諸比丘如法、如律教時，便自用意」，《僧祇比丘戒本》[1]作「若比丘，自用戾語，諸比丘共法中如法、如律教時，便自用意」。這兩部律典相比《四分律》少了「惡性」。

《五分律》、《彌沙塞五分戒本》[2]作「若比丘，惡性難共語，與諸比丘同學經戒，數數犯罪，諸比丘如法、如律諫其所犯」。這兩部律典相比《四分律》和其他律典，多出了「與諸比丘同學經戒，數數犯罪」。

《解脱戒經》[3]作「若比丘，惡口，於戒律中學，如來法中如法、如毗尼，自身不受諫」。這裏缺少與《四分律》中「諸比丘如法諫已」相對應的內容。

相比《四分律》的「於戒法中」，以下幾部律典更明確地表達了所勸説內容屬於戒經的意思。

《十誦律》作「若比丘，惡性戾語，諸比丘説如法、如律、如戒經中事，是比丘戾語不受」。這裏的「戾」字有違逆、違背的意思。此處的「諸比丘説如法、如律、如戒經中事」，對應《四分律》中的「於戒法中，諸比丘如法諫已」。

《十誦比丘戒本》[4]作「有一比丘，惡性難共語，諸比丘應如法、如善，説所犯波羅提木叉中事，自身作不可共語」。這裏以「諸比丘應如法、如善，説所犯波羅提木叉中事」對應《四分律》的「於戒法中，諸比丘如法諫已」。

《根有律》、《根有戒經》[5]、《根有律攝》[6]作「若復苾芻，惡性不受人語，諸苾芻於佛所説戒經中，如法、如律勸誨之時，不受諫語」。

---

1 《僧祇比丘戒本》，《大正藏》22 冊，550 頁中欄。

2 《彌沙塞五分戒本》，《大正藏》22 冊，195 頁下欄。

3 《解脱戒經》，《大正藏》24 冊，660 頁下欄至 661 頁上欄。

4 《十誦比丘戒本》，《大正藏》23 冊，472 頁上欄至中欄。

5 《根有戒經》，《大正藏》24 冊，502 頁上欄。

6 《根有律攝》卷 4，《大正藏》24 冊，548 頁下欄。

梵文《說出世部戒經》[1] 作“Bhikṣuḥ kho puna durvacakajātīyo bhoti | so uddeśaparyāpannchi śikṣāpadehi bhikṣūhi śikṣāyāṃ saha dharmeṇa saha vinayena vucyamāno ātmānam avacanīyaṃ karoti”，意思是：又有比丘擁有難以勸說的性格，（其他）比丘們在屬於誦戒的戒法（範圍）內，在戒法中（進行）如法、如律的勸說，（比丘）自己認為不該被勸說。

梵文《有部戒經》[2] 作“Bhikṣuḥ punar ihaikatyo durvacajātīyaḥ syāt sa uddeśaparyāpannaiḥ śikṣāpadair bhikṣubhiḥ saha dharmeṇa saha vinayenocyamāna ātmānam avacanīyaṃ kuryān”，意思是：有比丘，性格屬於難以勸說的一類，（其他）比丘們在屬於誦戒的戒法（範圍）內，如法、如律的勸說，（比丘）自己認為不該被勸說。

巴利《戒經》[3] 作“Bhikkhu pan’eva dubbacajātiko hoti, uddesapariyāpannesu sikkhāpadesu bhikkhūhi sahadhammikaṃ vuccamāno attānaṃ avacanīyaṃ karoti”，意思是：如果有難於教化的比丘，比丘們在所誦學處的範圍內，對其進行如法勸告時，（比丘）自己認為不該被勸說。

藏文《根有戒經》[4] 作“འདི་ན་དགེ་སློང་འགའ་ཞིག་བཀའ་བློ་མི་བདེ་བའི་རང་བཞིན་ཅན་དུ་གྱུར་ལ། དེ་ལ་དགེ་སློང་རྣམས་ཀྱིས་གདོན་པར་གཏོགས་པ་བསླབ་པའི་གཞི་རྣམས་དང་། བདེ་བར་གཤེགས་པའི་མདོར་གཏོགས་པ་རྣམས་ཀྱིས་ཆོས་དང་འཐུན་པ་དང་། འདུལ་བ་དང་འཐུན་པར་སྨྲས་པ་ན།”，意思是：某些比丘，（變得）惡言為性，因此當（其他）比丘們進行勸諫，說了那些讀誦的戒經所包含的內容，那些就佛陀所授的要義而言，如法、如律內容的時候。

與《四分律》差異較大：

《鼻奈耶》作「喻婆怒比丘自心剛強不受諫誨者」。此處的「剛強」和《四分律》中的「惡性」有所不同。另外，相比《四分律》缺少「於戒法中，諸比丘如法諫已」的意思。

---

1 Nathmal Tatia, *Prātimokṣasūtram of the Lokottaravādimahāsāṅghika School*, Tibetan Sanskrit Works Series, no. 16, p. 10.

2 Georg von Simson, *Prātimokṣasūtra der Sarvāstivādins Teil II*, Sanskrittexte aus den Turfanfunden, XI, p. 176.

3 Bhikkhu Ñāṇatusita, *Analysis of the Bhikkhu Pātimokkha*, p. 87.

4 麗江版《甘珠爾》（འཇང་བཀའ་འགྱུར།）第 5 函《別解脫經》（སོ་སོར་ཐར་པའི་མདོ།）5b-6a。

（二）言：「諸大德！莫向我說若好若惡，我亦不向諸大德說若好若惡。諸大德且止，莫諫我。」

《四分律》、《四分律比丘戒本》作：「言：『諸大德！莫向我說若好若惡，我亦不向諸大德說若好若惡。諸大德且止，莫諫我。』」意思是：「（被勸諫的比丘）說：『諸位比丘不要說我好的、壞的，我也不會說諸位好的、壞的，請諸位停下，不要勸諫我。』」

與《四分律》相似：

《四分僧戒本》作：「言：『諸大德！莫向我說若好若惡，我亦不向諸大德說若好若惡。諸大德止，莫諫我。』」《新刪定四分僧戒本》作：「言：『諸大德！莫向我說若好若惡，我亦不向諸大德說若好若惡。大德且止，莫數諫我。』」

《十誦比丘戒本》作：「如是言：『諸大德！汝等莫語我若好若醜，我亦不語諸大德若好若醜。諸大德不須諫我。』」

《解脫戒經》作：「語諸比丘言：『長老！莫向我說若善不善，我亦不向諸長老說若善不善。長老止，莫諫我。』」

《根有律》、《根有戒經》、《根有律攝》作：「言：『諸大德！莫向我說少許若好若惡，我亦不向諸大德說若好若惡。諸大德止，莫勸我，莫論說我。』」

梵文《說出世部戒經》作“So evam āha mā me āyuṣmanto kiñcid vadatha kalyāṇaṃ vā pāpakaṃ vā| aham apy āyuṣmantānāṃ na kiñcid vakṣyāmi kalyāṇaṃ vā pāpakaṃ vā| viramathāyuṣmanto mama vacanāya”，意思是：「這樣說：『哦，大德們！不要向我說任何好的或壞的，我也不向大德們說任何好的或壞的，大德們不要勸說我。』」

梵文《有部戒經》作“Mā māṃ āyuṣmantaḥ ki(ṃ)cid vadantu kalyāṇaṃ vā pāpakaṃ vā aham apy āyuṣmato na kiṃcid vakṣyāmi kalyāṇaṃ vā pāpakaṃ vā virama(n)tv āyuṣmanto madvacanād alaṃ vo m--[1]ktena”，意思是：大德！

---

1 原戒本中，此處殘缺。

不要向我說任何好的或壞的，我也不向大德說任何好的或壞的，大德不要勸說我（梵文對應部分有殘缺）。

巴利《戒經》作“Mā maṃ āyasmanto kiñ-ci avacuttha, kalyāṇaṃ vā pāpakaṃ vā, aham-p’āyasmante na kiñ-ci vakkhāmi, kalyāṇaṃ vā pāpakaṃ vā. Viramathāyasmanto mama vacanāyā ti”，意思是：大德們，請不要向我說任何好的或者壞的，我也不向大德們說任何好的或者壞的，大德們不要勸說我。

與《四分律》有部分差異：

《十誦律》作：「語諸比丘言：『汝莫語我好惡，我亦不語汝好惡。』」《僧祇律》作：「作是言：『汝莫語我若好若惡，我亦不語汝若好若惡。』」《僧祇比丘戒本》作：「言：『長老！汝莫語我好惡事，我亦不語汝好惡事。』」《五分律》、《彌沙塞五分戒本》作：「答言：『大德！汝莫語我若好若惡，我亦不以好惡語汝。』」這些律典與《四分律》相比，缺少了要求諸比丘停止勸諫的內容。

藏文《根有戒經》作“ཚེ་དང་ལྡན་པ་དག་ཁྱེད་ཅག་དགེ་ཡང་རུང་། སྡིག་ཀྱང་རུང་། བདག་ལ་ཅི་ཡང་མ་སྨྲ་ཤིག །བདག་ཀྱང་དགེ་ཡང་རུང་། སྡིག་ཀྱང་རུང་། ཚེ་དང་ལྡན་པ་དག་ལ་ཅི་འང་མི་སྨྲའོ། །ཚེ་དང་ལྡན་པ་དག་གིས་བདག་ལ་ཚིག་གི་ལམ་ཐོང་ཤིག །ཁྱེད་ལ་ཡང་བདག་གིས་སྨྲས་པས་ཅི་ཞིག་བྱ་ཞེས་བདག་ཉིད་བརྗོད་པར་བྱ་བ་མ་ཡིན་པར་བྱེད་ན།”，意思是：「『大德們，你們一切相關或好或壞的都不要對我說，一切相關或好或壞的我也不向大德們說。大德們，應當對我捨棄這樣的言語，這也是我對你的勸諫。』因為說了這樣的話，（比丘）令自己成為不能勸說的對象。」相比《四分律》及其他律典，此處多出了「因為說了這樣的話，令自己成為不能勸說的對象」。

與《四分律》差異較大：

《鼻奈耶》中無對應內容。

（三）彼比丘諫是比丘言：「大德，莫自身不受諫語，大德自身當受諫語。」

《四分律》、《四分僧戒本》作：「彼比丘諫是比丘言：『大德，莫自身不受諫語，大德自身當受諫語。』」意思是：「其他比丘勸諫這位比丘說：『大德，你不要不接受（我們）對你的勸諫，你應該接受（我們）對你的勸諫。』」

與《四分律》相似：

《四分律比丘戒本》作：「彼比丘應諫是比丘言：『大德，莫自身不受諫語，大德自身當受諫語。』」相比《四分律》多了一個「應」字。

《新刪定四分僧戒本》作：「彼比丘諫是比丘言：『大德，莫不受諫語，大德當受諫語。』」相比《四分律》少了「自身」二字。

巴利《戒經》作"So bhikkhu bhikkhūhi evam-assa vacanīyo: Mā āyasmā attānaṃ avacanīyaṃ akāsi. Vacanīyam-evāyasmā attānaṃ karotu"，意思是：「諸比丘應該如此勸諫那位比丘：『大德，不要認為自己不該被勸說，應當認為自己應該被勸說。』」

與《四分律》有部分差異：

《五分律》、《彌沙塞五分戒本》作：「諸比丘復語言：『汝莫作自我不可共語。』」

以下律典中，相比《四分律》多了「如法、如律」或類似的表述。

《十誦律》作：「諸比丘應如是言：『諸比丘説如法、如律、如戒經中事，汝莫戾語，汝當隨順語。』」《十誦比丘戒本》作：「諸比丘應諫彼比丘：『大德，諸比丘如法、如善，説所犯波羅提木叉中事，汝莫自身作不可共語，汝身當作可共語。』」

《僧祇律》作：「諸比丘諫彼比丘言：『長老，諸比丘如法、如律教，汝莫自用意。』」《僧祇比丘戒本》作：「諸比丘應諫言：『長老，諸比丘共法中如法、如律教時，汝莫不受。』」

《解脱戒經》作：「諸比丘諫此比丘言：『大德，於佛戒法中學，如法、如律，自身當受諫，莫不受諫。』」

《根有律》、《根有戒經》、《根有律攝》作：「諸苾芻語是苾芻言：『具壽，汝莫不受諫語，諸苾芻於戒經中，如法、如律勸誨之時，應受諫語。』」

梵文《説出世部戒經》作"So bhikṣu bhikṣūhi evam asya vacanīyo mā āyuṣmann uddeśaparyāpannehi śikṣāpadehi bhikṣūhi śikṣāyāṃ saha dharmeṇa saha vinayena vucyamāno ātmānam avacanīyaṃ karohi| (a)vacanīyam evāyuṣmān ātmānaṃ karotu”，意思是：「比丘們應該對這位比丘這樣勸說：『哦，大德，（其他）比丘們在屬於誦戒的戒法（範圍）內，在戒法中（進行）如法、如律的勸說，不要認為自己不該被勸說，應當認為自己應該被勸說。』」

梵文《有部戒經》作“Sa bhikṣur bhikṣubhir evaṃ syād vacanīyo mā tvam āyuṣmann uddeśaparyāpannaiḥ śikṣāpadair bhikṣubhiḥ saha dharmeṇa saha vinayenocyamāna ātmānam avacanīyaṃ kārṣīr vacanīyam evāyuṣmān ātmānaṃ karotu”，意思是：「比丘們對這位比丘應該這樣勸說：『大德，（其他）比丘們在屬於誦戒的戒法（範圍）內，如法、如律的勸說，你不要認為自己不該被勸說，應當認為自己應該被勸說。』」

藏文《根有戒經》作“དགེ་སློང་རྣམས་ཀྱིས་འདི་སྐད་ཅེས། ཚེ་དང་ལྡན་པ་ཁྱོད་དགེ་སློང་རྣམས་ཀྱིས་གདོན་པར་གཏོགས་པ་བསླབ་པའི་གཞི་རྣམས་དང་། བདེ་བར་གཤེགས་པའི་མདོར་གཏོགས་པ་རྣམས་ཀྱིས་ཆོས་དང་འཐུན་པ་དང་། འདུལ་བ་དང་འཐུན་པར་སྨྲས་པ་ན། བདག་ཉིད་བརྗོད་པར་བྱ་བ་མ་ཡིན་པར་མ་བྱེད་པར་ཚེ་དང་ལྡན་པས་བདག་ཉིད་བརྗོད་པར་བྱ་བ་པོ་ནར་གྱིས་ཤིག །”，意思是：「比丘們說這樣的話：『大德，當諸比丘進行勸諫，說了那些讀誦的戒經所包含的內容，那些就佛陀所授的要義而言，如法、如律內容的時候，不要令自己成為不能勸說的對象。大德，要令自己成為可以勸說的對象。』」

與《四分律》差異較大：

《鼻奈耶》中無對應內容。

（四）大德如法諫諸比丘，諸比丘亦如法諫大德

《四分律》、《四分僧戒本》、《新刪定四分僧戒本》、《四分律比丘戒本》作「大德如法諫諸比丘，諸比丘亦如法諫大德」，意思是：大德（指被勸諫的比丘），你可以如法地勸諫（其他）比丘們，其他比丘們也可以如法地勸諫你。

與《四分律》相似：

《五分律》、《彌沙塞五分戒本》作「汝當為諸比丘說如法，諸比丘亦當為汝說如法」。

《根有律》、《根有戒經》、《根有律攝》作「具壽如法諫諸苾芻，諸苾芻

亦如法諫具壽」。

巴利《戒經》作“Āyasmā pi bhikkhū vadetu saha dhammena, bhikkhū pi āyasmantaṃ vakkhanti saha dhammena”，意思是：大德如法的勸說比丘們，比丘們也如法的勸說大德。

與《四分律》有部分差異：

《十誦律》作「諸比丘當為汝說如法、如律，汝亦當為諸比丘說如法、如律」，《十誦比丘戒本》作「大德當為諸比丘說如法、如善，諸比丘亦當為大德說如法、如善」。

《僧祇律》作「諸比丘教汝應當信受，汝亦應如法、如律教諸比丘」，《僧祇比丘戒本》作「汝亦應如法、如律教諸比丘」。後者少了與《四分律》「諸比丘亦如法諫大德」相對應的內容。

《解脫戒經》作「大德如法、如律諫諸比丘，諸比丘亦如法、如律諫大德」。

梵文《說出世部戒經》作“Bhikṣū pi āyuṣmantaṃ vakṣyanti śikṣāyāṃ saha dharmeṇa saha vina(yena)| āyuṣmān api bhikṣūn vadatu śikṣāyāṃ saha dharmeṇa saha vinayena”，意思是：比丘們也應該如法、如律地勸說大德，大德也應該如法、如律地勸說比丘們。

梵文《有部戒經》作“Āyuṣma(n)tam api bhikṣavo vakṣyanti saha dharmeṇa saha vinayena āyuṣmān api bhikṣūṃ vadatu saha dharmeṇa saha vinayena”，意思是：比丘們也應該如法、如律地勸說大德，大德也應該如法、如律地勸說比丘們。

藏文《根有戒經》作“དགེ་སློང་རྣམས་ཚེ་དང་ལྡན་པ་ལ་ཆོས་དང་འཐུན་པ་དང་། འདུལ་བ་དང་འཐུན་པར་སྨྲས་པ་ན། ཚེ་དང་ལྡན་པ་ཡང་དགེ་སློང་རྣམས་ལ་ཆོས་དང་འཐུན་པ་དང་། འདུལ་བ་དང་འཐུན་པར་སློས་ཤིག །”，意思是：比丘們對大德如法、如律地勸諫，大德也應對比丘們如法、如律地勸諫。

《十誦律》及之後的律典較《四分律》都多出了「如律」的意思。

與《四分律》差異較大：

《鼻奈耶》中無對應內容。

（五）如是佛弟子眾得增益，展轉相諫，展轉相教，展轉懺悔

《四分律》、《四分僧戒本》、《四分律比丘戒本》作「如是佛弟子眾得增益，展轉相諫，展轉相教，展轉懺悔」，意思是：這樣佛弟子們相互之間勸諫、教導、懺罪，大家就都能夠增上、獲益。

與《四分律》相似：

《新刪定四分僧戒本》作「如是佛弟子眾得增益，展轉相諫、相教、懺悔」。

《僧祇律》、《僧祇比丘戒本》作「何以故？如來弟子眾展轉相教，展轉相諫，共罪中出故，善法得增長」。

《解脫戒經》作「何以故？如是具足如來、應供、等正覺弟子眾得增長，種種相諫，展轉相教，各各悔過，各各共語」。這裏比《四分律》多出了「共語」二字。

梵文《說出世部戒經》作"Evaṃ saṃbaddhā kho punas tasya bhagavato tathāgatasyārhataḥ samyaksambuddhasya parṣā yad idam anyamanyasya vacanīyā, anyonyāpatti vyutthāpanīyā"，意思是：這樣又確實增長世尊、如來、應供、正等覺的團體，通過這樣相互間勸說，相互間出罪。

巴利《戒經》作"Evaṃsaṃvaddhā hi tassa bhagavato parisā, yad-idaṃ aññamaññavacanena aññamaññavuṭṭhāpanenā ti"，意思是：佛陀的弟子眾因為通過這樣的相互間勸說，相互間出罪而獲得成長。

上述兩部梵巴戒本中缺少與「展轉相教」相對應的內容。

與《四分律》有部分差異：

《五分律》、《彌沙塞五分戒本》作「如是展轉相教，轉相出罪，成如來眾」。這兩部律典相比《四分律》少了「展轉相諫」。

《十誦律》作「何以故？如是者，諸如來眾得增長利益，以共語相教，共出罪故。汝當捨是戾語事」，《十誦比丘戒本》作「何以故？諸如來眾得如是增長，所謂共說，共諫，共罪中出故。大德捨是自身作不可共語業」。

《根有律》、《根有戒經》、《根有律攝》作「如是如來、應、正等覺、佛聲聞眾便得增長，共相諫誨。具壽，汝應捨此事」。

梵文《有部戒經》作“Evaṃ saṃvṛddhā tasya bhagavataḥ pariṣad yadutānyonyavacanīyād anyonyāvavādād anyonyānuśāsanād anyonyāpattivyutthāpanān niḥsṛjatv āyuṣm(ā)n ātma(na) avacanīyakarmāntatāṃ”，意思是：世尊的團體通過這樣相互勸說，相互勸諫，相互指導，相互出罪而得以增長。大德應該遠離自己不該被勸説的業習。

藏文《根有戒經》作“དེ་ཅིའི་ཕྱིར་ཞེ་ན། འདི་ལྟ་སྟེ། གཅིག་ལ་གཅིག་བརྗོད་པར་བྱ་བ་ཉིད་དུ་བྱེད་པ་དང་། གཅིག་ལ་གཅིག་འདོམས་ཤིང་རྗེས་སུ་སྟོན་པ་དང་། གཅིག་གིས་གཅིག་ལྟུང་བ་ལས་སློང་བ་ཉིད་དེ་ལྟ་བུས་བཅོམ་ལྡན་འདས་དེ་བཞིན་གཤེགས་པ་དགྲ་བཅོམ་པ་ཡང་དག་པར་རྫོགས་པའི་སངས་རྒྱས་དེའི་འཁོར་འདི་འཕེལ་བར་འགྱུར་གྱིས། ཚེ་དང་ལྡན་པ་ཁྱོད་བདག་ཉིད་བརྗོད་པར་བྱ་བ་མ་ཡིན་པར་བྱེད་པའི་ལས་ཀྱི་མཐའ་འདི་ལྟ་བུ་འདི་ཐོང་ཤིག་ཅེས་བསྒོ་བར་བྱའོ།།”，意思是：為什麼？這樣就是互相對話，互相教授、教誡，互相出罪還淨。作為薄伽梵、如來、應供、正等正覺的弟子，這樣成長、增上。大德，你應當捨棄令自己成為不能勸説對象的這一行為。

以上《十誦律》及之後的律典，與《四分律》相比多出「汝應捨此事」或類似的表述。

與《四分律》差異較大：

《鼻奈耶》中無對應內容。

（六）是比丘如是諫時，堅持不捨，彼比丘應三諫，捨是事故。乃至三諫，捨者善；不捨者，僧伽婆尸沙

《四分律》作「是比丘如是諫時，堅持不捨，彼比丘應三諫，捨是事故。乃至三諫，捨者善；不捨者，僧伽婆尸沙」，意思是：（拒絕勸諫的）比丘被（其他比丘）這樣勸諫時，（仍然）堅持不捨棄（自己的行為），其他比丘應第二、第三次勸諫，為了讓對方放棄。直到第三次勸諫時，（拒絕勸諫的比丘）放棄自己的行為，那就好；如果不放棄，犯僧殘罪。

與《四分律》相似：

《四分僧戒本》作「是比丘如是諫時，堅持不捨，彼比丘應三諫，捨是事故。乃至三諫，捨者善；若不捨者，僧伽婆尸沙」。

《新刪定四分僧戒本》、《四分律比丘戒本》作「是比丘如是諫時，堅持不捨，彼比丘應三諫，捨此事故。乃至三諫，捨者善;不捨者，僧伽婆尸沙」。

《十誦比丘戒本》作「諸比丘如是諫時，若堅持是事不捨，諸比丘應第二、第三諫。捨是事好；若不捨，僧伽婆尸沙」，《十誦律》作「諸比丘如是教時，不捨是事者，當再三教令捨是事。再三教已，捨者善；不捨者，僧伽婆尸沙」。

《五分律》、《彌沙塞五分戒本》作「如是諫，堅持不捨，應第二、第三諫。第二、第三諫，捨是事善；不捨者，僧伽婆尸沙」。

梵文《有部戒經》作"Evaṃ cet sa bhikṣur bhikṣubhir ucyamānas (ta) d eva vastu samādāya vigṛhya tiṣṭhen na pratiniḥsṛjet sa bhikṣur bhikṣubhir yāvat trir (api) samanuśāsitavyas tasya vastunaḥ pratiniḥsargāya sa yāvat trir api samanuśiṣyamāṇas tad vastu pratiniḥsṛjed ity evaṃ kuśalaṃ no cet pratiniḥsṛjet saṃghāvaśeṣaḥ"，意思是：比丘們這樣勸說這個比丘後，他仍然沒有捨棄堅持從事、爭辯的諍事，比丘們應該三次勸諫這個比丘捨棄他（堅持）的事。（如果）直到三次勸諫，他捨棄了這一事，這樣便好;如果沒有捨棄，僧殘餘。

巴利《戒經》作"Evañ-ca so bhikkhu bhikkhūhi vuccamāno tath'eva paggaṇheyya, so bhikkhu bhikkhūhi yāvatatiyaṃ samanubhāsitabbo tassa paṭinissaggāya, yāvatatiyañ-ce samanubhāsiyamāno taṃ paṭinissajeyya iccetaṃ kusalaṃ, no ce paṭinissajeyya, saṅghādiseso"，意思是：比丘們通過對那位比丘這樣勸告之後，他仍然執取，比丘們應該繼續勸諫他放棄，直到第三次。如果直到第三次勸諫的時候他放棄了，這樣就很好;反過來，如果沒有放棄，僧始終。

與《四分律》有部分差異：

《僧祇比丘戒本》作「如是諫時，捨者善；若不捨，應第二、第三諫。捨是事善；若不捨，僧伽婆尸沙」。

《解脱戒經》作「彼比丘如是諫時，捨者善；若不捨，諸比丘應三諫，捨是事故。乃至三諫，捨者善；若不捨，僧伽婆尸沙」。

《根有律》作「諸苾芻如是諫時，捨者善；若不捨者，應可再三殷勤正諫時，隨教應詰，令捨是事。捨者善；若不捨者，僧伽伐尸沙」，《根有戒經》、《根有律攝》作「諸苾芻如是諫時，捨者善；若不捨者，應可再三殷勤正諫，隨教應詰，令捨是事。捨者善；若不捨者，僧伽伐尸沙」。

《僧祇律》作「諸比丘諫是比丘時，應捨是事；若不捨者，復第二、第三諫。捨者善；若不捨者，僧伽婆尸沙」。

梵文《說出世部戒經》作"Evaṃ ca so bhikṣū bhikṣūhi vucyamāno taṃ vastuṃ pratinissareya ity etaṃ kuśalaṃ, no ca pratinissareya so bhikṣu bhikṣūhi yāvantṛtīyakaṃ samanugrāhitavyo samanubhāṣitavyo tasya vastusya pratinissargāya| yāvantṛtīyakaṃ samanugrāhiyamāṇo vā taṃ vastuṃ pratinissareya ity etaṃ kuśalaṃ, no ca pratinissareya tam eva vastuṃ samādāya pragṛhya tiṣṭheya saṃghātiśeṣo"，意思是：因此比丘們應該勸諫這個比丘。他捨棄了（原來的）事，這樣便好。（如果）又沒有捨棄，比丘們應該勸諫這個比丘三次，勸諫他捨棄這一事。直到三次詢問或勸諫，他捨棄這一事，這樣便好；還是沒有捨棄他堅持接受、支持的事，僧殘餘。

藏文《根有戒經》作"དགེ་སློང་དེ་ལ་དགེ་སློང་རྣམས་ཀྱིས་དེ་སྐད་བསྒོ་བ་ན་གལ་ཏེ་གཞི་དེ་གཏོང་ན་དེ་ལྟ་ན་ལེགས། གལ་ཏེ་མི་གཏོང་ན་གཞི་དེ་གཏོང་བར་བྱ་བའི་ཕྱིར་ལན་གཉིས་ལན་གསུམ་དུ་ཡང་དག་པར་བསྒོ་བར་བྱ། ཡང་དག་པར་བསྟན་པར་བྱའོ། །ལན་གཉིས་ལན་གསུམ་དུ་ཡང་དག་པར་བསྒོ། ཡང་དག་པར་བསྟན་པ་ན་གཞི་དེ་གཏོང་ན་དེ་ལྟ་ན་ལེགས། གལ་ཏེ་མི་གཏོང་ན་དགེ་འདུན་ལྷག་མའོ། །"，意思是：比丘們教誡完這些話後，如果捨棄此事的話是善的。如果沒有捨棄的話，為了捨棄此事，應正式地勸諫、教誡二三次。正式地勸諫、教誡二三次後，捨棄此事的話是善的；不捨棄此事的話，僧殘餘。

以上律典中以「如是諫時，捨者善；若不捨，應第二、第三諫」或類似的表述，對應《四分律》中「是比丘如是諫時，堅持不捨，彼比丘應三諫」。

與《四分律》差異較大：

《鼻奈耶》作「僧伽婆尸沙」。

三、關鍵詞

惡性不受人語

梵文戒經中對應“durvacakajātīya”一詞，該詞由“dur（難以）”、“vacaka（說）”、“jātīya（稟性、種類）”組成，直譯為：難以勸說的性格（英譯：of a nature difficult to be spoken to）。巴利《戒經》作“dubbacajātika”，該詞由“dur（難以）”、“vaca（說）”構成“dubbaca”，再和“jātika（稟性、性格）”組合，意思與梵文相同。

藏文《根有戒經》中對應“བཀའ་སློ་（勸告）མི་བདེ་བའི་（困難的）རང་བཞིན་（本性）ཅན（具有者）”，意思是：本性不容易接受勸告（英譯：of a nature difficult to be spoken to）。

《四分律》作「惡性不受人語」，解釋為：「不忍、不受人教誨。」意思是不能認可和不願接受別人的勸諫。

《五分律》作「惡性，難共語」，解釋為：「不受教誨，無恭敬心；自是非彼。」

《根有律》解釋：「惡性不受人語者，若善苾芻以隨順言不違正理正勸諫時，自用己情不相領納。」意思是：面對善比丘如法如理的勸諫，比丘自己內心並不接受。此解釋強調了勸諫的比丘為善比丘，並且是「正理正勸諫」，和《四分律》解釋稍有不同。

《根有律攝》[1] 僅對「惡性」作了解釋：「惡性者，稟性粗言不用他語。」

《巴利律》解釋：「若比丘惡口性者，惡語而具有惡語之行法，不認許，不受〔他人之〕教誡。」比《四分律》多出了惡語並具有惡語的習性，與《根有律攝》中「惡性」的解釋內涵相似。

1 《根有律攝》卷 4，《大正藏》24 冊，548 頁中欄至 550 頁上欄。

綜上所述，從詞源上看，諸部戒經內涵一致，意為「難以勸說的性格」。漢文律典中，《四分律》、《五分律》、《根有律》、《根有律攝》、《巴利律》都有不受他諫的內涵，此外《根有律》還強調了勸諫比丘是正理正勸諫，《根有律攝》、《巴利律》提及了緣起比丘有惡語習性。

四、辨相

（一）犯緣

具足以下五個方面的犯緣便正犯本戒：

1. 所犯境

《四分律》中，本戒的所犯境是僧如法呵諫羯磨。

《十誦律》、《僧祇律》、《五分律》、《根有律》、《根有律攝》、《巴利律》、藏傳《苾芻學處》[1] 均與《四分律》相同。《鼻奈耶》戒條中，此戒的所犯境為其他比丘的「諫誨」。

《薩婆多論》[2]、《摩得勒伽》、《善見論》[3]、《毗尼母經》[4]、《明了論》中沒有關此戒辨相的詳細記載，以下不再提及。

2. 能犯心

（1）發起心

《四分律》中，本戒的發起心是不接受勸諫之心。藏傳《苾芻學處》中的發起心是「欲說不受諫之語言，雖經遮止，相續不捨」。

其他律典與《四分律》相同。

（2）想心

《四分律》中沒有關於想心的記載。

《巴利律》中，如法羯磨起如法羯磨想、疑、非法羯磨想，均正犯。

藏傳《苾芻學處》中的想心是「想不錯亂」。

---

1 《苾芻學處》，《宗喀巴大師集》卷 5，70 頁至 71 頁。

2 《薩婆多論》卷 4，《大正藏》23 冊，525 頁上欄至中欄。

3 《善見論》卷 13，《大正藏》23 冊，769 頁下欄。

4 《毗尼母經》卷 8，《大正藏》24 冊，848 頁下欄。

其他律典均無想心方面的記載。

3. 方便加行

《四分律》中，本戒的方便加行是不受人語，堅持不捨。

其他律典與《四分律》相同。

4. 究竟成犯

《四分律》中，本戒的究竟成犯是呵諫羯磨三羯磨竟。

《十誦律》、《僧祇律》、《五分律》、《根有律》、《根有律攝》、《巴利律》、藏傳《苾芻學處》的究竟成犯與《四分律》相同。如《根有律攝》:「第三竟時，如法、如律、如大師教正為開諫，違而不捨者，得眾教罪。」

《鼻奈耶》沒有記載此戒的究竟成犯。

5. 犯戒主體

《四分律》中的犯戒主體是比丘，比丘尼同犯。

《五分律》與《四分律》相同。

其他律典中記載的犯戒主體都是比丘，未提其他情況。

(二) 輕重

1. 所犯境

《四分律》中，所犯境是僧如法呵諫羯磨時，結僧殘罪，其他情況未提及。

其他律典的所犯境見上犯緣，沒有犯輕的記載。

2. 能犯心

(1) 發起心

諸律除以上所述的犯緣外，無其他結罪情況。

（2）想心

《四分律》中沒有想心方面的記載。

《巴利律》中，如法羯磨起如法羯磨想、疑、非法羯磨想，均犯僧殘；於非法羯磨有如法羯磨想、疑、非法羯磨想，均結突吉羅。

其他律典均沒有想心的相關的記載。

3. 方便加行

諸律方便加行的正犯如上犯緣所述。

《四分律》中，呵諫時比丘教他不捨，得偷蘭；若未作呵諫時教他不捨，得突吉羅。

《十誦律》中，方便加行的輕罪為：「若比丘言『汝莫語我』，突吉羅；『莫語好』，偷蘭遮；『莫語惡』，偷蘭遮。『我亦不語汝』，突吉羅；『不語汝好』，偷蘭遮；『不語汝惡』，偷蘭遮。若言『捨是教我法』，嫌罵眾故，得波夜提。先應軟語約敕，軟語約敕已，捨是事者，作令四偷蘭遮、二突吉羅、一波夜提悔過出罪。」

《根有律攝》記載：「若以不善見、聞、疑而遮他者，得惡作罪。」「惡語之人不先詰問輒便遮止，得惡作罪。」

《五分律》的方便加行判罪和「破僧違諫戒」相同。

4. 究竟成犯

《四分律》中，若三羯磨竟，結僧殘；若作白二羯磨竟，捨者，三偷蘭遮；作白一羯磨竟，捨者，二偷蘭遮；作白竟，捨者，一偷蘭遮。此外，律文還記載：「作白未竟捨者，突吉羅；未白前惡性不受人語，盡突吉羅。」

《十誦律》的究竟成犯為：「若軟語約敕不捨者，未犯。若初說，說未竟、說竟；第二說，說未竟、說竟；第三說，說未竟，……未犯。若如法、如律、如佛教，三約敕竟不捨者，犯僧伽婆尸沙。」

《僧祇律》記載：「若比丘於屏處三諫，若多人中三諫時不止者，諫諫犯越比尼罪。僧中諫時，初諫時未竟，越比尼罪；羯磨說竟，偷蘭罪。第二羯磨未竟，越比尼罪；說竟，偷蘭罪。若第三羯磨未竟，偷蘭罪；說竟，僧伽婆尸沙。僧伽婆尸沙罪起已，屏處諫乃至僧中一切越比尼罪、一切偷蘭罪，皆合成一僧伽婆尸沙。中間止者，隨止處治罪。」

《五分律》中，先「差一親厚諫，若捨，一突吉羅悔」；「若不捨，應遣眾多比丘往諫；若捨者，應二突吉羅悔過。若復不捨，應僧往諫；若捨者，應三突吉羅悔過。若不捨，復應白四羯磨諫」。在羯磨作白後，「彼若捨，應三突吉羅、一偷羅遮悔過」；一羯磨後，「彼若捨，應三突吉羅、二偷羅遮悔過」；二羯磨後，「若捨，應三突吉羅、三偷羅遮悔過」；二羯磨後，「若不捨，復應如上第三羯磨。第三羯磨未竟，捨者，三突吉羅、三偷羅遮悔過；第三羯磨竟，捨、不捨，皆僧伽婆尸沙」。

《根有律》記載：「苾芻別諫之時，若捨者善。若不捨者，得窣吐羅底也。」「若作白四羯磨，如法如律如佛所教諫誨之時，捨者善。若不捨者，白了之時得粗罪；作初番了時亦得粗罪；若第二番了時亦得粗罪；若第三番羯磨結了之時而不捨者，得僧伽伐尸沙。」

《根有律攝》記載：「別人諫時不用語者，得窣吐羅罪；若初白及二羯磨，得窣吐羅罪；第三竟時，得僧伽伐尸沙。」

《巴利律》中，屏處三諫結束不捨，各結一突吉羅；到僧中後，未白四羯磨前三諫不捨，也各結一突吉羅；作白四羯磨時，告白結束時結突吉羅；白四羯磨的第一、二個羯磨結束之後，犯偷蘭遮；第三遍羯磨詞說完後，犯僧殘。

藏傳《苾芻學處》中，「不受諫語，未作憶念之前說不受諫之言」，犯突吉羅；「初番羯磨、二番羯磨之後及第三番羯磨未成之前，各得一粗罪」，第三番羯磨結束之時，犯僧殘。

《鼻奈耶》沒有記載此戒的究竟成犯。

5. 犯戒主體

《四分律》中，犯戒主體是比丘、比丘尼時，結僧伽婆尸沙；式叉摩那、沙彌、沙彌尼，突吉羅。又記載：「若為惡性作呵諫時，若有餘比丘教言『莫捨』，此比丘偷蘭遮；若未作呵諫而語者，突吉羅。若比丘尼教言『莫捨』，此比丘尼偷蘭遮；若未呵諫，突吉羅。除比丘、比丘尼，餘人教『莫捨』，呵不呵盡突吉羅。」

《五分律》與《四分律》相同。

其他律典中記載的犯戒主體都是比丘，犯僧殘。

（三）不犯

1. 所犯境不具足

《四分律》記載：「不犯者，初語時捨，非法別眾、非法和合眾、法別眾、法相似別眾、法相似和合眾，非法、非律、非佛所教，若一切未作呵諫前，不犯。」

《五分律》記載：「若白不成，三羯磨皆不成。若作餘羯磨、遮羯磨、非法羯磨，不諫自捨：皆不犯。」

《十誦律》記載：「若軟語約敕不捨者，未犯。初說說未竟、說竟，第二說說未竟、說竟，第三說說未竟，非法別眾，非法和合眾，似法別眾，似法和合眾，如法別眾，異法、異律、異佛教，若約敕不捨者，未犯。」

《根有律》記載：「若作非法而眾和合，若作如法而眾不和合，若作似法而眾和合，若作似法而眾不和合，若不如法、如律、如佛所教而秉法，並皆無犯。」

《根有律攝》記載：「若作非法而眾和合，或作如法眾不和合，或作非法眾不和合，或作似法眾不和等，由作諫事不稱法故，無犯。」

2. 能犯心不具足

《四分律》記載：「若其事如是，若戲笑語，若疾疾語，若獨語，若夢中語、欲說此錯說彼，是謂不犯。」

3. 犯戒主體不具足

《四分律》記載：「不犯者，最初未制戒，癡狂、心亂、痛惱所纏。」《五分律》、《根有律》與《四分律》相同。

《巴利律》記載:「不被諫告者、捨者，癡狂者、最初之犯行者，不犯也。」

五、原理

（一）惡性乏德不受僧諫

本戒是一條性戒，主要對治比丘的瞋、慢以及愚癡煩惱。

諸律緣起中記載，緣起比丘惡性頑劣，犯錯之後不接受他人的如法教誨，反而倚仗自己與佛陀的特殊關係而輕視其他比丘，甚至在面對多人乃至眾僧勸諫時，仍然拒不接受，故而佛陀制戒。

（二）自我保護的心理

在他人勸諫時，比丘害怕自己的過錯被人揭發，出於自我保護，往往會拒絕他人的善意，有時甚至瞋心以對。如此既無益於改過遷善，又會觸惱他人。《根有律攝》記載：「由其惡性受用法事，求自在不忍煩惱，遂生忿恨自損損他，制斯學處。」比丘不受僧諫的背後是不能反省自己錯誤的行為，它有以下幾種心理表現：

1. 因為有所憑恃而不接納他人的建議，其背後是一種驕慢的心理。比丘不受他人勸諫，很大程度上是認為自己比他人優越，別人無權干涉自己。如緣起比丘一方面憑恃自己是佛陀出家前的侍從，親歷佛陀整個出家學道的過程——「佛是我家佛，法亦是我家法」——而其他比丘都是在佛陀成道後才出家成為佛弟子，因此認為高人一等，輕蔑勸諫之人：「是故我應教諸長老，長老不應反教我。」另一方面比丘出身王宮貴族，對種姓高低貴賤有一定的成見。如《僧祇律》中比丘輕視他人：「汝等皆是雜姓，我家民吏，譬如烏鳥銜雜類骨聚在一處，何能教我佛法僧事？」針對比丘的這種驕慢心理，《根有律》中，佛陀教誡比丘：「不應憑恃勢力欺蔑於人，當自攝心，謙下而住。」

2. 因為不正確的認知而自我辯解，其背後是愚癡。比丘有時候會以一個貌似合理的理由為自己的非法行為辯護，如緣起比丘將佛陀的略教誡「但自觀身行，若正若不正」[1]，解釋為每個人只要管好自己就行，不要見他人的過失。比丘對佛陀的教誡斷章取義，目的是掩飾自己的錯誤，因此拒絕別人的意見：「汝莫語我若好若惡，我亦不語諸大德若好若惡。諸大德止，莫有所說。」正確的理解應該如《薩婆多論》中所記載：對於鈍根、少聞少見、新出家等，佛說但自觀身行；而對於利根、廣聞博見、久染佛法力能兼人等，則應展轉相教。[2]

（三）團體規範中的勸諫機制

僧團的勸諫機制如何管理運作才能達到雙贏的效果，需要考慮三個方面的問題：勸諫對象的界定，勸諫者的條件，以及勸諫程序的制度性完善。

關於勸諫對象的界定。對惡性比丘的鑑別標準直接關係到勸諫的合法性。惡性比丘既屬乏德惡性之人，同時又數數勸諫無效，此時眾僧羯磨勸諫與僧殘罪的威懾才是必要的。

關於勸諫者的條件。勸諫者須具備相應的質素，這樣才能以合適的方式、恰當的方法與態度勸諫對方。由波逸提中的「不受諫戒」可知，勸諫者必須是僧團上座，或執事比丘，或大眾。[3] 勸諫者需要把慈悲利他與方便善巧結合起來：「以五法住他自恣：以實，不以虛；以時，不以非時；以有利益，不以無利益；以慈心，不以惡意；以柔軟語，不以剛強。」[4]

關於勸諫程序的制度性完善。為了維持組織團體的穩定發展，首先要建立完善的監管制度，隨時關注僧團成員的身心狀態；其次，當有不如法的行為出現時，將私下屏諫的人性化與僧團羯磨勸諫的權威性結合起來，構建多層次的勸諫模式，使惡性拒僧違諫的問題能夠得到更圓滿的解決。

---

1 《四分律比丘戒本》，《大正藏》22 冊，1022 頁中欄。

2 《薩婆多論》卷 4，《大正藏》23 冊，525 頁上欄至中欄。

3 分析「不受諫戒」辨相可知，《十誦律》是上座比丘；《摩得勒伽》是上座；《薩婆多論》是師及上座；藏傳《苾芻學處》是佛、僧，或執事人；《五分律》是三師；《根有律》、《根有律攝》則包括鄔波馱耶、阿遮利耶、大眾。

4 《五分律》卷 19，《大正藏》22 冊，132 頁上欄。

六、總結

（一）諸律差異分析

1. 緣起差異

（1）結構差異

《四分律》只有一個本制，《鼻奈耶》、《十誦律》、《僧祇律》、《五分律》、《根有律》、《巴利律》與之相同。

（2）情節差異

《鼻奈耶》、《十誦律》、《巴利律》與《四分律》情節相似。《僧祇律》、《五分律》、《根有律》與《四分律》有一些差異。《四分律》中緣起比丘最後接受了勸諫，而《僧祇律》、《五分律》、《根有律》中緣起比丘三諫仍然不捨。此外《僧祇律》和《根有律》中都提到了佛陀與緣起比丘過去世的因緣故事。

（3）結論

綜上所述，本戒緣起無須調整，仍取《四分律》的結構與情節。

2. 戒本差異

除《鼻奈耶》作「喻婆怒比丘自心剛強不受諫誨者，僧伽婆尸沙」外，諸律表述的文意基本相同。值得注意的是，《鼻奈耶》中「喻婆怒比丘」這一特別的表述，對照梵文戒本來看，很可能是梵語“yaḥ punar bhikṣuḥ（任何比丘）”的音譯，應該是翻譯時沒有處理妥當。

《四分律》中「於戒法中，諸比丘如法諫已」一句，受梵語語序過多的影響，借鑒《十誦律》、《根有律》等的表述，將其修改為「諸比丘於戒法中如法諫已」。此外，對於《四分律》中重複、冗雜的內容，如多處的「自身」、「展轉」等，都依《新刪定四分僧戒本》作一定刪簡。

指示代詞方面，和前面「無根謗戒」等一樣，將拒諫的比丘固定表述成

「是比丘」，勸諫的比丘為「諸比丘」。文末的調整與「無根謗戒」等相同或相似，這裏均不再贅述。

3. 辨相差異

作白羯磨呵諫和屏諫的判法如「破僧戒」所述。

在作白羯磨之外，諸律中亦存在一些其他的非正犯情況。如《四分律》中，呵諫時比丘教他不捨，得偷蘭；若未作呵諫時教他不捨，得突吉羅。《根有律攝》的律文中，對如何進行呵諫也指出了一些需要注意的地方。比如，若沒有確定的證據，所作的羯磨即屬於非法。且在羯磨之前，「詰責人」應當先以「五法而自稱量」，對「被詰人」應當核實事由，羯磨前應「先為安慰」。若不先詰責對方，就直接作羯磨，得突吉羅。

4. 諸律內部差異

各律典中，此戒的緣起、戒本以及辨相三部分相符。

（二）調整文本

通過以上諸律間觀點同異的對比與分析，文本在《四分律》的基礎上作如下調整：

1. 緣起

佛在拘睒毗國瞿師羅園時，尊者闡陀比丘仗着自己與世尊的個人因緣，當別的比丘私下勸諫他時，惡性不接受人勸諫，態度蠻橫，言語傲慢。佛陀知道後讓僧團對其作呵諫白四羯磨，並以此因緣制戒。

2. 戒本

若比丘，惡性不受人語，諸比丘[1]於戒法中[2]如法諫已[3]，不受諫語，言:「諸大德！莫向我說若好若惡，我亦不向諸大德說若好若惡。諸大德且止，莫諫我。」諸[4]比丘諫是比丘言:「大德，莫[5]不受諫語。大德[6]當受諫語。大德如法諫諸比丘，諸比丘亦如法諫大德。如是佛弟子眾得增益，展轉相諫[7]、相教[8]、懺悔[9]。」如是諫時，堅持不捨者[10]，諸[11]比丘應三諫，令[12]捨此[13]事[14]。乃至三諫，捨者善；不捨者，僧伽婆尸沙。

3. 關鍵詞

惡性不受人語：不接受、違逆其他比丘的勸諫。

4. 辨相

（1）犯緣

本戒具足五緣成犯：一、自身非法，他人如法勸諫；二、惡性拒諫之心；三、拒諫，堅持不捨；四、僧作如法羯磨呵諫；五、第三羯磨結束，成犯。

1 「諸比丘」，底本闕，據《十誦律》、《十誦比丘戒本》、《僧祇律》、《僧祇比丘戒本》、《根有律》、《根有戒經》、《根有律攝》加。

2 「中」後，底本有「諸比丘」，據《根有律》、《根有戒經》、《根有律攝》刪。

3 「已」後，底本有「自身」，據《新刪定四分僧戒本》、《根有律》、《根有戒經》、《根有律攝》刪。

4 「諸」，底本作「彼」，據《十誦律》、《十誦比丘戒本》、《僧祇律》、《僧祇比丘戒本》、《五分律》、《彌沙塞五分戒本》、《解脱戒經》、《根有律》、《根有戒經》、《根有律攝》改。

5 「莫」後，底本有「自身」，據《新刪定四分僧戒本》、《根有律》、《根有戒經》、《根有律攝》刪。

6 「德」後，底本有「自身」，據《新刪定四分僧戒本》刪。

7 「諫」後，底本有「展轉」，據《新刪定四分僧戒本》刪。

8 「教」後，底本有「展轉」，據《新刪定四分僧戒本》刪。

9 「悔」後，底本有「是比丘」，據《僧祇比丘戒本》、《五分律》、《彌沙塞五分戒本》刪。

10 「者」，底本闕，據《十誦律》加。

11 「諸」，底本作「彼」，據《十誦比丘戒本》、《解脱戒經》改。

12 「令」，底本闕，據《十誦律》、《根有律》、《根有戒經》、《根有律攝》加。

13 「此」，底本作「是」，據《新刪定四分僧戒本》、《四分律比丘戒本》改。

14 「事」後，底本有「故」，據《十誦律》、《僧祇律》、《根有律》、《根有戒經》、《根有律攝》刪。

（2）辨相結罪輕重

①自身非法，他人如法勸諫

②惡性拒諫之心

③拒諫，堅持不捨

比丘拒諫，堅持不捨，僧伽婆尸沙；若未白前惡性不受人語，突吉羅；若初諫便捨，不犯。

呵諫時，比丘教他不捨，偷蘭遮；若未作呵諫時教他不捨，突吉羅。

④僧作如法羯磨呵諫

僧作如法羯磨呵諫後不捨，僧伽婆尸沙；若眾僧作非法別眾羯磨、非法和合眾羯磨，法別眾羯磨、法相似別眾羯磨、法相似和合眾羯磨呵諫，不犯；若以非法、非律、非佛所教作呵諫，不犯。

作羯磨之前，比丘應當先向被詰責人問明情況，若不核實直接作羯磨，突吉羅。

如法羯磨作如法羯磨想、疑，僧伽婆尸沙；如法羯磨作非法羯磨想，偷蘭遮；非法羯磨作如法羯磨想，突吉羅；非法羯磨作非法羯磨想、疑，不犯。

⑤第三羯磨結束

若第三羯磨結束，僧伽婆尸沙。

若初白未結束捨，突吉羅；若初白結束後捨，偷蘭遮。

若第一羯磨結束後捨，二個偷蘭遮。

若第二羯磨結束後捨，三個偷蘭遮。

⑥犯戒主體

比丘、比丘尼若犯，僧伽婆尸沙；式叉摩那、沙彌、沙彌尼若犯，突吉羅。

⑦不犯

若無智人呵諫時，婉拒不受，不犯。

若比丘違諫時，所說是事實，不犯。

若戲笑語，若疾疾語，若獨語，若夢中語，欲說此錯說彼，不犯。

最初未制戒，癡狂、心亂、痛惱所纏，不犯。

七、現代行持參考

（一）現代比丘可能會出現的情況

律典中，緣起比丘闡陀憑恃自己與佛陀的特殊關係，認為他人沒有資格來勸諫自己。現代漢地比丘之間雖然沒有古代印度那種出生地位上的差異，但是仍然有很多因素可能成為比丘的憑恃，從而認為自己比別人優越，並以此為藉口拒絕別人的勸諫。例如，比丘出家之前所獲得的財富、地位、名望、學歷等，以及出家後戒臘的高低、對經典的持誦能力、信眾的多寡等。因此，本戒並非只有少數「惡性」比丘才會犯到，每一位比丘都有可能把自己的某一長處，作為拒絕接受他人勸諫的理由。

（二）個人如何調伏自己的內心

比丘自己需要認識到所有外在的成就、名利都是因緣法，都是幻化不實的，不斷處在無常變化中，與修行解脫無關。如此比丘就能甩掉自己的憑恃，在此基礎上才能夠與周圍的同行相處得更好。當別人對自己的行為提出善意的勸告之時，也不會因看不起對方而喪失進步的機會。

同時，也要認識到團體和同行善友對自己修行的重要性。團體能夠給個人營造很好的學修氛圍。同行善友更是像一面鏡子，每當有他人勸諫自己的時候，正是自己認識煩惱並努力對治的殊勝機會。正如世尊所說，比丘如果能夠做到「展轉相諫、相教、懺悔」，則能「於佛法中有增益安樂住」。但這也並不意味着要一味地服從對方，而是要用智慧抉擇，對於如理的勸諫應虛心接納，並努力改正；對於不如理的勸諫，不應盲從。

（三）如何勸導身邊這樣的同行

如果身邊有同行犯了相應的錯誤，應該把握好勸諫的原則，以慈悲心如理如法地勸誡：「知時不以非時，如實不以虛妄，有利益不以無利益，柔軟不以粗獷，慈心不以瞋恚。」[1] 另外，也要對自己是否適合充當這樣的勸諫角色有一個清醒的認識，如果個人因緣條件、勸諫的時機或方法不對，都有可能會適得其反。《薩婆多論》在辨析戒經所載七佛略教中的「但自觀身行，諦視善不善」和此戒「輾轉相教」是否有矛盾時提到：若比丘自己是出於慈心，說話於對方有益，成就多聞，不為名利，不為現法樂受，自身道心堅固，久熏佛法，則應發心輾轉相教於他人；否則當下的行持重點應放在自觀身行，提高自己。[2] 這一教授對當代的比丘也有很強的指導意義。

最後，不管對方是否接受我們的勸諫，都應該抱有一個寬容的心態。正如佛陀在《鼻奈耶》中所示現的那樣：「置闡怒（當車匿）比丘，吾涅槃後自當受化。」[3] 比丘每一個行為或等流的產生，都可能有其深遠的緣起，並且是在客觀的因緣條件下才出現的。我們不應該脫離其背後的因緣，對當事人提出超出標準的要求。當然，如果該比丘做出了損害僧團利益的事，或者嚴重違反戒律之事，仍然需要按照戒律的原則來處理。

---

1 《四分律》卷 37，《大正藏》22 冊，836 頁上欄。

2 《薩婆多論》卷 4，《大正藏》23 冊，525 頁上欄至中欄。

3 《鼻奈耶》卷 5，《大正藏》24 冊，874 頁上欄。

十三僧殘

比丘戒研究　第三冊

作　　者

淨業編委會

責任編輯

陳志倩　潘沛雯

裝幀設計

Sands Design Workshop

排　　版

Sands Design Workshop

出　　版

明報出版社有限公司

發　　行

明報出版社有限公司
香港柴灣嘉業街 18 號
明報工業中心 A 座 15 樓
電話：2595 3215
傳真：2898 2646
網址：http://books.mingpao.com/
電子郵箱：mpp@mingpao.com

版　　次

二〇二四年一月初版

印　　刷

美雅印刷製本有限公司

I S B N

978-988-8829-03-3